农村能源与现代农业融合发展的水平测度与机理研究
——以江苏省南通市为例

邢 红 著

东南大学出版社
·南京·

图书在版编目(CIP)数据

农村能源与现代农业融合发展的水平测度与机理研究：以江苏省南通市为例 / 邢红著. — 南京：东南大学出版社，2019.10

ISBN 978-7-5641-8571-8

Ⅰ.①农… Ⅱ.①邢… Ⅲ.①农村能源-关系-现代农业-农业发展-研究-南通 Ⅳ.①F327.533

中国版本图书馆 CIP 数据核字(2019)第 224825 号

农村能源与现代农业融合发展的水平测度与机理研究——以江苏省南通市为例

著　者：	邢　红
出版发行：	东南大学出版社
社　　址：	南京市四牌楼 2 号　邮编：210096
出 版 人：	江建中
网　　址：	http://www.seupress.com
电子邮箱：	press@seupress.com
经　　销：	全国各地新华书店
印　　刷：	虎彩印艺股份有限公司
开　　本：	700 mm×1000 mm　1/16
印　　张：	21.75
字　　数：	426 千字
版　　次：	2019 年 10 月第 1 版
印　　次：	2019 年 10 月第 1 次印刷
书　　号：	ISBN 978-7-5641-8571-8
定　　价：	88.00 元

(本社图书若有印装质量问题，请直接与营销部联系。电话：025-83791830)

前 言

当前,我国农村能源和现代农业的发展均面临着一定的问题。从全国层面看,农村能源消费数量短缺、结构不合理,而以江苏省为代表的东部沿海地区农村能源的高度商品化导致农村能源资源浪费严重;现代农业发展过程存在高投入破坏农业生态环境、高废弃导致面源污染严重、高排放进一步恶化农村生态环境等问题。上述问题的产生与割裂农村能源与现代农业的发展有着密切的关系,因此促进农村能源与现代农业的融合发展至关重要。

本书基于文献研究与实地调查相结合、理论研究与实证研究相结合、定量分析与定性分析相结合、系统分析与专题分析相结合等研究方法,对农村能源与现代农业融合发展的水平测度与融合机理进行了探索。本书主要分为四大部分:第一部分(1、2两章)主要阐述本书的研究背景、研究意义、研究区域、研究综述及理论基础,进而确定研究的主要内容。第二部分(3、4两章)通过对相关概念的界定,在理论层面上分析农村能源与现代农业融合发展的必要性,在方法论层面上构建融合发展水平测评模型及评价指标体系,并确定融合发展的阶段。第三部分(5~8章)以南通市为例进行实证研究,通过分析南通市农村能源与现代农业融合的各项基础,进一步阐述融合的必要性与可行性;对南通市农村能源与现代农业融合度进行科学准确的测评并判断其所处的融合发展阶段;进而对二者的融合机理进行分析,指出存在的问题以探讨融合发展模式和对策。第四部分(第9章)为研究结论与展望,在此基础上指出本书可能的创新点和存在的问题,并展望今后进一步研究的方向。

通过研究,本书得到的结论为:

(1)南通市农村能源消费结构问题需要通过农村能源与现代农业融合来解决。研究期内南通各县市农业生产用能水平和用能效率总体在不断提升,但各类生产用能效率差异明显。在各农业生产用能的影响因素中,农业经济总量和能源消费习惯对农业生产用能量影响程度较大,劳动力投入的贡献逐渐消失,农业固定资产所造成的影响则较小。在生活用能方面,调查结果表明农村居民最喜欢的生活燃料首先是电力和太阳能,最不受欢迎的是沼气;2013年南通市人均农村生活能源消费为683.35 kgce，电力、秸秆、燃油成为家庭的主要生活能源。在生活能源消费的影响因素中，人均耕地和轿车拥有量与能源消费量之间具有明显的正相关，常住人口与能源消费量之间呈负相关，人均住房的影响较小。利用等维灰色递补预测模型进行预测，未来十年内南通市农村能源消费总量以年均3.43%的速度增长，2025年其消费总量将达到16.45×10^{10} MJ，相当于560万 t 标煤。农村能源需求量的大增与能源资源紧缺之间的矛盾将趋于尖锐。

（2）南通市丰富的可能源化利用的生物质能资源、种质资源和后备耕地资源为农村能源与现代农业的融合提供了资源基础。南通市年均可能源化利用的生物质能资源量约为234万 t 标煤，未来南通市可能源化利用的生物质能资源可望进一步增加。从地区分布看，海安县、如东县和如皋市均具有明显优势；从季节分布看，资源量秋季＞春季＞夏季＞冬季。南通市拥有适宜制取燃料乙醇和生物柴油的丰富的种质资源；拥有未利用的滩涂资源13.9万 hm^2；拥有可以种植油菜的25万 hm^2 冬闲田。此外较为发达的现代农业、正在兴起的农村能源产业、蓬勃发展的制造业和已经起步的农村服务业为南通市农村能源与现代农业的融合提供了产业基础。

（3）南通市农村能源与现代农业的总体融合程度偏低，县域差异比较明显。近年来，各县市的农村能源发展水平和现代农业发展水平呈上升趋势，农村能源与现代农业的融合程度也在上升，但各县市的融合程度均未超过0.5，这意味着整个南通地区二者的融合程度比较低，并且各县市之间融合程度差异较大，呈现明显的不均衡特点。如东县、如皋市和海安县等经济相对比较落后的北三县市的农村能源与现代农业融合程度较高，而通州市、启东市和海门市等经济较为发达的南三市的农村能源与现代农业融合程度较低。

（4）农村能源需求、农业废弃物资源利用是影响南通市农村能源与现代农业融合的两大因素。对南通市农村能源与现代农业融合机理进行了分析，并从理论层面揭示农村能源与现代农业融合的过程。研究结果表明南通市农村能源与现代农业之间呈现明显的融合趋势，并且二者之间发展相对较为均衡，未来二者的融合度将会进一步提升。影响二者融合发展的因素主要有自然条件、经济条件、社会条件、技术条件等，其中自然条件和经济条件对于南通市农村能源与现代农业融合的影响程度较大，社会条件和技术条件相对而言影响程度较小，其中影响程度最大的是农村能源需求（0.206），其次为农业废弃物资源（0.204）。

（5）南通市农村能源与现代农业融合发展的主要模式和对策。根据南通市农村能源与现代农业发展的实际情况设计四种融合发展模式，主要为农村能源与现代种植业的融合、农村能源与能源作物种植业的融合、农村能源与现代养殖业的融合、农村能源与农业加工业的融合模式。农村能源与现代农业融合过程中的利益相关者主要有农户/农民、生物质能源企业、各级政府、相关用能单位以及投资方,在融合发展的过程中必须明确各主体的作用与地位,实现主体间的协调发展,形成农户主导、政府引导、企业参与、用能单位和投资者接力的"五位一体"的发展机制,共同促进农村能源与现代农业的融合。

  本书可能的创新点主要为以下方面:阐明农村能源与现代农业之间的辩证关系,拓宽了现代农业融合的范围,促进现代农业的健康发展,又寻找一条减少对商品能源的依赖,充分发挥农村能源资源优势,实现农村能源消费、经济发展、环境保护三者协调的农村能源发展道路,丰富了农村能源的理论体系;通过数学模型解析法剖析农村能源与现代农业融合发展过程,并基于AHP法与DEMATEL法分析农村能源与现代农业融合发展的影响因素,以此揭示二者融合发展的机理,进一步拓展了融合理论的研究视野。

  本书是在本人博士论文基础上修改而成,根据数据的可得性,研究时段为1998—2014年。在修改过程中,部分数据进行了修订。

目 录

1 绪论 ·· 1
  1.1 研究背景 ·· 1
    1.1.1 农村能源问题亟待解决 ·· 1
    1.1.2 现代农业发展面临的问题日趋严重 ·························· 4
    1.1.3 农村能源与现代农业割裂发展带来的弊端 ················· 6
  1.2 研究目标与研究意义 ·· 7
    1.2.1 研究目标 ··· 7
    1.2.2 研究意义 ··· 7
  1.3 研究思路与研究内容 ·· 8
    1.3.1 研究思路 ··· 8
    1.3.2 研究内容 ··· 9
  1.4 研究方法与技术路线 ·· 10
    1.4.1 研究方法 ··· 10
    1.4.2 研究技术路线 ··· 12
    1.4.3 研究数据来源 ··· 12
  1.5 研究区域概况 ··· 13
    1.5.1 区位与区域范围 ·· 13
    1.5.2 自然条件 ··· 14
    1.5.3 社会经济发展 ··· 15
2 研究综述与理论基础 ·· 19
  2.1 国内外研究综述 ·· 19
    2.1.1 农村能源研究综述 ··· 19
    2.1.2 现代农业研究综述 ··· 26
    2.1.3 研究述评与启示 ·· 32

2.2 相关理论基础 ··· 33
    2.2.1 系统论 ·· 34
    2.2.2 能源经济学理论 ··· 35
    2.2.3 可持续发展理论 ··· 39
    2.2.4 低碳经济理论 ·· 42
    2.2.5 循环经济理论 ·· 46

3 农村能源与现代农业关系的理论分析 ··· 53
3.1 相关概念界定 ··· 53
    3.1.1 农村能源 ··· 53
    3.1.2 现代农业 ··· 53
    3.1.3 农村能源与现代农业融合发展 ··· 56
3.2 农村能源与现代农业融合发展的必要性 ·· 58
    3.2.1 农村能源与现代农业相互依存 ··· 58
    3.2.2 现代农业对农村能源发展的影响 ·· 59
    3.2.3 农村能源对现代农业发展的影响 ·· 60
3.3 实现农村能源与现代农业的最佳结合 ··· 62
    3.3.1 农村能源与现代农业的结合可以取得较高的综合效益 ·············· 62
    3.3.2 农村能源与现代农业之间的割裂必然导致互相对立 ················· 62
    3.3.3 农村能源与现代农业融合发展的保障条件——规模化 ············· 63
3.4 本章小结 ··· 64

4 农村能源与现代农业融合发展水平测度的模型构建与评价步骤 ··················· 65
4.1 评价方法选择 ··· 65
    4.1.1 国内外有关融合度的研究和测算方法 ···································· 65
    4.1.2 农村能源与现代农业融合发展水平测度的评价方法选择 ··········· 71
4.2 评价模型构建 ··· 73
    4.2.1 复合系统协调度的数学模型 ·· 73
    4.2.2 农村能源与现代农业融合发展的水平测度模型 ······················· 74
4.3 评价指标体系确定 ··· 76
    4.3.1 评价指标体系构建的原则 ··· 76
    4.3.2 评价指标选择的方法 ··· 77
    4.3.3 评价指标的选取及指标解释 ·· 77

4.3.4　基于灰色关联分析模型的序参量一般指标筛选 ……………… 82
　　　4.3.5　农村能源与现代农业序参量指标的相关性分析 …………… 84
　4.4　基于组合法的指标权重的确定 …………………………………………… 84
　　　4.4.1　熵值法 ………………………………………………………………… 85
　　　4.4.2　相关系数法 …………………………………………………………… 86
　4.5　农村能源与现代农业融合发展阶段的判定 …………………………… 87
　4.6　农村能源与现代农业融合发展水平测度的评价步骤 ……………… 89
　4.7　本章小结 …………………………………………………………………… 90

5　南通市农村能源与现代农业融合发展的基础分析 …………………… 91
　5.1　需求基础 …………………………………………………………………… 91
　　　5.1.1　农村生产用能分析 …………………………………………………… 91
　　　5.1.2　农村生活用能分析 ………………………………………………… 100
　　　5.1.3　南通市农村能源消费预测 ………………………………………… 116
　5.2　资源基础 …………………………………………………………………… 121
　　　5.2.1　生物质资源 ………………………………………………………… 121
　　　5.2.2　种质资源 …………………………………………………………… 130
　　　5.2.3　后备耕地资源 ……………………………………………………… 133
　5.3　产业基础 …………………………………………………………………… 134
　　　5.3.1　较为发达的现代农业 ……………………………………………… 134
　　　5.3.2　正在兴起的农村能源产业 ………………………………………… 144
　　　5.3.3　蓬勃发展的制造业 ………………………………………………… 147
　　　5.3.4　已经起步的农业服务业 …………………………………………… 150
　5.4　本章小结 …………………………………………………………………… 153

6　南通市农村能源与现代农业融合发展的水平测度 …………………… 154
　6.1　农村能源与现代农业序参量一般指标的选取 ……………………… 154
　6.2　基于灰色关联模型的序参量指标筛选 ………………………………… 155
　　　6.2.1　原始数据的获取 …………………………………………………… 155
　　　6.2.2　灰色关联度的计算 ………………………………………………… 156
　6.3　农村能源与现代农业序参量指标的相关性分析 …………………… 159
　6.4　农村能源子系统有序度的计算 ………………………………………… 161
　　　6.4.1　原始数据的数值处理 ……………………………………………… 161

####### 6.4.2 农村能源子系统指标贡献度的计算 ………………………… 161
####### 6.4.3 农村能源子系统指标权重的计算 ……………………………… 167
####### 6.4.4 农村能源子系统有序度的计算 ……………………………… 168
6.5 现代农业子系统有序度的计算 ……………………………………… 169
####### 6.5.1 原始数据的数值处理 ………………………………………… 169
####### 6.5.2 现代农业子系统指标贡献度的计算 ………………………… 169
####### 6.5.3 现代农业子系统指标权重的计算 ……………………………… 169
####### 6.5.4 现代农业子系统有序度的计算 ……………………………… 176
6.6 农村能源与现代农业融合发展水平测度结果 ……………………… 177
6.7 农村能源与现代农业融合发展阶段的判定 ………………………… 178
6.8 结果分析 …………………………………………………………… 178
####### 6.8.1 农村能源与现代农业的发展水平均在不断提高 …………… 178
####### 6.8.2 农村能源与现代农业融合发展水平在提升,但总体较低 …… 181
####### 6.8.3 各县市融合发展程度存在差异 ……………………………… 182
6.9 本章小结 …………………………………………………………… 183
7 南通市农村能源与现代农业融合发展的机理分析 …………………… 184
7.1 农村能源与现代农业融合发展机理的内涵 ………………………… 184
7.2 农村能源与现代农业融合发展的动力剖析 ………………………… 185
####### 7.2.1 前提条件:紧密的经济联系 ………………………………… 185
####### 7.2.2 内在驱动力:经济效益的追求 ……………………………… 186
####### 7.2.3 外在推动力:技术进步与创新 ……………………………… 187
####### 7.2.4 发展支持力:适宜的外围环境 ……………………………… 188
7.3 农村能源与现代农业融合发展的过程 ……………………………… 190
####### 7.3.1 农村能源与现代农业发展互不关联 ………………………… 191
####### 7.3.2 农村能源与现代农业呈互补关系 …………………………… 192
####### 7.3.3 农村能源与现代农业呈竞争关系 …………………………… 193
####### 7.3.4 南通市农村能源与现代农业融合发展轨迹模拟 …………… 196
7.4 南通市农村能源与现代农业融合发展的影响因素分析 …………… 199
####### 7.4.1 融合影响因子的确定 ………………………………………… 199
####### 7.4.2 基于AHP的分析法 …………………………………………… 200
####### 7.4.3 基于DEMATEL的分析法 …………………………………… 204

	7.4.4	综合影响度计算	206
	7.4.5	影响因子的贡献作用分析	207
7.5	本章小结		210

8 南通市农村能源与现代农业融合发展的模式 … 212
8.1 南通市农村能源与现代农业融合发展存在的问题 … 212
8.1.1 较高的收集机会成本降低资源利用率 … 212
8.1.2 较低的支持力度抑制了农村清洁能源的发展 … 213
8.1.3 偏低的素质降低废弃物循环利用的意识和能力 … 214
8.1.4 不协调的产业结构和技术瓶颈削弱废弃物能源化利用能力 … 215
8.2 国外农村能源与现代农业融合发展的经验及启示 … 216
8.2.1 日本 … 216
8.2.2 菲律宾玛雅农场 … 218
8.2.3 丹麦 … 219
8.2.4 印度 … 219
8.2.5 国外农村能源与现代农业融合发展对我国的启示 … 220
8.3 南通市农村能源与现代农业融合发展的原则 … 223
8.3.1 坚持循环经济理念，积极推动农业废弃物资源化利用原则 … 223
8.3.2 "不与粮争地，不与人争粮，不破坏生态环境"原则 … 223
8.3.3 因地制宜，就近开发，就近利用原则 … 224
8.3.4 科技创新与制度创新并重原则 … 225
8.3.5 政策推动与市场引导相结合原则 … 225
8.4 南通市农村能源与现代农业融合发展的主要模式 … 226
8.4.1 农村能源与现代种植业融合发展模式 … 226
8.4.2 农村能源与能源作物种植业融合发展模式 … 229
8.4.3 农村能源与现代养殖业融合发展模式 … 231
8.4.4 农村能源与农业加工业融合发展模式 … 234
8.5 推动农村能源与现代农业融合发展的对策 … 236
8.5.1 主要利益相关者及其相互关系 … 236
8.5.2 促进农村能源与现代农业融合发展的对策建议 … 238
8.6 本章小结 … 245

9 研究结论与展望 … 246
9.1 研究结论 … 246

  9.2 可能的创新之处 ·· 250
  9.3 研究不足与未来展望 ·· 250
 参考文献 ··· 251
 后序 ·· 281
附录 **南通市农村家庭生活用能消费调查表** ······························ 283
 附表1 农村能源序参量一般指标原始数据 ······························ 287
 附表2 现代农业序参量一般指标原始数据 ······························ 291
 附表3 南通市农村能源子系统数据标准化 ······························ 296
 附表4 南通市现代农业子系统数据标准化 ······························ 301
 附表5 南通市农村能源子系统序参量指标相关性分析 ·················· 307
 附表6 南通市现代农业子系统序参量指标相关性分析 ·················· 309
 附表7 南通市农村能源子系统原始数据标准化结果 ····················· 313
 附表8 南通市现代农业原始数据 ·· 318
 附表9 现代农业子系统序参量指标标准化 ······························ 323
 附表10 南通市现代农业子系统序参量相关性分析 ····················· 328
图录 ·· 332
表录 ·· 334

1 绪 论

1.1 研究背景

1.1.1 农村能源问题亟待解决

1) 全国层面:农村能源消费存在数量短缺和结构不合理的问题

能源问题不仅关系到我国经济的快速增长和社会的可持续发展,也关系到国家安全和外交战略。在过去的 20 年里,我国的能源消费总量随着经济的发展已经翻了一番,超过了 13 亿 t 标煤,2010 年达到 32.5 亿 t 标煤,2012 年更是达到 37.5 亿 t 标煤,成为世界上仅次于美国的能源消费大国。中国能源生产与消费的统计数据表明,从 1992 年起,中国的能源供给开始出现缺口,之后能源供给与消费之间的缺口越来越大,至 2007 年缺口值占消费总量的比重超过了 10%,近年缺口比重虽有所下降,但缺口的绝对值仍然超过了 3 亿 t 标煤,能源消费难以完全做到自给自足(图 1-1)。从能源消费的结构看,虽然石油、天然气的比重略有上升,水电、风电与核电等清洁能源稳步上升,煤炭的消费比重在下降,但是截至 2014 年,煤炭的消费比重依然高达 66%,占有绝对优势地位,并且这种能源消费结构在未来很长一段时间内不会有较大改变。

在中国能源缺口逐渐加大、能源消费结构不合理的宏观背景下,农村能源形势更不容乐观。从能源消费总量看,"八五"计划以来,1991 年农村能源消费总量为 56 821.85 万 t 标煤,2012 年已经突破 10 亿 t 标煤,其中人均生活用能年均增长速度达到 5.3%,远远超过了同期的城市人均生活能源消费 0.7% 的增长速度。按照中国经济与社会发展目标,在采取有效的经济结构调整和节能措施的前提下,到 2020 年全国一次能源需求量在 30 亿 t 标煤左右,农村用能只按 2004 年全国人均用能水平计算,总量也将接近 14 亿 t 标煤(王宇波等,2006);另有学者基于常规方案对我国农村地区能源中长期需求进行预测,预测结果表明 2020 年我国农村能源需求总量将达到 15.74 亿 t 标煤,2050 年将达到 19.93 亿 t 标煤(邓可蕴等,2000b)。2020 年、2050 年我国能源生产总量预计分别为 27.4 亿 t 标煤、47.9 亿 t

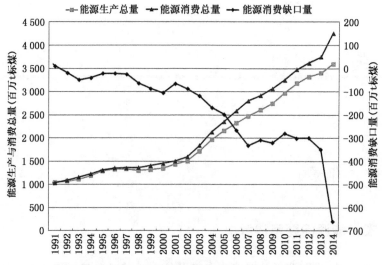

图1-1 "八五"计划以来中国能源生产与消费状况
数据来源:《中国能源统计年鉴2017》

标煤(张丽峰,2006),即农村能源需求量届时将占到全国能源生产总量的72.7%、41.6%。这就意味着如果农村的生产生活全部依赖常规的商品能源,已经完全超过了我国能源的承受能力,必然导致未来农村能源消费存在一定程度的短缺。

另外,农村能源消费结构不合理,主要体现为经济比较落后的地方其能源消费以秸秆、薪柴、煤炭等劣质能源为主,从而使能源贫困现象有所恶化。在生活能源消费中,秸秆和薪柴依然占有重要地位,1991年秸秆和薪柴的比重高达75%,占有绝对优势;2000年之后的十多年里秸秆和薪柴的消费量虽然有波动,但依然维持在较高水平(图1-2),例如2012年秸秆和薪柴的比重大幅下降,约占40%,但秸秆消费量超过16 000万t标煤,薪柴消费量也高达9 816.82万t标煤,而作为清洁能源的沼气消费量自2000年以来虽然在上升,但其比重太小,在农村能源消费总量中的比重仅占1%左右;在生产用能中,煤炭的比重虽然逐渐下降,但在2012年其比重仍然接近30%,这种以煤炭为主导的能源利用方式依然十分普遍,并且在一些地区仍然存在使用薪柴作为乡村企业用能的情况。这表明生物质能源与煤炭在我国农村能源消费中依然占据着绝对的主导地位。根据国际能源署(IEA)预测,中国利用生物质能源做饭、取暖的人口总数将由2000年的7.06亿下降到2030年的6.45亿,但2030年中国利用生物质能源做饭、取暖的人口仍然是世界第一(朱成章,2006)。这种不合理的能源消费结构意味着中国依然存在着比较严重的能源贫困问题。

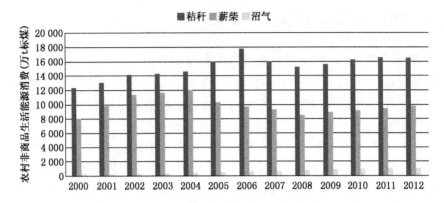

图 1-2 中国农村非商品生活能源消费

数据来源:《中国农村能源年鉴》(2001—2013);《中国新能源与可再生能源年鉴》(2009—2012)

2) 以江苏省为代表的东部沿海地区:农村能源的高度商品化导致农村能源资源浪费严重

自 2000 年以来,江苏省进入新一轮的经济发展周期,此后一直以超过 10% 的较快速度增长,远远超过全国的平均水平;2014 年城镇居民人均可支配收入和农民人均纯收入分别达到 34 346 元、14 958 元,分别比全国平均水平高出 5 502 元、4 470 元,雄厚的经济实力为农村能源消费奠定了坚实的经济基础,农村能源消费水平得以不断提升,能源消费结构得以逐步改善和优化。相关调查研究表明,秸秆、薪柴等传统生物质能源消费的比重逐渐下降,电力、燃油、液化气等商品能源消费的比重逐渐上升并超过一半(周曙东等,2008;王效华,2012)。以居民生活用电为例,乡村居民人均生活用电从 2000 年的 171.56 kW·h 上升到 2014 年的 930.56 kW·h,年均增长率达到 12.84%,而同期的城镇居民人均生活用电的增长率仅为 7.97%,远远低于乡村生活用电的增速。这种完全以商品能源为主的消费结构导致了农民抛弃或焚烧秸秆的现象,使得农村的能源资源未能得到有效利用,从而造成能源资源的严重浪费。以秸秆为例,江苏省每年的农作物秸秆产量维持在 3 800 万~4 000 万 t,除用作畜禽饲料、工业原料、能源化利用外,江苏省每年被废弃或焚烧的秸秆大约为 30%~40%(张钦等,2010;张兵等,2012;王慧慧等,2014),预计每年被浪费的能源资源高达 570 万~800 万 t 标煤。因此要实现我国农村能源的现代化,不能仅依靠常规的商品能源,而只能也只有走依靠当地的农村能源资源,并对其进行深度开发的路子,使能源资源与农业相融合,借助各种能源技术,将低品位的能源转化为各种高品位的二次能源,以满足农民日益增长的能源需求(吴汉如,1991;邓心安,2008)。

1.1.2 现代农业发展面临的问题日趋严重

1) 现代农业生产中的高投入破坏农业生态系统

在现代农业生产的过程中,氮磷钾等化学肥料对于增加农作物产量的作用已经被普遍接受。为了增产增收,人们往往大量甚至过量施用化学肥料,以无机肥料代替有机肥料,或大量施用农药和各种杀虫剂。相关研究表明(潘丹,2014),我国化肥的消费量从 2000 年的 4 146.4 万 t 上升到 2014 年的 5 995.9 万 t,同期化肥消费强度从 381.58 万 t/亿 t 上升到 402.77 万 t/亿 t,远远高于国际公认的目标范围值(142 万 t/亿 t～250 万 t/亿 t),化肥的过量施用在江苏情况尤为严重,整个江苏的耕地面积仅占全国的 38%,但化肥施用量却占到全国的 65%(姚萍等,2015)。过量的化肥施用使得土壤板结变硬,酸度增加,严重破坏农业生态系统,从而导致农业生产增产困难重重。

2) 秸秆、畜禽粪便等带来的高废弃导致面源污染严重

现代农业在追求高产出的同时也造成了高排放和高废弃,大量的农业废弃物主要包括农作物秸秆、畜禽粪便、农产品加工业废弃物等。目前存在两大最主要的不当废弃物处理方式——秸秆焚烧和畜禽粪便的随意排放,由此导致了严重的面源污染。以秸秆焚烧为例,据估算,我国每年因粮食作物秸秆焚烧排放 CO、CO_2、总碳量分别为 1.15×10^7 t、1.57×10^8 t、4.77×10^7 t(李飞跃等,2013),长三角地区因秸秆焚烧排放 PM2.5 呈逐年上升趋势,2012 年达到 55 218.96 t,其中江苏的排放量占到 80%(王慧慧等,2014)。秸秆焚烧不仅会造成宝贵的生物质资源的浪费,同时还会引起严重的环境污染,据研究,大面积的秸秆集中焚烧已经成为区域性雾霾污染事件发生的重要原因之一(朱佳雷等,2012;曹国良等,2005)。此外秸秆焚烧还会危及人体健康和社会公共安全,容易酿成交通事故和火灾(任昶宇等,2015)。

近 30 年来,我国的畜禽养殖业发展非常迅速,各地区的猪、羊、家禽养殖量的年平均增长率均较高,有的增幅甚至高达 12%(杨飞等,2013),尤其是近年来规模养殖发展速度加快,导致每年畜禽粪便的排放量居高不下。2011 年,中国畜禽粪便的产生量达到了 21.21 亿 t,相当于当年工业废弃物产生量的 2 倍左右,约为秸秆产生量的 3 倍。未来随着居民对畜禽产品需求量的增加以及畜禽养殖规模化程度的提高,预计到 2020 年、2030 年粪便产生量将分别达到 28.75 亿 t、37.43 亿 t(朱宁等,2014)。大量的畜禽粪便排放导致我国耕地的氮磷污染负荷严重超标,全国平均单位耕地面积的畜禽氮污染负荷达到 138.13 kg/hm²,四川、北京、贵州、广西、云南、广东等六省(市、自治区)的畜禽养殖氮产生量均已达到 202.98 kg/hm²,

其中最高的四川省甚至高达 292.81 kg/hm²,远远超过欧盟氮肥年施氮量的限量标准 170 kg/hm²(杨飞等,2013),由此对农田和水环境造成严重污染。例如畜禽粪便经微生物分解会产生恶臭气味的物质;未经处理直接排入环境则会造成江河湖泊、水库的富营养化;会以直接或间接的方式污染土壤、毒害作物;更不用说家畜的粪便中还含有肠道病菌、病毒和寄生虫卵等大量生物病原体,从而导致疾病的传播。上述因素都造成了对农村生态和环境的严重伤害,不仅使得农村居民生活质量下降,而且导致农村居民身体健康严重受损。从 1995 年到 2001 年,中国农村居民因呼吸系统疾病造成死亡的比例一直排在所有疾病的第 1 位,到 2002 年后才开始退居为第 3 位或第 4 位;而同期城市居民因呼吸系统疾病造成死亡的比例一直排在第 4 位或第 3 位,我国农村居民的呼吸系统疾病要比城市居民严重得多(姚建平,2013)。

3) 生活、生产用能带来的高排放进一步恶化农村生态环境

现代农业发展需要良好的生态环境。但是目前不合理的农村能源消费结构、不恰当的能源利用方式使得我国农村生态环境质量急剧下降。自 1979 年以来,农村能源消费碳排放量不断攀升,至 2007 年已经高达 28.74 亿 t,其中一半以上的碳排放来自生活能源消费,这主要是因为农村生活用能主要以煤炭和生物质能源等碳排放系数较高的能源为主(王长波等,2011)。陈艳等(2011)对农村居民可再生能源的碳排放进行了估算,结果表明自 1998 年以来,碳排放量直线上升,至 2006 年达到 7.54 亿 t,之后略有下降,但碳排放量也在 7 亿 t 左右。虞江萍等(2008)根据 2004 年我国不同省、市、自治区农村生活能源的消耗量和不同燃料的污染物排放因子,估算出我国农村生活能源利用过程中的 SO_2、NO_x、TSP 排放量分别为 530 万 t、72 万 t 和 390 万 t,污染物排放以 SO_2 和 TSP 为主,其中 SO_2 主要来自燃煤,NO_x 主要来自秸秆和薪柴的燃烧,TSP 主要来自秸秆的燃烧。

在农业生产过程中,因为秸秆焚烧、化肥、农药、农膜、灌溉以及农业机械化水平的不断提高,导致农业生产碳排放量惊人,农业碳排放量占到全国碳排放总量的 17%,成为碳排放的主要来源之一(中国环境与发展国际合作委员会,2004)。此后碳排放量的增速减缓,但排放量依然在增加,至 2011 年碳排放总量达到 10 亿 t 左右。从各省分布情况来看,四川、河南、湖南、江苏、山东等省碳排放量很高,远远超过全国平均值 3 171.3 万 t(田云等,2014;张广胜等,2014)。农业生产、生活中大量的碳排放无疑对农村生产和生活均带来较大程度的负面影响。

农村目前生态环境状况、农民身心健康状况与新农村建设的总体精神是相违背的。十六届五中全会上提出了以"生产发展、生活宽裕、乡风文明、村容整洁、管理民主"作为社会主义新农村建设的总体要求,并以此作为新形势下加速"三农"工作、大力推进全面建设小康社会和现代化建设的战略举措。大力发展农村能源可

以实现对资源的循环利用、农村环境的优化,并且能够增加农民收入、繁荣农村经济、促进农民生活方式的转变,从而推进城乡一体化的发展。因此大力发展农村能源必然成为建设社会主义新农村的重要内容。

1.1.3 农村能源与现代农业割裂发展带来的弊端

农村能源与现代农业割裂发展不仅会使农村能源建设难以持续发展,也会抑制现代农业的发展。一方面,农村能源的浪费和生态的破坏,会限制现代农业的发展;另一方面,没有现代农业的健康发展,农村能源建设缺少基本的资金支持和足够的高素质的劳动力资源。在我国,农村能源不能加以合理利用,不仅会增加再生能源生产,提高农业生产成本,而且会严重制约现代农业的发展。例如直接将农作物秸秆、畜禽粪便用作能源,其热效率非常低下,只有20%,造成热效率的损失非常严重,导致农村能源利用率低下,虚耗现象严重。但是如果将生物质能源经过沼气池发酵,产生的沼气则可以将热效率提高到50%。早在20世纪90年代初,我国每年因燃烧秸秆而虚耗的生物质能源多达7 000万 t 标煤,因烧柴而散逸的氮,当量于600万 t 碳铵,相当于减少了12亿元的收入(邵国荷,1993)。如果直接将畜禽粪便作为肥料,不仅会造成氮、磷等营养元素的严重流失,而且会产生严重的环境污染。研究表明,目前我国的单位面积农用地畜禽粪便负荷为26.8 t/hm²,氮、磷素负荷分别为158.42 kg/hm²、47.92 kg/hm²,使得全国绝大部分的农区都遭受了氮素污染和磷素污染,但等量的畜禽粪便可以提供的沼气潜力高达1 200亿 m³(张田等,2012)。因此,对现代农业而言,没有农村能源的大力发展,现代农业会失去发展的动力而无从发展;没有农村能源对现代农业废弃物的吸纳和处理,势必会增加现代农业的生产成本,而且会造成资源的严重浪费、环境的严重污染。对农村能源而言,如果没有现代农业的支撑,农村能源完全依靠商品能源,必然会加剧农村能源的短缺、增加农民的生产生活的能源成本,从而降低生活水平,远离"生活宽裕"。

因此,在农村的生产生活过程中,只有将农村能源的建设与现代农业的发展结合起来,相辅相成,才能使其有效地统一于小康社会的实践,让广大农村真正成为"美丽乡村"。因为只有如此,才能为农村的生产生活提供更多更好的优质能源,减少对商品能源的依赖,在一定程度上有利于解决农村能源短缺、能源安全的问题;才能促进农业产业结构的调整,从片面重视种植业转向种养加相结合,从"粮—经—饲"三元结构转化为"能—粮—经—饲"四元结构,形成新的经济增长点,提升农业的经济地位;才能大幅度提高农产品的附加值,提高农民种粮、种林的积极性,通过农业产业链的延伸以及新产业链的形成,创造更多的就业岗位,切实增加农民收入;才能有效修复生态,减少温室气体的排放,减少环境污染,使得农村的能源效益、经济效益、社会效益和环境效益趋于协调一致,让农村不但有金山银山,更有绿水青山。

1.2 研究目标与研究意义

1.2.1 研究目标

从理论层面厘清农村能源与现代农业之间的关系,在明确农村能源消费特征(包括生产用能和生活用能)的基础上,借鉴复合系统协调度模型建立农村能源与现代农业融合的测评体系,以探寻农村能源与现代农业融合发展的机理,并本着坚持循环农业理念,积极推动农业废弃物资源化利用、因地制宜、就近开发、就近利用等原则设计二者融合发展的模式。通过促进二者的融合推动农村能源建设的健康发展,探索一条既减少对商品能源的依赖,又能充分发挥农村能源资源优势的农村能源发展道路,使农村能源建设、经济发展和环境保护三者之间实现和谐发展。

农村能源问题不仅是国内外学者积极探讨研究的热点问题,也是政府部门重点关注的问题。农村地区能源问题的核心是如何使农村能源与农村社会经济、生态环境三者协调,实现可持续发展。什么样的农村能源发展模式既可以满足农村优质能源的需求,又能使农村社会经济、生态环境协调发展?目前农村能源与现代农业之间的融合发展水平到底如何?采取什么方法剖析农村能源与现代农业融合发展的机理?实现对以上一系列问题的科学解答,可望在能源经济研究上取得创新性成果。

1.2.2 研究意义

1) 理论意义

目前,对农村能源的研究主要集中在农村能源开发潜力估算、农村能源消费结构及其影响因素、农村能源消费的生态环境效应、农村能源发展评价、农村能源发展路径与对策等方面;对现代农业的研究主要集中在现代农业的内涵与特征、发展水平、发展路径与模式、发展对策等方面。而从融合发展的角度将农村能源与现代农业结合起来进行系统地研究尚不多见。本书通过对南通市农村能源与现代农业融合发展水平测度与融合机理的研究,不仅为农村能源提供了新的研究视角,丰富农村能源的理论体系建设,而且可以为未来农村能源的健康发展奠定理论基础。

2) 实践意义

第一,农村能源与现代农业融合发展有助于促进现代农业的发展。

现代农业发展不当带来的高投入、高废弃、高排放问题使得现代农业发展面临诸多困难。大力发展农村能源可以有效解决这一问题。对现代农业来讲,以农村能源为基础,一头连接种植业和畜牧业,用各种有机肥、沼渣和沼液代替化肥和农药,可以减少现代农业的资金投入和能源投入;一头连接农业加工业,实现对现代农业的多层次开发和深层次开发,延长现代农业的产业链和价值链,多种途径增加现代农业的产出,大幅度提高农业生产的商品率,从而提高现代农业的总体经济效益。

此外,农村作物秸秆的露天燃烧、畜禽粪便对大气和水体的污染、石油基地膜对土壤肥力的伤害,以及农林产品加工业的耗氧性废气废水等都造成了对生态和环境的严重伤害。农村能源的开发与利用已经成为秸秆综合利用和处理畜禽粪便污染的新途径,可以实现对废弃物的循环利用,既可以节约资源,又可以减少农业面源污染,包括水污染、土壤污染、大气污染等,实现农业生产从高碳向低碳转化,从而为现代农业的发展营造良好的生态环境。

第二,农村能源与现代农业融合发展有助于推动农村能源的发展。

充分利用现代农业废弃物资源可以为东部沿海地区的农村提供数量可观的优质非商品能源。农村能源与现代农业融合发展过程中,通过对沼气综合利用、生物质气化与发电,能源植物的大规模种植等途径促使农村能源从传统能源向可再生能源转型,不断提高农村能源品位。这样不仅可以为经济发达地区解决农村能源的短缺问题,提供更多的优质能源,促进农村能源结构优化和多样化;而且可以为次发达地区、不发达地区指明未来农村能源建设的方向,为农村能源问题的解决提供新的思路。

第三,农村能源与现代农业融合发展有助于推动社会主义新农村建设。

在农村能源与现代农业融合发展过程中,一方面可以减少农民的能源支出,另一方面可以通过农村能源的开发与建设、农业产业结构的调整等途径提供更多的就业岗位,增加农民收入。尤其对妇女而言,农村能源的现代化利用方式可以使妇女减轻劳动强度,解放了农村劳动力(Kishore et al, 2004),并且有利于农村富余劳动力的就近转移,缩小工农及城乡间的差距,从而实现新农村建设的既定总体要求"生产发展、生活宽裕、乡风文明、村容整洁、管理民主"。

总之,以农村能源为基础,促进农村能源与现代农业融为一体,可以给农村建设带来可观的经济效益、生态效益、能源效益和社会效益,从而全方位推动新农村的建设。

1.3 研究思路与研究内容

1.3.1 研究思路

首先,通过对国内外研究成果的系统梳理和分析,全面掌握农村能源与现代农业融合发展的理论与研究方法,揭示当前农村能源与现代农业融合发展研究在理论与方法上的不足之处,由此阐明农村能源与现代农业融合发展研究的理论与实践意义。

其次,在理论层面上从农村能源与现代农业相互关系的视角阐述二者融合发展的必要性,在方法论层面上借鉴复合系统协调度模型构建农村能源与现代农业融合发展的水平测评体系,由此形成本研究的理论与方法基础。

然后,以南通市为例进行实证研究,从需求基础、资源基础、产业基础等三个方面论证了南通市农村能源与现代农业融合发展的必要性与可行性,并在此基础上构建南通市农村能源与现代农业融合发展的水平测评模型并对其进行准确测评。

最后,从融合发展动力系统、融合发展过程、融合发展影响因素等方面揭示农村能源与现代农业融合发展的机理,设计促进二者融合发展的模式,以此探索农村能源健康发展路径。

1.3.2 研究内容

在界定农村能源、现代农业、农村能源与现代农业融合发展等相关概念的基础上,以系统论、能源经济学理论、可持续发展理论、低碳经济理论和循环经济理论为理论依据,重点分析这些理论对农村能源与现代农业融合发展的指导作用与影响;从理论层面和方法论层面讨论农村能源与现代农业之间的辩证关系,并建立了二者融合发展的水平测评体系;以南通地区为例进行实证研究,在分析南通市农村能源与现代农业融合发展的基础上对二者的融合发展水平进行测评;进一步揭示二者融合发展的机理;最后根据南通市的实际情况设计未来二者融合发展的模式,并在此基础上形成促进南通市农村能源与现代农业融合发展的政策建议。

全书共分为九章,具体来说按以下结构展开:

第一章为绪论。主要阐述本书的研究背景、研究目标与研究意义、研究内容、研究方法与技术路线,以及书中的数据来源。

第二章为研究综述与理论基础。书中主要对农村能源、现代农业等方面进行综述。通过对文献综述梳理出还需要进一步研究的领域,从而确定本研究的主要内容。随后对本书研究的理论基础进行了回顾,主要包括系统理论、能源经济学理论、可持续发展理论、循环经济理论和低碳经济理论,这为本书研究奠定了坚实的理论基础。

第三章为农村能源与现代农业关系的理论分析。首先对农村能源、现代农业、农村能源与现代农业的融合发展等相关概念进行界定;其次从农村能源与现代农业的相互关系论述二者融合的必要性,形成二者融合的概念框架。

第四章为农村能源与现代农业融合发展水平测度的模型构建与评价步骤。本章首先对已有的融合度测评方法进行综述研究,在此基础上结合本书研究对象的实际情况确定测评方法体系,包括农村能源与现代农业融合发展水平测度模型的构建、融合发展水平测度评价指标体系的确定、基于组合权重法指标权重的确定以及二者融合发展阶段的判断。

第五章为南通市农村能源与现代农业融合发展的基础分析。本章主要从需求基础、资源基础、产业基础等方面论述农村能源与现代农业融合发展的必要性与可行性,为后文测算二者的融合发展水平、剖析二者融合发展的机理做准备。

第六章为南通市农村能源与现代农业融合发展的水平测度。本章以南通市为例对农村能源与现代农业融合发展水平进行实证研究,首先明确序参量一般指标的选取;其次基于灰色关联模型对序参量指标进行筛选,并进行相关性分析以确定最终评价指标体系;然后分别计算农村能源子系统和现代农业子系统的有序度,并在此基础上计算二者的融合度;最后利用象限图法判断二者的融合发展阶段,并予以理论分析。

第七章为南通市农村能源与现代农业融合发展的机理分析。本章主要包括从系统角度对融合动力进行剖析、利用数学模型解析融合过程、利用 AHP 和 DE-MATEL 分析法分析其影响因素及作用机理。

第八章为南通市农村能源与现代农业融合发展的模式。本章主要包括目前农村能源与现代农业融合过程中存在的问题,借鉴国外先进的经验确定二者融合的基本原则,分别从农村能源与种植业、农村能源与养殖业、农村能源与农业加工业等角度设计具体融合发展的模式。基于利益相关者分析给出相应的建议与对策,以推动农村能源与现代农业的融合发展。

第九章为研究结论与展望。本章主要对以上研究进行结论总结,在此基础上指出本书可能的创新点和存在的问题,并展望今后进一步研究的方向。

1.4 研究方法与技术路线

1.4.1 研究方法

作为对客观世界、自然规律认识深化的一种手段和工具,研究方法已经成为人类认识从有限走向无限、从模糊走向精确的阶梯。本书的研究方法主要有以下几个特点:

(1) 文献研究法与实地调查相结合

文献研究法,通常又被称为文献查阅法或者文献阅读法,主要是通过对研究目标的有关文献进行查询、阅读、整理,了解相关研究问题的状况、获取间接经验的调查方法。文献研究法(包括文献检索和阅读)已经成为所有研究工作的基础性方法。近年来,笔者主要利用南京师范大学图书馆中文 CNKI、万方数据库、中国期刊全文数据库、SPRINGER 数据库收集了大量国内外关于农村能源研究的文献,包括期刊文献、博士论文、会议论文,基本上掌握了农村能源、产业融合、农业与相关产业融合研究的现状。这些文献为本书研究思路的形成、研究内容与研究方法的匹配、实证分析框架的构建等提供了很好的借鉴。参考文献中列举的只是在本书中直接引用的部分。

问卷调查法属于社会调查法中的一种,是在收集"真实反映社会现象资料"过程中具有重大影响的关键环节之一(风笑天,2009)。本研究应用实地问卷调查,获取南通市农村生活用能消费情况的数据,包括农村家庭的基本情况、主要生活用能的结构、能源消费的意愿等。主要步骤包括问卷设计、预调查、问卷修改、全面调查(问卷详见附录),调查方式主要是通过本校学生与农户面对面访谈的方式进行。参与调查的学生为师范三年级学生,能够比较准确地理解问卷设计的主要内容,保证了调查的顺利进行。

(2) 理论研究与实证研究相结合

本书中的理论研究方法主要用于基本概念辨析、分析框架建立等方面,主要通过文献整理以及在此基础上对已有理论进行分析、综合、归纳、演绎等。本书中的实证研究方法主要用于南通市农村能源与现代农业融合发展的水平测度、融合机理和模式研究等方面,主要通过对实地调查获取的第一手资料进行分析的方式进行。

(3) 定量分析与定性分析相结合

以系统论、能源经济学理论、可持续发展理论、循环经济理论、低碳经济理论等相关理论为指导,紧密结合南通市的实际,通过深入调查获取大量第一手数据和资料,进而对农村能源与现代农业的融合进行分析、归纳、总结。基于先进的经济理论,通过调查得到的准确可靠的数字资料、选择科学的计量分析方法,研究变量之间的数量关系和规律,得出相应的结论或构建新的理论,是国际通用的管理科学的主流研究方法(马庆国,2004)。本书分别采用系数折算法、面板数据模型、多元逐步回归分析模型、复合系统协调度模型、AHP 与 DEMATEL 分析法等,对南通市农村能源资源开发潜力估算、农村能源与现代农业融合度的测评、融合环境的分析、融合机理的揭示进行定量分析。

(4) 系统分析与专题分析相结合

农村能源与现代农业的融合发展涉及理念、制度、政策和管理、技术等诸多因素,是一个复杂的系统,需要从系统分析的角度,采用系统分析的方法,进行全方位、多角度的审视和分析研究。在系统分析的过程中,重点对南通地区的农村生产用能、生活用能、各种可能源化利用的生物质能资源的潜力及其融合发展的模式等内容进行了专题分析。

1.4.2 研究技术路线

本书拟采用文献综述、实地调研、定性分析与定量分析相结合等技术和方法，在研究中注重理论推理和实证研究相结合、理论总结与实践应用相结合。具体的技术路线如下（图1-3）：

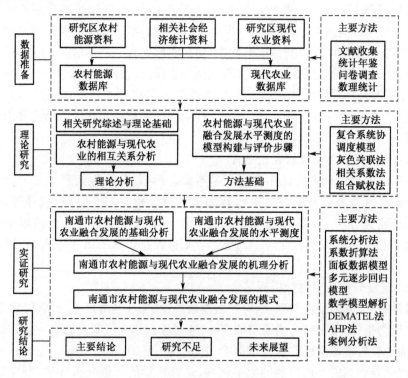

图1-3 研究技术路线

1.4.3 研究数据来源

本研究需要的数据资料来源包括（表1-1）：①《南通统计年鉴》(1999—2015)、《江苏省农村统计年鉴》(2000—2014)、各县市国民经济和社会发展统计公报(2000—2014)，它们都是公开发行的数据资料，具有很高的可信度；②南通市农业委员会环能科提供的《南通市农村可再生能源消费统计表》(2001—2014)，这是来自政府相关部门的数据，具有一定的权威性；③笔者和我校学生通过对南通各县市农村居民实地调研获取的数据，这是第一手数据资料。这些数据资料一起构成本研究的主要数据来源,翔实的数据资料可以满足本书研究的需求。

表 1-1 本研究中所使用的主要数据来源

数据类型	数据名称	数据来源
文献资料	相关领域的研究著作以及论文	论著及相关学术刊物、互联网(中文:CNKI中国期刊全文数据库、万方数据库;英文:SPRINGER 数据库)
统计数据	农村生产与生活用能数据、各种主要农作物的种植面积;牛、猪、羊、鸡、兔等养殖数据	《中国农村能源年鉴》(1997、1998—1999、2000—2008、2009—2013)、《中国新能源与可再生能源年鉴》(2009—2012)、《江苏省农村统计年鉴》《南通统计年鉴》《南通市农村可再生能源统计表》(2001—2014)
折标系数	各种秸秆、液化气、电力、原油、沼气等能源	《中国能源统计年鉴 2012》
调研数据	各县市农村家庭的户主年龄与学历、人口规模、收入、家庭生活用能等	南通各县市的家庭调研

1.5 研究区域概况

1.5.1 区位与区域范围

南通,简称"通",别称静海、崇州、崇川、紫琅,古称通州。

地理位置:目前处于沿海经济带与长江经济带交汇点,并且位于长江三角洲洲头的城市全国有且仅有两个,一个是作为国际大都市的上海,另一个就是与上海隔江相望、地处长江北岸的南通。南通不仅"据江海之会、扼南北之喉",隔江与中国最大的城市——上海以及苏南地区相依,被誉为"北上海";而且集"黄金海岸"与"黄金水道"优势于一身,被称为"江海门户"(图 1-4);以北是广袤的苏北大平原,通过陇海线、兰新线等铁路与第二条亚欧大陆桥相连;对外从长江口出海可以抵达我国沿海以及世界各大港;对内溯江而上,可以联系苏、皖、赣、鄂、湘、川、云、贵、陕、豫等地,因此南通面临海外和内陆两大经济辐射扇面。

行政区划:作为我国第一批对外开放的 14 个沿海开放城市之一,南通占地总面积达 10 550 km^2,约占江苏全省的十二分之一。现辖如皋、海门、启东 3 市(县级),海安、如东 2 县,崇川、港闸、通州(全书为了保持一致,统一称通州市)3 区和南通经济技术开发区。截至 2014 年底,全市共有 101 个乡镇,总人口为 767.63 万人,比上年增加 1.12 万人;城镇化率为 61.1%,比上年提高 1.2 个百分点;人口密度约为 727.61 人/km^2,属于典型的人口密集型城市(表 1-2)。

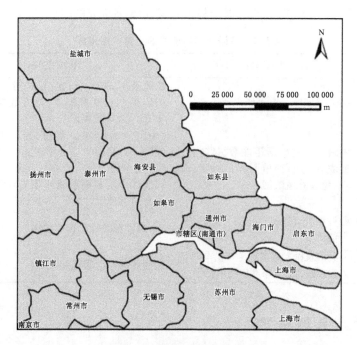

图 1-4　南通市区位分布图

表 1-2　2014 年南通市总面积及人口分布

地区	市区	通州	海安	如东	启东	如皋	海门
总面积/km²	578	1 562	1 184	2 791	1 715	1 576	1 144
人口/万人	86.17	126.66	94.26	104.37	112.32	143.69	100.16

资料来源:《南通统计年鉴 2015》
注：市区包括崇川区、港闸区、开发区

1.5.2　自然条件

自然资源：南通拥有长江岸线 226 km，其中可建万吨级深水泊位的岸线 30 多 km；拥有海岸线 206 km，其中可建 5 万吨级以上深水泊位的岸线 40 多 km。全市海岸带面积 1.3 万 km²，沿海滩涂 21 万 hm²，是我国沿海地区土地资源最丰富的地区之一。目前南通已探明的矿产资源主要有铁矿、天然气、石油、大理石、煤炭等。全市耕地总面积约为 700 万亩，土壤肥沃，适宜种植范围较广，主要盛产水稻、蚕茧、棉花、油料等农作物。此外南通的水产资源也十分丰富，已经成为我国文蛤、紫菜、对虾、河鳗、沙蚕的出口创汇基地。目前吕四渔场成为我国四大渔场、世界九大渔场之一。

气候特征:南通地处北纬 31°41′～32°43′、东经 120°12′~121°55′,属北亚热带和暖温带季风气候,年均气温为 15℃左右,全年气温稳定在 10℃以上的有 220～230 天,≥10℃积温近 4 800℃,无霜期为 226 天;年降水量 1 040 mm 左右,65%集中于 5～9 月份,日照时数为 1 785 h,平均风力为 2.7 m/s。光照充足,雨水充沛,四季分明,温和宜人。

地形特征:南通市是由长江东北岸古沙嘴通过不断发育合并而成,属于长江下游冲积平原。其地域轮廓东西向较南北向长,三面环水,一面朝陆,呈不规则的菱形状。主要由狼山残丘区、北岸古沙嘴区、海安里下河区、通吕水脊平原区、南部平原和洲地、南通古河汊平原区、三余海积平原区以及沿海新垦区等组成(茅丽华,2013)。

土地资源:南通土地总面积为 10 549.3 km²(含海堤滩涂和长江水面),人均土地面积 0.138 hm²,合 2.07 亩。2010 年土地利用变更调查数据显示,全市现有耕地面积 44.61 万 hm²,人均耕地面积 0.058 5 hm²,合 0.88 亩。南通境内江海岸线 422 km,其中江岸线 226 km,海岸线 206 km(理论岸线 223.5 km,标准岸线 202.3 km),约占全省海岸线总长的 20%。由于地理位置独特,南通境内滩涂资源较为丰富,0 m 以上潮间带滩涂面积共 18 万 hm²(含 0 m 以上辐射沙洲 6.7 万 hm²),约占全省的 1/3。

1.5.3 社会经济发展

经济发展:2014 年,南通全市 GDP 实现 5 652.7 亿元,按可比价格计算,比上年增长 10.5%(图 1-5);全市实现地方公共财政预算收入 550 亿元,比上年增长

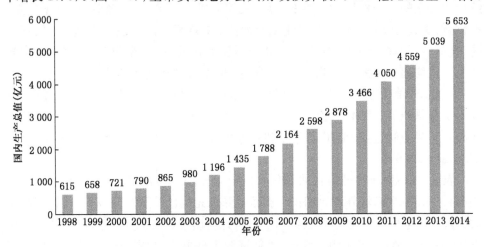

图 1-5 1998—2014 年南通市 GDP 变化情况
资料来源:《南通统计年鉴 2015》

13.2%;固定资产投资额 3 896.4 亿元,比上年增长 18.1%;规模以上工业增加值 2 864.2 亿元,比上年增长 11.4%;全体居民人均可支配收入 25 340 元,比上年增长 9.5%,其中,市区(不含通州市)城镇居民人均可支配收入 33 374 元,比上年增长 8.9%。全市农村居民人均纯收入 15 821 元,按可比价格计算,比上年增长 10.9%(图 1-6)。上述数据表明南通属于经济快速发展地区。

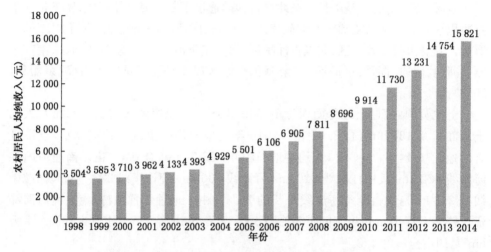

图 1-6　1998—2014 年南通市农村居民人均纯收入
资料来源:《南通统计年鉴 2015》

工业生产:南通市工业种类齐全且发展迅速。目前南通市已经基本形成了纺织、机械、轻工、化工、电子等门类齐备的工业体系。近年来以轻纺、化工等传统行业为主的单一格局有所改变,逐渐发展形成了船舶、能源及装备、电子信息、石化、纺织、轻工等六大主导产业以及海工、新能源、智能装备、节能环保、新医药、新材料、软件和服务外包等七大战略性新兴产业,并且在 2014 年底六大主导产业产值均超千亿大关。截至 2014 年底,南通市现有规模以上工业企业 5 107 个,工业总产值 11 351.54 亿元,仅次于苏州、无锡和南京,居全省第四位;规模以上工业总产值 2 864.2 亿元,增长 11.4%,六大主导产业产值全面增长,其中能源及其装备制造业、电子信息业和船舶海工业等三大产业分别增长 18.6%、16.6% 和 14.6%。

农业生产:南通市境内自然条件和区位条件均较为优越,全市土地总面积为 10 549.3 km²(含海堤外滩涂和长江水面),降水充足且日照时间较长,适宜多种植物的繁衍和生长。除狼山残丘区外,大部分地区属于长江三角洲平原,西北部则属于江淮平原,境内地形平坦。水土、光能资源十分丰富,为农业生产的发展提供了极为优越的自然条件。早在 1998 年,南通各县市就已经被列为我国商品粮生产基地,其土地利用率、复种指数、垦殖率分别达99%、238%和61%。2014年南通市在占江苏7.5%的土地、9.5%的耕地上生产了占江苏9.74%的粮食、24.20%的棉花、40.85%的油料和35.89%的蚕茧。南通市的农业经济发展非常迅速,自1998年以来,农林牧副渔总产值以年均6.37%的速度递增,至2014年达到631.88亿元(图1-7)。此外南通在长期重视发展生态农业、循环农业的过程中,积极探索种植业、养殖业、加工业之间的良性循环,逐渐形成了减量化清洁生产型,科学套夹种提高耕地利用率型,农林结合立体种植型,农渔、农牧、林牧、渔牧结合互补互利型,以沼气为纽带的生态循环型,以秸秆为原料的生物质能型,巧用废弃物变废为宝型,农产品加工企业内部循环型,种养加销区域产业循环型,农业观光环境再利用型等十种循环农业发展模式(王昀,2007a)。

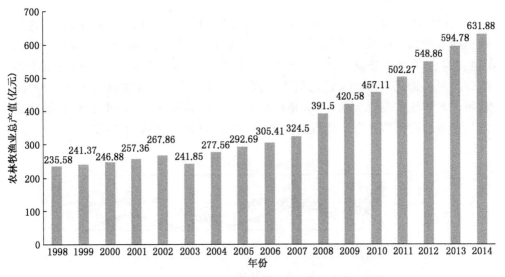

图1-7 1998—2014年南通市农林牧副渔总产值变化情况
资料来源:《南通统计年鉴2015》

产业结构:从纵向维度看,自上个世纪末开始南通市产业结构发生了重大变化(表1-3)。南通市第一产业比重逐年下降,至2014年第一产业的比重仅为6.49%,第二、三产业比重稳步上升,其中第三产业比重在2014年达到42.67%,第一、二、三产业之间的比例关系更趋于合理:2005年之前,第一产业的比重都占10%以上。这种变化主要是由于工业生产中以劳动力导向型和市场导向型为主,而在第三产业中,批发和零售业、交通运输业、仓储和邮政业等传统服务业稳步发展,房地产业、金融业、技术服务业等新兴产业发展初露端倪,所占比重上升,从而推动产业结构的不断优化。

表 1-3 1998—2014 年南通市产业结构演进概况　　　　　单位:亿元

年份	地区生产总值 总量	第一产业 总量	占比/%	第二产业 总量	占比/%	第三产业 总量	占比/%
1998	614.87	123.37	20.06	299.65	48.73	191.85	31.21
2000	720.59	128.64	17.85	361.03	50.10	230.92	32.05
2005	1472.08	161.93	11.00	824.36	56.00	485.79	33.00
2010	3417.88	262.43	7.68	1908.56	55.84	1246.89	36.48
2014	5652.70	367.11	6.49	2873.83	50.84	2411.76	42.67

资料来源:《南通统计年鉴 2015》

从横向维度看,以 2014 年的数据为例,南通的产业结构与全省相比,变化呈现出明显的非均衡性。其中第一、二、三产业占比分别比江苏省的平均水平高出 0.4、2.4、2.8 个百分点。但若与苏南相比,则南通第一产业的占比远远高于苏南(2.1%),而第三产业又远远低于苏南(50%)。第二产业比重大于第三产业,且第一产业比重相对较低,这就是南通产业结构的特点(图 1-8)。这表明南通市的产业结构依然存在不合理的现象,对产业结构的调整刻不容缓。

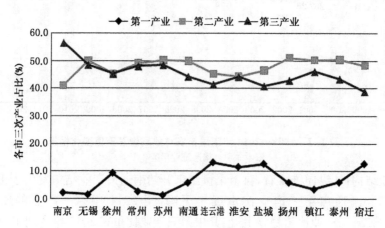

图 1-8　2014 年江苏各市产业结构

数据来源:《江苏省统计年鉴 2015》

2 研究综述与理论基础

2.1 国内外研究综述

2.1.1 农村能源研究综述

农村能源问题一直以来都是学术界研究的热点之一。目前农村能源的研究主要围绕农村能源资源开发潜力估算、农村能源消费结构及其影响因素、农村能源消费的生态和环境效应、农村能源发展评价研究、农村能源发展路径与对策等方面。

1) 农村能源资源开发潜力估算

能源的短缺已经成为世界上许多国家、地区经济发展的瓶颈之一。作为可再生能源的重要组成部分,生物质能源因为其低污染、可再生、独特的碳平衡功能、可储存与可替代性以及丰富的资源量引起人们极大的关注。而对生物质能源进行开发利用的前提和基础是必须对相关地区的生物质能源资源总量进行较为准确的估算和区域分布特征的分析(Berndes et al,2003),在对其资源潜力评价的过程中,既有对生物质能源实物量的潜力计算,也有对实物量开发潜力的模拟估算。国外对生物质能源潜力估算主要集中在发展中国家和地区,研究表明美国、英国和印度的生物质能源潜力将分别达到 15.89 EJ/年(2050年)、2.1 EJ/年和 0.93~4.65 EJ/年(2010年);从大洲层面看,到 2050 年拉丁美洲、非洲、东南亚和欧盟的生物质能源潜力分别达到 64.78 EJ/年、43.6 EJ/年、23.55 EJ/年、26.3 EJ/年(Hall,1997;Melvin,2003;Sudha et al,2003);而全球总量将达到 100~450 EJ/年(Berndes et al,2003;Fischer et al,2001)。此外,Bhattacharya 等(2005)分别估算了中国、印度、菲律宾和泰国等国的生物质能源资源潜力,指出开发利用生物质能源的可行性及其间接的生物质能源资源潜力;Ravindranath 等(2005)估算了印度的作物秸秆、薪柴、畜粪等生物质能源资源潜力,并指出印度生物质能源资源数量可观,应大力加强生物质能源转换技术的研究;Perera 等(2005)对斯里兰卡的生物质能源资源潜力进行了估算,得到了农作物秸秆、木材废弃物和牲畜粪便等直接的能源资源潜力,并通过提高其利用效率得到间接的能源资源潜力;Steubing 等

(2010)对瑞士的生物质能源资源潜力估算结果表明,瑞士的生物质能源资源潜力主要在于其林木生物质能源和粪便资源潜力,而农作物秸秆和草的生物质能源资源潜力极少。

目前国内对生物质能源开发利用潜力的估算主要围绕两个方面:一是以刘刚等(2007)、张颖等(2012)为代表对生物质能源资源总量进行了估算;二是以丁文斌等(2007)、吕文等(2005)、田宜水(2012)、郭利磊等(2012)为代表分别对秸秆、林木生物质、畜禽粪便沼气资源以及大田作物加工副产物等某一种生物质能源的资源潜力进行了估算,其中丁文斌等(2007)、高利伟等(2009)、毕于运等(2010)、蔡亚庆等(2011)、朱建春等(2012)主要对我国的秸秆资源数量及其地域分布进行了研究,研究结果显示我国已经成为世界第一秸秆生产大国;郭利磊等(2012)首次对大田农作物加工副产物进行了估算,认为我国的加工副产物总产量每年达到8 862.03万t,折标煤约为4 933.93万t。此外,张晓浩等(2007)、王小超(2008)、郭永奇(2013)、王雨辰等(2013)、朱建春等(2013)则分别从省域层面对广东、新疆、河南、江苏以及陕西各省(自治区)的生物质能源资源进行了估算。上述研究大多是利用某一年的统计数据,从宏观方面进行生物质能源资源量的估算,仅有陈娟等(2012)对湖北省生物质能源资源潜力进行了动态的评估和预测。此外近年来,GIS和遥感技术也逐渐被应用于生物质能源的潜力估算以及空间分布的研究,张敏等(2008)、徐增让等(2010)先后利用GIS技术对我国的玉米秸秆纤维生产潜力、甜高粱生产潜力进行了估算;王芳等(2010)通过GIS与遥感技术相结合对广东省农田生物质能源的时空变化进行了分析。

由于能源需求量的日益增长、常规能源的有限性和污染性,许多国家把太阳能、风能和地热能等资源视作重要的清洁能源,并对其资源潜力进行了估算。Sorapipatana(2010)采用卫星数据,通过双普法估算了柬埔寨的太阳能潜力;Fluri(2009)则估算出南非太阳能的总发电潜力为547.6 GW;薛桁等(2001)首次根据多年年平均风能密度分布图,估算出我国的风能资源总储量为3.226×10^{12} W,实际可开发量为2.53×10^{11} W,从而在理论上证实了我国风能资源开发潜力非常巨大。Onate等(2011)、Shafiqur等(2011)、Islam等(2011)分别对土耳其、沙特阿拉伯和马来西亚的风能资源潜力进行了估算。

2) 农村能源消费结构及其影响因素

农村家庭能源消费主要是指满足农村家庭日常生活所消费的各种能源,主要包括照明、炊事、取暖、热水、家用电器等消耗的能源(王效华等,2004;Pachauri, et al, 2008;Niu et al, 2011)。

在亚非拉等发展中国家和地区,其农村能源利用以生物质能源为主,非洲为60%,亚洲为44%,中美洲和南美洲为41%;而北美洲和欧洲均只有4%(Randerson et al,1999)。长期以来,我国和许多发展中国家一样,农村地区主要依靠生物质能源(秸秆和薪柴)等来提供家庭生活的基本能源(王效华等,2001;Musti et al,2011)。随着农村经济的发展、能源技术的更新和能源市场的不断开放,我国农村商品能源的消费开始以较快速度增长(邓可蕴等,2000b),能源消费结构由传统生物质能源主导型向商品能源主导型转变(翟辅东,2003),但农村地区并没有完全放弃传统生物质能源的使用,秸秆和薪柴等传统能源依然占有重要地位(王效华等,2014;仇焕广等,2015),并且 Leach(1992)发现传统生物质能源向优质商品能源的转换是较为困难的,尤其是对于农村地区而言,这种能源消费结构的转变往往会受到当地自然、经济和社会等多种因素的影响。

在宏观层面,国家能源与环境政策(Makoto et al,2006)、地区资源禀赋、农村经济结构以及农村生活变迁、技术进步(Cai et al,2008)、商品能源的价格、文化与习俗(Judith et al,2007)等都会对农村能源消费结构产生一定影响。田宜水等(2011)基于长期能源可替代规划系统(LEAP模型),模拟了低速发展方案、常规发展方案和可持续发展方案等三种政策情景下能源消费结构的变化。研究结果表明,秸秆、薪柴等传统生物质能源在未来农村居民生活用能中还长期占有主导地位,但是到2020年,在可持续发展方案情景下,生物质能源、电力、LPG等清洁能源在总能源中的比重将大幅度提高,约为低速发展方案下的两倍。此外,地区资源禀赋差异对能源结构的转换亦具有重要作用,阳光充足及风力较大的地方适宜发展太阳能和风能(Sateikis et al,2006);而水资源丰富的地方更适宜发展水电(刘海峰,2005)。张力小等(2011)通过 1979—2008 年可获得的农村能源消费数据分析发现,山西、内蒙古等煤炭产区以及煤炭产区附近的经济发达省份,煤炭在能源消费中均占有较大比重;而东北、西南地区的生物质能源的使用比例远高于北方和东南沿海地区,尤其是海南和广西其生物质能源的比重均超过了 60%,这与中国生物质能源资源的分布大体相当。高明国和朱启臻(2009)通过对河南省南部地区农村能源利用的调查发现,我国农村能源消费结构正处于由传统向现代的转变过程中,其中农村经济发展是能源利用变化的根本动因。尤其需要注意的是商品能源的价格对农村家庭能源消费也具有重要影响(Chen et al,2006;Démurger et al,2008),电力、液化气等商品能源通常对薪柴、秸秆等传统生物质能源具有很高的替代作用(Jiang et al,2004),政府通常选择通过降低电价来满足低收入农村家庭能源消费的基本需求(Dzioubinski et al,1999)。此外,Leach 等(1987)和 Leach(1992)通过研究发现,经济发展水平、城镇化率和工业化程度均有利于促进商品能源消费量的增加。

在微观层面,影响农村家庭能源消费的因素主要有农户收入水平(Omar et al,2000;Zhao et al,2012)、家庭人口规模、人均教育程度(Muyeye et al,2007;梁育填等,2012;韩昫,2012)、家庭结构(Vinod et al,2009)、农户生计方式(赵雪雁,2015;李鑫等,2015)、生活习惯、生活方式(Liu et al,2008)及其环境保护意识(谢晓玲,2011;Huang,2009)、劳动力价格、当地能源市场发育程度(仇焕广等,2015)。其中农户的家庭收入水平对能源消费具有举足轻重的影响,该因素不仅会影响农户能源消费的总量,还会影响农户的能源消费结构。"能源阶梯"理论认为,农民收入越高,农村家庭生物质能源的使用量就会越少,而商品能源的使用量就会越多(Leach,1987;Alameita et al,1998;Campbell et al,2003)。王效华和冯祯民(2001)研究发现我国人均电力消费与人均收入之间有较强的相关关系;陆慧等(2006)、杨振(2011)、梁育填等(2012)分别应用层次分析法、Tobit模型对江苏省涟水县和安徽省贵池地区、江汉平原、西南贫困地区进行实证研究,结果表明收入水平越高的农户对能源的舒适性、便利性、卫生特性的要求越高,因而更多地选用液化气、电力等商品能源。反之,收入水平越低的农户越关注能源的经济性而消耗了较多的薪柴、秸秆等非商品能源。但是西南贫困地区由于农户生计资产有限,收入增长缓慢、能源消费结构升级艰难,研究表明,人口较多的家庭平均能耗比小规模农户的平均能耗要低;户主受教育水平越低的农户越倾向于使用以秸秆、薪柴等为主的传统生物质能源(Jiang et al,2004)。非农就业对能源消费的影响比较复杂,对一个整体家庭而言,非农就业不仅影响着农户的收入水平,而且影响农户能源消费的决策(Démurger et al,2012)。秸秆和薪柴的消费需要大量的农村劳动力的投入,因此劳动力的机会成本就构成了传统生物质能源消费的影子价格,随着劳动力转移的增加导致农户对薪柴、秸秆的需求,带来了当地森林蓄积量的稳定(Bluffstone,1995)。Foley(1995)认为,农户习惯于就地取材,在能源选择上对生物质能源具有较强的偏好和能源消费行为的路径依赖。此外能源设施的分布(Leach,1992;Davis,1998)、家庭中有无妇女、能源技术改善的成本(Adeoti et al,2001;Reddy,2003)等均会对能源的选择产生重要影响。

3) 农村能源消费的生态和环境效应

中国农村地区能源供应和消费是整个国家能源体系中的重要组成部分,对农村社会、经济以及生态环境的发展起着非常重要的作用(Pachauri et al,2008)。在农村能源消费过程中对环境产生正面效应的主要有沼气、太阳能等清洁能源以及水电、天然气等优质能源。以沼气为例,张培栋等(2005)采用国际通用的减排量计算方法对中国农村户用沼气替代传统生物质能源和煤炭所产生的CO_2和SO_2的减排量进行了计算分析,研究结果表明中国农村户用沼气工程在1996—2003年间每年可减少CO_2排放39.76万～419.39万t,减少SO_2排放2.13万～6.20万t;张嘉强(2008)对户用沼气工程的生态环境效应从个体农户和恩施州两个角度进行了计量评价,分析结果表明2007年典型农户沼气工程的综合环境生态效益达到

3 173.1元,而恩施州的综合效益达到86 502元,无论是个体农户还是恩施州,其综合效益的评分值均处于比较好和非常好之间。此外,多项研究表明,大中型沼气工程与大型养殖产业配套发展,会缓解资源、环境的压力,并产生很好的经济效益、社会效益和环境效益(王晓文等,2010;汤云川等,2010)。

此外,不恰当的农村能源利用方式则导致了严重的环境生态问题,具体表现为能源开采造成的生态环境破坏;能源消费引起的有害气体的排放以及能源储存等导致的生活环境质量的下降。尤其是秸秆、薪柴等传统生物质能源大多采取直接燃烧的传统使用方式(王效华,2012;Wang et al,2007),不仅导致能源利用效率低下(Sinton et al,2003),而且对农村新型可再生能源的原料造成巨大损失,也对农村环境和农民健康造成严重的负面影响(Yan et al,2006;Tonooka et al,2006)。据研究,生物质能源直接燃烧导致全球每年大约有3.9×10^9 t 碳排放到大气中,相当于人类每年燃烧化石燃料排放量的70%(Andreae,1991)。Mahapatra 和 Mitchell(1999)认为在许多发展中国家中,生物质能源是农村主要的能量来源,农民长期依赖生物质能源会对森林系统和农业系统产生较大影响,不仅会导致生态与环境的退化,使有限的能源资源更加紧缺;而且生物质能源的过度消耗会破坏林草植被,改变生态系统的物质循环,加剧土壤侵蚀(李书先,1995;Bos et al,1996)。王长波等(2011)、陈艳等(2011)采用排放系数法,对我国农村能源消费的CO_2排放进行了估算,研究结果表明,由于农村地区的煤炭和电力等商品能源消费的增加导致CO_2排放量快速增加,但薪柴和秸秆等生物质能源的传统使用是碳排放的主体。师华定等(2010)估算了1980—2004年我国农村能源消费导致的CO_2、SO_2、NO_x、粉尘和固体废渣等主要污染物的排放量,并指出生物质能源和煤炭引起的排放问题是造成农村地区环境污染的重要原因。虞江萍等(2008)根据2004年我国不同省、市、自治区农村生活能源的消耗量和不同燃料的污染物排放因子,估算出2004年全国农村生活能源所排放的SO_2达530万 t,NO_x达72万 t,TSP达390万 t。研究结果表明以煤炭为主要生活能源的地区或煤炭含硫量较高的省区,有着相对较高的SO_2排放量,以薪柴、秸秆为主要生活能源的农村地区有着较高的 TSP 排放量。Ezzati 和 Kammen(2002)探讨了生活用能、室内空气污染、农户健康三者之间的关系,并指出不清洁能源燃烧产生的室内空气污染是疾病和死亡率上升的直接原因之一。Kanagawa 和 Nakata(2007)采用能源经济环境的优化模型,借以研究能源利用与室内污染二者之间的关系,结果表明能源的低效使用是造成室内污染的重要原因之一。

4) 农村能源发展评价研究

目前,关于农村能源评价的研究有的针对可再生能源评价,如对风能的评价研究;有的侧重于能源消费环节评价;有的侧重于能源消费引起的环境问题评价;有的针对单个能源进行经济效益的评价,如沼气。而对于农村能源开发利用的整个环节进行经济、环境、安全等综合研究尚不多见。王革华等(1992)提出用综合效益指数评价农村能源综合建设效益,将其分为当前效益和未来效益,并利用灰色系统预测方法对广东省某县进行了实证研究;Afgan等(2000)从资源、环境、社会、经济四个方面反映可持续发展能源系统,选择了可持续发展的相应指标,得出满足现代社会不断增长的能源需求的根本方法是实现能源的可持续发展,而且要协调好能源系统与环境、社会、经济等生命支持系统之间的相互作用;Andreas 和 Daniel(2007)指出,发达国家对可持续发展的讨论集中在环境议题上,而发展中国家则是贫困和公平问题相对较为重要。鉴于能源与人类活动和可持续发展有着紧密的联系,从"节约能源、经济活动、能源效率、气候变化",区域、地方室内空气污染,贫困和公平的角度,构建了一套发展中国家的可持续发展能源指标体系。施德铭等(1997)以县域农村能源可持续发展为目标,综合考虑经济—能源—生态复合大系统,建立了县域农村能源可持续发展能力评价指标体系。该指标体系包括农村能源的效益、效率、发展变化率、系统协调度、发展潜力和农村能源系统支撑体系六个主题,共29个指标,综合全面地反映了农村能源系统的开发利用以及能源活动带来的环境影响等。王效华和冯祯民(2002)从能源需求、能源消费、能源开发和生态环境四个方面提出了农村能源可持续发展评价指标体系,并采用层次分析法定量评价农村能源可持续发展的水平,进而对江苏省六县的农村能源可持续发展水平进行了实证分析,为研究不同地区或不同时期农村能源可持续发展提供了依据。王伯春(2004)立足于新能源对全社会能源、环境、费用和效益的影响,讨论了新能源系统的社会评价、环境评价与经济评价的模型和方法。李京京等(2001)根据可再生能源资源的特性以及它与技术、市场之间的联系,从一般系统论的观点出发,对可再生能源资源的系统评价方法进行了研究,并以秸秆资源为例进行了实证研究。

5) 农村能源发展路径与对策

农村能源问题的解决不仅要依靠能源的开发、能源使用技术的创新与改进,同时还需要合理有效的能源政策,因此众多学者将研究重点转向能源政策。对发达国家而言,因为城市与农村能源消费并没有太大差异,因而其能源政策主要集中在环境、能源可持续发展、新能源以及能源价格等方面。Hain等(2005)在研究中指出英国未来应加大支持小型的、家庭型的可再生能源项目,以实现其2020年可再生能源目标;Mckay(2006)在回顾英国能源政策的基础上,指出大量使用生物质能源转换技术将有利于遏制以全球变暖为特征的气候变化,从而潜在地保证了能源安全。Patlitzianas等(2008)在回顾国际能源机构、欧洲委员会、经合组织、联合国、国际能源机构、国际原子能机构、亚太能源研究中心制定的能源政策指标的基础上,从供应可靠性、能源市场的竞争力和环境保护等方面描述了与能源相关的活动,并提出了可持续发展能源政策指标的框架。对发展中国家而言,优化能源利用结构、调整能源管理政策等已经成为促进农村地区发展的重要方面(Catania,1999;Ghiorgis,2002)。

在农村能源的宏观政策研究上,邓可蕴等(1998)根据中国农村现代化建设进程中所遇到的能源障碍,指出农村能源发展的战略目标是建立起经济、环境、社会相互协调的可持续发展的农村地区能源系统;邓可蕴(1991)、王革华(1998)以江苏如皋、福建永春、重庆铜梁等18个县的农村能源建设实践为基础,提出中国农村能源建设的必由之路应该是以县域为单位进行农村能源综合建设,并对县级农村能源综合建设提出对策和建议。翟辅东(2003)针对我国农村社会经济以及能源供需结构形势的变化,提出了"因地制宜、生态兴能、市场调节、讲求综合效益"新的农村能源十八字方针。朱四海(2007a)提出以"开源、替代、减排、增收"为主要内容的农村能源替代战略目标,构建"以可再生能源为主,常规能源为辅,分布式、自给式、低碳化"的农村能源服务体系、开发农村生物质能源、发展能源农业等对策以软化国家能源约束。田宜水(2013)针对农村能源消费结构不合理、室内空气质量堪忧、投资渠道单一、技术还有待完善等问题,提出我国未来农村能源发展的趋势,认为农村能源发展应该和新农村建设相结合、与生态环境改善相结合、坚持因地制宜的原则。此外王荣凤(2007)、周中仁等(2012)、李彦普(2013)分别针对荒漠化地区、北京市和河南省农村能源的具体情况,从省域层面提出各地的农村能源发展策略。

在农村能源产业发展中,各国学者对以生物质能源为代表的可再生能源产业发展给予了高度重视。Hillring(1998)认为政府可以通过支持研发、制定有效的行政政策和经济刺激等措施以促进生物质能源产业的发展;Wiser等(1998)则指出由于政府没有考虑到产业的具体融资过程以及产业政策的不稳定性,导致可再生能源产业的融资受到产业政策的影响很大,因此政府应该采用财政保障等措施使生物质能源产业的投资风险减小;Rave(1999)则认为可再生能源的市场可以借助国家对能源的需求、相关的环境政策形成,而金融机构则需要加强对可再生能源产业的进一步了解并采用各种方式进行投资;Coelho等(1999)探讨了生物质能源利用中存在的障碍,认为应该将外部性加入购买价格的制定过程中以促进生物质能源产业的发展;此后,Ugarte(2000)研究了政策的实施对生物质能源产业的影响,并利用POLYSYS模型对农业与其他因素相互交融后对生物质能源产业以及区域经济的影响进行了实证研究。Wang等(1997,1999)则从中国的具体国情出发,认为目前中国面临农村经济发展和生态环境保护的双重压力,为实现国民经济的持续增长,必须在不牺牲环境质量为代价的前提下,改变农村传统的能源生产方式和消费方式,合理开发利用生物质能源。

能源短缺和环境恶化使低碳减排成为能源生产和消费的重点,因此有学者提出生物质能源将成为未来能源的生力军,并可能会出现能源与农业相辅相成的新格局(邓心安等,2008);有学者明确提出解决农业和能源面临的生态问题的根本出路在于进行能源产业革命和农业产业革命,即将生物质能源扩大再生产与高端生态农业结合起来构成新能源产业和循环大农业(杨承训等,2014);也有学者认为应该将农业资源性废弃物进行资源化利用,包括能源化、肥料化、饲料化、复合材料工业化及其他利用方式(吴群,2013),各种废弃物资源化路径的综合效益的优劣顺序依次为基质化、能源化、肥料化、饲料化和材料化(王咏梅等,2013)。

2.1.2 现代农业研究综述

根据本书拟展开的主要研究内容,下面从现代农业的内涵、现代农业发展水平的评价、现代农业的发展路径与发展模式、现代农业的发展策略等方面系统梳理国内外研究进展。

2.1.2.1 现代农业的内涵

学术界对农业的发展阶段看法基本一致,即将农业的发展分为三个阶段:原始农业、传统农业、现代农业。原始农业主要是指在原始落后的自然条件下,主要依靠简陋的棍棒和石器等生产工具,从事极为简单的农事活动的农业,主要是由采集和狩猎逐步发展过渡而来的一种与自然状态近似的农业,属于世界农业发展的最初阶段;传统农业则是指在自然经济条件下,采用人力、畜力、手工工具和铁器等为主的手工劳动方式,依赖于世代积累下来的传统经验,以自给自足的自然经济占据主导地位的农业。现代农业是从工业革命以来形成的农业,是逐步走向商品化、市场化的农业(陶武先,2004)。现代农业的内涵随着时间的推移也在不断变化。国外学者对于现代农业内涵的研究始于20世纪70年代,基本是以现代化理论为基础,从与农业生产特点相结合的角度认识现代农业,舒尔茨(1964)认为"传统农业是一种完全以农民世代使用的各种生产要素为基础的农业,因此不具备迅速增长的能力,农业发展的出路是将传统农业改造为现代农业,也就是实现农业的现代化"。从技术层面看,现代农业是技术进步的结果,速水佑次郎等(2000)将农业发展过程中的技术进步分为劳动替代型的机械技术和土地替代型的生物化学技术;从结构层面看,约翰·梅尔、钱纳里、托达罗均提出过类似重要的观点,约翰·梅尔(1988)认为经济结构的变化表明了传统经济体系向现代经济体系的转换,托达罗(1988)则将发展中国家的农业现代化进程分为三个阶段:维持生存的农业发展阶段、混合和多种经营的农业转变阶段、专业化农业阶段。

我国对于现代农业的研究始于20世纪90年代初期,最早的文献为郝明德发表于1993年的《日本现代农业对中国农业现代化的启示》,之后对现代农业内涵的探索越来越多。蒋和平(1997)认为现代农业反映了较高的生产力水平,它是一种利用现代工业提供的生产资料、广泛运用现代科学技术和现代管理方法的社会化农业;石元春(2002)认为现代农业正处于农业发展的新的历史时期,是在可持续发展理念以及新的农业科技革命的推动下而发展形成的一种可持续发展的、资源节约的、从事多元化生物质生产的并实现贸工农一体化经营的新型产业;卢良旭(2006)认为现代农业应该以现代工业装备为物质条件、商品化为特征、集约化为方向、科学化为核心、产业化为目标;周应恒等(2007)认为现代农业是以现代产业的理念为指导,以产业关联关系为基础、以现代科技为支撑、以现代产业组织为纽带的可持续发展的包括农业产前、产中、产后环节的有机系统;农业部课题组(2008)在2007年中央"一号文件"对现代农业内涵界定的基础上,提出现代农业是以现代发展理念为指导,以保障食品安全、增加农民收入、实现农业可持续发展为主要目标,不断引进新的生产要素和先进经营管理方式,用现代科学技术、现代物质装备、现代产业组织和管理手段来经营的,在国民经济中具有高水平土地产出率、劳动生产率、资源利用率的市场化、标准化、产业化的农业形态。

2.1.2.2 现代农业发展水平的评价

现代农业是一个渐进的发展过程,在不同阶段呈现出不同的发展特征。而对现代农业开展评价是阐明现代农业发展特点与规律的极其重要的方法。国外对于现代农业发展水平的评价侧重于对替代方法和策略的研究,注重模型的运用以及指标间相互作用的研究(Gustavson et al,1999;Vander Werf, et al,2002;Stoorvogel, et al,2004)。以英国农、渔和食品部制定的可持续农业发展指标为例(Sanrem,1994),整个指标体系利用了PSR框架,包含了农村经济和社会框架下的农业、投入、资源使用、耕作管理系统以及保护农业土地价值等5个方面,共35个指标,该指标体系强调民众的参与度,注重指标对政策的发展、完善及其对实践的指导作用。但是该指标体系只是对各指标的利弊进行了分析,并没有对每个指标规定临界值和目标值,也没有对总体指标体系进行综合评价。

从现有文献来看,我国学者对现代农业评价进行了大量的探索和研究,更多地侧重于构建现代农业评价指标体系,并借助数据包络法(郭冰阳,2006)、综合指数法(蒋和平等,2006)、灰色关联度法(李虹来等,2007)、层次分析法(杜国明等,2013)、因子分析法(程绍铂等,2011)、熵权法(李满等,2014)等各种方法对各区域的现代农业发展水平进行评价研究。

现有的研究大体上可以分为三类:第一类是关于农业现代化评价的研究。如蒋和平等(2006)利用综合指数分析方法,建立了包括农业投入水平、农业产出水平、农村社会发展水平、农业可持续发展在内的四大指标体系对我国农业现代化的发展水平、发展阶段进行了定量评价和预测;谭爱花等(2011)基于农业现代化内涵和农业可持续发展理论,设计了包括农业经济现代化、农业社会现代化、农业生态现代化三个系统组成的指标体系并据此进行纵向和横向的比较;农业现代化评价指标体系构建研究课题组(2012)在理清农业现代化基本内涵和时代特征的基础上,紧扣其本质要求,构建了由农业产出效益、农业设施装备、农业科技进步、农业产业经营、农业生态环境和农业支持保障在内的 6 大类 18 个指标组成的指标体系,并以江苏省为例进行了实证研究。

第二类是对农业发展可持续性评价的研究。徐祥华等(1999)从农业经济、环境资源、农村社会、农业科技和外部环境等五个方面构建了可持续农业综合评价指标体系;张亚平等(2006)在深入分析农业可持续发展内涵的基础上,以珠江三角洲、长江三角洲为例建立了包括经济、资源环境、社会三大子系统在内的发达区域农业可持续发展评价指标体系;仇方道等(2005)、翟胜等(2010)均建立了包括经济可持续、社会可持续、生态可持续发展在内的农业可持续发展评价指标体系,并分别以徐州市黄土丘陵区为例进行了实证分析。

第三类是国内学者从不同层面对不同地区的现代农业进行综合评价。辛岭等(2010)借鉴了联合国粮农组织、世界银行、欧盟等一些国家和地区的研究方法,构建了由现代农业投入水平、产出水平、农村社会发展水平和可持续发展水平等 4 项准则指标共 12 项个体指标的现代农业评价体系,测算结果认为我国自改革开放以来现代农业发展水平总体处于上升趋势;詹慧龙(2010)对 2008 年世界 148 个国家的现代农业发展进行比较,结果发现中国现代农业的综合发展水平相对落后,仅位于世界第 62 位,相当于日本 20 世纪 50 年代中后期或韩国 20 世纪 70 年代初的水平,基本处于现代农业发展的初期阶段;齐城(2009)运用层次分析法和德尔菲法设置了 3 层共 20 个具体评价指标,并用该指标分析了 2006 年我国各省的现代农业发展水平;蒋永穆等(2012)提出了包括产业结构指标、产业互动指标、创新能力指标、人力资本指标、产业组织指标和可持续发展指标等 6 个分目标层、25 个具体指标的评价指标体系,并用层次分析法对各指标的权重进行了确定,从而构建起科学评价现代农业产业体系建设水平的度量体系;王霞等(2012)提出了包括农业发展指标、农业支撑能力指标、农业产出水平指标、农业经济发展指标、可持续发展水平指标等 5 大指标层、16 个具体指标的评价体系;李满等(2014)构建了包括农业物质装备水平、农业产出效益水平、农业经济结构水平、农业产业化经营水平、农业可持续发展水平和农村社会经济发展水平等 6 个二级指标的现代农业发展评价指标体系,并通过熵权法和线性加权法,对河北省张家口市和涿鹿县的现代农业发展水平进行了评价分析;赵洪亮等(2012)构建了包括 6 个一级指标、13 个二级指标的县域现代农业评价指标体系;黄祖辉等(2009)基于资源利用效率、充分考虑地域间的差异基础上,以劳动生产率、土地产出率、资源利用率为核心分别构建了县(市)域层次和农户(场)层次的高效生态现代农业评价指标体系。总体来看,上述研究不仅考虑了现代农业的经济效益,而且也注重其社会效益和生态效益的评价;在研究中大多采用综合评价方法对现代农业进行研究并对现代农业评价指标体系的建立均做了有益的探索,但也存在指标过多、过于具体、主观性过强等问题。

2.1.2.3 现代农业的发展路径与发展模式

由于国外现代农业起始时间早,发展较为充分,因此在现代农业的研究及其发展实践中,大多数发达国家均取得了较大的进展,拥有较高的现代农业发展水平,并且根据本国的自然、经济、技术以及社会条件形成了各具特色的发展模式(曹俊杰,2004;陶黎新,2005;郑高强等,2008)。主要有以美国为代表的规模化、机械化、高技术化模式;以欧洲为代表的生产集约加机械技术的复合型模式;以日本为代表的资源节约和资本技术密集型模式(孙浩然,2006;郎秀云,2008;何磊,2008;杨培源,2009)。此外国外的学者们提出了不同的现代农业发展模式以替代"石油农业",主要有日本冈田茂吉所提倡的"自然农业";美国"再生农业研究中心"的创始人罗代尔所提倡的"再生农业";美国土壤学家艾希瑞克所提倡的"生态农业"以及英国真菌学家霍华德所提倡的"有机农业"等(张忠根,2001)。

由于我国各地的自然条件和社会经济发展水平存在非常明显的差异,因此如何因地制宜发展我国的现代农业已经成为农业现代化建设的重要课题。国内的专家和学者在借鉴国外现代农业发展经验的基础上,从不同层面提出我国现代农业的发展模式。

从国家层面看,孔祥智等(2007)认为我国现代农业发展过程中必须注意劳动生产率目标和土地生产率目标、规模经济与现代农业发展、经济发展与生态环境保护之间的三大关系,因此我国应该因地制宜采取不同的现代农业模式,主要表现为东部地区为集约型现代农业、大城市郊区为都市型现代农业、中部地区为产业化型现代农业、西部地区则为特色型现代农业。郑高强等(2008)基于农业资源禀赋的视角,把我国现代农业模式归结为东部"外向主导型"、中部"两化结合推动型"、西部"特色农业带动型"。此外,也有专家指出在全球气候变暖的背景下,我国应该将以农业温室气体减排和农业增汇减碳为目标的低碳农业发展模式作为未来现代农业发展的主要趋势(谢淑娟,2012);重视发展舒尔茨模式,使现代农业外延式发展与内涵式发展相结合以实现从传统农业向现代农业的转变(王英姿,2014)。从区域层面看,宋再钦(2004)在对中部地区现代农业建设的有利条件和制约因素分析的基础上,提出积极推行集约持续农业、大力发展加工型农业、全面实施无公害农业。而在东部沿海地区,由于不同的自然资源和不同的外部环境条件的影响,形成了各具特色的现代农业模式,即以胶东半岛为代表的产业化与开放型农业模式、以浙闽为代表的工农互补型农业模式、以苏南为代表的多功能性和生态型农业模式、以珠三角为代表的高新技术与集约型农业模式、以上海为代表的城乡融合型农业模式等(曹俊杰,2009)。李宝玉等(2010)通过对环渤海地区资源环境条件的判断,提出环渤海不同区域现代农业的发展模式,即滨海地区外向型农业和现代渔业发展模式、大城市周边都市型现代农业发展模式、平原地区"土地集约型"种植和"生态型"养殖发展模式、丘陵山区绿色农业和观光农业发展模式。

从省(自治区)层面看,强毅(2008)通过对宁夏自然地理环境、人文环境和经济环境的分析,探讨了宁夏现代农业的发展模式,即引黄灌区大力发展技术型优质高效农业;中部干旱区以节水型现代农业模式为主;南部山区则以循环型生态农业模式为主。王永平等(2009)基于贵州省现代农业发展的特殊背景,认为大力发展资源综合利用型、产业组织带动型、市场建设驱动型 3 种生态农业产业模式是贵州省现代农业发展路径的现实选择。柳百萍等(2011)指出为了使安徽省实现由农业资源大省向农业产业强省的转变,安徽省现代农业发展的主要模式为优势农产品产业带模式、生态农业和特色农业发展模式、乡村旅游产业带动型发展模式、城郊都市型农业模式、以出口为主的外向型发展模式。农业大省湖南省则形成了长沙县现代都市生态农业模式、浏阳市农民专业化合作模式、安仁县粮食产业化经营模式、永州基于土地流转的农业现代化模式、张家界的休闲观光模式和岳阳的两型农业模式(李航,2013;汤建尧,2013)。

从特殊区域层面看,丘陵山区适宜发展专业合作型、观光旅游型、企业带动型、休闲山庄型、庭院立体型现代农业模式(张红等,2012);喀斯特山区应该以特色农业、立体农业、观光农业、城郊型农业、循环农业为现代农业的主要发展模式(伍应德,2013);库区应该大力发展高效生态林果药业、休闲农业、高效生态渔业、种草养畜、精准农业、循环农业等现代农业发展模式(吴韵琴等,2009;熊晓梅,2011);江苏沿海地区则形成了以围垦滩涂养殖业、沿海滩涂养殖业、近海养殖及捕捞业、外海和远洋捕捞业为代表的黄海之滨的海洋农业,以优质粮棉油产业、高效特色农业、生态观光农业、农产品加工业、农产品物流业为代表的海积平原的农区农业,以都市园艺业、都市生态养殖业、都市农业休闲服务业为代表的沿海城市的都市农业(徐志华等,2011)。

2.1.2.4 现代农业的发展对策

美国、欧盟、日本、以色列以及我国台湾等发达国家与地区,在现代农业发展过程中不断探索,找到了适合各自的农业现代化道路,这些经验和教训对我国现代农业的发展具有重要的参考和借鉴作用(孙浩然,2006;李蓉丽,2007;夏显力等,2007;何磊,2008;高照军等,2008)。

1) 农业发展的基本战略方面

李炳坤(2006)认为我国建设现代农业必须树立五大现代理念,即树立大资源的理念,合理应用各种自然资源和社会资源,向资源利用的广度和深度进军;树立大农业的理念,挖掘农业内涵,拓展农业的外延,突破原来所界定的广义农业;树立大食物的理念,广辟食物来源,逐步提高有机食物和绿色食物的比重;树立大市场的理念,充分利用国内外市场、现货市场和期货市场、产品市场和要素市场以大力发展现代流通业;树立大生态的理念,大力发展集约农业和循环农业,不断改善外部生态环境,实现可持续发展。夏显力等(2007)认为由于我国规模化潜力、农作物单产增产潜力、结构调整和品质提升的空间均有限,因此我国实现农业现代化的最有效途径就是通过产业集群和合作组织建设以提高农业的外部规模;通过建立广泛的"以城带乡、以工补农"的政策支持体系,来补偿因土地规模不足而导致的农业生产者的低收益;在提高土地生产率的基础上走上大幅度提高农业劳动生产率的现代化之路。吴越等(2007)认为发展现代农业,必须树立五大意识,即农业资源循环利用意识、区域现代农业经营意识、现代农业科技创新意识、农科教统筹运作意识和优惠政策引导扶持意识,从而使现代农业建设走上规范化、制度化的轨道。

2) 生产经营方面

首先要进一步拓展和创新现代农业的功能,现阶段需要重点强化的功能主要包括强化农业的产品供应保障功能以解决13亿人的吃饭问题;发挥现代农业对劳动力的转移贡献功能以解决农村富余劳动力的出路问题;增强农业对农民的收入贡献功能以解决农民的富裕问题;充分凸现农业生态保护的保障功能以解决农业的可持续发展问题(孙旭,2008)。此外,我国现代农业的发展还应该重视农业的文化传承功能,保护和弘扬民族传统文化;拓展农业的休闲和娱乐功能,提供更多的休闲娱乐资源;开发农业的生物质能源功能,缓解能源供求矛盾(尹成杰,2007;刘成玉等,2009)。其次要注重农业产业结构的调整。徐翔等(2001)以比较优势理论和要素禀赋理论为基础,认为各区域应该坚持发挥本地比较优势,合理调整农业产业结构以形成农业产业的比较优势。柳云波(2004)认为农业产业结构调整要以稳定粮食生产为基础、充分发挥本地资源优势、以市场为导向、以科技为依托、以社会化服务体系建设为保障。刘丽辉(2014)认为广东省在面临农业生产要素日益稀缺、全球气温逐渐上升以及农产品市场需求变化等压力的情况下,未来广东省农业产业结构调整应该围绕农业生产低碳化、农业产品品质化、农业效益高效化等3个方向,使广东省的农业生产区域结构、农业产品结构以及农村产业结构向更深层次发展和延伸。最后要加快农业与第二、三产业的融合发展。现代农业发展过程中与其他相关产业融合后可以形成多种形态的新产业。农业内部子产业之间融合后可以形成生态农业;农业与高新技术融合后可以形成生物农业(赵西华,2010)、数字农业和精确农业(刘金爱,2010);农业与服务业融合后可以形成农业服务业(周启红等,2010)、休闲农业(席晓丽,2008);农业与能源相融合可以发展形成能源农业,与其他农业相比较,能源农业的发展可以形成横跨农业、能源、化工等领域,以能源产品为核心、以能源农业为依托、具有循环经济特点的产业链条,从而形成具有石油替代、环境保护、农民增收等功能的新的经济增长点(席晓丽,2008;张亚平,2008)。在农业与其他产业融合发展过程中,国内学者主要是从政府、农户、企业的角度认为中国农业发展最主要的因素是科技投入政策,政府应该加大农业科研投资(黄季焜等,2000);此外,政府部门应该制定合理的产业技术政策,打破部门分割,加强农业与其他产业管理部门的协调,积极为产业融合提供必要的公共服务(何立胜,2005);产业融合背景下,农户则应该积极学习科技知识,树立新的生产观念和市场观念以冲破落后观念的束缚(吴颖等,2004);对企业而言,则需要从研究需求出发,推进技术的创新融合,并通过混合兼并、战略联盟等形式实现资源的合理流动(吴颖等,2005)。

3) 现代农业发展机制方面

张斌胜(2009)认为,在现代农业发展过程中,我国应该进一步完善政策支持体系、农业产业体系、信息保障体系、投入保障体系、农产品质量安全体系、科技创新与推广体系,从而为现代农业创造良好的发展机制。何凤霞(2010)则认为现代农业的发展,需要建立高效的投入动力机制、重塑规范的资金积累机制、配置有序的投入运行机制、构造合理的投入保障机制。在粮食主产区,农业现代化的发展必须站在统筹城乡发展的高度以构建农业现代化的长效机制,主要包括耕地保护机制、农业自然灾害防御机制、粮食产业化经营机制、农业支持保护机制、农民收入增长机制、城乡一体化发展机制等(赵波,2010)。卢昆(2015)认为,我国在借鉴日本北海道现代农业发展的基础上,应该加大农业技术支持力度以提升现代农业的市场竞争力、完善农业合作经济组织建设以提高新型农民的组织化程度、加强农地保护开发利用工作以大力发展地方特色品牌农业、开展农业接班人培训工作以保障农业操作技术传承创新。

2.1.3 研究述评与启示

在梳理国内外相关文献的基础上,准确把握该研究领域的动向以及研究的不足,从而为本研究提供借鉴和参考,并且能够挖掘研究的创新方向。

1) 关于农村能源研究的述评

从已有研究成果来看,关于农村能源的研究在理论探索、实证研究等方面均取得了较好的成果,但仍然存在研究不足,主要体现在以下几个方面:

从研究视角看，现有研究大多是从省域、国家乃至大洲的层面进行的，研究视角比较宏观和综合，因而其研究成果不具有普适性；对于局部地区微观层面的县域农村能源，尤其是典型县域的农村能源研究较少。

从研究内容看，现有的研究大多集中在农村能源资源潜力估算、农村能源的影响因素及其未来发展路径等方面，也有研究将生物质能源与生态农业的发展相结合，但目前的研究总体而言还比较少而且不够系统。尤其是对于未来如何针对各地具体情况促进农村能源消费结构的转型升级、保持农村良好的生态环境、充分利用农村现有的能源资源以及三者之间如何协调以形成有特色的能源发展道路还有待研究。

从研究方法看，现有的研究大多是对农村能源发展现状、存在问题、发展对策等做定性研究，或者是利用统计数据进行定量分析，或者通过实地调查进行相关影响因素的分析，未能将定性研究与定量研究有机融合起来。

2) 关于现代农业研究的述评

从已有研究成果来看，定性层面的研究内容主要包括现代农业的内涵与特征、发展路径与发展模式、发展对策等；定量层面的研究主要集中在现代农业发展水平评价指标体系的构建及其评价，国内外学者对现代农业的研究已经取得了丰硕的成果。但仍然存在研究不足，主要体现在以下几个方面：

从研究视角看，和农村能源的研究相类似，现代农业的研究大多也是从国家层面或较大区域层面进行的，县域层面的研究大多局限于湖南、湖北、河北、辽宁等农业大省的县域，而对于其他农业经济发达的县域现代农业研究比较薄弱。

从研究内容看，现有的研究大多集中在现代农业的发展路径和发展模式、发展对策等方面，从宏观的国家层面到微观的县域层面均有涉及。但是如何充分利用现代农业的资源性废弃物，通过现代农业与农村能源的融合发展实现二者双赢的研究尚比较缺乏。而现有的农村能源短缺问题，现代农业高投入、高废弃、高排放等问题的解决有赖于农村能源与现代农业的深度融合发展。

从研究方法看，现有研究多采用文献法，在分析方法上多采用定性分析法，实证研究和定量研究相对较少。此外定量研究也主要体现在现代农业发展水平的评价上，研究的数据大多来自统计年鉴，缺少对典型区域的实地考察。而农村能源与现代农业融合发展缺少政府部门及研究机构提供的统计数据，因此客观需要深入农业和农村调查，收集第一手资料进行实证研究。

2.2 相关理论基础

农村能源与现代农业融合发展是一个复杂的过程，系统论、能源经济学理论、可持续发展理论、低碳经济理论、循环经济理论等为本书的研究奠定了坚实的理论基础。

2.2.1 系统论

1968年贝塔朗菲(Bertalanffy)发表的《一般系统理论：基础、发展和应用》首次确立了系统论这门学科的学术地位，后经普利高津、哈肯、艾根等人加以发展起来，它是关于研究一切综合系统或子系统的一般模式、原则和规律的理论体系，其核心思想是系统的整体观念(吴广谋，2005)。

1) 系统的内涵

所谓系统是相互关联的元素的集，是一个"整体"或"统一体"(贝塔朗菲，1987)，它是由许多相互关联和相互依赖的若干组成部分相结合的具有特定功能的有机整体(钱学森，1982)，其实质就是要揭示出联系与整体特征的最本质的内涵。

2) 系统的特征

系统具有整体性、相关性、层次性以及目的性等特征。整体性是指系统作为一个整体对外联系的单位，并且系统内部的各要素在整体中也有意义；从功能上则可以理解为整体所具备的功能应该不同于系统内部各部分的功能，也不同于各部分功能的简单叠加，整体性不仅说明系统整体功能的非叠加性，而且新的系统整体将产生新的功能。相关性主要被用来描述系统整体性的原因，相关性或联系称为整体性的根据，系统思维的主线之一正是强调系统部分之间相互联系的重要性。相关性在重视整体内部关联的同时也重视系统整体与其周边环境之间的联系。层次性是指由于组成系统的各要素之间的差异而导致作用、结构、功能上表现出明显的等级秩序性。例如国民经济系统是由各产业子系统构成的，而各产业子系统又是由各个企业系统构成的，一个系统同时也可以成为另一个系统的子系统等。目的性体现了特定系统活动的目的，在行为的层次上是指一定范围内不相同的输入，可能都只是一种输出。

3) 系统的要素构成

每个系统都具有一定的结构和功能(魏宏森等，1995)。结构是系统内部的所有要素之间的一种相对稳定的时空关系、联系方式和组织秩序的内在表现形式；而功能则是系统在与外部环境之间相互作用、相互联系中所表现出来的能力、性质和功效等，是系统内部相对较为稳定的联系方式与组织秩序。系统的功能分为两种，主要表现为同构功能和异构同功。同构功能是指如果系统的结构相同，那么其功能也就相同；而异构同功则是指结构不同的系统也可以拥有相同的功能。

4) 系统的分类

贝塔朗菲(1987)将系统分为开放系统和封闭系统两种。其中开放系统是指与外界环境之间进行物质、能量和信息交换的系统,而封闭系统是指与其环境相隔绝的系统。封闭系统的熵值是正的,因此其发展趋势是走向极无序的状态以致消灭差别。而在开放系统中,由于负熵流向系统的流入,从而促进系统向有序化发展。

5) 系统的结构

系统的结构是指系统的要素及其关联方式的总和。作为系统内具有一定独立性的"零件"的要素是系统内部在一定意义下所形成的最小的基本单元。划分要素时需要遵循的基本原则是要素之间的边界是清楚的,并且各要素之间的相互联系是可描述的,通常在达到目的的基础上尽可能简单地对要素进行划分。关联是指各要素之间的相互联系。系统中的要素并不仅仅指物质存在,更强调其在关联中的意义。

启示:系统问题本质上是针对分析方法在科学中应用的局限性问题(Simon, 1962)。借助系统论思想可以把农村能源与现代农业看作是一个复合系统,系统论不仅为农村能源与现代农业融合机理与模式提供了定性的理论指导,同时也为本研究提供了整体性的研究框架。具体来说,以系统论为指导对农村能源与现代农业融合机理与模式进行研究,首先要求能够建立起包括农村能源与现代农业的系统框架,即要科学认识农村能源与现代农业之间的相互关系;其次要以系统论为指导,在掌握农村能源子系统与现代农业子系统发展特征的基础上,准确测评复合系统的融合度;最后从系统的角度全面剖析复合系统融合的机理并合理设计其未来融合的模式,从政府、企业和农户等层面提出促进农村能源与现代农业融合对策,做到统筹兼顾各层次、各方面因素,促进层次间和要素间的相互协调与配合,以期有效解决农村能源问题,促进农村社会经济发展,保护生态环境,提高农民生活水平,达到系统整体优化、保障农村地区可持续发展的目的。

2.2.2 能源经济学理论

能源经济学是借助于技术经济学、市场经济学以及数量经济学等相关经济学的基本原理,综合能源系统的基本理论,对能源系统发展过程中的有关经济现象、经济规律进行分析的综合性学科。其产生与发展有助于促进能源供需体系和能源系统发展问题的分析,并为之提供了较好的理论基础和分析方法。

1) 能源经济学的发展及其主要研究内容

最早提出能源经济学的是英国著名经济学家威廉·杰文斯,他于1865年出版了《煤的问题》一书,该书首次将能源问题引入经济学分析领域,推动了能源经济理论分析的快速发展(Oliveira et al,2004)。能源是人类社会赖以存在和发展的重要物质基础。然而,20世纪70年代以前,人们一直把资本、劳动力和土地视为重要的生产要素,能源最多被看作是原材料的一部分,是取之不尽的资源,因此能源经济研究的重点侧重于能源开发与利用。20世纪70年代两次石油危机的爆发让人们意识到能源资源需求的普遍性、难以替代性、有限性和不可再生性。而传统的经济发展模式已经不能解决经济社会发展所面临的能源危机,因此能源经济研究开始更多地关注能源资源的公平分配、能源资源的有效配置、能源效率的提高等问题。自20世纪80年代中期以来,随着能源消费引起的环境污染和生态恶化等外部不经济问题开始引起人们的关注,能源经济学研究重点和难点转变为寻求能源的可持续利用、经济的可持续发展以及环境与经济增长的协调发展(林伯强,2014)。

借助于经济学的基本原理,能源经济学分析了能源系统的发展问题,涉及其理论方法研究和实践探索等诸多领域,其涉及的主要研究内容见图2-1。能源经济理论研究主要分析能源与经济之间的发展关系、研究能源的供需平衡发展、计算能源的投入产出效应、系统性地分析能源系统结构等;能源经济运行研究主要是分析能源利用的开采、布局、加工转化、贮运以及消费使用等各个环节,研究能源与社会生产的关系及其变化规律;能源经济管理研究则主要是分析能源系统的发展战略、能源体系的管理机制、相关能源的法律法规和政策等;能源经济分析研究则主要分析能源开发使用的合理性和经济性,利用技术经济学等原理研究各能源建设项目的经济分析和能源环境经济分析等相关问题(Lazzaretto et al,2004;Hanley et al,2006)。与本研究有关的能源经济学理论主要涉及能源安全理论和能源阶梯理论。

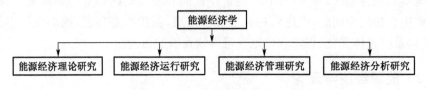

图2-1 能源经济学相关研究领域

2) 能源安全理论

对物质需求的不断增长和精神生活的逐渐改善都会导致能源消费需求量的进一步增加。二战以后世界各国经济发展历程表明:能源的增长速度一般与国民生产总值的增长是同步的。陈才等(2005)认为能源消费量的高低与国家经济发展、工业化水平呈正相关。

各国工业化程度的不断提高导致能源消耗在工业生产中所占的比重也越来

大,而可探明储量的能源却越来越少,随之出现了能源供应不足等问题,因此能源保障和安全逐渐被提上日程。能源安全的内容主要体现在三个方面:能源的经济安全性和能源的使用安全性、能源价格的稳定等。

其一,能源的经济安全性,是指通过维持能源供应与需求之间相互均衡的状态,在保障能源稳定供给的前提下满足国家生存和发展的正常需求(Maull et al, 1984),其主要特征如下(成金华,2002):①保障能源供给 指无论在何种情况下,都能够稳定地保障供给国民经济发展、人民生活所需要的各种能源是能源经济安全性的最基本特征;②随机应变 指不仅能够科学防御影响能源有效供给的各种突发事件,而且能够在一定时期内满足社会经济发展对能源的需求;③可持续利用 从长远角度看,能源安全性是指不仅能够保障当前能源的供给,而且还要满足未来社会经济发展的需求,即必须保证能源供给的数量和质量能够持续利用。

其二,能源的使用安全性,是指在满足当代人能源消费的前提下,能源的消费和使用应该以不威胁人类自身的生存和发展环境为基础(Maull et al, 1984),更加强调生产与消费、经济效益与环境保护之间的协调与均衡发展。能源安全强调了某个国家或地区的能源来源与本国进口能源供给的保障程度,它既不同于能源产业安全,也不同于能源生产安全。因为前者主要是指某个国家或地区在本国市场上的国际能源产业竞争中维护其既有的和潜在的权益的状态和能力,强调的是作为一个国家能源产业权益总量由他国持有的权益份额应该最少;而后者主要是指在能源生产中各个生产系统运行的可靠性和各类作业人员的人身安全问题,强调的是能源生产过程的安全程度,这些安全程度主要受自然条件、装备水平、生产技术、人员素质和管理水平等因素所影响。

其三,能源价格的稳定。能源价格,特别是石油价格的频繁波动或者持续上涨会对石油进口国带来很大的负面影响,会造成进口国生产成本上升、国际收支恶化、通货膨胀严重、经济停滞,甚至引发经济衰退等严重的情况(林伯强,2014)。

3)能源阶梯理论

"能源阶梯"一词首先是由 Hosier 和 Dowd 提出来的,主要用来描述家庭从使用传统能源载体来满足能源服务需求到使用更现代、技术更先进的能源载体,即随着经济状况的改善,家庭用能将趋向更高级的燃料(Hosier et al, 1987)。如果将家庭燃料选择和阶梯做类比,那么使用现代的商品能源(如 LPG、天然气或电力)的家庭被假定为处于阶梯的较高梯级,而使用传统燃料(如薪柴或畜粪)的家庭则被假定为处于阶梯的底层。这种转变过程在发展中国家的家庭中更受关注。这一概念通常也被称为"燃料转换"或者"燃料—收入阶梯",用来解释当家庭收入达到一定阈值时燃料将转向更便利和更优质的燃料(Reddy et al, 1994; Alam et al, 1998)。在之后的研究中,Reddy 对能源阶梯概念进一步进行了深化,指出不同家庭的能源利用模式随着他们的经济地位而改变。每一个阶梯对应于不同等级的能源,并且能源燃料消费能够上升到哪一级阶梯主要取决于家庭收入水平,这是一个家庭随着经济地位的提高而不断爬升能源阶梯的过程(Reddy,1995)。

"能源阶梯"的内涵可以分别从时间维度和空间维度得到映射。从时间维度看,"能源阶梯"表现在能源消费结构的演变过程。对于某个国家来讲,当其经济发展处于工业化初期时,能源消费结构主要取决于该国的能源资源赋存状况。此后随着国民经济水平的提高,其能源消费结构将逐步转换为清洁能源取代污染能源,高效率能源取代低效率能源,新能源取代传统能源,能源消费模式也最终发展为需求导向型,这种转变是一个自发的不可逆过程。例如,几乎所有西方发达国家的能源消费结构都经历了以煤为主—以石油为主—天然气和核能等新能源的转变过程(胡鞍钢等,2001),见图2-2。而对于炊事用能来说,能源种类则可能由生物质能源转向煤油、液化气和电能(Tyler et al,1991)。从空间维度看,学者们以城市化为切入点,从地理空间上的不同类型区域来体现城市化进程的不同阶段,以考察"能源阶梯"的规律特征。Nansaior等(2011)选取农村、郊区和城市三种类型区域分别代表城市化的三个时点,评估生物质能源在何种程度仍然起着重要的作用。研究结果表明,在家庭能源消费结构中,生物质能源的相对份额从农村、郊区到城市呈现递减的趋势,与"能源阶梯"模型的预测相符,但没有出现某种能源的利用突然中断的现象,并且生物质能源将持续成为家庭能源的重要组成部分。此外,Cai等(2008)在对中国陕西的实证研究中也证实了燃料偏好阶梯理论,认为居民生活能源消费总量存在从农村、乡镇、县城到城市递减的规律。

传统的"能源阶梯"概念只涉及燃料的转换,即明确了收入变动和燃料转换方向的关系,但是在大多数情况下,能源并不能完全转换,各种能源之间并不是完全替代的。因此在多种能源并存的情况下,更多的是随着收入水平的提高,能源利用由低质量的能源为主导转向高质量的能源为主导,能源种类日趋多元化,最终放弃低质量能源的使用。

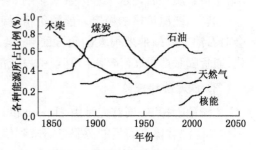

图2-2 世界能源替代趋势图

由此可以将"能源阶梯"的概念引申为:在收入增加的过程中,能源消费量也随之增加,并且高质量燃料增加而低质量燃料减少,通过不同阶梯层次上的燃料的绝对使用量或相对份额来刻画该趋势的变动过程,从而反映出无论是能源数量还是能源质量均存在阶梯变化的特征。

启示:大力发展农村能源产业,促进农村能源与现代农业融合发展,首先可以立足农村能源资源基础,为农村提供大量的优质能源,既可以降低农村对商品能源的过度依赖,又可以保障农村经济建设过程中的能源需求得到满足;其次,农村能源发展以可再生能源为主,尤其是能源农业,其生产和消费过程中不但可以减少碳排放,而且还可以增加碳汇途径,可以将其对环境造成的负面影响降到最低程度,从而保证了能源的使用安全性;最后,本研究主要从时间的角度,探讨在不同时期农村能源消费数量和结构的变动规律,试图通过农村能源与现代农业的融合,改变生物质能源使用方式,优化农村能源消费结构,促使农村能源消费从较低阶梯向较高阶梯转移,从而丰富和扩展能源阶梯理论的内涵。

2.2.3 可持续发展理论

1) 可持续发展观的提出

可持续发展的思想由来已久。早在春秋战国时期,我国就已经产生了朴素的可持续发展观,例如孔子主张的"钓而不纲,弋不射宿";孟子所反对的"竭泽而渔"、提倡"不违农时,谷不可胜食也。数罟不入洿池,鱼鳖不可胜食也。斧斤以时入山林,材木不可胜用也";管仲十分注意保护山川、林泽和生物物种资源等,以期能够更好地发展经济,强国富民。这些都是我国早期的可持续发展理念。但是人类在进入工业社会以后,随着科技的发展、生产力水平的提高,人类创造了任何时期都无法比拟的物质财富,但随之而来的是全球人口的激增、生态环境的恶化、资源的严重短缺等严重问题,这使得人类的生存环境以及未来的发展遭遇了极大的威胁和前所未有的挑战。在这种情况下人类开始了对传统经济增长方式全面的反思。早在1972年,罗马俱乐部发表了《增长的极限》研究报告,向人类社会宣布了自然界的警示,在他们的研究模型中,列举了影响经济增长的五个主要因素,即人口增长、粮食供应、资本投入、环境污染和资源消耗,并指出"如果世界人口、工业化、污染、粮食生产和资源消耗以现有速度递增,有一天我们这个星球必将产生增长的极限,这也是今后100年中最可能发生的结果,即人口和工业生产力发生不可控制的衰退"(丹尼斯·米都斯,1997)。1972年10月,可持续发展的基本思想首先在联合国人类环境与发展会议决议中得到体现,而率先提出"可持续发展"一词的是发表于1980年3月的《世界自然保护战略》,从而使可持续发展理论获得重大突破(Rae,2006)。

2) 可持续发展的概念

可持续发展理论的定义目前尚未统一,不同学科的不同学者可以从不同角度定义可持续发展,目前比较有代表性的定义有以下几种:①从资源、生态和环境等自然属性角度,认为可持续发展是寻求一种最佳的社会——生态复合系统及其运作模式,保护和加强环境系统的生产和更新能力,就是可持续发展,即可持续发展是不能超越环境系统承载能力、更新能力的发展(张聚华,2004)。②从社会属性角度,将可持续发展定义为在生存与不超出维持生态系统承载能力的情况下,改善人类的生活品质(Redclift,1991),并提倡公平、公正、协调和适度地推进社会的全面进步和发展。③从经济发展角度,认为可持续发展的核心是经济发展,而且是在"不降低环境质量和不破坏世界资源"基础之上的经济发展,但是其发展模式需要进行转变(凌迎兵,2003)。④从科技属性角度,认为可持续发展就是指用更有效、更清洁的技术以尽可能做到接近于"零排放"或者"密闭式"的工艺方法,最大限度地使环境质量得以保护,尽量降低各种自然资源的消耗,即确定生态化的科学技术导向,发展与生态友好的相关科学技术,提升经济系统的生态化程度。科技进步在可持续发展中起着至关重要的作用。⑤从伦理角度,认为可持续发展的核心是不应当损害后代人维持、改善生活标准的能力。人类社会的生存和发展,不能剥夺和影响地球上其他生物生存和发展的空间和权利,以及不能妨碍生态系统的平衡和发展。

1987年,世界环境与发展委员会(WCED)在其发表的报告《我们共同的未来》中第一次明确提出可持续发展的概念。可持续发展是指"既满足当代人需要的同时,又不损害后代人满足需要的能力的发展"(Brundtland,1987)。这一定义因为包括了丰富的内容得到了广泛的接受和认可,它认为可持续发展应当是这样的一种发展:不仅要追求经济增长,使人们日益增长的物质文化需要得到满足,而且应该保护人类赖以生存的自然环境;既要满足人类的各种需要,个人得到充分发展,又要保护资源和生态环境,从而不对后代人的生存和发展构成威胁。1992年6月,联合国在巴西里约热内卢召开了世界环境与发展大会,通过了以可持续发展为核心的《21世纪议程》等一系列决议和文件,使可持续发展从理论探讨走向实际行动,并使之成为各国长远的发展模式,引发人类的道德观、资源观和发展观的深刻变革。

3) 可持续发展的基本原则

可持续发展理论的提出深化了人类对于科学、合理发展的认识,并且实现了广泛的共识,形成了可持续发展的一些重要的基本原则:

(1) 公平性原则,包括代内公平和代际公平,尤其强调代际公平,即强调发展不仅要追求本代人的公平,而且要追求世代平等,即本代人不能因为满足自己的发展与需求而损害下一代人满足其发展需求的基础——资源环境,努力维护世世代代公平利用各种资源的权利。

(2) 持续性原则,即当外界某种因素对生态系统进行干扰时,生态系统依然能保持其原有的生产率,这就是持续性原则。人类的生活方式和对能源的需求不仅必须满足可持续发展的需要,而且还应该适应生态系统的条件及其限制因子,从而使生态系统得以保持相对稳定。因此可持续发展不仅要求人与人之间的公平,而且强调人与自然之间的公平,即任何时候经济的发展都不能超越自然环境的承载能力。

(3) 共同性原则,即不同国家或地区具有不同的文化、历史和经济发展水平,因此各国所制定的可持续发展的政策、战略目标以及实施步骤也应该有所区别。可持续发展过程中所体现的公平性原则、持续性原则作为全球发展的总目标是共同的,必须依赖全球共同的联合行动(刘明沺等,2002)。

4) 能源可持续发展

可持续发展必须考虑各个子系统之间的相互制约和相互协调。能源是人类生存、经济发展和社会进步不可或缺的重要基础资源,同时关系到国家经济命脉和国家安全。但是在当今世界经济趋于全球化的过程中,由于各国能源开发利用与经济发展、环境保护的矛盾日趋尖锐,能源问题也因此成为影响人类社会可持续发展的主要问题之一。在这种背景下,能源可持续发展理念应运而生。

能源可持续发展(Sustainable Energy Development)概念最早由 Munasinghe 于1995年提出,他认为通过一系列能源供给与需求管理政策的实施,最终可以实现能源的可持续发展。能源可持续发展是指能源的发展既要满足经济发展的需要,又不对人类的生存环境和生态系统造成不能容忍的破坏;既要满足当代人对能源日益增长的需求,又不对后代人满足其增长需求的能力构成威胁。能源的可持续发展不能局限于能源系统本身,而应将能源与经济、环境、生态等视同一个有机整体,建立起既要发展经济和能源工业,又要保护生态环境的可持续的能源系统。在该系统中,能源的可持续发展包括能源利用的可持续性、经济发展的可持续性、环境的可持续性、人口与社会协调发展的可持续性(崔民选,2007)。

能源利用的可持续性要求当代人应尽可能谨慎地对待能源的消耗,使资源能够得到永续利用,包括能源节约和综合利用、能源效率的提高、能源结构的优化、可再生能源的开发利用以及能源利用过程中的环境和生态保护等。

经济发展的可持续性是指能源利用的最终目的必须促进经济健康有序地发展,从而促使人民生活水平不断提高。能源是国民经济的重要物质基础保障,其发展要满足国民经济发展的整体需要,保持经济结构的协调与效益的最大化;同时作为一个行业,能源工业本身也要注重行业的长期利益,这是能源经济可持续发展的出发点。

环境的可持续性。因为能源在开发、加工、转换和利用过程中必然对自然界产生一定的破坏作用,因此能源的可持续性发展应当以保护环境为己任,注重自然资源和人类环境不可再生、不可替代的价值,维持和提高生态系统的持续生产力,推进能源利用走向绿色、低碳,从而将能源对环境的负面影响降至最低。

人口与社会可持续性。主要考虑能源的承载力和能源未来的发展要求。能源工业发展往往与经济布局的发展联系在一起,能源工业持续发展与否势必影响到人口与社会的可持续发展。随着能源资源的不可持续性与逐渐枯竭,能源势必对一个地区的就业、环境等造成严重影响,从而形成许多社会问题。

启示:农村能源问题是我国当前经济建设过程中面临的重大问题之一,解决农村能源问题不能仅仅依靠外来的商品能源,而应该立足农村能源资源优势,把农村能源与现代农业发展、农村环境保护等联系起来统筹考虑。把农村能源与现代农业融合起来,可以体现可持续发展的基本精神;通过能源农业这一现代农业的新业态,能最大限度地满足代与代之间平等地享受能源资源以体现公平性;能源农业的发展是人类依照可持续标准自觉调整生产生活方式的举动,可以体现可持续性;能源农业的发展完全符合人类的福祉,是人类共同追求的事业,目前世界各地能源农业如火如荼地开展便是证明。因此以可持续发展理论对本研究进行指导,可以进一步明确研究的目的和意义;同时,将该理论运用到农村能源与现代农业的融合中也是对既有理论的拓展和丰富。

2.2.4 低碳经济理论

1) 低碳经济的概念及内涵

低碳经济最早见诸政府文件是在 2003 年的英国能源白皮书《我们能源的未来:创建低碳经济》。英国最早提出"低碳经济"的主要目的是保障能源战略安全,降低气候变化影响,利用其能源基础设施更新的机遇和低碳技术上的优势,占领未来的低碳技术和产品市场,增强其国际政治影响力。

从狭义角度讲,低碳经济(Low Carbon Economy)是以消耗低碳燃料和清洁能源为主,追求温室气体尤其是二氧化碳最小化排放的发展,是一种高能效、低资源消耗和低温室气体排放的经济模式。

从广义角度讲,所谓低碳经济是以低能耗、低排放、低污染为特征,以较少温室气体的排放获得较大产出的新的社会经济发展模式。发展低碳经济的目标是减少以二氧化碳为主的温室气体的排放,特征是低能耗、低污染、低排放,建设途径是建立低碳生产体系和消费模式,配套支撑体系有低碳技术创新、制度政策等的创新(张英,2012)。

低碳经济以提高碳生产率为直接目标,以减缓气候变化、保障能源战略安全和可持续发展为根本目标,以低能耗、低污染、低排放、高产出为基本特征,以能源体系优化、产业结构调整和技术创新为主要手段,包含低碳能源、低碳产业、低碳城市、低碳技术、低碳政策等一系列内容(图2-3)(张英,2012)。

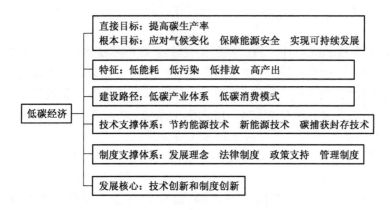

图 2-3 低碳经济内涵图

概括起来,低碳经济具有以下特征:(刘华容,2011;张英,2012)

第一,经济性。低碳经济的经济性包含两层含义:一是能够在利用低碳经济作为发展方式之后,不能使生产力发生倒退。因此生产者应该遵循市场经济规律,在充分发挥市场调节基础性作用的同时,综合考虑其成本和收益,从而在保证低能耗、低排放的前提下实现高产出的目的。消费者可以在温室气体得以减排的条件下实现其满足的最大化。二是市场在资源配置中依然必须起基础作用。

第二,技术性。不同国家提出发展低碳经济都应以低碳科技的应用和进步为基础,且几乎所有国家发展低碳经济都已经开始向发展低碳科技迈进,主要包括再利用技术、清洁生产技术、替代技术、系统化技术、减量化技术、资源化技术、无害化技术、环境检测技术、碳捕获封存技术等。显然低碳技术水平的高低将制约低碳经济的发展水平。

第三,阶段性。低碳经济是人类经济和社会发展达到一定水平的经济状态,其发展过程具有阶段性的特点。对于正处于工业化和城市化进程中的发展中国家,碳排放是"生存排放",因此其低碳经济应着眼于节约能源、提高能效,量力而行地调整能源结构,发展清洁能源;为争取发展空间应强调相对量减排,重点是降低单位GDP碳排放量。对于已完成工业化和城市化进程的发达国家,它们已经跨越以高碳能源为动力的发展阶段,其碳排放是"奢侈排放",因此其低碳经济应着眼于降低排放总量,大力发展碳捕获封存技术、替代技术等,开发第三代核能技术、氢能技术、风能太阳能等开发利用技术以及电动汽车技术。

第四,目标性。发展低碳经济的目标有两个,一是将大气中的CO_2等温室气体的浓度保持在一个相对稳定的水平上,甚至有所减少,不至于带来全球气温上升,从而影响人类的生存和发展,并在此基础上实现人与自然的和谐发展;二是人们的生活方式得到转变,使人们生活在一种舒适安心的环境中,并享受低碳的新的生活方式。

第五,综合性和战略性。低碳经济不是一个简单的技术或经济问题,而是一个涉及经济系统、社会系统、环境系统的综合性问题。低碳经济所确立的基本思路是以促进发展为前提,解决气候的变化问题,这与单纯的节能减排思路有所不同,它强调的是发展与减排相结合,以低碳为重点,以发展为目的。低碳经济并不是以降低生活质量和减缓经济发展来实现低碳的目的,恰恰相反,它强调的是通过消费方式和经济发展方式的改善以减少对能源的需求和排放,并且这种能源消费方式、经济发展方式以及人类生活方式必须进行全新的变革。这不是一时的权宜之计,而是人类调整自身活动、适应地球生态系统的长期的战略性选择。

2) 低碳经济发展模式

所谓经济发展模式,从经济学角度讲,是指在一定时期内国民经济发展战略及其生产力要素增长机制、运行原则的特殊类型。其主要内容一般包括经济发展的目标、方式、重心、步骤等一系列要素。一般来说,经济发展模式就是某一地区在特定历史条件下形成的具有特色的经济发展路子,其主要内容包括所有制形式、产业结构、经济发展思路、分配方式等。

传统的高碳经济模式,是对工业革命以来的经济发展道路的总结和概括,突出特征是以高碳为基础的工业模式,无论是生产、消费或是流通等方面,体现的都是高碳特征。这种发展模式导致了越来越严重的全球气候变化问题,而大量使用化石燃料这种高碳能源是产生生态环境灾难的主要原因。传统经济产生于人类欲望的无限制和经济资源的稀缺性之间的矛盾,其研究重点是资源配置和资源的充分利用问题。其中微观经济学的中心理论是价格理论,围绕价格生产者决定其产量,追求利润最大化,消费者追求福利满足最大化,而未能体现自然资源储量、环境容量及舒适性在经济发展中的代价。此外一些环境公共物品被边缘化,无偿使用。其模式示意图见图2-4(a)。

低碳经济发展模式是相对于高碳经济发展模式而言的,是相对于无约束的碳密集能源生产方式和能源消费方式的高碳经济而言的。它是对实现低碳排放的经济运行规律进行的总结,运用低碳经济理论组织经济活动,将传统经济打造成低碳型的新经济模式,是对不同类型低碳经济发展典范进行的高度理论概括。低碳经济发展受经济、社会、政治乃至国际合作等因素的影响,因此其发展模式类型也应该多种多样。实现人类社会系统过程中的各个单元在低能耗、低排放、低污染的条件下和谐共生,并且告别不可持续的高碳经济发展时代是低碳经济模式的内在要求。其模式示意图见图2-4(b)。

低碳经济追求的目标不再是单一的经济利益,而是能源利用最大化、碳排放最小化和经济效益最大化。由于目标的多元化,价格杠杆很难成为指导生产者和消费者的指标,单靠市场力量无法实现这些目标,因此政府和社会各种力量必须共同参与,更应该强调政府和社会力量的作用。为实现低碳经济,应该注重生产、使用、废弃全过程中的低碳排放,建立与之相适应的生产方式和消费方式。其基本目标是努力实现两个根本转变:一是实现社会经济发展的根本转变,实现由过度依赖能源消费向低能耗、可持续发展方式转变;二是实现能源消费结构由过度依赖化石燃料向低碳型、可再生能源转变。

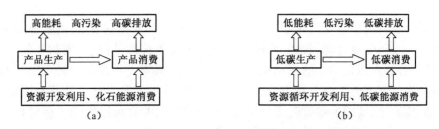

图 2-4 传统经济模式和低碳经济模式示意图

3)低碳经济在农业上的实现——低碳农业

把低碳经济延伸到农业上就是低碳农业,其含义是指在发展农业生产过程中,采用和推广各种先进技术,以尽可能减少能量、物质消耗,减少 CO_2 等温室气体的排放,减少环境污染,从而获得最大的经济效益、社会效益和生态效益(黄国琴等,2011)。与传统的高碳农业相比,低碳农业具有以下特征:

第一,节约性。发展低碳农业,首先要求减少农业生产过程中各种化石能源的投入,即减少化肥、农膜、农药、植物生长调节剂、除草剂、饲料添加剂以及土壤改良剂等各种农用化学用品的投入,以降低 CO_2 等温室气体的排放。因此低碳农业成为典型的资源节约型农业——特别适宜在我国大力发展,因为我国人多地少,并且人均资源严重不足。

第二,环保性。作为环境友好型的农业,低碳农业具有良好的生态环境保护功能。农用化学品投入的减少,不仅可以避免或者减少因大量生产、制造农业化学品而导致的生态环境的破坏,而且还可以减少或消除对环境造成的污染,因此发展低碳农业对生态环境的保护和优化具有更为直接的作用。

第三,安全性。作为优质安全型农业,低碳农业通过减少农用化学品的使用,特别是"生态减灾"技术与措施的推广,在很大程度上减少甚至基本做到不使用除草剂、农药等有毒、有害化学品,从而可以有效地保护天敌。这种做法不仅能够提高农产品质量,而且能够提高其安全性和保健性,从而促进绿色食品、无公害食品、有机食品生产的健康发展。

第四,高效性。作为经济高效型农业,低碳农业通过减少农用化学品的投入以降低农业生产成本,这对农业生产经济效益的提高和农民收入的增加具有极为重要的意义,这也是低碳农业深受广大农民欢迎的重要原因之一。

第五,和谐性。作为社会和谐型农业,低碳农业的发展可以减少 CO_2 等温室气体的排放,可以有效缓解全球气候变暖趋势,减少或消除国际和国内的种种"环境纠纷"(因环境问题而产生的矛盾和争执),从而有利于构建和谐世界、和谐社会。从这一意义来说,低碳农业是一种社会和谐型农业(赵其国等,2009;黄国勤,2010)。

启示:农村能源与现代农业融合可以大力推动能源农业的发展,能源农业发展过程中,本身不仅对化肥、农药、农膜、除草剂、植物生长调节剂、土壤改良剂、饲料添加剂等各种农用化学品的使用量较少,而且能源植物生长过程中具有明显的碳汇功能,因此发展能源农业具有节约性和环保性;发展能源农业主要是利用荒地、空闲地、废弃地、盐碱地等暂时无法利用的土地资源,并且可以用绿色能源代替化石能源,大幅度减少 CO_2 等温室气体的排放,因此能源农业的发展可以缓解全球变暖的趋势,减少国际、国内的各种"环境纠纷",有利于构建和谐社会,因此能源农业也具有和谐性。

2.2.5 循环经济理论

循环经济(Circular Economy)思想的提出起源于人们对生态环境和生活质量的关注。其萌芽可以追溯到 20 世纪 60 年代美国经济学家鲍尔丁(Boulding)的"宇宙飞船理论"。但是作为学术性概念,"循环经济"一词最早出现在英国环境经济学家大卫·皮尔斯(David Pearce)和凯利·特纳(Kerry Turner)的代表作《自然资源和环境经济学》中。1994 年,德国率先制定了《循环经济与废弃物管理法》,这是世界上第一部关于循环经济的法律,同时也是循环经济从理论走向实践的标志。

1) 经济发展模式的演变过程

就人类与环境之间的关系而言,人类社会在经济发展过程中先后经历了三种模式:传统经济模式、生产过程末端治理模式、循环经济模式。

传统经济模式是指以满足人类自身的需求为中心,以"高开采、低利用、高排放"为特征,以"资源—生产—流通—消费—丢弃"为社会运行模式,以"资源—产品—污染物"为物流模式,在经济发展过程中忽略了经济活动对环境所产生的冲击。因为不断从大自然中索取资源并不加任何处理直接向环境中任意排放各种废弃物,必然会导致环境污染加剧、生态破坏、资源短缺等一系列问题。

末端治理模式虽然已经开始注意到环境问题,但在操作的时候是"先污染后治理",也就是说在生产链的终点或者是在向自然界排放废弃物之前,才开始对其进行各种物理过程、化学过程或生物过程的处理,以最大限度地降低污染物对自然界的危害。

循环经济模式是指把清洁生产和废弃物的综合利用融合为一体,既要求进入系统的所有物质和能源在经济体系内通过循环得到合理和持续的利用,又要求从经济体系排放到环境中的废物可以为环境同化,并使排放总量不超过环境的自净能力。其物流模式为"资源→生产→流通→消费→再生资源"的反馈式流程,运行模式为"资源→产品→再生资源"。循环经济模式见图2-5。

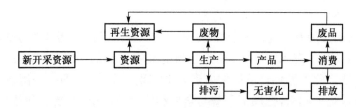

图2-5 循环经济的物质流动途径

2) 循环经济的概念

目前我国理论界普遍认定循环经济是一种新的经济理念,但对于循环经济范畴的界定则有多种不同的角度和方法:

褚大建(1998)从循环经济表现形式的角度给出定义,他认为循环经济是一种善待地球的新型发展模式,它要求把经济活动组织成"自然资源—产品—再生资源"的封闭式循环模式,使所有的原料和能源都能在这个经济循环中得到最充分的利用,从而将经济活动对自然环境的影响程度降低到最少。

曲格平(2000)从循环经济内在机理的角度加以定义,他认为循环经济是把清洁生产和废物综合利用融为一体的经济模式,它要求人类的各种经济活动必须基于生态学的基本规律来进行。人类应该按照自然生态系统物质循环以及能量流动的形式重新构建经济系统,使经济系统能够与自然生态系统相融合。

国家发展和改革委员会从循环经济特征的角度提出定义,他们认为循环经济是以资源的高效利用与循环利用为核心,以"减量化、再利用、再循环"为原则,以低消耗、低排放、高效率为特征的新型经济增长模式,是对既往的"大量生产、大量消费、大量废弃"的传统经济增长方式的根本变革(马凯,2004)。

此外,有学者分别从人与自然的关系、经济与社会和生态的关系、新经济形态、技术范式等角度去阐述循环经济的概念与内涵(解振华,2003;齐建国,2004;冯之俊,2004;朱红伟等,2005)。

目前被普遍认可的循环经济的内涵是由中国科学院可持续发展战略研究组所

界定的。他们认为所谓循环经济就是以生态学规律为指导,以生态经济综合规划为基础设计社会经济活动,并且使不同企业之间形成资源共享和副产品互换的产业共生组合,使上游企业在生产过程产生的废弃物转变为下游企业生产过程中的原材料,从而实现废弃物的综合利用和产业之间资源的最优化配置,在经济循环中永续利用区域的各种物质和能源,实现清洁生产和资源可持续利用的环境和谐型经济模式。

3) 循环经济的内涵与基本特征

循环经济作为一种科学的发展观,一种全新的经济发展模式,具有自身的独立特征,其主要特征体现在以下几个方面:

第一,新的发展观。循环经济的发展观要求经济发展在考虑经济总量提高的同时,还要考虑其生态承载能力;在关心当前经济发展的同时,还要关心子孙后代的生存与发展。此外循环经济的发展观要求实现三个统一,即把经济效益、社会效益和环境效益统一起来,把局部利益与全局利用统一起来,把当前利益与长远利益统一起来,因此这是一种全新的发展观(黎雪林,2007)。在生态系统中,经济活动超过资源承载能力的循环属于恶性循环,会导致生态系统的蜕化;只有在资源承载能力之内的良性循环,才能确保生态系统的平衡与发展。

第二,新的系统观。循环经济系统是由人、自然资源、科学技术等各种要素构成的经济系统(吴季松,2003)。从微观角度而言,循环经济是一种物质闭环流动型经济。但是从整个自然环境系统角度而言,循环经济是整个地球生态系统的一个子系统,具有开放性,而并非是一个孤立封闭的系统,循环经济的增长仍然会由于自然资本的稀缺而受到制约。根据可持续发展系统的要求,在循环经济系统中人类的输出活动对自然环境所造成的危害和影响必须控制在适宜人类生存环境的动态平衡之内,这就不同于以往的末端治理模式。综合考虑每一个生产过程和环节已经成为发展循环经济的要求,而且自然物质循环与经济循环必须融为和谐的整体。

第三,新的价值观。循环经济观不再像传统的观念那样将自然界作为工业化生产的"垃圾场"和"原料场",而是将其看作人类赖以生存的基础,是人类生产与生活不可缺少的生态系统。在面对科学技术时,循环经济观不仅考虑其对大自然的发掘能力,而且要考虑科学技术对自然生态系统的修复能力和康复功能,充分发挥科学技术在环境恢复中的作用。在面对人类自身的发展时,循环经济观虽然用征服自然的眼光来看待自然,但是更强调人与自然的和谐相处,进而促进人类的不断完善和发展。

第四,新的生产观。传统的工业经济时代,其生产观念强调的是要最大限度地开发和利用自然资源,最大限度地获取利润,最大限度地创造社会财富。循环经济的生产观要求充分考虑自然生态系统的承载能力,不仅要能尽量地节约能源,而且还要努力提高自然资源的利用率,将资源得以循环使用并创造出良性的社会财富。在生产过程中,循环经济则要求遵循"减量化、再利用、再循环"的原则。因此材料选取、工艺流程、产品设计、废弃物处理等环节都必须进行清洁生产。同时,循环经济还要求最大限度地利用可循环的、再生的资源来替代非可再生资源,使生产过程建立在合理依托自然生态循环的基础之上;要求最大限度地以知识投入来替代物质投入,以达到经济、社会、生态三者的和谐统一,从而使人类具有良好的生产生活环境,真正全面提高人民的福利水平。

第五,新的消费观。在循环经济发展过程中,传统工业经济时代的"拼命生产、拼命消费"的错误消费观已经被摒弃,取而代之的是适度消费和层次消费的合理消费观,即在消费的同时考虑将废弃物资源化处理,由此将循环生产和消费联系起来,逐步形成绿色消费理念和节约资源的合理生活方式。鼓励政府通过采取各种措施,如税收和行政手段等,限制以非可再生资源为原料的一次性产品的生产和消费,特别是限制各种高耗能产品的消费和使用;积极倡导绿色环保产品的消费,抵制豪华包装,不断培养公民将节能、节水、节粮、垃圾分类回收等行为变成一种普遍性的消费理念。

4)循环经济的基本原则——3R原则

"减量化(Reduce)、再利用(Reuse)、再循环(Recycle)"是发展循环经济不可缺失的基本原则(王红征,2012)。

第一,减量化原则。即在产业链的输入端,通过对产品的绿色设计和清洁生产,最大限度降低对非可再生资源的开采利用,以实现资源投入最小化的目标。这就要求在经济活动中以替代性或可再生性资源作为投入的主体,而尽量降低进入生产消费过程的各种物质流和能源流,具体表现为:在工农业生产中,减少原料的使用量,改革工艺实现产品的体积小型化和轻量化以节约资源和减少排放;在生产生活消费中,尽可能地选择包装简单、可循环使用的物质以减少垃圾的产生。

第二,再利用原则。再利用原则要求产品及其包装容器能以初始的形式得到再利用以延长产品服务的时间长度。其目的在于努力延长各种物质流的停留时间,降低物质流动的速率,使物品尽可能被多次或以多种方式使用,从而避免物品过早地变成废弃物。在再利用的过程中要遵循内部循环优先的原则,尽可能在物品制造者、物品处理者、消费者以及废料处理者间实现内部循环使用。在工农业生产中,使用标准尺寸进行设计可以使产品更容易地、更便捷地升级或更新换代;在生产或生活消费中,尽量将能够维修的物品返回到市场体系供别人再次使用。

第三,再循环原则。也被称为资源化原则,这是针对废弃物提出的,要求将所生产的物品在完成其所有的使用功能之后可以被回收或综合利用,实现废弃物的资源化,减少最终废弃物处理量。这种对废弃物的多次回收不仅可以实现多级资源化,还可以实现闭合式良性循环发展。因此再循环原则不仅要求将废弃物转变为其他类型产品所需要的原料,而且要求在生产同种类型的新产品过程中使废品得到循环使用,以达到循环高效利用资源的目的。此外对废弃物排放量的控制可以使报废产品进入到循环经济的反馈产业链——回收产业中,从而使资源的循环利用率和环境同化能力大大得到提高。

在生产过程中,每一原则对循环经济的成功实施均是必不可少的,但是三者并不处于同等重要的地位。在生产过程中,首先要通过减量化原则从源头进行控制,以减少进入整个系统的资源总量;其次实施再利用原则,回收生产中产生的各种废料使其重新回到生产系统中;而对于源头与过程控制后所产生的少量废弃物,则采用再循环原则,通过相应的技术对废物进行处理,使其进入下一轮循环生产过程中。

5) 循环经济在农业上的体现——循环农业

循环农业是以农业生态系统规律、农业生态经济、循环经济和可持续发展的基础理论为依据,以适量化投入化肥、农药等生产资料,从而实现保护生态环境、提高农产品品质以及食品安全的目的,以多级多层次利用农作物秸秆、畜禽粪便和人粪尿等农业废弃物资源的农业规模化、集约型生产模式(张海成,2012)。循环农业仍然属于农业范畴,是现代农业发展的模式之一,具备传统农业为人类社会提供衣食住行的生产功能,同时还具有资源高效利用、环境保护、农业清洁生产和食品安全功能(尹昌斌等,2008)。其主要特征如下:

第一,资源节约性。传统农业是"资源→产品→废弃物"的单程线形结构性经济,其显著性特征是资源的高消耗、污染物的高排放和资源利用的低效率。在此过程中,人们以经济在数量上的高速增长为驱动力,对农业资源的利用是粗放的,对农业生态系统具有不同程度的破坏性,以反向增长的生态代价谋求农业产出的数量增长。循环农业与之相反,它是以既定的农业资源存量、环境容量和生态阈值为约束,以节约农业资源、保护生态环境和提高经济效益为目标,在充分考虑技术可行性与经济可行性的基础上,通过建立"资源→产品→废弃物→再利用或再生产"的循环机制,通过农业发展与生态平衡的协调以及农业资源的可持续利用,实现资源的低消耗、污染物的低排放和资源利用的高效率。

第二,环境友好性。循环农业运用生态学规律来指导农业生产活动,在农业生产过程中和产品生命周期中要求既减少资源投入量,也要最大限度减少废物的排放量,将农业发展与生态环境保护融为一体,实现农业经济与生态环境效益的统一。在循环农业发展过程中,以农业生态产业链为发展载体,以清洁生产为重要手段,对农业生产流程重新加以组织,把不同农业生产环节和项目在时空上重新安排,使物质能量通过闭环实现循环利用,从而最大限度地减少了向农业系统之外进行废弃物排放,能够有效地将排放控制在环境容量和生态阈值范围之内,实现产品生产与生态环境保护目标的有机统一。

第三,高效性。循环农业运用系统工程建立具有生态和良性循环、可持续发展的多层次、多结构、多功能的综合农业生产体系,形成多产业耦合的横向扩展、产品深加工的纵向延伸以及副产物和废弃物资源化利用的立体化产业结构新格局,从而最大限度地利用进入系统的物质和能量。

第四,现代性。循环农业不是简单复古的自然农业或传统农业,而是充分利用高新技术优化农业系统结构、转变生产方式的现代农业。循环农业要求通过农业科技成果的密集使用来提高农业资源开发利用的广度、深度和精度;需要依靠科技进步来解决耕地减少、水资源短缺和生态环境恶化带来的资源环境挑战;需要通过科技进步推进农业产业升级换代,利用农业科技成果以及产业组织、管理方式的创新,建立起新兴农业产业结构体系;需要通过科技进步降低农产品生产成本、提高农产品质量、提升农业管理水平,以切实提高国际竞争力。

启示:农村能源与现代农业的融合过程中,重点之一在于对农业生产过程中的秸秆、畜禽粪便以及人粪尿等废弃物加以合理使用,使之成为农村能源的重要资源,在对废弃物利用的过程中,不仅可以有效地改善农村生态环境,而且可以为农村地区提供可观的清洁能源,保证了农村经济发展与生态环境保护的高度统一;农村能源与现代农业融合发展的最大作用在于通过融合不仅能发挥原来各自产业的优势,而且能够突破产业间固定化边界的产业限制,打破传统农业生产方式纵向一体化的市场结构,塑造出新型横向结构,从而产生能源农作物种植业、能源林业、能源畜牧业、能源农业加工业等边缘、交叉产业,形成新的经济增长点。同时,通过产业融合,形成横跨农业、能源、化工等领域,以能源产品为核心,以能源农业为依托,具有循环经济特点的完整产业链,以聚集并释放出农业产业内部所具有的潜力,从而产生 $1+1>2$ 的效果。

农村能源与现代农业的融合,推动能源农业的发展,既要考虑生态效益,同时也要有较好的经济效益,以确保农村以及农业经济的可持续发展;反过来,农业和农村经济的可持续发展又能促进农村能源的健康、长远发展。在农村能源与现代农业融合过程中,农村能源子系统与现代农业子系统共同构成复合系统,在这个复合系统中的经济行为要遵循能源经济学的理论指导;在融合过程中,实现农村经济与生态环境的协同发展既是农村农业经济可持续发展的必然要求,同时也是农村能源与现代农业融合过程中必须遵循的原则。在实践过程中,必须大力发展循环农业和低碳农业。也就是说,系统论和能源经济学理论是本研究的基础理论支撑;低碳经济理论与循环经济理论是实现农村能源与现代农业融合发展的约束理论,可持续发展则是二者融合发展的最终实现目标(图2-6)。

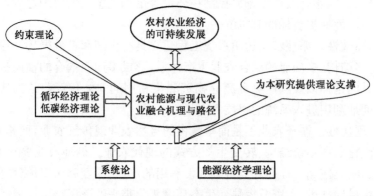

图 2-6　研究的理论基础

3 农村能源与现代农业关系的理论分析

3.1 相关概念界定

3.1.1 农村能源

农村能源是指农业生产、乡镇企业和农村居民所用能源的供应和消费,包括煤、油、气、电等商品能源、传统可再生能源与现代可再生能源(邓可蕴等,2000a)。这是一个综合概念,既包括能源生产也包括能源消费,涵盖商品能源和非商品能源、可再生能源和不可再生能源、新能源和常规能源等(朱四海,2007)。

对能源分类的方法有很多,按照能源是否作为商品进入市场销售将农村能源分为非商品能源和商品能源。其中非商品能源根据开发利用状况又可以分为传统可再生能源和现代高效可再生能源,传统可再生能源包括水能,以秸秆、薪柴、畜粪为代表的传统生物质能源,上述能源属于一次常规能源;现代高效可再生能源包括以太阳能、风能、地热能、潮汐能为代表的一次新能源,以现代生物质能源为代表的二次新能源,其中现代生物质能源按照对生物质加工利用方式分为非粮燃料乙醇、生物柴油、生物质气化、生物质发电、生物质固化成型、沼气等。商品能源主要包括电力、煤炭制品和石油制品等二次常规能源。按照上述的能源分类方式相应地将农村能源划分为不同的类型,如图 3-1 所示。

3.1.2 现代农业

现代农业是一个动态的概念,随时代的发展而发展。但学术界普遍认为现代农业是继原始农业、传统农业之后的一个农业发展的新阶段。

在国外,美国著名经济学家舒尔茨(1964)率先对现代农业进行了开创性的研究,在其著作《改造传统农业》中,舒尔茨指出发展中国家的经济增长有赖于农业迅速稳定的增长,而作为"一种特殊类型的经济均衡状态"的传统农业并不具有迅速稳定增长的能力,因此必须将传统农业改造为现代农业,即实现农业的现代化。他认为引进新的现代农业的生产要素将成为改造传统农业的主要出路;需要建立改

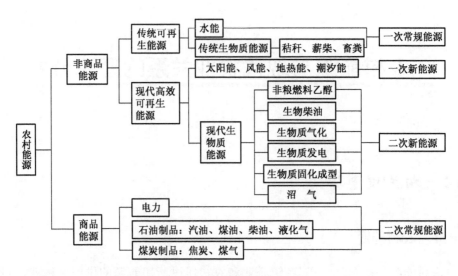

图 3-1 农村能源类型划分

造传统农业的一系列制度,从供给和需求两个方面创造条件实现现代生产要素的引进,提出对农民进行人力资本投资。速水佑次郎等(2000)根据农业生产对生产要素的依赖程度不同、生产采用的技术手段和工具的不同、生产组织方式的不同,将农业生产划分为传统农业发展阶段、农业现代化发展阶段、现代农业发展阶段。其中在现代农业发展阶段上,由于现代农业生产率的增长往往超过工业部门生产率的增长,因此这一时期的农业完成了从资源型产业向科学型产业的转换,成为"科学型产业"。不同的要素禀赋差异导致各个国家和地区的现代农业的发展模式也不尽相同,目前主要有三种模式:劳动节约型、土地节约型、综合发展道路,分别以北美、日本和西欧为代表。上述经典论述对推动现代农业的建设具有很好的启示作用。

国内关于现代农业的阐述比较具有代表性的主要有:石元春(2003)认为现代农业是一种以生物技术与信息技术为先导的技术密集型产业;是面向全球经济的、实现贸工农一体化经营的商品农业;是拓展中的多元化的新型产业;也是实现资源节约和可持续发展的绿色产业。卢良恕(2004)认为现代农业是建立在现代工业和科学技术基础之上的,重视加强农业基础设施建设,充分汲取我国传统农业的精华,并根据国内外市场需求和 WTO 规则,所建立起来的采用现代科学技术、运用现代工业装备、推行现代管理理念和方法的农业综合体系。其核心是科学化,特征是商品化,方向是集约化,目标是产业化。刘战平和蒋和平(2006)提出:现代农业的发展目标是保障农产品有效供给、促进农民增收和可持续发展,支撑是现代高新技术和工业提供的生产设施和科学管理方法,途径是提高农业劳动生产率,资源产出率和产品商品率,特征是专业化、集约化、商品化、多元化的产业形态和多功能的产业体系。2007年中央一号文件根据我国当前的农业发展水平和状况,结合农业现代化发展的阶段性要求,首次明确提出建设现代农业,并把现代农业作为社会主义新农村建设的首要任务。在2007年中央一号文件中将现代农业定义为要用现代物质条件装备农业,用现代科学技术改造农业,用现代产业体系提升农业,用现代经营形式推进农业,用现代发展理念引领农业,用培养新型农民发展农业,提高农业水利化、机械化和信息化水平,提高土地产出率、资源利用率和农业劳动生产率,提高农业素质、效益和竞争力。

现代农业范围和内容从纵向的产业价值链看,可以分为3个领域,即产前领域、产中领域和产后领域。属于产前领域的主要有农业机械、化肥、农药、水利、地膜等;属于产中领域的主要有种植业、林业、牧业和渔业;农产品产后的加工、运输、营销及进出口贸易技术等则属于产后领域。因此现代农业成为一个新的产业集群,该集群主要为发展农业提供相关服务,不仅包括食品加工业、生产资料工业等第二产业,还包括技术、交通运输、信息服务等第三产业,不再仅仅局限于传统的种植业、养殖业等农业部门(国家科学技术委员会,1997)。从横向的子产业体系看,现代农业包括以粮食、果蔬、畜产品为主的食品产业;以棉麻为主的纤维产业;以观光旅游、休闲度假、教育培训为主的农业文化产业以及农业科技产业、农业装备产业、农业信息产业、农业资源与环境保护产业等。

从农业经济学和发展经济学概念出发,现代农业有以下特征(张军,2011):

(1) 突出产业融合基础上的农业产业体系建设

现代农业强调农业与第二产业和第三产业之间的融合,强调整体发挥农业产业体系的建设和各种功能。通过与相关产业融合形成新兴农业产业体系,使得原来只重视农业生产发展的组织方式得以改变,而通过产前和产后的组织方式融合转变,形成了全新的生产组织方式,即将第一产业、第二产业、第三产业融为一体的全产业链,具体表现为通过第一、二产业的融合形成以农产品加工企业为龙头的农业产业化生产组织方式;通过第一、三产业的融合形成"批发市场+农户"的产业化组织方式;通过第一、二、三产业的融合形成"农工商一体化"的产业化组织方式。

(2) 突出不同领域科技集成的融合运用

农业科学技术被广泛应用于传统农业和现代农业的发展中,其目的主要是促进农业增产,而与农业增产没有任何关系的科学技术则很少被采用。但是处于现代农业发展阶段的农业生产已经成为多领域、跨产业集成的"社会化大生产",任何单一产业部门的技术都已经满足不了现代农业发展的种种需要。因此,在客观上要求实行多领域的科技集成,这是现代农业区别于其他发展阶段的一个突出和重要的特征(图3-2)。

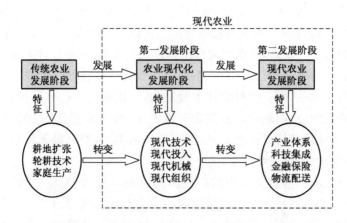

图3-2 传统农业向现代农业发展转变示意图

(3) 强调各种现代服务业对现代农业发展的保障作用

现代农业的发展,除了大宗的农产品生产外,其余农产品则更加强调个性化和品牌化,尤其是各种特色农产品。因此以保险和金融服务为代表的农业生产过程中的各种中间服务,有助于实现生产者与消费者之间物流的对接与配送。总之,现代农业是一个跨产业,多部门、多学科技术集成,突出金融、保险和物流配送服务保障要求的社会化产业体系,是农业发展的最高阶段。

3.1.3 农村能源与现代农业融合发展

《现代汉语词典》中对融合的解释是:几种不同的事物合成一体(中国社会科学院语言研究所词典编辑室,2013),其本意是指两个或两个以上物体或组织通过相互的交织渗透而改变原有成分,形成新的物体组织的变化过程。

目前关于融合的研究主要有以下几种类型:一是产业之间的融合,这是目前研究的重点,主要观点是从产业发展的角度看,产业融合是指不同产业或同一产业内的不同行业相互渗透、相互交叉,最终融为一体,逐步形成新产业的动态发展过程。其特征在于产业融合的结果出现了新的产业或新的增长点(厉无畏等,2002),主要有旅游产业(朱海艳,2014)、农业与服务业、装备制造业与生产性服务业(王成东,2014)等;二是区域之间的融合,例如城乡融合(漆莉莉,2007)、福建自贸实验区与21世纪海上丝绸之路核心区的融合(张蕙等,2015)、山东半岛蓝色经济区与黄河三角洲高效生态经济区的融合(石欣,2013)、国家大学科技园区域融合(张冀新等,2014);三是产城融合,主要有小城镇与产业的融合(邵明昭,2014;贾晓华,2014)、高新园区产城融合(苏林等,2013);此外还有其他类型的融合,主要有乡村旅游与新农村建设(吕倩,2015)、乡村旅游与农业现代化(曹雯,2015)、低碳经济推进与产业结构升级之间的融合(刘美平,2010)、产业结构调整与沿海开发战略的融合(陈晓峰,2012)、生态系统理论与城市理论的融合(黄鹭新等,2009)等。在上述几种融合类型的基础上,本书界定融合就是两个或几个不同的事物在相辅相成、共同促进中融为一体,实现从小到大、从低级到高级、从简单到复杂的变化。本书所研究的农村能源与现代农业的融合发展是指在农村能源发展过程中,将现代农业发展过程中产生的包括秸秆、畜禽粪便、农产品加工业副产品等在内的资源性农业废弃物能源化利用以及能源作物的种植与加工,构建"资源—产品—废弃物—资源"的闭合式循环模式,提高资源利用率,实现农村能源和现代农业充分发展的双赢。

从大农业的角度出发,选取和能源生产相关的产业与农村能源融合,融合后出现的新型产业主要有(冯永忠等,2005;慕芳等,2007):

(1) 农村能源与种植业融合后的新型产业主要是指能源农作物种植业。所谓能源农作物就是专门为解决能源问题而种植的农作物,主要包括短期轮伐林木、草本作物、糖料作物、植物性油料作物和制取碳氢化合物的植物,主要作物有油菜、甜高粱、木薯、甘薯和甘蔗等。

(2) 农村能源与林业融合后的新型产业主要是指能源林业。能源林是以生产生物质能源为主要培育目的的林木。其中以利用林木所含油脂为主,将其转化为生物柴油或其他化工替代产品的能源林称为"油料能源林";以利用林木质为主,将其转化为固体、液体、气体燃料或直接发电的能源林称为"木质能源林"。

(3) 农村能源与畜牧业融合后的新型产业主要是能源畜牧业。能源畜牧业主要是指利用畜禽脂肪及其粪便作为原料来进行能源生产的活动,主要包括两方面的内容,一方面是指通过饲养牛、羊、猪等动物,提取其脂肪,加工成可作为能源利用的油脂,以解决能源不足问题;另一方面是利用畜禽粪便发酵生产沼气。

(4) 农村能源与农业加工业融合后的新型产业主要是能源农业加工业,主要是对植物性油脂和动物性油脂,植物性糖料、淀粉、秸秆等进行加工转换,生成燃料酒精、生物柴油、沼气和秸秆气化。

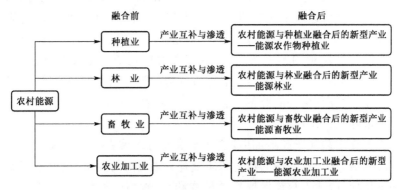

图 3-3 农村能源与现代农业融合框架

3.2 农村能源与现代农业融合发展的必要性

现代农业发展的目标是实现"高产、高效、优质、生态、安全"生产,因此必须遵循自然规律和市场经济规律,运用先进生产技术和科学管理手段,综合开发利用各种能源和资源,最大限度地实现各种生产要素的最佳组合,达到单位产量多、产品质量优、综合效益高,实现经济效益、生态效益和社会效益三者的统一,使农业成为充满生机与活力的产业。农村能源建设是农村经济发展中的基础行业,在现代农业发展过程中,农村能源的建设和发展可以为现代农业提供动力支撑,并进一步影响现代农业的类型结构、基础结构、发展条件结构和发展途径结构;而现代农业的发展不仅促使农村生物质能源扩大再生产,而且为农村能源的建设提供了丰富的资源和充足的剩余劳动力资源,促使农村能源提高利用效率。二者的有机结合共同推动农村经济的发展。

3.2.1 农村能源与现代农业相互依存

普遍联系的观点告诉我们,世界上的每一个事物或现象都同其他事物或现象相互联系着,没有绝对孤立的东西。事物的普遍联系既有空间方面的、现实的联系,也有时间方面的、历史的联系;事物的普遍联系只有经过互为中介才能实现。农村能源与现代农业以农村生产、生活为中介,二者之间生态联系属于事物之间的空间方面的、现实方面的联系。能源的开发利用是推动社会生产力发展的物质基础,生产力的发展和能源的技术革命是息息相关的。同样,现代农业的发展过程和实现,也必须依靠农村能源。此外,现代农业扩大了农村能源的来源,二者之间存在千丝万缕的联系。二者在相互联系、相互影响中共同发展。

现代农业要求实现"高产、高效、优质、生态、安全",其特征之一就是要求将传统农业发展成为以基础产业为主体,以优势产业和优势产品为主导的群体大农业。农村能源是农村经济建设中的基础行业,以开发农村能源为基础,对农村能源开源节流,可以有效地促进群体大农业的发展。在农业生产实践中把农村能源的利用作为农村生物能循环利用的一条主线,从节省薪炭到增加土壤有机物质,用地养地;从生态保护到减少林地荒芜、水土流失;从增加肥源到发展渔业等,把诸多的生物圈串联起来,发挥其生物能源的最佳效益,这对农村产业结构调整,促进农林牧副渔全面发展,必将大有裨益。

现代农业要求趋向于高附加值,这就要求大力发展农副产品加工业。农副产品加工业的发展,对农村能源的数量和质量有更多更高的要求,这就迫切要求增加农村能源的供应,改变农村能源原有的结构和布局,与此相反,农副产品加工业也为农村能源建设提供了资金来源和技术设备条件。二者的关系是,农村能源建设是发展农副产品加工业的先决条件,农副产品加工业的进一步发展又为农村能源建设提供活力。

土地、劳动力、资本和科技是农业生产最主要的生产要素。农村能源与农业生产的适度规模经营,可以促进各种生产要素实现最佳组合。如果一定数量的电、煤炭、柴油、汽油、现代生物质能源等能源合理地供应给农业规模经营,再经规模经营的各种生产要素组合,合理地分配给农业企业;水能在规模经营范围内再利用再分配;新能源如沼气、太阳能、风能等得以成片、成村供应,就必然能够更高程度地发挥农村能源的功能。农村能源合理地再利用又将有利于实现土地、劳动力、资金、科技等生产要素的最佳组合,从而实现二者的良性循环。

3.2.2 现代农业对农村能源发展的影响

(1) 现代农业的发展为农村能源产业提供充足的原料。现代农业都是以大规模的方式经营,无论是现代农业的哪一个子产业都会产生大量的废弃物,这些废弃物对于农村能源来讲,都是良好的生产原料。现代农业可以通过直接方式或间接的方式为农村能源产业提供原料(王革华,2003)。其中通过直接方式为农村能源产业提供的原料主要有:①农作物秸秆,这既是农业生产的副产品,同时又是最主要的农村能源资源之一;②农业加工业的副产物,如稻壳、玉米芯、棉花籽等;③薪柴,主要由薪炭林或森林抚育、管理、采伐的副产品得到,这也是最主要的农村能源资源之一;④能源作物,主要是指在农业生产中直接为提供能源而种植的作物,如用于生产燃料油的油脂植物,以及用于生产醇类燃料的甘蔗、甜高粱等。通过间接方式为农村能源产业提供的原料主要有:①畜禽粪便,动物消化农产品后的废弃物,这是生产沼气的主要原料;②农村生活垃圾,其中可燃物的大部分是食品类废弃物以及纸张、纺织品和木材等;③工业有机废水,主要是食品、酒精、皮革等轻工业排放的高浓度有机废水,可以用于生产沼气,而且数量很大。据中国可再生能源发展战略研究项目组预测,到2030年我国的秸秆产量将超过10亿t,相当于为我国提供了5.5亿t标煤的能源。自2010年以来,中国畜禽粪便产生总量已经超过了20亿t,相当于中国工业废物产生量的2倍左右(耿维等,2013)。从总量来看,预计到2020年、2030年将会增加到28.75亿t、37.43亿t,比2010年将分别增加43.75%和87.15%(朱宁等,2014)。全国第八次森林资源清查数据表明,目前我国林木生物质资源潜力约为180亿t。如此可观的生物质资源在一定程度上保证了我国农村能源工程的正常运转。

(2) 现代农业为农村能源的发展提供了充足的劳动力资源。现代农业的重要特征之一是机械化,这就大大降低了劳动强度,也降低了农业生产过程中所需要的劳动力数量。与此相反,农村能源产业属于劳动密集型,需要大量的劳动力。有研究表明,乙醇工业在巴西直接创造了100万个就业岗位,间接创造的就业岗位多达600万个,生物柴油工业则使22.4万个低收入家庭获益(环球,2008)。因此现代农业的发展,为农村能源的利用与发展开辟了广阔的前景。

(3) 现代农业的发展促使农村能源提高利用效率。在现代农业的发展过程中,对农村能源的要求越来越高,需要农村能源为现代农业的发展提供更多更好的优质能源以降低生产成本,提高经济效益和生态效益。随着现代农业的发展,人们对农村能源开发和利用的认识能力也将进一步深化,离开了现代农业的发展,就无法认真地克服农村能源的虚耗问题,农村能源就不可能得以完全地充分利用。

(4) 现代农业的大力发展促进了农村生物质能源扩大再生产。传统农业只能将绿色植物能直接用作能源,从而陷入了能源短缺—直接燃烧秸秆、薪柴等生物质能源—环境恶化—贫困—能源短缺的恶性循环。而在现代农业的发展过程中,不仅产生了大量的绿色生物质能源,而且通过科学技术的发展改变了生物质能源的利用方式,提供了固化成型燃料、沼气、乙醇和生物柴油等多种优质燃料,从而实现了生物质能源扩大再生产。

3.2.3 农村能源对现代农业发展的影响

作为农村经济建设中的基础行业,农村能源对现代农业的类型、基础、发展条件和发展途径产生深刻的影响,因此农村能源的健康发展对现代农业具有重要的扶持作用(邵国荷,1993)。

1) 农村能源对现代农业类型的影响

农村能源具有很大的优越性和实用性。人们在考虑现代农业时自愿地将其介入到生产中来。在结合农村能源利用和开发的同时,打造出许多新的现代农业类型。一是资源开发效益型。主要是以节省薪炭林,秸秆还田,提高土地有机质,提高土地单位面积产出率为目标的深度开发。二是立体种植效益型。根据农作物的不同特性,合理安排各种农作物的时空分布结构,提高光、热、水、气等资源的利用率。三是保护地栽培效益型。采取地膜覆盖,塑料大棚,日光温室等保护地栽培措施,充分利用光、温等能源,以实现早熟、优质、高产和高效。四是加工增值效益型。以利用能源为主体,以能源开发为基础,通过能源循环利用,向农村的二、三产业延伸,实现增值增效。此外还有食物链循环效益型。主要是把人、畜、禽的排泄物等能源循环利用,转化为肉、蛋、奶,再经过多层次加工,实现多次增值。以畜牧业为例,如果畜牧业每年可以提供约60万t的优质粪肥,将相当于8 800 t硫酸铵,3 900 t过磷酸钙,2 700 t硫酸钾。这样既可实现农牧业的良性循环,又可提高农牧业的经济效益,为保证"生产发展,生活宽裕"奠定坚实的物质基础。

2) 农村能源对现代农业基础的影响

现代农业的基础是实现各种能源、资源的合理配置。通过能源开发,不仅培植了地力,充分挖掘现有土地资源的潜力,发展"精细农业",提高农产品档次,提高产出,增加效益;而且又开发了新能源,形成新的生产力,实现高产高效。研究太阳能、风能、水能、生物质能源等能源的合理组合和配置,优化农村能源的利用结构,可以形成能源利用良性循环、产品转化增值循环和资金反馈注入循环的农业生产经营大循环的运行机制和生产体系。把农村能源的利用开发作为现代农业的基础,一头连接种植业、畜牧业,一头连接加工业,必能充分发挥其在现代农业中桥梁的作用。

3) 农村能源对现代农业发展条件的影响

提高农业综合生产能力是现代农业的必备条件。农业从高产低效转向高产高效,依赖于农业综合生产能力的提高。提高农业综合生产能力不仅要求加强农田基本建设,加快包括运输、销售等基础建设,还应注重提高农村能源的综合开发水平,提高能源利用率,实现农村能源的综合发展。以种植蘑菇为例,如果每年利用秸秆、牛粪种植蘑菇、草菇 1 000 万 m^2,就可回收 3 亿元收入;还可提供 3 000 多万担"蘑菇土",使秸秆的原价值从每百斤 2~3 元增值到 10 多元。

4) 农村能源对现代农业发展途径的影响

走好农林牧副渔全面发展路子,做到种养加结合,是实现现代农业的有效途径。在实现种养加结合上,农村能源利用起到"黏合剂"的功能。以沼气池为例,第一,可以为解决农村燃料开辟途径,可以为国家节省大量煤炭。户用沼气池一般为 8~10 m^3,正常产气率为每日产气 0.1~0.3 m^3,可以满足 3~5 口之家做 3 顿饭和点灯的需要。如果按每户 1 天烧煤 4~5 kg 计算,如 1 年平均烧 6 个月左右,就可节煤 1 t 左右。第二,沼气池可以开辟新的有机肥源、促进农业增产。农村用肥普遍是地面堆肥、沤肥或者敞口厕所粪池积肥,这样造成氮素的流失很多,而用沼气池则可以使氨态氮不宜跑掉,同时可以产生较多的有机酸,有利于把分解积放的氨及时吸收回来,减少了氨素损失,起到了良好的保肥作用,从而使肥效大幅度提高。第三,建设沼气池可以节省各种农作物秸秆,为发展畜牧业增加饲料的来源。此外,还可以利用沼气池使农村卫生环境得以改善。目前我国所建设的沼气池大多为厕所、猪圈和沼气池三结合,人、畜粪便可以自动流入沼气池内,而沼气池发酵后可以杀灭大量的病菌和寄生虫卵,从而使蚊蝇难以滋生。上述农村能源的利用途径保证了农村的亮化、净化、美化、绿化,大大改善了农村的环境卫生状况。

3.3 实现农村能源与现代农业的最佳结合

在十六届五中全会上我国提出建设"美丽乡村",将"美丽乡村"概括为"生产发展、生活宽裕、乡风文明、村容整洁、管理民主"等具体要求,并指出这是建设社会主义新农村的重大历史任务。党的十八大进一步把生态文明建设和政治建设、经济建设、文化建设、社会建设一起纳入中国特色社会主义事业五位一体总体布局。能够将"美丽乡村"变成现实,小康社会目标的全面实现,最主要的途径之一是将农村能源的建设和现代农业的发展相结合,使得农村能源建设与现代农业的发展求得最佳配合点。

3.3.1 农村能源与现代农业的结合可以取得较高的综合效益

在农村能源与现代农业的发展过程中,只有二者紧密联系实现最佳配合,才能为农村的生产、生活提供更多更好的优质能源,减少对商品能源的依赖,在一定程度上有利于解决农村能源短缺、能源安全的问题;才能促进农业产业结构的调整,从片面重视种植业转向种养加相结合,从"粮—经—饲"三元结构转化为"能—粮—经—饲"四元结构,从而形成更多新的经济增长点,提升农业的经济地位;才能大幅度提高农产品的附加值,提高农民种粮、种林的积极性,通过农业产业链的延伸以及新产业链的形成,创造更多的就业岗位,切实增加农民收入;才能有效修复生态,减少温室气体的排放,减少环境污染,使得农村的能源效益、经济效益、社会效益和环境效益趋于协调一致,让农村不但有金山银山,更有绿水青山。

3.3.2 农村能源与现代农业之间的割裂必然导致互相对立

一方面,农村能源的浪费和生态的破坏,会限制现代农业的发展。在我国,农村能源不能加以合理利用,不仅会增加再生能源生产,提高农业生产成本,而且会严重制约现代农业的发展。例如直接将农作物秸秆、畜禽粪便用作能源,其热效率非常低,只有20%,造成热效率的损失非常严重,导致农村能源利用率低,虚耗现象严重。但是如果将生物质能源经过沼气池发酵,产生的沼气则可以将热效率提高到50%。早在20世纪90年代初,我国每年因燃烧秸秆而虚耗的生物质能源多达7 000万 t 标煤,因烧柴而散逸的氮当量为600万 t 碳铵,相当于减少了12亿元的收入(邵国荷,1993)。如果直接将畜禽粪便作为肥料,不仅会造成氮、磷等营养元素的严重流失,而且会产生严重的环境污染。研究表明,目前我国的单位面积农用地畜禽粪便负荷为 26.8 t/hm^2,氮、磷素负荷分别为 158.42 kg/hm^2、47.92 kg/hm^2,使得全国绝大部分的农区都遭受了氮素和磷素污染,但等量的畜禽粪便可以提供的沼气潜力高达 1 200 亿 m³。

另一方面,对现代农业而言,没有农村能源的大力发展,现代农业会失去发展的动力而无从发展;没有农村能源对现代农业废弃物的吸纳和处理,势必会增加现代农业的生产成本,而且会造成资源的严重浪费、环境的严重污染。对农村能源而言,如果没有现代农业的支撑,农村能源完全依靠商品能源,必然会加剧农村能源的短缺,增加农民的生产生活的能源成本,从而降低生活水平,远离"生活宽裕"。

因此,在农村的生产生活过程中,不仅要将农村能源的建设与现代农业的发展结合起来,而且要使得二者的建设保持最佳配合,才能使二者有效地统一于小康社会的实践,让广大农村真正成为"美丽乡村"。

上述农村能源与现代农业融合发展的关系如图3-3所示。

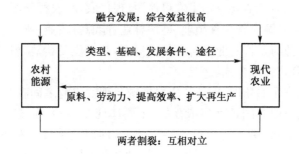

图 3-4　农村能源与现代农业融合发展的概念图

3.3.3　农村能源与现代农业融合发展的保障条件——规模化

在理论上农村能源与现代农业的融合发展可以优化环境,改善农村能源结构,实现农村能源和现代农业的双赢。但在实践过程中却困难重重,有些地方甚至会夭折(如户用沼气),其主要原因在于缺失规模化的配套工程。因此未来农村能源与现代农业的融合必须摆脱小农经营的制约,实现两大转变(杨承训等,2014):

(1) 必须从小规模的户办向大规模的场办转变　以现代农业生产过程中产生的秸秆、畜禽粪便为原料发展沼气是农村能源与现代农业融合的理想模式之一。但是小规模的户用沼气很难持久,往往是"一年好,二年差,三年养青蛙"。因为现在农民的收入来源并不指望农业,而户用沼气池既费工又费时,农业生产更多依赖化肥,很少使用有机肥,因此在劳动力紧缺时沼气往往不被重视。相反,如果采取大规模的场办,借助专业队伍则可以有效解决秸秆、畜禽粪便等废弃物分散收集困难的问题。

(2) 必须从简单的规模化、机械化向现代全面的装备配套转变　在农村能源与现代农业的融合发展过程中,如果种植业、畜牧业和沼气工程等互不联系,各自为营,那么就不能形成循环链条导致二者无法融合。因此在二者的融合发展过程中必须建设三个配套:一是生物质能源基地与现代农业之间的回路配套;二是种植业为畜牧业(如饲料)向生物质能源生产基地输送原料;三是沼气生产基地利用管道向农田返回沼渣和沼液以代替化肥和农药。此外还应该注意不同能源生产和应用之间的配套,例如在沼气生产基地配备太阳能或者风能的生产器具并使这些生产器具同步运行;以分布式发电的方式将各种生态能源的发电借助输电线路输送到大电网以开拓更多的用户,甚至可以将沼气提升后用作汽车的燃料。

3.4 本章小结

本章首先根据研究需要界定了农村能源、现代农业、农村能源与现代农业融合发展等概念,并从能源农作物种植业、能源林业、能源畜牧业、能源农业加工业等四方面阐述农村能源与现代农业融合发展的概念,其实质是构建"资源—产品—副产物—资源"的闭合式循环模式。

其次从普遍联系的角度,阐述了农村能源与现代农业之间融合发展的必要性,农村能源与现代农业之间是互相依存的,主要体现在:一方面,现代农业对农村能源的发展提供了原料、劳动力等基本生产要素,同时也促使农村能源提高利用效率,并促使农村生物质能源扩大再生产;另一方面,农村能源也从类型结构、基础结构、发展条件结构和发展途径结构等四方面影响着现代农业的发展。

只有实现农村能源与现代农业的最佳结合,才可以使能源效益、经济效益、社会效益和环境效益协调发展,反之如果割裂二者之间的联系,必然导致二者的互相对立,严重阻碍农村能源与现代农业的发展。本章最后指出要有效实现农村能源与现代农业的融合发展必须摆脱小规模而向大规模转变。

4 农村能源与现代农业融合发展水平测度的模型构建与评价步骤

4.1 评价方法选择

4.1.1 国内外有关融合度的研究和测算方法

以"融合度"为关键词,对 Springer、CNKI、万方等数据库进行检索,检索结果表明融合度的研究主要是从三网融合研究开始的,之后逐渐扩大到工业化和信息化的融合、农业与旅游业的融合、农业与相关产业的融合、城乡融合以及高新区产城融合等不同领域。

对产业融合度的研究最早始于技术融合度。从测评方法来看,国外在对融合度的测评中主要采用了赫芬达尔指数、熵指数、RTA 指数法(revealed technological advantage index)等单一指数法。Gambardella 和 Torrisi(1998)使用赫芬达尔指数量化了电子信息产业中企业的不同业务的融合程度,对技术融合、业务融合与产业融合之间的相互关系以及产业融合对企业绩效的影响进行了实证研究。Berry 于 1975 年最早使用了熵指数来研究企业间的多元化问题,1979 年 Berry 与 Jacquemin 合作,将熵指数的研究方法做了延伸,他们分别从行业之间的多元化程度和行业内部的多元化程度两方面进行研究,并对公司的多元化程度和方向做出了进一步的阐释。Fai 和 Tunzelmann(2001)利用 RTA 指数法,从美国 867 家公司挑选出 1930—1990 年间具有专利活动的 32 家公司,检验了公司在化学、电子、机械以及交通运输专利份额上的相关系数,建立了产业间技术融合程度的相关系数矩阵。然后以相关系数代表融合系数,从相关系数的变化趋势去判断两大产业的融合程度。

国内学者对融合度的测评方法从单一指数法趋向于多指标综合评价法。胡金星(2007)、梁伟军(2010)基于赫芬达尔指数和熵指数分别对我国的三网融合度、农业与生物产业的技术融合度进行了测评。徐盈之等(2009)、李美云(2007)、支燕等(2012)借助投入产出表数据,以制造业各行业生产过程中信息技术产出占总产出的比重来衡量信息化与工业化的融合度。但由于该方法缺少信息技术产出的相关数据,一般学者只能将信息技术投入值替代最终产品的信息技术产出值,因此测算出来的结果在一定程度上会低估工业化与信息化的融合度。马婷婷等(2011)改进了测算方法,借助投入产出表数据,利用信息产业投入占工业产业生产过程中的中间总投入比重测算了我国各省工业化与信息化的融合度;单元媛等(2013)、李薇等(2014)则利用该方法测算了服务业与制造业的融合度。刘婕等(2011)、赵霞(2011)、肖建勇(2012)、王琪延等(2013)采用投入产出分析法,借助直接消耗系数、完全消耗系数、影响力系数和感应度系数对旅游业与其他产业、旅游业与房地产业、流通服务业与制造业、饭店产业的融合度进行了测评;唐晓宏(2014)、姜睿清(2013)、魏明(2013)、景堃等(2014)分别基于灰色关联分析法对产城融合度、江西农业与相关产业的整体融合度、浙江金融与三大产业的融合度、陕西省工业化与信息化的融合度进行了测评;肖建中(2012)、俞立平等(2009)、涂远博(2011)、陈江龙等(2013)利用 VAR 模型分别对现代农业与服务业的融合度、工业化与信息化的融合度、新疆信息化与工业化融合度、江苏工业化和城镇化与农业现代化的融合度进行了测评;漆莉莉(2007)、李敏(2011)分别利用主成分分析法对中部地区的城乡融合度、我国物流产业的融合度进行了测评;严伟(2014)、王霞等(2014)分别借助于 AHP——模糊综合评价法、因子分析及熵值法测评了江苏和全国的旅游产业融合度、国家高新区产城融合度;此外,有学者借助菲德模型(陈小磊等,2012)、复合系统协调度模型(张轶龙等,2013)、贡献度测量法(梁君等,2014)等模型和方法分别对工业化与信息化的融合度、文化产业与旅游业的融合度进行了测评研究。

从现有文献来看,识别与衡量产业融合度的方法主要有五大类:单一指数法、投入产出法、灰色关联分析法、VAR 模型、主成分分析与因子分析法。

1) 单一指数法:赫芬达尔指数、熵指数、RTA 指数

赫芬达尔指数(Herfindahl Index),简称 HI。假设某个企业在某一产业领域被授权的技术专利个数为 X_i,不同技术专利所属的产业领域数为 N,X 表示某企业在所有产业的专利授予总量,以 HI 代表技术融合系数,则其计算公式为:

$$HI = \sum_{i=1}^{N} (X_i/X)^2$$

HI 越小,表示技术融合程度越高,反之技术融合程度则越低。

熵指数(Entropy Index),简称 EI。夏农(Shannon)将熵应用于概论统计模型中的信息度量,表示不确定性的度量,信息量越大,不确定性就越小,熵值也就越小,反之熵值就越大。其计算公式为:

$$EI = \sum_{i=1}^{N} S_i \ln(1/S_i)$$

式中，S_i 为第 i 个企业的市场份额；N 为该产业中的企业数。

RTA(revealed technological advantage index)指数法主要是对某个国家或企业的技术能力的相对专业化程度进行衡量，其计算公式为：

$$RTA_{ik} = \frac{P_{ik}/\sum_k P_{ik}}{\sum_i P_{ik}/\sum_{ik} P_{ik}}$$

以专利为例，P_{ik} 表示第 k 产业第 i 技术领域内的专利数。$RTA_{ik} > 1$ 表示该产业在特定技术领域内拥有相对的技术优势，此时技术具有路径依赖性，融合的趋势不明显；反之 $RTA_{ik} < 1$ 表示该产业没有相对的技术优势，此时将呈现出技术融合的趋势。

上述三种方法的公式计算及数据处理均比较简单，赫芬达尔指数法不仅适用于判断产业之间的技术融合度，而且可用来对产品与业务融合度、市场融合度进行计算，并以此为基础，衡量产业整体融合程度；其缺点是赫芬达尔指数无法处理在多元回归中可能出现的多重共线性问题（龚小君等，2006）。而熵的可分解特性可以有效解决多元回归分析中可能出现的多重共线性问题。但是赫芬达尔指数与熵指数均是通过产业专利数据测算产业间的技术融合，只能近似地描述产业间的产品与业务融合程度、技术融合程度和市场融合程度，存在一定的片面性。此外我国在专利等数据库方面的建设比较落后，因此专利数据较难得到。而相关系数分析法则主要用于判断技术融合度，以此为依据判断两大产业之间的融合程度，但不宜评价业务与产品融合、市场融合程度。

2) 投入产出法

投入产出法又称为投入产出分析（input-output analysis）、产业关联法、部门联系平衡法，就是以适当的国民经济产业（部门）分类为基础，通过一些平衡表、比例系数和结构分析，从数量上研究经济系统内各部门之间的相互联系（投入、产出关系）、相互影响，进而利用经济模型来分析国民经济结构及其变动的内在原因和相互影响的数学分析方法体系。可以通过其内在的技术经济联系来分析各部门的运行状态、所处地位、在国民经济中的作用，进而体现国民经济总体运行情况（尚红云，2011）。

通常用来进行产业关联分析的系数主要有：直接消耗系数、完全消耗系数、感应度系数和影响力系数。其中直接消耗系数的大小反映了该产业对相应产业或部门直接带动作用的强弱；完全消耗系数则反映了生产一个单位最终产品的完全需求，与直接消耗系数相比，完全消耗系数能更全面地反映产业之间的经济技术联系；感应度系数量化地表示了某产业部门与其他产业部门间的后向关联；影响力系数反映了某一产业部门最终需求增加一个单位时,对国民经济各其他产业部门所产生的生产需求的波及程度,体现产业的前向关联。上述四个系数的计算公式分别为:

直接消耗系数:$a_{ij} = \frac{x_{ij}}{X_j}(i,j=1,2,\cdots,n)$,其中,$x_{ij}$指第$j$产业对第$i$产业的消耗量;$X_j$为第$j$产业的总投入。

完全消耗系数:$\boldsymbol{B} = (\boldsymbol{I}-\boldsymbol{A})^{-1} - \boldsymbol{I}$,其中,$\boldsymbol{A}$为直接消耗系数矩阵,$(\boldsymbol{I}-\boldsymbol{A})^{-1}$称为里昂惕夫逆矩阵,它表示生产一个单位的最终产品对总产品的消耗,系数中包含该单位的最终产品。

感应度系数:$S_i = \dfrac{\sum\limits_{j=1}^{n}\overline{B}_{ij}}{\dfrac{1}{n}\sum\limits_{i=1}^{n}\sum\limits_{j=1}^{n}\overline{B}_{ij}}(i,j=1,2,\cdots,n)$,其中,$\overline{B}_{ij}$表示$(\boldsymbol{I}-\boldsymbol{A})^{-1}$中的第$i$行第$j$列的系数。

影响力系数:$T_j = \dfrac{\sum\limits_{i=1}^{n}\overline{B}_{ij}}{\dfrac{1}{n}\sum\limits_{i=1}^{n}\sum\limits_{j=1}^{n}\overline{B}_{ij}}(i,j=1,2,\cdots,n)$,其中,$\overline{B}_{ij}$表示$(\boldsymbol{I}-\boldsymbol{A})^{-1}$中的第$i$行第$j$列的系数。

此外,还有学者对投入产出表中的部门进行合并或拆分,以某个产业的投入在另一个产业生产过程中的总投入的比重来测算两个产业之间的融合度。

投入产出法虽然能够提供许多有价值的经济数据来反映各产业之间乃至整个国民经济部门之间的经济关系,但是投入产出表中不能提供所有部门的数据,并且我国每隔5年才能提供一次比较全面的投入产出表数据。

3)灰色关联分析法

作为一种多因素的统计分析方法,灰色关联分析(Gray Relation Analysis)法是以各因素的样本数据为依据,各因素之间关系的大小、强弱和次序主要通过灰色关联度进行描述(邓聚龙,2002)。灰色关联度主要是通过定量地描述各因素之间相对变化的情况来表征事物之间的关联程度,在模糊综合评判中其基本思路是首先把被评判事物的数据序列作为母序列,其次把其影响因素的各数据序列作为子序列,最后再计算各子序列与母序列之间的关联度,并以此来定量测度系统内各因素之间的关联性,这已经成为有效处理不确定变量相关关系的方法。这种方法的基本观点是:在系统发展的过程中,如果因两个因素变化而引起的序列曲线的几何形状越接近,并且二者同步变化的程度较高,那么认为两个因素之间的关联程度比较高;反之,关联程度则较低。灰色关联模型因为既可以用于计算系统之间的协调程度,又可以用于计算系统内每个指标与其他系统内所有指标的关联程度,因此其应用范围比较广泛。此外,这种方法的客观性强,能够较好地解决评价指标难以准确量化和统计的问题,而且整个计算过程简单,且对样本数量没有特殊要求。虽然目前没有关于协调度等级划分的统一定义,但关于协调度等级的划分已经被许多学者所使用,因此灰色关联模型在许多领域得到广泛应用。但是不可否认的是灰色关联分析法同样存在对指标权重的确定过于客观的问题(张家其等,2014)。

4) VAR(Vector Auto-regression Mode)模型

VAR 模型是由 Sims 于 1980 年引入的一种非结构化的多方程模型。该模型基于统计数据的性质来建立模型,其建模思想是把每一个外生变量作为所有内生变量滞后值的函数来构造模型(高铁梅,2009)。VAR 模型的数学表达式为:

$$y_t = \alpha_1 y_{t-1} + \alpha_2 y_{t-2} + \cdots + \alpha_p y_{t-p} + \beta x_t + \varepsilon_t \quad (t=1,2,\cdots,T)$$

式中,y_t 是 k 维内生变量向量,x_t 是 d 维外生变量向量,p 是滞后阶数,T 是样本个数,$\alpha_1,\cdots,\alpha_p$ 和 β 是待估计的系数矩阵,ε_t 是随机扰动向量。误差向量内的误差变量之间允许相关,但是这些误差变量不存在自相关,与 y_t、y_{t-p} 和 X_t 也不相关。

在向量自回归的基础上,通常可以用脉冲响应函数和方差分解来对已经建立的 VAR 模型做出解释。其优点在于不事先区分内生和外生变量,平等地对待每个变量,从而避免了主观决策的随意性。通常用于相关时间序列的预测和随机扰动对变量系统的动态冲击,从而解释各种经济冲击对经济变量形成的影响。但是在运用 VAR 模型进行分析和预测时需要有足够的历史数据,若数据库整体上不能满足计量的数据要求,则很难得到正确的结论。另外数据的有效性也是一个重要问题,否则结论将缺乏可信性。

5) 主成分分析与因子分析法

主成分分析也称主分量分析,其基本思想是将实测的多个指标,用少数几个潜在的相互独立的主成分指标(因子)的线性组合来表示,构成的线性组合可反映原多个实测指标的主要信息,即利用降维的思想,把多指标转化为少数几个综合指标。主成分分析的数学模型为:

$$\begin{cases} F_1 = a_{11}x_1 + a_{12}x_2 + \cdots + a_{1p}x_p, \\ F_2 = a_{21}x_1 + a_{22}x_2 + \cdots + a_{2p}x_p, \\ \cdots\cdots \\ F_p = a_{p1}x_1 + a_{p2}x_2 + \cdots + a_{pp}x_p \end{cases}$$

主成分分析法客观性强,避免了人为主观赋权造成的偏差,但也存在所选取的新变量难以反映原变量的所有信息而产生一定的偏差,因此这种方法主要适用于有大量数据的样本(张文彤,2002)。因子分析法的基本步骤:首先是根据各原变量之间的相关性大小进行分组,通常相关性较高的一些变量被分在同一组中,其次用某个公共因子或基本结构来代表,最后用几个公共因子或几个基本结构的组合来表示原变量。该方法由于可以通过提取少数几个因子来描述较多的原变量之间的关系,因此该方法通常被看成是主成分分析法的推广。但是与主成分分析法不同的是,因子分析法的各因子具有更明确的实际含义,因此便于考察所有因子的内部结构(张文彤,2002)。在某种程度上,主成分分析法和因子分析法同样具有局限性,主要表现在不能有效获取各个原变量的客观权重,而只能得出几个有限的主成分或者因子的权重;特别是当构成因子的各原变量之间相关性很低时,因子分析将不再适用。

各学者对融合度的测评方法及其比较见表 4-1。综上所述,关于产业融合度的测评各有侧重,这些方法在实践中均有不同程度的应用。由于农村能源与现代农业都是复杂系统,二者之间融合与协调发展是一个动态的关系,影响因素有很多,很难全面把握;另外,我国农村能源统计工作相对落后,本研究中相关数据的获取是通过实地调查、统计而来,因而从整体上描述产业间融合状况,具有非常积极的理论与现实意义。

表 4-1 不同学者的融合度测评方法比较及其评价

测评方法	测评对象	测评特点	资料来源
赫芬达尔指数	电子信息产业 中国农业与生物产业的融合 旅游产业融合 电信产业	优点:适用于判断产业之间的技术融合度,而且可以衡量产品与业务、市场的融合度 缺点:无法处理在多元回归中可能出现的多重共线性问题;专利数据较难获取	Gambardella 等(1998) 梁伟军(2010) 沈莹(2012) 李怀勇(2007)
熵指数	企业的多元化 三网融合	优点:可以有效解决多元回归中可能出现的多重共线性问题 缺点:近似地描述产业间的融合程度,具有一定的片面性;专利数据难以获取	Berry(1979) 胡金星(2007)
RTA 指数法	美国化学、电子、机械和交通等四部门	优点:仅适合于对产业之间的技术融合度进行判断 缺点:不适宜评价产品与业务融合度、市场融合度	Fair(2001)
投入产出法	北京旅游业与农业的融合 我国旅游业与房地产业 各省工业化与信息化 我国流通服务业与制造业 我国饭店产业	优点:能准确地反映各产业之间的经济关系 缺点:不能提供所有部门的数据,我国每隔 5 年才能提供一次比较全面的投入产出表数据	王琪延(2013) 刘婕(2011) 马婷婷(2011) 赵霞(2011) 肖建勇(2012)

续表

测评方法	测评对象	测评特点	资料来源
灰色关联分析法	江西农业与相关产业 陕西工业化与信息化 开发区产城融合度 浙江金融与相关产业	优点:既可以计算系统之间的协调程度,又可以计算系统内每个指标与另一个系统内每个指标的关联程度 缺点:在指标权重的确定上过于主观	姜瑞清(2013) 景堃(2014) 唐晓宏(2014) 魏明(2013)
VAR模型	现代农业与服务业 我国工业化与信息化 新疆信息化与工业化 江苏工业化、城镇化和农业现代化	优点:平等地对待每个变量,从而避免了主观决策的随意性 缺点:需要有足够的历史数据	肖建中(2012) 俞立平(2009) 涂远博(2011) 陈江龙(2013)
主成分分析与因子分析法	中部地区城乡融合度 我国物流产业 旅游产业 高新区产城融合度	优点:客观性强,避免了人为主观赋权造成的偏差;各因子有明确的实际含义,便于考察每个因子的内部结构 缺点:新变量不可反映原变量的全部信息因而存在一定偏差;构成因子的各原变量之间相关性很低时不宜使用因子分析法	漆莉莉(2007) 李敏(2011) 严伟(2014) 王霞(2014)

资料来源:根据相关文献整理

4.1.2 农村能源与现代农业融合发展水平测度的评价方法选择

融合度测评方法的选择是由研究对象和研究目的等因素决定的。农村能源系统从用能结构上看既包含了从外界输入的商品能源,又包含了本地的可再生能源;从能量流程结构上看包括农村能源资源开采和收集、加工和转换、输送及分配至农民的生活用能、生产用能、企业加工用能、运输用能等最终消费的各个环节(秦静,2011)。现代农业已经发展成与发展农业密切相关、为发展农业提供各种服务的产业集群,该产业集群不仅包括了传统的种植业和养殖业等第一产业,而且还包括了食品加工业和生产资料工业等第二产业,以及交通运输、信息服务和技术等第三产业,不再仅仅局限于传统农业的内容,因此农村能源与现代农业均属于复合系统。这是由两个不同属性的子系统复合而成的复杂大系统。因此本研究在借鉴复合系统协调度模型的基础上构建农村能源与现代农业融合发展的水平测度模型。

众所周知,复合系统是由相互作用和相互依赖的若干组成部分按一定规律结合而成的、具有特定功能和运行目标的有机整体。农村能源—现代农业复合系统是由农村能源、现代农业两个不同属性的子系统相互交织、相互作用、相互渗透而构成的具有特定结构和功能的复杂动态大系统。复合系统中每一个子系统又都分别是多变量、多结构的系统,系统中具有复杂关联关系的要素按一定方式相互作用、相互影响。

农村能源—现代农业复合系统的内涵可以描述为:

$$CS \subseteq \{S_1, S_2, R_a, T\} \tag{4-1}$$
$$S_1 \subseteq \{E_i, C_i, F_i\} \quad i = 1, 2$$

式中,S_i 分别表示农村能源子系统、现代农业子系统;R_a 为关联系统,是复合系统中的相关关系集,既包括系统间的关联关系,又包括系统内部各要素间的关联关系;T 为时间,体现出农村能源—现代农业复合系统的动态特性;E_i、C_i、F_i 分别表示子系统 S_i 的要素、结构和功能。

考虑复合系统 $S = \{S_1, S_2, \cdots, S_k\}$,其中 S_j 为复合成 S 的若干子系统,且 $S_j = \{S_{j1}, S_{j2}, \cdots, S_{jk}\}$,即 S_j 由若干"子子系统"或若干基本元素构成,$j = 1, 2, \cdots, k$。S_j 的相互作用及其相互关系形成 S 的复合机制,其数学表达式为:

$$S = f(S_1, S_2, \cdots, S_n) \tag{4-2}$$

其中 f 为复杂系统 S 的复合因子,如果 f 可以利用精确的数学方程式来表达,那么复合因子 f 就相当于算子。对于复杂系统 S 而言,f 通常为非线性算子,则有

$$\begin{cases} E^\lambda(S) = E\{F[f(S_1, S_2, \cdots, S_n)]\}, \\ E[\lambda(S_1, S_2, \cdots, S_n)] > \sum_{j=1}^{n} E^f(S_j) \end{cases} \tag{4-3}$$

其中 $E[\lambda(S_1, S_2, \cdots, S_n)] > \sum_{j=1}^{n} E^f(S_j)$ 表达了协同学所反映的协同状态,即受系统协同作用的驱动,复合系统所形成的正向效能通常要比处于非协同状态下的单个要素或单个系统的效能之和更大。因此,构建农村能源与现代农业发展协调度测量的关键在于测定农村能源与现代农业子系统的有序度,并对其加以比较分析。

协同论认为系统由无序走向有序的机理关键在于系统内部序参量之间的协同作用,它左右着系统相变的特征与规律(孟庆松等,1999)。具体表现为当处于完全无规律和混沌态时,整个系统的序参量为零,并且序参量会随着外界条件的变化而变化;当接近临界的时候,序参量会增大得很快,最终在临界区域突变到最大值。由前述农村能源与现代农业的复杂特征分析可以看出,农村能源与现代农业的协同发展也是由其序参量的状态决定的。农村能源与现代农业协同系统主要是由农村能源子系统和现代农业子系统两个子系统构成的,对于协同大系统的协同度的研究,要从两个子系统序参量的研究入手。其研究思路是:先分析两个子系统的"涨落"规律,分别测定两个子系统的有序度并进行比较;再根据农村能源与现代农

业的有序度计算二者的协同度。因为两个子系统的复杂性与特殊性导致系统有多种分解方法,为了便于模型的使用,不宜设置过多的参数。本研究以协同学的序参量作为状态因子,尝试借鉴复合系统协同模型建立农村能源与现代农业融合度测评模型以评价二者的融合发展程度。

4.2 评价模型构建

4.2.1 复合系统协调度的数学模型

首先给出系统有序度的概念,考虑子系统 $S_j, j = 1, 2, \cdots, k$,设其发展过程中的序参量变量为 $e_j = (e_{j1}, e_{j2}, \cdots, e_{jn})$,其中 $n \geqslant 1, U_{ji} \leqslant e_{ji} \leqslant T_{ji}, i = 1, 2, \cdots, n$,不失一般性,假定 $e_{j1}, e_{j2}, \cdots, e_{jl_1}$ 的取值越大,系统的有序程度越高,其取值越小,系统的有序程度越低;假定 $e_{jl_1+1}, \cdots, e_{jn}$ 的取值越大,系统的有序程度越低,其取值越小,系统的有序程度越高(孟庆松等,2000)。

1) 定义系统 S_j 序参量分量 e_{ji} 的系统有序度:

$$u_j(e_{ji}) = \begin{cases} \dfrac{e_{ji} - U_{ji}}{T_{ji} - U_{ji}}, i \leqslant i \leqslant l_1 \\ \dfrac{T_{ji} - e_{ji}}{T_{ji} - U_{ji}}, l_1 + 1 \leqslant i \leqslant n \end{cases} \tag{4-4}$$

2) 采用几何平均法或线性加权和法定义 $u_j(e_j)$ 为序参量变量 e_j 的系统有序度:

$$u_j(e_j) = \sqrt[n]{\prod_{i=1}^{n} u_j(e_{ji})}$$

或 $u_j(e_j) = \sqrt[n]{\prod_{i=1}^{n} \lambda_i u_j(e_{ji})}, \lambda_i \geqslant 0, \sum_{i=1}^{n} \lambda_j = 1$ \qquad (4-5)

3) 定义复合系统协调度

设各子系统序参量的有序度在给定的初始时刻 t_0 处为 $u_j^0(e_j), j = 1, 2, \cdots, k$,则对于整个复合系统在发展演变过程中的时刻 t_1 而言,如果此时各个子系统序参量的有序度为 $u_j^1(e_j), j = 1, 2, \cdots, k$,定义复合系统协调度:

$$an = \theta \sqrt[k]{\left| \prod_{j=1}^{k} [u_j^1(e_j) - u_j^0(e_j)] \right|} \tag{4-6}$$

式中, $\theta = \dfrac{\min_j [u_j^1(e_j) - u_j^0(e_j) \neq 0]}{|\min_j [u_j^1(e_j) - u_j^0(e_j) \neq 0]|}, j = 1, 2, \cdots, k, an \in [-1, 1]$,其值

越大,则复合系统协调发展的程度越高,反之则越低。

参数 θ 的作用在于:当且仅当下式成立时,复合系统才有正的协调度:

$$u_j^1(e_j) - u_j^0(e_j) > 0, j = 1, 2, \cdots, k$$

如果一个子系统的有序程度提高幅度较大,而另一些子系统的有序程度提高幅度较小或下降,那么整个系统不能处于较好的协调状态或根本不协调,体现为 $an \in [-1, 0]$。

4.2.2 农村能源与现代农业融合发展的水平测度模型

农村能源与现代农业的融合度是表征农村能源与现代农业相互作用程度的一个重要指标,也是决定农村能源与现代农业的融合从无序走向有序的趋势和程度。本研究在参考孟庆松(2000)、张轶龙等(2013)建立的复合系统协调度模型的基础上,对农村能源与现代农业的融合度进行如下定义:

假设农村能源发展过程中的序参量变量 $e_1 = (e_{11}, e_{12}, \cdots, e_{1n}), n \geq 1, \beta_{1j} \leq e_{1j} \leq \alpha_{1j}, j = 1, 2, \cdots, n$,不失一般性,假定 $e_{11}, e_{12}, \cdots, e_{1m}$ 为慢驰序参量,其取值越大,则系统的有序程度越高,其取值越小,则系统的有序度越低;假定 $e_{1m+1}, e_{1m+2}, \cdots, e_{1n}$ 为快驰序参量,其取值越大,则系统的有序度越低,其取值越小,则系统的有序度越高。

在此基础上给出如下定义:

(1) 定义农村能源序参量分量 e_{1j} 的有序度:

$$U_1(e_{1j}) = \begin{cases} \dfrac{e_{1j} - \beta_{1j}}{\alpha_{1j} - \beta_{1j}}, 1 \leq j \leq m, \\ \dfrac{\alpha_{1j} - e_{1j}}{\alpha_{1j} - \beta_{1j}}, m+1 \leq j \leq n \end{cases} \tag{4-7}$$

$U_1(e_{1j})$ 越大,e_{1j} 对农村能源有序度的贡献越大。

(2) 定义农村能源的有序度:

$$U_1 = \sum_{j=1}^{n} w_j \cdot U_1(e_{1j}) \tag{4-8}$$

式中,$w_j \geq 0, \sum_{j=1}^{n} w_j = 1$。

同理可得,现代农业的有序度定义。

(3) 定义现代农业序参量分量 e_{2j} 的有序度:

4 农村能源与现代农业融合发展水平测度的模型构建与评价步骤

$$U_2(e_{2j}) = \begin{cases} \dfrac{e_{2j}-\beta_{2j}}{\alpha_{2j}-\beta_{2j}}, 1 \leqslant j \leqslant m, \\ \dfrac{\alpha_{2j}-e_{2j}}{\alpha_{2j}-\beta_{2j}}, m+1 \leqslant j \leqslant n \end{cases} \tag{4-9}$$

$U_2(e_{2j})$ 越大，e_{2j} 对现代农业有序度的贡献越大。

（4）定义现代农业的有序度：

$$U_2 = \sum_{j=1}^{n} w_j \cdot U_2(e_{2j}) \tag{4-10}$$

式中，$w_j \geqslant 0, \sum_{j=1}^{n} w_j = 1$。

（5）在农村能源和现代农业的有序度定义基础上，给出农村能源与现代农业融合度的定义。假设初始时刻 t_0 农村能源的有序度为 U_1^0，现代农业的有序度为 U_2^0，则 t 时刻农村能源与现代农业融合度的定义为：

$$C_t = \lambda \cdot \sqrt{\prod_{i=1}^{2} |U_i^t - U_i^0|} \tag{4-11}$$

其中，$\lambda = \begin{cases} 1, & \prod_{i=1}^{2}(U_i^t - U_i^0) > 0, \\ -1, & \prod_{i=1}^{2}(U_i^t - U_i^0) \leqslant 0 \end{cases}$

对系统总体融合度做如下解释说明：

（1）融合度 $-1 < C_t < 1$，C_t 越大，则农村能源与现代农业的融合度越高，反之二者的融合度越低。

（2）$(U_i^t - U_i^0)$ 为农村能源与现代农业融合发展中子系统从 t_0 到 t_1 时刻序参量有序度的变化幅度；参数 λ 的作用在于：当且仅当 $(U_i^t - U_i^0) > 0$ 时，农村能源与现代农业的融合发展系统才有正的融合度。

（3）该系统融合度测量模型中同时考虑了农村能源与现代农业子系统的发展状况，只有当两个子系统的有序度变化方向一致时，总系统的融合程度才会增加；若两者中任意一个子系统的有序程度变化较大，而另一个子系统的有序程度变化较小或不变化，则有 $-1 < C_t < 0$，此时整个系统表现为不好的融合状态。

（4）农村能源与现代农业的融合度 C_t 是通过农村能源与现代农业子系统序参量的有序度的变化来反映整体系统的融合状态。C_t 是一种对系统整体融合状态的动态分析，提供了系统融合的全面度量评价方法。

文章后续的实证部分将对该方法与模型的运用与计算步骤进行具体的分析。

4.3 评价指标体系确定

4.3.1 评价指标体系构建的原则

1) 科学性原则

指标体系一定要建立在科学的基础之上,指标的设计必须考虑指标的量化与数据的可获得性、可靠性和可行性,物理意义必须明确,数据来源要准确、计算方法要简单、处理方法要科学,便于综合分析,具体指标能够反映出农村能源与现代农业的发展水平。

2) 系统性原则

它要求在指标体系设计和个体指标选取上,以构建完整的、科学的评价体系为出发点,在遵循重要性原则的基础上,以各指标对实现目的的重要程度、各指标在评价指标体系中的比例、指标间的钩稽关系和逻辑关联度为依据,通过合理取舍指标和设置指标权重,使评价指标不仅可以突出重点,而且可以保持相对的均衡统一,最终实现系数的最优化。

3) 可操作性原则

建立评价指标体系应充分考虑数据的可获得性和指标量化的难易程度,定量分析与定性分析相结合。既能反映农村能源与现代农业融合体系构建的各种含义,同时又能最大限度地利用有关规范标准和相关统计资料。能够比较方便地获取所设计的指标,且便于操作,通过删除相互重复的指标以简化整个指标体系。因为指标越多时,收集数据所花费的财力和人力就会越大,必然给数据的后续处理带来困难。同时还应该考虑收集数据的难易程度以保证所设指标的可得性。最后所建立的评价指标体系应该具有较为广泛的适应性,即设立的指标体系可以反映农村能源和现代农业的共性和特性。此外,建立的指标体系应该具有发展性,即可根据农村能源与现代农业融合环境的变化做出适当的调整,从而可以灵活应用,保证评价的有效性和操作的可行性。

4) 可比性原则

各评价指标能准确反映各个影响因素之间的相互关系,能很好地测评农村能源与现代农业的融合程度,且不同评价指标之间、同一评价指标不同年份之间应具有可比性,构成完整的评价体系(白金明,2008)。此外,指标体系的构建要充分考虑定量分析和定性分析的结合性。一般来说,评价指标要求尽量采用定量指标,而对一些不能定量化的指标,则用定性的描述来阐述其规律,从而可以对农村能源与现代农业的融合发展水平进行更加客观的分析评价。

5）全面性原则

综合评价指标体系应尽量涵盖多种因素对农村能源与现代农业融合的影响。避免评价指标的单一性、重复性和局限性，试图选择多个代表性的指标，把评价对象和评价指标结合成层次分明的结构系统（郑军，2008）。

6）独立性原则

所谓独立性原则是指在选择指标时，应尽量选择综合性指标或者主要指标，以防止出现指标信息的重复。

4.3.2 评价指标选择的方法

农村能源与现代农业的发展水平评价问题属于产业层面的评价。虽然国内外很多学者从不同方面对农村能源与现代农业发展的相关指标体系进行了研究，但研究者对指标的选择都是基于自身研究的需要，尚没有形成一个统一、科学的指标评价体系。在遵循科学性、系统性、可操作性、可比性、全面性等原则的基础上，本书首先利用文献进行频度统计，从中选择近年来研究者使用频度较高的指标；其次进行理论分析，在对农村能源与现代农业的内涵、特征、基本要素及其主要问题进行深入分析、比较研究的基础上，选择比较重要的、针对性强的、能较为全面反映农村能源与现代农业发展水平的指标；然后进行专家反馈，初步提出评价的指标；在征询有关专家意见的基础上，考虑社会经济发展状况及指标数据的可获得性；最后对指标进行调整形成最终的评价指标体系。

4.3.3 评价指标的选取及指标解释

1）农村能源评价指标的选取及指标解释

对农村能源子系统的评价分别从总量、结构、效益等三个方面进行，见表 4-2。总量指标主要衡量农村地区的总体能源消费水平；结构指标主要衡量农村能源的优质率和商品率；效益指标主要衡量农村生产、生活用能的经济效益和农民生活水平。主要指标的内涵描述如下：

农村生活能源消费总量（X_1）是指农村居民在炊事、照明、取暖、交通、娱乐等日常生活方面所消耗的各种能源总量。其计算公式为 $X_1 = \sum_{i=1}^{n} f_i \cdot e_i$，其中 f_i 为第 i 种能源实物消费量，e_i 为第 i 种能源的折能系数。

农业生产能源消费总量（X_2）是指在农业生产过程中消耗的各种能源总量，主要包括有机能和无机能，其中有机能主要有人力、畜力和粪便；无机能按照利用方式分为直接能和间接能,其中直接能包括燃油和电力,间接能包括农用机械设备能(简称机械能)、化肥、农药、薄膜等。通过相关折算方法(胡莉莉等,2011)将各种生产用能换算成统一单位兆焦(MJ),农业生产总用能的计算公式为 $X_2 = \sum_{i=1}^{n} E_i = \sum_{i=1}^{n} f_i \cdot e_i$,其中 E_i 为第 i 种能源折能后的数量,f_i 为第 i 种能源实物消耗量,e_i 为第 i 种能源折能系数。

农村用电量(X_3)主要包括农村生产、生活过程中消费的电力。该指标用来衡量农村社会经济的发展水平,一般来说,农村用电量越高,社会经济的发展水平也越高。

能源经费投入(X_4)是指各县市在农村能源建设中的经费投入,包含乡级、县级、地级、省级和中央等各级政府的投入以及用户自筹的资金,能源经费投入越多越有利于农村能源建设的发展。

传统生物质能源占能源消费总量比重(X_5)是指传统的秸秆、薪柴等能源在能源消费总量中的占比。该占比越高说明农村能源消费对传统生物质能源的依赖程度越高,能源消费结构越不合理。计算公式为 $X_5 = \frac{秸秆和薪柴的消费总量}{农村能源消费总量} \times 100\%$。

商品能源占能源消费总量比重(X_6)是指农村生产、生活过程中消费的煤炭、电力、燃油、液化气等商品能源在能源消费总量中的占比。该占比越高说明农村能源消费结构的商品率越高。计算公式为 $X_6 = \frac{商品能消费总量}{农村能源消费总量} \times 100\%$。

清洁能源占商品能源消费总量比重(X_7)是指在农村能源消费中油、气等液体能源在能源消费中的占比。该占比越高说明农村能源消费构成中优质能源比重越高。计算公式为 $X_7 = \frac{油、气等液体能源消费总量}{农村能源消费总量} \times 100\%$。

农村人均生活有效热(X_8)是指人均使用各种能源所获有效能的总和。根据我国目前情况,本书取柴草灶的热转换效率19%,煤炉25%,液化气灶具60%,沼气50%、电80%、燃油30%。作为反映家庭用能在有效能需求量方面的指标,它反映了家庭获取有效热的消费水平(王效华等,2001;张馨,2012)。计算公式为 $X_8 = \frac{\sum_{i=1}^{n} f_i \cdot \eta_i}{P}$,其中 P 为农村人口总数,f_i 为第 i 种能源实物消耗量,η_i 为第 i 种能源的热效率。

农业总产值能耗(X_9)是指每万元农林牧渔增加值所消耗的能源,该指标用来衡量农业生产用能的效率,能耗值越低说明用能效率越高。计算公式为 $X_9 =$

$$\frac{\text{农林牧渔业增加值}}{\text{生产用能消费总量}} \times 100\% \text{。}$$

CO_2 排放量(X_{10})主要是指在农村生产、生活过程中因为各种能源的消费所排放的 CO_2 总量。计算公式为 $X_{10} = \sum_{i=1}^{n} f_i \cdot c_i$，其中，$f_i$ 为第 i 种能源实物消耗量，c_i 为第 i 种能源碳排放系数。

表 4-2 农村能源子系统序参量指标

一级指标	二级指标	指标层
农村能源子系统	总量指标	生活能源消费总量
		生产能源消费总量
		农村用电量
		能源经费投入
	结构指标	传统生物质能源占能源消费总量比重
		商品能源占能源消费总量比重
		清洁能源占能源消费总量比重
	效益指标	农村人均生活有效热
		农业总产值能耗
		CO_2 排放量

2) 现代农业评价指标的选取及指标解释

本研究基于南通地区农业生产的实际情况，从农业生产条件和手段、农业产出水平、农业可持续发展水平等三个方面对现代农业子系统进行评价，评价指标体系见表 4-3。主要指标的内涵描述如下：

农林水利事务支出占比(Y_1)　是指农林水事务预算支出占地方一般预算支出的比重，它反映了政府对农业现代化发展的财力保证。

农业从业人员人均农机总动力(Y_2)　农机总动力主要指用于农业生产的各种动力机械的总和，包括排灌机械、耕地机械、农用运输机械、植物保护机械及其他各种农业机械。该指标反映现代农业的机械化水平。计算公式为 $Y_2 = \dfrac{\text{农业机械总动力}}{\text{农业从业人员}}$。

单位耕地面积用电量(Y_3)　现代农业发展程度越高，则电气化程度越高，用电量也越多，该指标直观地反映现代农业的发展程度。计算公式为 $Y_3 = \dfrac{\text{农业生产用电量}}{\text{播种总面积}}$。

有效灌溉率(Y_4) 主要反映水资源的利用效率,是衡量农田建设水利化的重要指标。有效灌溉面积为灌溉工程或者设备已经配备齐全,并且能够进行正常灌溉的水田和水浇地的面积之和。计算公式为 $Y_4 = \dfrac{\text{有效灌溉面积}}{\text{播种总面积}} \times 100\%$。

各县域职业教育在校生人数(Y_5) 主要反映南通地区潜在的农业劳动力的素质。

经济作物播种面积占比(Y_6) 主要反映经济作物的生产规模,计算公式为 $Y_6 = \dfrac{\text{经济作物播种面积}}{\text{播种总面积}} \times 100\%$。

农作物耕种收综合机械化率(Y_7) 农业生产中机耕、机播、机械植保、机械收获、机灌等机械工作量的平均值,用来综合反映农业生产中机械操作替代手工操作的程度,是农业生产手段现代化的核心体现。计算公式为

$$Y_7 = \dfrac{\text{机耕面积} + \text{机播面积} + \text{机械植保面积} + \text{机械收获面积}}{\text{播种总面积}} \times 100\%$$

单位播种面积塑料薄膜施用量(Y_8) 塑料薄膜主要用于农业生产过程中保护植物的水分,防止水分流失的制品,该指标反映了现代农业生产中的科技水平。计算公式为 $Y_8 = \dfrac{\text{塑料薄膜施用量}}{\text{播种总面积}}$。

土地生产率(Y_9) 指单位耕地面积产出的第一产业增加值,用来衡量土地的产出效益。计算公式为 $Y_9 = \dfrac{\text{第一产业增加值}}{\text{耕地面积}}$。

农业劳动生产率(Y_{10}) 指农业从业人员人均创造的农林牧渔业总产值,用来衡量农业劳动力的产出效益。计算公式为 $Y_{10} = \dfrac{\text{农林牧渔业总产值}}{\text{农业从业人员}}$。

农业投入产出率(Y_{11}) 充足而稳定的资金投入是现代农业发展的前提和基础,该指标主要反映了现代农业发展过程中资金的产出水平。计算公式为 $Y_{11} = \dfrac{\text{农业增加值}}{\text{农业中间消耗}}$。

农林牧渔业增加值(Y_{12}) 是指农、林、牧、渔及其服务业在生产货物、提供各种服务活动的过程中而增加的价值,表现为农林牧渔业现价总产值减去农林牧渔业现价中间投入以后的余额。该指标能客观反映农林牧渔业的投入、产出、速度等情况。

农业增加值占 GDP 比重(Y_{13}) 反映了农业生产的结构,主要用来衡量农业在国民经济中的地位和作用。现代农业发展程度越高,则农业增加值比重越低。计算公式为 $Y_{13} = \dfrac{\text{农业增加值}}{GDP} \times 100\%$。

4 农村能源与现代农业融合发展水平测度的模型构建与评价步骤

牧渔业增加值占农业增加值比重(Y_{14}) 用来衡量农业生产结构是否合理。该比重越高,说明现代农业生产水平越高。计算公式为 $Y_{14} = \dfrac{牧渔业增加值}{农业增加值} \times 100\%$。

单位播种面积粮食产量(Y_{15}) 用来衡量现代农业的粮食生产水平,计算公式为 $Y_{15} = \dfrac{粮食总产量}{粮食播种面积}$。

农业从业人员比重(Y_{16})和非农业就业比重(Y_{17}) 用来衡量就业结构是否合理,现代农业发展水平越高,则直接从事农业生产人员比重越低,而非农从业人员比重则越高。计算公式为 $Y_{16} = \dfrac{农业从业比重}{从业人员} \times 100\%$,$Y_{17} = \dfrac{非农业从业比重}{从业人员} \times 100\%$。

农村人均纯收入(Y_{18}) 综合反映农村居民的收入水平。现代农业发展水平的提高,可以提高农村居民的收入水平。

劳均耕地面积(Y_{19}) 反映了现代农业的发展规模,现代农业发展需要考虑规模效益,因此劳均耕地面积越多越有利于现代农业发展。计算公式为 $Y_{19} = \dfrac{耕地总面积}{农业从业人员}$。

单位播种面积化肥施用量(Y_{20})和单位播种面积农药施用量(Y_{21}) 反映了现代农业生产过程中的化学化。现代农业发展过程中主要依靠有机肥或各种绿肥,过量地施用化肥和农药容易导致土壤板结变硬,酸度增加,从而破坏农业生态系统的良性循环。

表 4-3 现代农业子系统序参量指标

一级指标	二级指标	指标层
现代农业子系统	农业生产条件和手段	农林水利事务支出占比
		农业从业人员人均农机总动力
		单位耕地面积用电量
		有效灌溉率
		各县域职业教育在校生人数
		经济作物播种面积占比
		农作物耕种收综合机械化率
		单位播种面积塑料薄膜施用量

续表

一级指标	二级指标	指标层
现代农业子系统	农业产出水平	土地生产出率
		农业劳动生产率
		农业投入产出率
		农林牧渔业增加值
		农业增加值占GDP比重
		牧渔业增加值占农业增加值比重
		单位播种面积粮食产量
		农业从业人员比重
		非农业就业比重
		农村人均纯收入
	农业可持续发展水平	劳均耕地面积
		单位播种面积化肥施用量(折纯量)
		单位播种面积农药施用量

4.3.4 基于灰色关联分析模型的序参量一般指标筛选

因为系统间的联系是互相融合的基础,因此在对农村能源与现代农业融合发展水平测度之前,必须对两大系统经济指标的关联度进行分析。本研究中农村能源系统与现代农业系统之间的相互作用具有随机性、不确定性,并且不同时期二者之间的关系在发展变化。此外,农村能源发展中所采取的近几年的小样本数据具有数据不确切、不全面的特点,具有灰色性,因此本书采用灰色关联分析模型对农村能源与现代农业发展的动态关联程度进行测算。灰色关联度可以分为"整体性灰色关联度"和"局部性灰色关联度"两类,其主要差别在于整体性灰色关联度是任意序列均可以作为参考序列,而局部性灰色关联度则必须指定参考序列。本书不指定参考序列,选用整体性灰色关联度进行测算。具体计算过程如下:

1) 指标无量纲化处理

为了增强不同量纲的因素之间的可比性,通常需要在计算关联度之前对原始数据进行适当的转换。常用的转换方法有三种:①初值化变换;②均值变换;③标准化变换。本书采用初值化变换对各指标进行无量纲化处理,计算公式为:

$$X'_i = X_i(t)/X_i(1) = \{X'_i(1), X'_i(2), \cdots, X'_i(n)\}, i = 1, 2, \cdots, m \tag{4-12}$$

2) 求差序列

$$\Delta_i(k) = |X'_0(k) - X'_i(k)| \tag{4-13}$$

$$\Delta_i = \{\Delta_i(1), \Delta_i(2), \cdots, \Delta_i(n)\}, i = 0, 1, 2, \cdots, m$$

3) 求两极最大差与最小差

$$M = \max_i \max_k \Delta_i(k), m = \min_i \min_k \Delta_i(k) \tag{4-14}$$

4) 计算灰色关联系数

$$r_{ij}(k) = \frac{\min\min|X_i(k) - Y_j(k)| + \rho \cdot \max\max|X_i(k) - Y_j(k)|}{|X_i(k) - Y_j(k)| + \rho \cdot \max\max|X_i(k) - Y_j(k)|} = \frac{m + \rho \cdot M}{\Delta_i(k) + \rho \cdot M},$$

$$i = 1, 2, \cdots, m; k = 1, 2, \cdots, n \tag{4-15}$$

式中,$X_i(k)$ 和 $Y_j(k)$ 分别为 k 时刻农村能源系统与现代农业系统经济指标的标准化值;ρ 为分辨率,$\rho \in (0, 1)$,此处取 $\rho = 0.5$;$r_{ij}(k)$ 为 k 时刻的关联系数,其值越大,则表明两者之间的关联性越强。

5) 计算灰色关联度

为求总体的关联度,需要考虑不同观测点在总体观测中的重要性程度,则需要确定各点的权重,本书采用算术平均方法计算灰色关联度,计算公式为:

$$R_{ij} = \frac{1}{n} \sum_{j=1}^{n} r_{ij}(k) \tag{4-16}$$

式中,R_{ij} 为第 j 个比较数列与第 i 个参考数列的关联度,其值越大,则说明第 j 个比较数列与第 i 个参考数列的关联程度越紧密。

6) 计算整体关联度矩阵

根据上式可计算得到指标的整体关联度矩阵,如下:

$$\boldsymbol{R} = \begin{bmatrix} r_{11} & \cdots & r_{1n} \\ \vdots & \ddots & \vdots \\ r_{m1} & \cdots & r_{mn} \end{bmatrix} \tag{4-17}$$

式中,$r_{ij} = r_{ji}, i = 1, 2, \cdots, m, j = 1, 2, \cdots, n$。

通过比较各个关联度 r_{ij} 的大小可以分析出农村能源子系统中哪些因素与现代农业子系统的发展关系密切,哪些对现代农业子系统的发展作用不大。若取 $r_{ij} = 1$,则说明农村能源子系统某一指标与现代农业子系统某一指标的关联性大,并且两者的变化规律完全相同,单个指标的融合作用明显;若 $0 < r_{ij} < 1$,则说明两者有关联性,并且其值越大,关联性越大,融合性越好,反之亦然。根据指标之间的关联度矩阵,并通过全面衡量,本书对与其他指标关联度低于 0.6 的指标予以剔除。

4.3.5　农村能源与现代农业序参量指标的相关性分析

为了保证各子系统内指标的独立性,需要对筛选后的指标系统进行相关性分析,选择内涵丰富且相对独立的指标构成指标评价体系,主要步骤如下:

1) 采用 Z-Score 法对各基础指标进行标准化转换

$$X'_{ij} = \frac{X_{ij} - \overline{X_j}}{\sigma_j} \tag{4-18}$$

式中,X'_{ij} 为标准化后的指标值;X_{ij} 为指标值;$\overline{X_j}$ 为该指标的平均值;σ_j 为该指标的标准差。

2) 计算各指标相关系数并合并相互重复的指标

首先分别计算各个指标间的相关系数,其次找出相关系数小于临界值的独立指标,最后结合变异度公式对相关指标进行独立性分析。

$$C_{vj} = \frac{\sigma_j}{\overline{X_j}} \tag{4-19}$$

将真相关系数为 0.95 以上(包括 0.95)的指标定义为重复指标并加以合并。具体方法如下:先辨识真假相关,当同类型指标的相关系数为正时,则为真相关,反之为负时,则为假相关;再对变异度小并且真相关系数超过 0.95 的所有指标合并或者筛减,在合并指标时优先保留较高层次指标以及综合性指标(周绍森,2007)。

4.4　基于组合法的指标权重的确定

指标的权重是指标评价过程中其相对重要程度的一种主客观度量的反映(赵华,2006)。在利用多个指标来进行综合评价的过程中,各个指标权重的确定是一项非常基础、非常重要的工作。确定指标权重的方法主要可归纳为两类:主观赋权法与客观赋权法。前者的优点是专家可以根据实际问题,合理确定每个指标权重系数之间的排序,但具有较大的主观随意性,其主要的方法体系有:德尔菲法(Delphi 法)、层次分析法(AHP 法)、环比评分法等。后者则无须征求专家的意见,系数具有绝对的客观性,但有时确定的权数可能会与指标的实际重要程度相反,其主要的方法体系有:熵值法、相关系数法、变异系数法、主成分分析法、因子分析法等。在权重的确定过程中,单纯使用某一种确权方法可能会使权重偏离正值,因此本书采用熵值法和相关系数法组合赋权以全面地反映原始数据所提供的信息,得出更准确合理的指标权重。在组合赋权过程中,本书认为熵值法确权与相关系数法确权同等重要,故而取二者的平均值即为本书的最终权重。

4.4.1 熵值法

德国物理学家 Clausis 和 Boltgman 首次提出熵的概念,之后美国控制论及信息论创始人、著名的数学家 Wiener 和 Shannon 提出了更为广阔的信息熵,现已广泛应用于工程技术和社会经济等领域。熵主要用来度量系统的无序程序,当信息量越大时,其不确定性就越小,熵也就越小;反之,熵就越大。熵值法是以各项指标观测值所提供的信息的大小为依据来确定相关指标的权重。设 $x_{ij}(i=1,2,\cdots,n;j=1,2,\cdots,m)$ 为第 i 个系统中的第 j 项观测数据。对于给定的 j,x_{ij} 的差异越大,则该项指标会对系统产生比较大的作用,也就是说该项指标所包含和传输的信息比较多。信息的增加通常意味着熵的减少,而熵可以用来度量这种信息量的大小(张翼新,2009)。

与其他赋权法相比较,熵值法是一种比较客观(层次分析法比较主观)、全面(主成分分析法丢失部分信息)、无须先验结果(BP 神经网络模型需要先验结果进行训练才能得出指标的相应权重)的综合评价方法(张春梅等,2012)。因此本书主要采用熵值法进行评价。熵值法的计算步骤如下:

1) 构建原始指标数据矩阵

设有 h 个年份,m 个样本区域,n 项测评指标,则原始指标数据矩阵为 $\boldsymbol{X}=\{x_{\lambda ij}\}_{h\times m\times n}(1\leqslant\lambda\leqslant h,1\leqslant i\leqslant m,1\leqslant j\leqslant n)$,$x_{\lambda ij}$ 是第 λ 个年份第 i 个样本区域第 j 项指标的指标值。

2) 对原始指标数据进行标准化处理

由于各指标的度量单位及其所代表的经济意义各不相同,因此在运用多指标综合评价方法时,为了消除由于各指标的单位不同和其数量级之间的悬殊差异所导致的影响,尽量避免综合评价结果的不合理,通常必须先对原始的指标数据进行标准化处理(即无量纲化处理),从而使变换后的指标数据不仅具有可比性,而且可以真正反映出各指标数据原有的规律和特性。

对数据进行标准化处理的方法有许多种,其中常用的方法有均值法、极差法和Z-Score 法(又称标准化法)。本书采用极差法对原始数据进行标准化处理。为方便后文的描述，设考虑的样本区域有 m 个，指标共有 n 个，记 x_{ij} 为第 i 个样本区域的第 j 项指标的数值。具体计算方法如下式：

$$\text{正向指标：} x_{ij} = \frac{x_{ij} - x_{\min}(x_{1j}, x_{2j}, \cdots, x_{mj})}{x_{\max}(x_{1j}, x_{2j}, \cdots, x_{mj}) - x_{\min}(x_{1j}, x_{2j}, \cdots, x_{mj})} \tag{4-20}$$

$$\text{负向指标：} x_{ij} = \frac{x_{\max}(x_{1j}, x_{2j}, \cdots, x_{mj}) - x_{ij}}{x_{\max}(x_{1j}, x_{2j}, \cdots, x_{mj}) - x_{\min}(x_{1j}, x_{2j}, \cdots, x_{mj})} \tag{4-21}$$

其中，$x_{\max}$ 和 $x_{\min}$ 为该指标各评价个体的最大值和最小值。标准化后的指标均为正向指标，由此可以得到标准化矩阵 $\boldsymbol{Y} = (y_{\lambda ij})_{h \times m \times n}$，再进行归一化处理，得到：

$$P_{\lambda ij} = \frac{x_{\lambda ij}}{\sum_{\lambda=1}^{h} \sum_{i=1}^{m} x_{\lambda ij}} (1 \leqslant \lambda \leqslant h, 1 \leqslant i \leqslant m, 1 \leqslant j \leqslant n) \tag{4-22}$$

3）熵值计算

计算第 j 项指标的熵值：

$$e_j = -k \sum_{\lambda=1}^{h} \sum_{i=1}^{m} P_{\lambda ij} \ln P_{\lambda ij} \tag{4-23}$$

式中，$k = \dfrac{1}{\ln(h \times m)}$。

4）计算差异性系数

计算指标 x_j 的差异性系数：对于给定的 j，当 $x_{\lambda ij}$ 的差异越小，则 e_j 越大，但 $x_{\lambda ij}$ 全部相等时，$e_j = e_{\max} = 1$，此时对于系统间的比较，指标 $x_{\lambda ij}$ 毫无作用；当 $x_{\lambda ij}$ 的差异越大，则 e_j 越小，指标对于系统的比较作用越大。因此定义差异系数为：

$$d_j = 1 - e_j \tag{4-24}$$

d_j 越大，则越应重视该项指标的作用。

5）计算该项指标的权重系数

$$w_j = \frac{d_j}{\sum_{j=1}^{n} d_j} \tag{4-25}$$

式中，w_j 即为归一化的权重系数。

4.4.2 相关系数法

相关系数法计算权重的具体步骤如下（崔潇潇等，2010）：(1) 将所有评价指标的原始数据录入 SPSS 统计分析软件,计算各单项指标之间的相关系数并取其绝对值;(2)求出某项指标与其他指标间相关系数的平均值;(3)求出该平均值占所有指标相关系数平均值总和的比例,该比例即为该项指标的权重。

4.5 农村能源与现代农业融合发展阶段的判定

对于复合系统协调程度的判定,目前并没有统一的评判标准。廖重斌(1999)、孙爱军(2008)、庞闻等(2011)在分别研究环境与经济协调发展、城市经济与用水技术效率、城市旅游经济与生态环境的系统耦合度时,将耦合度协调标准划分为 10 大类(表 4-4);张文龙(2009)在研究城市化与产业生态化耦合发展类型时,将两者的协调程度分为 3 大类 7 小类 21 个基本类型(表 4-5)。也有学者将耦合协调度分为 4 大类,即 $0<D\leqslant0.4$ 为低度协调耦合型、$0.4<D\leqslant0.5$ 为勉强协调耦合型、$0.5<D\leqslant0.8$ 为中度协调耦合型、$0.8<D\leqslant1.0$ 为高度协调耦合型(张乐勤等,2014)。梁伟军(2010)在研究农业与相关产业融合时,以 HI 值为标准,将 HI 值分为 $0.84\sim1.0$、$0.68\sim0.84$、$0.52\sim0.68$、$0.36\sim0.52$、$0.2\sim0.36$ 等 5 个区间,并将这 5 个区间的融合度分别概括为低度融合、中低度融合、中度融合、中高度融合和高度融合。

表 4-4 耦合协调度评价标准

协调度 D	0~0.09	0.10~0.19	0.20~0.29	0.30~0.39	0.40~0.49
协调等级	极度失调	严重失调	中度失调	轻度失调	濒临失调
协调度 D	0.50~0.59	0.60~0.69	0.70~0.79	0.80~0.89	0.90~1.00
协调等级	勉强协调	初级协调	中级协调	良好协调	优质协调

表 4-5 耦合发展类型分类体系

协调发展类	优质协调发展类 $(0.8<C_t\leqslant1.0)$	良好协调发展类 $(0.7<C_t\leqslant0.8)$	中等协调发展类 $(0.6<C_t\leqslant0.7)$
勉强协调发展类	勉强协调发展类$(0.5<C_t\leqslant0.6)$		
失调衰退类	失调衰退类 $(0.4<C_t\leqslant0.5)$	中度失调衰退类 $(0.3<C_t\leqslant0.4)$	严重失调衰退类 $(0<C_t\leqslant0.3)$

上述对于复合系统的耦合协调程度的划分相对比较主观,本书借鉴陈明星等(2010)提出的改进象限图方法,引入客观的判断标准,并通过偏离程度更细微地考察复合系统之间的关系。具体的数据处理方法如下:

第一步,利用前述已经测评得到的农村能源有序度(U_1)与现代农业有序度(U_2),对其进行标准化处理以生成两个新的变量 ZU_1 和 ZU_2,其计算公式为:

$$ZU_1 = (U_{1\lambda i} - \bar{U}_1)/S_{U_1}$$
$$ZU_2 = (U_{2\lambda i} - \bar{U}_2)/S_{U_2} \tag{4-26}$$

式中，ZU_1 和 ZU_2 分别是经过标准化处理后的农村能源有序度与现代农业有序度；$U_{1\lambda i}$ 和 $U_{2\lambda i}$ 分别是第 λ 年第 i 个县域的农村能源有序度和现代农业有序度；$\bar{U}_1$ 和 $\bar{U}_2$ 分别是 $U_{1\lambda i}$ 和 $U_{2\lambda i}$ 的平均值；S_{U_1} 和 S_{U_2} 分别是 $U_{1\lambda i}$ 和 $U_{2\lambda i}$ 的标准差。

第二步，以 ZU_1 为纵坐标，以 ZU_2 为横坐标，作出一个农村能源与现代农业关系的象限图（图 4-1）。不同年份不同县域的农村能源与现代农业形成一个点集 (ZU_2, ZU_1)，坐落在该象限图内。

第三步，判断农村能源与现代农业融合发展关系类型。首先根据农村能源与现代农业的加权平均值 $0.5ZU_1 + 0.5ZU_2$ 判断农村能源发展的进程；其次根据 ZU_1 和 ZU_2 判断农村能源与现代农业的关系；然后根据 $|ZU_1 - ZU_2|$ 判断农村能源与现代农业发展的偏离程度；最后从理论上将农村能源与现代农业划分为以下 21 种类型（表 4-6）。

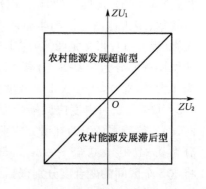

图 4-1 农村能源与现代农业关系的类型划分

表 4-6 农村能源与现代农业融合发展类型

农村能源水平	ZU_1 和 ZU_2 的关系	ZU_1 和 ZU_2 的偏离程度	ZU_1 和 ZU_2 融合发展关系
高水平农村能源（Ⅰ）$0.5ZU_1 + 0.5ZU_2 > 1.0$	农村能源超前型 (A) $ZU_1 > ZU_2$	严重偏离 (a) $\|ZU_1 - ZU_2\| > 1$	高水平农村能源严重超前（ⅠAa）
		中度偏离 (b) $0.5 < \|ZU_1 - ZU_2\| \leqslant 1$	高水平农村能源中度超前（ⅠAb）
		轻度偏离 (c) $0.1 < \|ZU_1 - ZU_2\| \leqslant 0.5$	高水平农村能源轻度超前（ⅠAc）
			高水平农村能源与现代农业基本协调（ⅠB）$0 \leqslant \|ZU_1 - ZU_2\| \leqslant 0.1$
	农村能源滞后型 (C) $ZU_1 < ZU_2$	轻度偏离 (c) $0.1 < \|ZU_1 - ZU_2\| \leqslant 0.5$	高水平农村能源轻度滞后（ⅠCc）
		中度偏离 (b) $0.5 < \|ZU_1 - ZU_2\| \leqslant 1$	高水平农村能源中度滞后（ⅠCb）
		严重偏离 (a) $\|ZU_1 - ZU_2\| > 1$	高水平农村能源严重滞后（ⅠCa）

续表

农村能源水平	ZU_1 和 ZU_2 的关系	ZU_1 和 ZU_2 的偏离程度	ZU_1 和 ZU_2 融合发展关系
中等水平农村能源（Ⅱ）$0.6 < 0.5ZU_1 + 0.5ZU_2 \leqslant 1.0$	农村能源超前型（A）$ZU_1 > ZU_2$	严重偏离(a) $\|ZU_1 - ZU_2\| > 1$	中等水平农村能源严重超前（ⅡAa）
		中度偏离(b) $0.5 < \|ZU_1 - ZU_2\| \leqslant 1$	中等水平农村能源中度超前（ⅡAb）
		轻度偏离(c) $0.1 < \|ZU_1 - ZU_2\| \leqslant 0.5$	中等水平农村能源轻度超前（ⅡAc）
			中等水平农村能源与现代农业基本协调（ⅡB）$0 \leqslant \|ZU_1 - ZU_2\| \leqslant 0.1$
	农村能源滞后型（C）$ZU_1 < ZU_2$	轻度偏离(c) $0.1 < \|ZU_1 - ZU_2\| \leqslant 0.5$	中等水平农村能源轻度滞后（ⅡCc）
		中度偏离(b) $0.5 < \|ZU_1 - ZU_2\| \leqslant 1$	中等水平农村能源中度滞后（ⅡCb）
		严重偏离(a) $\|ZU_1 - ZU_2\| > 1$	中等水平农村能源严重滞后（ⅡCa）
低水平农村能源（Ⅲ）$0.5ZU_1 + 0.5ZU_2 \leqslant 0.6$	农村能源超前型（A）$ZU_1 > ZU_2$	严重偏离(a) $\|ZU_1 - ZU_2\| > 1$	低水平农村能源严重超前（ⅢAa）
		中度偏离(b) $0.5 < \|ZU_1 - ZU_2\| \leqslant 1$	低水平农村能源中度超前（ⅢAb）
		轻度偏离(c) $0.1 < \|ZU_1 - ZU_2\| \leqslant 0.5$	低水平农村能源轻度超前（ⅢAc）
			低水平农村能源与现代农业基本协调（ⅢB）$0 \leqslant \|ZU_1 - ZU_2\| \leqslant 0.1$
	农村能源滞后型（C）$ZU_1 < ZU_2$	轻度偏离(c) $0.1 < \|ZU_1 - ZU_2\| \leqslant 0.5$	低水平农村能源轻度滞后（ⅢCc）
		中度偏离(b) $0.5 < \|ZU_1 - ZU_2\| \leqslant 1$	低水平农村能源中度滞后（ⅢCb）
		严重偏离(a) $\|ZU_1 - ZU_2\| > 1$	低水平农村能源严重滞后（ⅢCa）

4.6 农村能源与现代农业融合发展水平测度的评价步骤

全面评价农村能源与现代农业融合发展水平是一个复杂的过程。根据上述模型与方法，农村能源子系统与现代农业子系统序参量的选取对于两大产业融合度的评价至关重要。因此本研究首先分别确定农村能源与现代农业两大子系统的序参量指标，其次根据序参量的特点建立评价序参量指标的评价体系，然后根据评价模型对两大子系统分别进行评价，最后计算复合系统的融合度，具体步骤如图 4-2：

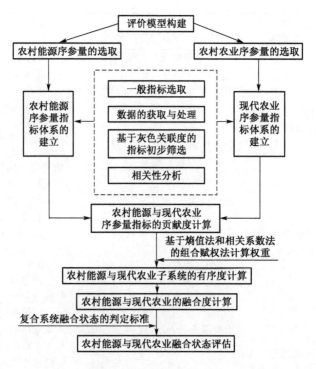

图 4-2 农村能源与现代农业融合发展的评价过程

4.7 本章小结

本章主要是从方法层面建立农村能源与现代农业融合发展水平测度的模型。首先对已有的融合度测评方法进行了综述，并根据本书的实际需要和研究特点确定选用复合系统协调度模型来测度农村能源与现代农业的融合发展水平。具体的融合发展水平测度的模型建立步骤如下：①分别选取农村能源序参量和现代农业序参量；②通过一般指标选取、对获取的数据进行处理、基于灰色关联度指标对序参量指标进行初步筛选、相关性分析等四个步骤分别建立农村能源序参量指标体系和现代农业序参量指标体系；③利用复合系统协调度模型分别计算农村能源与现代农业序参量指标的贡献度；④利用熵值法与相关系数法的组合赋权法计算权重；⑤分别计算农村能源与现代农业子系统的有序度；⑥计算农村能源与现代农业的融合度；⑦根据复合系统融合状态的判定标准对农村能源与现代农业的融合状态进行评估。

5 南通市农村能源与现代农业融合发展的基础分析

南通市农村能源与现代农业的融合发展具有得天独厚的条件。作为东部沿海地区的农业大市,社会经济的发展、农村生活水平的提高都需要大量、洁净的能源;规模农业为二者的融合发展提供了大量的废弃物资源;独特的地理位置和气候条件为融合发展提供了丰富的种质资源和后备耕地资源;较为发达的现代农业、正在兴起的农村能源产业、蓬勃发展的制造业和已经起步的农业服务业等则为融合提供了产业基础,这都使得农村能源与现代农业的融合发展成为可能。本章主要从需求基础、资源基础、产业基础三个方面论述二者融合发展的必要性与可行性。

5.1 需求基础

5.1.1 农村生产用能分析①

农村生产用能主要包括农业生产用能和工业生产用能,从与现代农业融合发展的角度看,本书仅分析农业生产用能的相关特征。

农业生产用能对农村经济发展至关重要。最早对我国不同地区农业能量的转换效率进行研究的是刘巽浩(1982),他率先开辟了农业物资折算能源的先河;此后闻大中(1985,1986)、李连禄等(1989)先后系统地研究了包括生物质、矿物燃料、人力和畜力、农田用电、化肥、农药、农业机械、繁殖用种等各种农业能源转换成能流量的折算方法和折能系数;李兰海(1988)提出了农业生态系统能流分析指标,该分析指标包含生态指标和生产效率指标。在农业生产用能的影响因素方面,胡莉莉等(2011)借助面板数据模型进行了研究,其结果表明目前我国各地区农业生产用能与农业产出增长之间存在格兰杰因果关系;朱立志等(2010)认为我国农业生产用能的效率逐渐呈下降趋势;借助固定效应模型,彭科等(2012)实证分析了影响我国农业生产用能的诸多因素。上述研究基本是从宏观层面对我国的农业生产用能进行分析,但由于我国地域辽阔,且各地区的农业生产条件差别巨大,因此自县域

---

① 本节内容发表于《南京师大学报》(自然科学版),2015,38(3):127-134

概念首次被提出以来,县域已成为研究的热点,主要集中在综合发展水平(彭丽等,2009)、生态足迹(董国仓等,2009)、现代农业发展水平(李成园等,2013)、县域经济(李建豹等,2011;方叶林等,2013)等方面,而对农业生产用能的县域研究还不多见。但是从县域的微观层面进行研究可以更为具体地认识农业生产用能的特征及其影响因素,从而可以为县域农业生产的合理用能提供相关建议。

位于长江入海口北岸的南通市,因其地处"长江黄金水道"与"黄金海岸"的接合部,故常常被称为"江海门户"。这里不仅地理位置优越,而且为农业生产发展提供了良好的自然条件。2014年南通农林牧渔业总产值达到631.88亿元,仅次于盐城和徐州,位居全省第三位,其中油料和棉花产量分居全省第一、二位。现代农业的发展扩大了农业生产规模,也大大增加了农业生产用能量。如南通市农机总动力自1998年以来以年均4.4%的速度增长;农林牧渔业用电量波动上升,2013年达到52 260万kW·h;化肥施用量为23.49万t(折纯),塑料薄膜和农药施用量则分别上升到1.23万t和1.05万t,位居全省第三位,仅次于徐州和盐城(江苏统计局,2014),可见对南通各县市农业现代化建设而言,农业生产用能具有极为重要的作用。因此本书借助前人的农业生产用能的折算方法,对南通各县市农业生产用能的消费特征及其用能效率进行分析比较,并借助面板数据模型分析各县市农业生产用能的影响因素,在此基础上提出可行性建议。这对于推进南通地区现代农业的建设、制订较为合理的农村经济政策具有一定的指导意义。

5.1.1.1 研究方法与数据来源

1) 农业生产用能计算方法

农业有广义农业和狭义农业之分,本书中的农业指狭义农业,即种植业。农业生产用能包括有机能和无机能,其中有机能主要包括畜力和有机肥;无机能按照其利用方式分为直接能和间接能,其中直接能包括燃油和电力,间接能包括农用机械设备能(简称机械能)、农药和薄膜以及化肥等。因为南通地区大型役畜很少,所以本书研究的农业生产用能主要包括有机肥、燃油和电力、机械能、化肥、农药和薄膜。根据南通地区实际情况并参照已有研究成果将各种生产用能换算成统一单位兆焦(MJ)(尹钧等,1998;卞有生等,2006;胡莉莉,2011),农业生产用能的计算公式为:

$$E = \sum_{i=1}^{n} E_i = \sum_{i=1}^{n} f_i \cdot e_i \tag{5-1}$$

式中,E_i为第i种能源折能后的数量,f_i为第i种能源实物消耗量,e_i为第i种能源的折能系数。由于各县域之间耕地面积差异较大,为使数据具有可比性,本书以单位耕地面积生产用能来表示农业生产用能。

2) 农业生产用能效率计算方法

按照常用的单要素能源效率计算方法,农业生产用能效率即为农业产值与农业生产用能之比。但单要素能源效率计算方法只能从总体上说明农业生产用能的效率,本书通过计算各种生产用能的弹性系数以进一步分析各种农业生产用能的效率,其计算方法如下:

根据柯布-道格拉斯生产函数设定为:

$$V = K \cdot Y^{\alpha} \cdot Z^{\beta} \cdot J^{\gamma} \cdot H^{\theta} \cdot N^{\lambda} \tag{5-2}$$

将上式两边同时取对数,得:

$$\ln V = C + \alpha \ln Y + \beta \ln Z + \gamma \ln J + \theta \ln H + \lambda \ln N \tag{5-3}$$

式中,V 为种植业增加值,C 为生产转换因子,Y 为有机肥,Z 为燃油和电力,J 为机械能,H 为化肥,N 为农药和薄膜,α、β、γ、θ、λ 分别为各自的弹性系数。

3) 影响因子模型的建立

影响农业生产用能的因素有很多,根据已有研究成果(彭科等,2012)并结合本书研究区域的实际情况,选择农业经济总量、农业从业人数、农业固定资产投资、能源消费习惯等因素。为使各地区具有可比性,均求取单位耕地面积的指标。在借鉴柯布-道格拉斯生产函数的基础上,将面板数据模型(高铁梅,2009)设定为:

$$\ln E_{it} = c + \beta_1 \ln V_{it} + \beta_2 \ln L_{it} + \beta_3 \ln T_{it} + \beta_4 \ln E_{it-1} + u_{it} \tag{5-4}$$

式中,E 为农业生产用能总量(MJ/hm²),V 为种植业增加值(元/hm²),L 为农业从业人数(人/hm²),T 为农业固定资产投资(元/hm²),E_{it-1} 为前一期的能源消费量(MJ/hm²),表示能源消费习惯,c 为地区 i 的截面恒量,β_1、β_2、β_3、β_4 为系数,u_{it} 为扰动项。

文中所用数据均来自《江苏省农村统计年鉴》(2000—2014)和南通各县市统计年鉴(1999—2014)。为更加真实地反映各县市的农业生产用能效率,对各县市的种植业增加值以 1998 年为基期进行等价换算。统计年鉴中个别缺少的数据用 SPSS 通过线性插值法进行缺失值处理。

5.1.1.2 农业生产用能的县域差异

1) 农业生产用能总量提高,但各县市间差异扩大

根据公式(5-1)计算 1998—2013 年南通各县市单位耕地面积农业生产用能总量(图 5-1)。从图 5-1 中可以看出,自 1998 年以来,除如皋市因为化肥与农药的施用量减少导致农业生产用能总量下降外,其余各县市单位耕地面积生产用能水平都在不断提高,其中增长最快的是如东县,单位耕地面积生产用能从 1998 年的 43.80

×10³ MJ/hm² 上升到 2013 年的 82.97×10³ MJ/hm²，年均增长率为 4.35%。

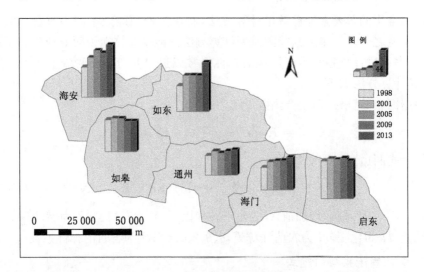

图 5-1　1998—2013 年南通市单位耕地面积农业生产用能总量

南通市农业生产用能水平在不断提高的同时，各县市间差异也在扩大。2013 年海安、如东等经济相对落后的县市农业生产用能较多，其中海安最多，为 88.34×10³ MJ/hm²；通州、海门等经济相对发达的县市农业生产用能较少，其中通州最少，为 43.10×10³ MJ/hm²，尚不足海安的一半。海安县以种植稻麦等粮食作物为主，而通州市以种植油菜、大豆等经济作物为主，因此在生产过程中海安施用了大量的有机肥和化肥。进一步计算标准差、极差和变异系数（表 5-1），可以看出，标准差由 1998 年的 11.09×10³ MJ/hm² 上升到 2013 年的 17.97×10³ MJ/hm²，极差由 1998 年的 30.41×10³ MJ/hm² 上升到 2013 年的 45.24×10³ MJ/hm²，这表明南通市农业生产用能的绝对差异在不断扩大，其间虽有波动，但波动幅度较小，总体来看绝对差异扩大的趋势更加明显。变异系数反映了农业生产用能相对差异的变化，由 1998 年的 0.23 波动上升到 2013 年的 0.28。

表 5-1　1998—2013 年南通市农业生产用能县域差异演变

年份	1998	2000	2005	2010	2013
标准差/(×10³ MJ/hm²)	11.09	10.67	14.14	14.36	17.97
极差/(×10³ MJ/hm²)	30.41	25.10	41.13	39.45	45.24
变异系数	0.23	0.19	0.24	0.24	0.28

2）有机能比重高于东部地区，各县市间用能量差异较大

南通各县市单位耕地面积各类型农业生产用能见表 5-2。

表 5-2　2013 年南通市单位耕地面积农业生产用能（10^3 MJ/hm²）

地区		有机能	无机能					小计	生产用能总量
			直接能		间接能				
		有机肥	燃油和电力	机械能	化肥	农药和薄膜			
通州	用能量	8.20	9.70	5.55	15.67	3.98		34.90	43.10
	比重/%	19.02	22.51	12.88	36.36	9.23		80.98	100.00
海安	用能量	20.43	19.31	8.73	35.95	3.92		67.91	88.34
	比重/%	23.13	21.86	9.89	40.70	4.43		76.88	100.00
如东	用能量	11.83	35.60	8.59	18.79	8.17		71.15	82.98
	比重/%	14.26	42.90	10.35	22.64	9.84		85.74	100.00
启东	用能量	8.87	28.17	3.30	18.70	4.90		55.07	63.94
	比重/%	13.87	44.06	5.16	29.25	7.66		86.13	100.00
如皋	用能量	13.30	6.85	11.74	15.57	4.47		38.63	51.93
	比重/%	25.61	13.19	22.61	29.98	8.61		74.39	100.00
海门	用能量	8.62	8.24	4.48	27.31	6.44		46.47	55.09
	比重/%	15.65	14.95	8.14	49.57	11.69		84.35	100.00
全市	用能量	11.58	18.53	7.24	20.89	5.44		52.10	63.68
	比重/%	18.18	29.10	11.37	32.81	8.54		81.82	100.00

资料来源：根据统计年鉴计算整理得到

现代农业生产中，人工辅助能对农业产出增长的重要程度已远远超出自然界自身能量循环作用。2013 年，南通市有机能比重平均值为 18.18%，其中如皋市的有机能比重最高，达到 25.61%，而我国东部地区的有机能水平仅为 4.90%（胡莉莉，2011），南通地区有机能比重约为东部地区的 3.7 倍。较高的有机肥投入有利于改良土壤、培肥地力，有利于提高肥料的利用率从而促进农田生态系统的良性循环，有利于增加农产品产量、提高品质，当然有机肥利用方式的不恰当也可能在一定程度上产生环境污染问题。各县市间用能量的相对差异较大，通州的有机肥用能水平最低，为 8.2×10^3 MJ/hm²，海安则高达 20.43×10^3 MJ/hm²，前者仅为后者的 40% 左右，这主要是因为海安是南通的畜牧业大市，其有机肥资源非常丰富。

3）无机能中直接能均有不同程度增长，但仍以间接能为主

从生产用能的总量和占比来看（表 5-2），间接能均远远超过了直接能。除如东与启东的直接能与间接能大体持平，其余各县市的无机能中间接能占比均超过

60%，如皋、海门的间接能占比甚至超过了80%。

但自1998年以来，除启东直接能有所下降外，其余各县市直接能均呈持续增长趋势(图5-2)。其中增长较快的为如东、海安和通州，三者直接能年均增长率分别为18.04%、11.53%和8.20%。直接能的利用与农业灌溉、机械耕作紧密相连，其增长速度反映了耕地灌溉与机耕水平的程度。与此相反，各县市间接能的增长趋势明显缓于直接能，增长速度最快的海安，年均增长率仅为3.32%，通州和如皋甚至出现了负增长。

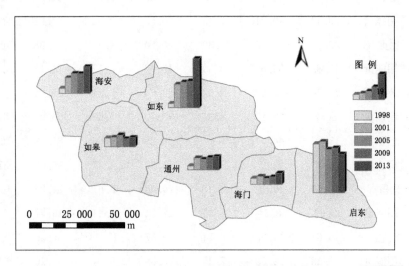

图5-2　1998—2013年南通市直接能变化趋势

4) 间接能中化肥、机械能所占比重较高

各县市间接能中均以化肥能为主，2013年海安化肥能投入为35.95×10^3 MJ/hm²，其在间接能中的占比高达74%。从变化看，海安化肥投入增加速度较快，年均增长率为3.4%；启东、海门的化肥投入微弱增长，而如皋、如东、通州的化肥投入呈下降趋势，其中如皋下降幅度最大，从1998年的24.39×10^3 MJ/hm²下降到2013年的15.57×10^3 MJ/hm²，跌幅达到36.2%。这是因为如皋和如东非常重视农业生态环境保护，尤其是实行生态农业、绿色农业以来，逐步减少化肥的使用。如东县的化肥施用量从1998年的0.68 t/hm²下降到2013年的0.47 t/hm²，如皋市则从1998年的0.62 t/hm²下降到2013年的0.41 t/hm²，二者的下降幅度均达到1/3左右。

如东机械能增长最快，年均增长率为2.49%，除通州外其余四县市的机械能均有小幅增长。如东的种植业占有重要地位，特别是推行土地流转，加快规模经营的过程中，为农业机械化程度的提高提供了有利条件。据2013年如东县国民经济和社会发展统计公报，2013年如东县农机总动力已达83.29万kW，拥有大中型拖拉机 1 320 台,联合收割机 1 850 台,插秧机 4 189 台,机插率达 91.3%,农业综合机械化水平为 85.07%,机械化水平的提高带来机械能的快速增长。

5.1.1.3 农业生产用能效率的县域差异

1) 农业生产用能效率基本呈上升趋势

计算得到 1998—2013 年南通各县市农业生产用能效率(表 5-3)。结果表明,南通各县市农业生产用能效率基本呈上升趋势,上升幅度较大的有如皋市和通州市,如皋市用能效率由 1998 年的 0.26 元/MJ 上升到 2013 年的 0.51 元/MJ;通州市则由 1998 年的 0.47 元/MJ 上升到 2013 年的 0.91 元/MJ,年均增长率为 4.53%,二者的年均增长率均超过了 4.5%。

从 2013 年农业生产用能效率看,通州的效率最高达到 0.91 元/MJ,最低的是如东,仅为 0.32 元/MJ,大约为通州的 1/3;位居第二的是如皋,为 0.51 元/MJ。总体上,经济发展较好的通州、海门等市农业生产用能的平均效率较高,而经济比较落后的如东、海安等县农业生产用能的平均效率较低。

表 5-3　1998—2013 年南通市农业生产用能效率　　　　　　单位:元/MJ

年份	通州	海安	如东	启东	如皋	海门
1998	0.47	0.34	0.33	0.25	0.26	0.38
2000	0.41	0.29	0.21	0.26	0.26	0.33
2005	0.68	0.31	0.26	0.33	0.34	0.38
2010	0.85	0.41	0.34	0.41	0.44	0.45
2013	0.91	0.43	0.32	0.44	0.51	0.46

2) 各生产用能效率差异明显

根据公式(5-3)进一步计算 1998—2013 年各县市各种农业生产用能的弹性系数,结果见表 5-4。

表 5-4　1998—2013 年南通市各生产用能的弹性系数

县域	有机肥	燃油和电力	机械能	化肥	农药和薄膜
通州	0.57	0.01	1.61	−0.35	−0.57
海安	−1.72	0.19	−0.28	2.55	0.02
如东	−0.73	1.54	−0.21	−1.19	−0.23
启东	0.08	0.58	0.05	−0.37	−0.77
如皋	1.79	0.41	0.57	−0.99	−0.94
海门	0.50	0.84	1.38	−1.44	−0.03

从表 5-4 可以看出，有机肥对农业生产基本起促进作用，除海安和如东外，其余各县市有机肥的弹性系数均为正，其中如皋的弹性系数为 1.79，这表明如皋有机肥投入每增加 1%，农业总产值会增加 1.79%。而海安的弹性系数为 -1.72，这表明海安有机肥投入的增加已经不能带来农业产出的增加，反而会有比较明显的负向作用。根据相关研究结果（仇焕广等，2013），2010 年江苏、全国的单位耕地面积畜禽粪便污染量的能值分别为 30.24×10^3 MJ/hm^2、33.01×10^3 MJ/hm^2，而海安研究期内单位耕地面积的有机肥投入均超过全国平均能值，2005 年甚至高达 47.53×10^3 MJ/hm^2，已远远超过其土地的承受能力，因此未来海安的畜禽粪便除适当用作有机肥以保持地力外，更多的应该能源化利用、饲料化利用，以充分发挥畜禽粪便的价值。

各县市燃油和电力的弹性系数均为正值，这表明直接能对南通各县市的农业生产具有较为明显的促进作用。其中如东、海门和启东的直接能弹性系数较大，分别达到 1.54、0.84、0.58。未来随着南通农业生产适度规模经营的推进，有必要投入更多的直接能以促进农业生产的发展。

机械能对农业生产基本呈促进作用。尤其是通州、海门的促进作用很明显，机械能投入每增加 1%，农业总产值分别增加 1.61%、1.38%。南通地区未来还需要进一步增加机械能的投入，以减轻劳动强度、促进农业增产增收、提升劳动生产率从而加快实现农业现代化。

化肥、农药和薄膜对各县市农业总产值的增长已基本没有促进作用。南通各县市（除海安外）的化肥、农药和薄膜的投入已经达到饱和，继续增加投入不仅不能带来农业总产值的增加，而且会产生环境问题。

5.1.1.4 农业生产用能影响因素分析

1）面板数据模型估计

对各序列进行单位根检验，结果表明它们之间为 I(1)，协整检验表明各变量之间存在长期稳定关系，因此可利用面板模型估计各县市各序列之间关系。面板数据估计结果为：可决系数 $R^2=0.9995$，$DW=1.9020$ 非常接近于 2，说明模型不存在一阶序列自相关。虽然少数参数估计不够显著，但方程拟合总体效果较好，因此可以用来进行下一步的分析。模型估计结果见表 5-5。

表 5-5　1998—2013 年南通市生产用能驱动因素模型估计结果

县域	ln$V$	ln$L$	ln$T$	ln$E(-1)$
通州	0.0980	0.0759	0.0063	0.1176
	(0.5552)	(0.5270)	(0.0118)	(0.4968)

续表

县域	lnV	lnL	lnT	lnE(−1)
海安	0.3076	0.0533	−0.0003	0.3945
	(0.0002)	(0.0993)	(0.8669)	(0.0000)
如东	0.6089	0.1807	−0.0016	0.0724
	(0.0000)	(0.0000)	(0.4444)	(0.3019)
启东	0.3029	0.1808	0.0010	−0.0572
	(0.0204)	(0.0017)	(0.5745)	(0.7353)
如皋	0.2564	0.1910	0.0010	−0.2246
	(0.1601)	(0.0404)	(0.5355)	(0.3170)
海门	0.4484	0.1758	0.0204	0.2315
	(0.0000)	(0.0000)	(0.0000)	(0.0000)

注：括号内数据为概率值

2) 各因素对农业生产用能的影响

(1) 农业经济总量与能源消费习惯对农业生产用能的影响程度较大

表 5-5 显示南通各县市农业经济总量系数均为正，这表明农业经济增长对农业生产能源消费均有正向影响，其中正向作用最明显的是如东，在研究期内农业生产总产值每增长 1%，就会带动农业生产能源消费增长 0.61%。但总体来看，农业经济增长对农业生产能源消费的依赖程度并不高。这主要是因为目前南通各县市农业生产依然以家庭联产承包为主，人均耕地资源少，其中通州、海安和启东人均耕地基本呈下降趋势，海门、如皋和如东人均耕地虽有增加，但人均耕地资源也不多，例如如皋人均耕地仅为 0.85 亩。这种分散的小规模家庭生产使得农户大多采用传统生产方式，这就降低了农业生产对能源消费的依赖性。随着南通市土地流转规模的加大，万顷良田工程的进一步展开，未来农业生产对能源消费的依赖会有所增强。

以往的能源消费习惯对农业生产用能基本起促进作用，且影响程度较大，其中海安和海门的能源消费习惯造成的影响最明显。以往农业生产中形成的经验、农机设备耗能的标准性和使用的长期性等造成过去耗能大的县市当期耗能依然比较大。因此要节约能源，必须从改变生产习惯入手。

(2) 劳动力投入的贡献逐渐丧失

劳动力对农业生产用能的影响包括两个方面：一方面劳动力可以在一定程度上替代一般机械作业，从而减少能源的使用；另一方面劳动力数量能决定生产规模,投入的劳动力越多使得农业生产规模越大,从而间接导致对能源需求的增加。因此劳动力数量对能源需求的影响是上述两种影响综合作用的结果,不能简单确定两者之间的正负相关关系。

本研究结果表明劳动力对农业生产用能的促进作用非常有限。研究期内,如皋市的劳动力弹性系数最大,为 0.19,即劳动力投入每增加 1%,农业生产用能消费增加 0.19%,通州和海安的劳动力弹性系数则最小,均不到 0.1%,这说明劳动力对生产用能的促进作用将难以为继,原因是:一方面南通市农业劳动力数量锐减,2000—2013 年,由 197.99 万人下降为 68.84 万人,2013 年只是 2000 年的 35%;另一方面劳动者质量也在下降,一是年龄结构不合理,青壮年或在外打工或从事第二、三产业,使得农业从业人员趋于老龄化,二是劳动力的文化素质在下降,据南通市 2010 年农村人力资源调查,未上学和小学文化程度的农业从业人员占比达 37.3%,高出全省 3.3 个百分点。

(3) 农业固定资产投资对农业生产用能影响程度各异

表 5-5 显示了农业固定资产投资水平对各县市农业生产用能的影响程度。海门的促进效应最明显,农业固定资产投资投入每增加 1%,农业生产能源消费仅增长 0.02%,而海安和如东甚至出现了相反变化趋势。研究期内,南通农业固定资产投资波动上升,从 1998 年的 6 620 万元上升到 2012 年 43 140 万元,虽然有部分投资用于扩大生产规模和购置机械设备,但还有相当一部分投资用于改善农业基础设施、更新机械设备、购置节能机械等,前者会增加能源需求量,而后者则有利于提高能源利用率、降低能源消耗,从而导致两种效果相互抵消。

5.1.2 农村生活用能分析

第 2 章研究综述中指出农村生活能源已经成为国内外学者研究的热点,且农村能源消费具有很强的区域性,目前对我国东部经济发达但能源资源贫乏地区的农村能源消费特征的研究并不多见。本小节拟以南通各县市为研究区域,通过入户调查,对农民进行深入访谈,并对所得数据进行统计分析,揭示东部沿海经济发达地区农村家庭能源消费的特征,采用逐步多元回归方法探讨影响农村家庭能源消费的主要因素,为探索农村能源清洁、高效和可持续利用的途径提供政策依据。

南通市是一个自然能源短缺的城市,其经济和社会发展所需要的原煤、石油、天然气等主要能源缺乏,严重依赖于从国内其他地区调入或从国外进口。但是南通拥有较为丰富的可再生能源,其中每年可能源化利用的生物质能资源总量大约为 234 万 t 标煤(邢红等,2015);如东、启东等沿海地区年有效风能达到 1 957 kW·h/m^2(韦宁,2006);如东洋口港潮汐能的年发电量预计可达 2 400 万 kW·h,而启东、海门附近的潮汐能的年发电量初步估算可达 26.4 亿 kW·h(蒋蕙等,2005),这些可再生能源资源为当地农村生活能源消费提供了一定的资源基础。

5.1.2.1 问卷设计与调查过程

1) 问卷设计

南通市农村生活能源消费调查表的设计是在借鉴相关研究成果的基础上进行的(韩昀等,2013;王效华等,2014),问卷结合案例地的具体情况,采用了结构化和非结构化测量方法。同时,为保证问卷设计的科学性、可行性和合理性,在研究中事先进行了问卷预设计和预调查,并就调查过程中调查对象感觉模糊、语义表述不清晰的内容进行了修正,之后邀请同行专家对问卷进行优化和完善,从而形成正式的调查问卷(具体内容见附录)。

2) 调查过程

2014年5月底,笔者和学生一起进行了关于南通市农村生活能源消费的预调查,并根据预调查的结果,听取了农村能源指导站站长的意见,对调查问卷进行了修改。6月初到9月初进行了正式入户调查,调查范围包括南通市五县市和通州市,共74个乡镇。调查中共获取调查表800份,剔除信息不完整的样本后,获取有效样本725份。

通过实地问卷调查,获取南通市农村生活用能消费情况的有关数据,调查内容有:(1) 农村家庭的基本情况:包括户主的年龄与受教育程度、家庭规模及劳动力数量、家庭收入及收入来源等;(2) 家庭种养情况:包括农户所拥有的耕地面积、各农作物产量、畜禽的饲养情况;(3) 生活用能的结构:包括秸秆、沼气、太阳能的家庭年消费量,煤炭、电力、液化气、燃油的年使用量及费用;(4) 对各种能源的认知及用能态度:主要包括用能的意愿以及对生活能源进行选择的依据等内容。

5.1.2.2 农村生活用能分析方法

1) 生活用能计算方法

农村生活能源是指村民为满足家庭成员的炊事、采暖、制冷、热水、照明和文化娱乐等生活需要所消费的所有能源(李国柱,2007)。南通地区农村生活能源主要有以农作物秸秆为主的传统可再生能源;电力、液化气、燃油等商品能源;沼气、太阳能等现代高效可再生能源。因为南通煤炭、薪柴资源都比较少,在调查样本中仅有1个煤炭使用样本,所以忽略不计;极少数样本中有胡桑树枝,将其并入秸秆资源。在调查过程中,各种能源的消费情况均以实物消耗量进行统计。为便于比较,将各种能源用量换算成统一单位标准煤(kgce)。各类能源的折标煤系数如表5-6所示。农村生活用能总量计算公式为:

$$E_{qi} = \sum_{i=1}^{n} E_i = \sum_{i=1}^{n} e_i \cdot r_i \tag{5-5}$$

式中，E_{qi} 为第 i 种能源的折标煤数量，e_i 为第 i 种能源的实物消耗量，r_i 为第 i 种能源的折标煤系数。为使得各县市生活用能具有可比性，均求取人均生活能源消费值进行比较。

由于每种燃料在使用时产生的热效率不同，E_q 只能反映用户能源消费的实物量，不能反映实际获得的热量。可根据各种能源在实际使用时用能器具的热效率 η_i 加以修正（张馨，2012），计量出用户实际得到的热服务（有效热值），计算公式为：

$$E_{q\eta} = \sum_{i=1}^{n} \eta_i \cdot e_i \cdot r_i \tag{5-6}$$

式中，$E_{q\eta}$ 为第 i 种能源的有效热，η_i 为第 i 种能源的热效率，e_i 为第 i 种能源实物消耗量，r_i 为第 i 种能源的折标煤系数（表 5-6）。

表 5-6 各类能源的折标煤系数　　　　　　　　　　　　　　　单位：kgce/kg

燃料	稻草	麦秸	玉米秆	大豆秆	棉花秆	油菜秆
折标煤系数（r_i）	0.429	0.5	0.529	0.543	0.543	0.529
燃料	花生秆	电	液化气	燃油	沼气	太阳能
折标煤系数（r_i）	0.529	0.122 9	1.714 3	1.471 4	0.714 3	450①

注：电、沼气、太阳能的折标煤系数单位分别为 kgce/kW·h、kgce/m³、kgce/台（太阳能折标系数为 150 kgce/m²，每台太阳能热水器按 3 m² 计）

数据来源：《中国能源统计年鉴 2012》；①来源于参考文献（马丽等，2010）

2）生活用能的经济成本与生态成本核算方法

南通地区农村生活用能的消费受到当地经济、社会、环境等多种因素的影响，因而生活用能消费的数量和结构与农村生态、农民的收入水平密切相关，其成本主要有经济成本与生态成本。

设 c_i 为第 i 种能源的市场单价，即经济成本系数，则某地区的生活能源消费总经济成本为：

$$T_1 = \sum_{j=1}^{m} \sum_{i=1}^{n} c_i x_{ij} \quad (i=1,2,\cdots,n; j=1,2,\cdots,m) \tag{5-7}$$

式中，T_1 为生活能源消费总经济成本，x_{ij} 为某地区某种能源的实际消费量。

南通地区生活能源消费的生态成本主要是二氧化碳（CO_2）和二氧化硫（SO_2）等温室气体的排放，则其生态总成本为：

$$T_2 = \sum_{j=1}^{m} \sum_{i=1}^{n} s_i x_{ij} \quad (i=1,2,\cdots,n; j=1,2,\cdots,m) \tag{5-8}$$

式中，T_2 为生活能源消费生态总成本，x_{ij} 为某地区某种能源的实际消费量，s_i 为排放二氧化碳（CO_2）和二氧化硫（SO_2）等温室气体的成本系数。

3）生活能源消费的驱动因素分析方法

（1）变量选择

农村家庭能源消费模式是基于农户消费行为的决策结果，这种行为是多方因素共同作用形成的（梁育填等，2012），主要包括家庭特征、资源可得性和经济特征，其中家庭特征主要包括户主年龄、户主的受教育水平、家庭常住人口、人均住房面积，这些因素可能会影响家庭的能源消费总量以及能源消费结构；资源可得性主要包括人均耕地面积、牲畜家禽饲养、距离最近镇区的距离，这些因素可能会对秸秆、沼气和液化气的使用产生影响；经济特征包括家庭人均年收入，使用电器种类，拥有电动车、摩托车和轿车的数量，这些因素可能会对电力、燃油的消费量产生影响。此外，各种能源的使用效率对能源消费也会有一定程度的影响。

参照已有的研究成果，并在考虑调查区域实际情况和问卷数据的基础上，本书以人均生活用能水平为被解释变量，选取户主年龄等12个变量作为潜在的影响因素。各变量含义及其度量方法如表5-7所示。

表 5-7 变量及其度量方法

变量类型	变量名称	变量符号	度量方法
因变量	人均用能	Y	各类能源消费总和
自变量 家庭特征	户主年龄（岁）	X_1	户主的岁数
	受教育水平	X_2	（1=小学及以下，2=初中，3=高中、中专，4=大专及以上）
	常住人口（人）	X_3	家庭常住人口数
	人均住房面积（m^2）	X_4	人均房屋建筑面积
资源可得性	家庭位置（km）	X_5	到最近镇区的距离
	人均耕地面积（亩）	X_6	实际调查数据
	牲畜家禽饲养	X_7	（1=养，0=否）
经济特征	家庭人均年收入（元）	X_8	（1=5 000 以下，2=5 000～8 000，3=8 000～10 000，4=10 000～15 000，5=15 000 以上）
	使用电器种类（种）	X_9	家用电器使用种类
	电动车拥有量（辆）	X_{10}	电动车数量
	摩托车拥有量（辆）	X_{11}	摩托车数量
	轿车拥有量（辆）	X_{12}	轿车数量

(2) 多元逐步回归模型设计

因变量数目较多，为了厘清南通市农村家庭生活能源消费的主要影响因素，本研究借用 SPSS17.0 采用多元逐步回归法进行分析，回归模型为：

$$y = \alpha + \beta_i X_i + \varepsilon \tag{5-9}$$

式中，y 表示南通市农村家庭人均用能水平，X_i 为影响能源消费的第 i 种因素，β_i 为各种待估参数，ε 为相互独立且均值为零的随机变量。

5.1.2.3 村民对生活用能的认识

村民是否使用某种能源取决于他对该能源的认识和评价。南通各县市村民日常用能的意愿调查统计结果见表 5-8。调查结果表明村民最喜欢用的生活能源首先是电力，其次是太阳能。二者之和均远远超过一半，比例最高的是海门，其占比高达 90.14%。太阳能因其经济、方便、干净等优势深得村民的青睐，因此在农村中占有广阔的市场，调查中发现所有农户均使用太阳能；液化气的比重仅略高于秸秆，虽然液化气属于优质生活能源，但不断攀升的价格让许多村民舍不得使用，调查中发现，很多家庭只是把液化气当作补充能源，仅在停电或农忙的时候使用。相反，各县市的秸秆资源均较为丰富，留守在农村的老人更倾向于燃烧秸秆，因为在他们看来"这些有用的秸秆不用来烧火做饭，浪费了可惜"。

最喜欢沼气的用户比例除如东外均较低，其中启东、海门尚不足 2%。虽然南通地区使用沼气的自然条件比较适宜，基本可以保证沼气池全年发酵提供沼气，但是沼气池的正常使用需要具备很多条件：需要足够的地方可以建设沼气池；需要足够的原料保证沼气池可以发酵；特别是需要足够的劳动力定期对沼气池投料、清理和简易维修。南通地区目前绝大多数青壮年在外打工，留守在农村生产、生活的大多是妇女、老人和儿童，而且受城市生活习惯的影响，大多不愿意在自家新建的庭院里建沼气池，也不愿意养殖牲畜以获取沼气原料，已经建成的许多沼气池也因为没有劳动力打理而变成病池或废池，因此喜欢户用沼气的农户较少。集中供气对村民来说是可望而不可即的生活能源，据南通市农委的统计数据，2013 年南通地区农村集中供气只有 2 303 户，只占到南通农村总户数的 0.11%。如果政府能够大力支持各集中居住小区的大、中型沼气及秸秆气的集中供气工程，未来集中供气必将成为代替液化气的首选能源。

表 5-8 南通市村民的生活用能意愿　　　　　　　　　　单位：%

县域	秸秆	电力	液化气	太阳能	沼气
通州	6.25	41.96	12.50	35.71	3.57
海安	8.79	41.76	18.68	27.47	3.30

续表

县域	秸秆	电力	液化气	太阳能	沼气
如东	3.31	38.84	11.57	40.50	5.79
启东	4.55	51.52	6.06	36.36	1.52
如皋	9.06	44.88	8.27	32.28	5.51
海门	2.82	63.38	5.63	26.76	1.41

各县市村民生活用能选择依据的调查结果(表5-9)显示:"经济实惠"和"安全"成为大多数人选择能源的依据,相对而言,通州、启东、海门等经济较为发达的南三市选择能源时更倾向于"安全";而海安、如东、如皋等经济较为落后的北三县市选择能源时更倾向于"经济实惠";因为青壮年大多在外,对老人、妇女和儿童来说"方便使用"的能源也具有一定的吸引力;南通地区总体来讲经济较为发达,2011年仅如皋不在全国百强县之列,2014年南通所有县市均进入了百强县,而且位次大大前移,村村通公路使得村民获取生活能源极为方便,故而考虑"易获得"的比例最低;值得一提的是,"清洁环保"和"高效节能"的意识开始深入民心,这表明随着农村经济的发展、生活水平的提高,村民的能源消费观念也在发生相应的改变。显然生活水平的提高有利于提升生活能源消费的质量,并优化农村生活能源消费的结构。

5.1.2.4 生活用能消费特征

1) 生活能源消费的一般统计分析

调查数据统计表明,2013年南通市农村地区人均生活能源消费为683.35 kgce(表5-10)。其中电力消费为243.58 kgce,占比为35.62%,主要用于照明和以电视、冰箱等为主的家用电器耗电;秸秆消费为149.12 kgce,占比为21.81%,主要用于炊事;燃油消费为127.89 kgce,占比为18.70%,主要用于摩托车和轿车等交通工具,三者是家庭的主要生活能源。以电力、液化气和燃油为代表的优质商品能源接近总能耗的60%。相关研究表明,同期以金湖县为代表的东部沿海地区人均生活能源消费约为16 587.4 MJ,折算相当于566 kgce,以秸秆、薪柴为代表的非商品能源比重超过了60%(王效华等,2014),南通地区农村的人均生活能源消费水平略高于东部沿海地区,能源消费结构基本实现了以传统生物质能源为主向以电力等商品能源为主的转变。南通农村能源消费水平的提高和能源消费结构的改变主要得益于经济的发展,早在2002年,通州、海门和启东就已经入选全国百强县前50名,2014年南通各县市均入选百强县,较高的经济发展水平为农村能源消费水平的提高、消费结构的优化奠定了物质基础。

表 5-9 南通市村民生活用能的选择依据

单位：%

选择	通州 第1选择	通州 第2选择	海安 第1选择	海安 第2选择	如东 第1选择	如东 第2选择	启东 第1选择	启东 第2选择	如皋 第1选择	如皋 第2选择	海门 第1选择	海门 第2选择
经济实惠	30.36	30.36	34.07	35.16	28.93	28.81	30.30	32.14	33.33	24.31	25.35	31.43
清洁环保	6.25	22.32	4.40	26.37	6.61	23.73	9.09	19.64	9.80	18.82	5.63	15.71
方便使用	18.75	15.18	15.38	13.19	17.36	22.88	22.73	1.79	20.39	30.20	21.13	21.43
安全	39.29	16.07	41.76	12.09	33.06	9.32	36.36	23.21	29.80	10.20	39.44	11.43
易获得	0.89	3.57	0.00	5.49	4.96	1.69	1.52	8.93	1.57	4.31	2.82	0.00
高效节能	4.46	12.50	4.40	7.69	9.09	13.56	0.00	14.29	5.10	12.16	5.63	20.00

从普及率看,电能和太阳能已经成为被调查地区普遍使用的能源,100%的农户都使用电能和太阳能。其次是液化气,普及率达到91.41%,成为除电能之外使用最普遍的能源,每人平均消费液化气32.64 kgce,主要用于炊事;再次是秸秆,虽然从普及率看已经不再占有绝对优势,仅高于燃油和沼气,但依然有半数以上的农户使用秸秆,这表明以秸秆为代表的传统非商品能源依然占有较为明显的优势;燃油的普及率也过半,这主要是因为南通地区随着农村经济的发展,农户的交通工具不再仅限于自行车、电动车,而开始更多地使用摩托车和轿车。普及率最低的是沼气,不足4%,每人消耗沼气只有3.85 kgce,不足能源消费比例的百分之一。由此可见,优质商品能源已经成为南通农村地区的主要能源,但沼气、太阳能等优质新能源的使用比例依然偏低,这和南通作为农村能源建设的先进典型不完全相称。

从变异系数看,沼气的变异系数最大,达到20.98。这主要是因为目前南通地区的沼气使用主要集中在北三县市,尤其是如皋,在有些家庭,沼气几乎完全替代了液化气而成为重要的炊事能源;在南三市则没有发现沼气样本。

表 5-10 南通市农村家庭能源消费的一般统计量

	人均用能	秸秆	电力	液化气	燃油	太阳能	沼气
普及率/%		63.99	100.00	91.41	52.63	100.00	3.60
均值/kgce	683.85	149.12	243.58	32.64	127.89	126.77	3.85
占比/%		21.81	35.62	4.77	18.70	18.54	0.56
极小值/kgce	48.85	8.36	8.57	2.14	2.31	50.00	13.25
极大值/kgce	3 554.16	1 694.56	3 594.12	1 288.47	3 145.12	450.00	265.08
标准差/kgce	432.73	247.74	255.62	64.22	380.93	90.19	80.78
变异系数	0.63	1.66	1.05	1.97	2.98	0.71	20.98

2)各县市生活能源消费水平总体较高

根据公式(5-5)计算各县市农村生活能源消费总量,见表 5-11。为便于比较,将各县市各类生活能源消费实物量折算成标准煤(图 5-3)。从图 5-3 中可以看出,各县市的人均生活能源消费水平均较高,其中能源消费总量居前三位的依次是如东、海门和启东,如东因为消费了大量的秸秆而导致人均能耗最高达到737.21 kgce;而海门和启东因为经济较为发达而导致人均能耗上升,分别为710.19 kgce、670.70 kgce。通州和如皋的人均能耗最低,分别为659.12 kgce、656.77 kgce,各县市均超过了人均 600 kgce 的消费水平,已经基本能够满足村民生活过程中对能源的需求(翟辅东,2003)。

表 5-11 2013 年南通市农村生活能源人均消费实物量

项目	南通市	通州	海安	如东	启东	如皋	海门
秸秆/kg	298.24	253.12	380.58	451.22	155.80	273.38	181.88
电力/kW·h	602.92	557.87	489.63	601.49	708.84	604.58	757.50
液化气/kg	19.04	26.55	12.62	18.77	23.69	14.71	31.16
燃油/kg	86.92	90.12	81.24	75.00	72.13	85.79	78.76
沼气/m³	5.39	0.00	10.46	1.18	0.00	9.95	0.00
太阳能/台	0.28	0.29	0.28	0.28	0.35	0.26	0.32

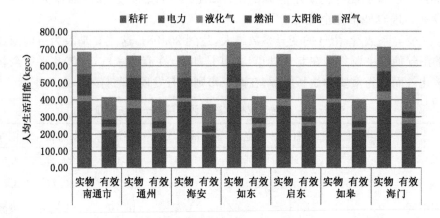

图 5-3 2013 年南通市人均生活能源消费

与 2001 年相比,过去的十多年间各县市的人均生活能耗总量均有了较大幅度的增长,年均增长为 7.5%,其中增幅最大的是如东,达到 12.92%。从表 5-12 中可以看出,各县市生活能源消费水平的提升主要得益于电力、液化气、燃油、太阳能等能源。值得一提的是如皋、海安的沼气也为两县市生活能源消费水平的提高做出了贡献。

3)各县域生活能源消费组合多样化

根据能源阶梯理论,随着家庭经济状况的改善,家庭用能会出现以传统燃料为主的低级能源向以现代商品能源为主的高级能源转变,并且在这个过程中逐步放弃低级能源。从各县市农村生活能源消费组合情况看(表 5-13),经济较为发达的南三市秸秆用户的比例明显偏低,其中启东秸秆用户的比例最低只有 42.43%,而经济较为落后的北三县市的秸秆用户比例则超过 60%,其中海安的秸秆用户比例最高达到 71.43%,两类地区之间存在着明显的能源阶梯演变现象。此外各县市还存在鲜明的能源组合现象,其中如皋、海安因为沼气建设成绩比较明显,能源消费

5 南通市农村能源与现代农业融合发展的基础分析

表5-12 2001—2013年南通市人均生活能源消费总量变化

选择	通州 2013	通州 2001	海安 2013	海安 2001	如东 2013	如东 2001	启东 2013	启东 2001	如皋 2013	如皋 2001	海门 2013	海门 2001
秸秆	126.56	146.73	190.29	253.61	225.61	128.76	77.90	321.39	136.69	294.14	90.94	256.70
煤炭	0.00	14.85	0.00	6.78	0.00	24.47	0.00	0.93	0.00	5.24	0.00	1.03
电力	225.38	25.96	197.81	20.61	243.00	31.04	286.37	14.49	244.25	29.26	306.03	20.85
液化气	45.52	13.30	21.64	4.02	32.18	4.35	40.62	0.76	25.22	10.92	53.41	7.07
燃油	132.60	117.52	119.53	0.00	110.35	3.19	106.13	0.00	126.23	0.10	115.89	0.00
太阳能	129.06	5.56	124.47	7.04	125.23	7.17	159.68	3.42	117.27	7.34	143.92	3.13
沼气	0.00	1.83	7.47	0.96	0.84	2.09	0.00	0.16	7.11	1.54	0.00	0.13
人均合计	659.12	325.74	661.21	293.03	737.21	201.08	670.70	341.15	656.77	348.55	710.19	288.91

注：2001年数据根据南通市农业委员会环能处提供的农村生活能源数据整理得到；2013年数据根据调查数据整理得到。

共出现10种以上组合,而南三市相对比较简单,大约出现5~8种组合,见表5-13。从表中可以看出,"秸秆+电+液化气+燃油""秸秆+电+液化气""电+液化气+燃油"三种组合方式比重已经达到76.03%,成为南通地区主要的能源组合方式。从这些组合中也可以看出秸秆在南通地区农村能源消费中依然占有重要地位。

表5-13　南通市农村生活能源消费组合　　　　　　　　　　　　单位:%

能源消费组合	南通市	通州	海安	如东	启东	如皋	海门
秸秆+电+液化气+燃油	28.25	29.20	25.27	42.28	10.61	30.23	15.49
秸秆+电+液化气	27.42	33.63	27.47	24.39	27.27	25.19	30.99
秸秆+电+燃油	1.52	0.88	3.30			2.33	1.41
秸秆+电	4.02		10.99	2.44	4.55	3.88	4.23
秸秆+电+沼气	0.56		2.20			0.78	
秸秆+电+液化气+沼气	0.55		1.10			1.16	
秸秆+电+燃油+沼气	0.69		1.10	0.81		1.16	
秸秆+电+液化气+燃油+沼气	0.97					2.71	
电+液化气	13.30	15.93	5.49	5.69	21.21	12.40	28.17
电+液化气+燃油	20.36	20.35	19.78	22.76	33.33	17.44	15.49
电+燃油	0.42		1.10			0.39	1.41
电+液化气+沼气	0.28					0.78	
电+沼气	0.28		1.10			0.39	
电+液化气+燃油+沼气	0.28			0.81		0.39	
电	1.11		1.10	0.81	3.03	0.78	2.82

4) 农村生活能源消费的属性结构分析

农村生活能源的消费水平与结构与当地的资源种类、可获得量、社会经济发展水平以及商品能源的供给密切相关(李国柱,2007)。南通地区农村生活能源消费的各种属性结构分析如下:

自然属性结构:自然属性是根据生活能源产生的条件、获取的方式不同而划分的(韩昀等,2013)。从农村能源的自然属性来看,生活能源的消费种类有传统生物质能源(秸秆)、化石能源(液化气、燃油)、新能源(电能、沼气和太阳能)。在2001年时,南通地区的电能还仅仅用于照明和电视,现在电力已经普遍用于炊事、热水、取暖、降温和娱乐等生活的许多方面,因此对于农村来说电能在生活能源中属于新能源。各县市生活能源消费的自然属性结构见图5-4(a)。从图5-4(a)中可以看出,各县市新能源的比重分别为:南通市54.72%、通州53.77%、海安49.87%、如东50.06%、启东66.51%、如皋56.13%、海门63.36%。这表明南通地区以传统生物质能源为主的能源消费结构已经发生重大变化,各县市新能源消费均占有绝对优势,化石能源占有较大比重,传统生物质能源的比重较小。未来随着南通地区秸秆资源的合理利用、农村新能源建设的进一步推广,可以预见传统生物质能、化石能源的比重将会越来越小,新能源的比重将会越来越大。

经济属性结构:经济属性是根据能源的商品性划分的。经济属性分析是研究能源消费经济效应的基础,通常由经济水平决定生活能源的消费结构(李国柱,2007)。从经济属性来看,农村消费的生活能源可以分为从区域外输入的商品能源和当地自产能源。南通地区农村消费的商品能源主要有电力、液化气和燃油等。自产能源主要为当地的一般不需要花费现金支付的生物质能源(包括秸秆和沼气)和太阳能。各县市能源消费的经济属性结构见图5-4(b)。从图5-4(b)中可以看出,各县市商品能源的比重分别为:南通市59.09%、通州61.22%、海安51.27%、如东52.30%、启东64.58%、如皋60.25%、海门66.93%。其中海安、如东等经济较为落后的地方因为使用了更多的秸秆使得自产能源和商品能源比重大体相当,其余各县市商品能源的消费均具有明显优势。这表明南通地区农村生活能源消费对市场的依赖性很大,因此未来从国家的能源战略角度考虑,南通地区应该充分开发利用当地丰富的自然资源,提高农村生活能源的属地化,以切实减轻农民的经济负担和国家的能源压力。

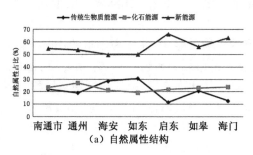

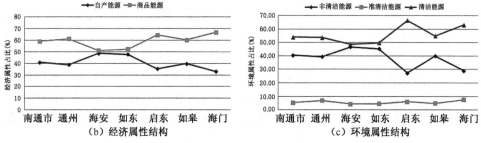

图5-4 2013年南通市生活能源消费的属性结构

环境属性结构：环境属性是根据农村生活能源消费对环境与生态的影响划分的，环境属性分析是研究能源消费生态效应的基础（李国柱，2007）。通过环境属性结构的分析，可以掌握农村生活能源消费对环境产生的作用，从而为生态环境的保护提供依据和参考。从环境属性来看，南通地区农村能源可以分为非清洁能源（秸秆、燃油）、准清洁能源（沼气、液化气）和清洁能源（太阳能、电力）。各县市生活能源的环境属性结构见图5-4(c)。从图5-4(c)中可以看出，各县市的清洁能源和准清洁能源比重之和分别为：南通市59.49%、通州60.68%、海安53.14%、如东54.43%、启东72.57%、如皋59.97%、海门70.88%。其中海安、如东非清洁能源比重与清洁能源、准清洁能源比重之和大体相当，其余各县市的清洁能源与非清洁能源比重之和远远超过了非清洁能源，启东的二者之和最高，达到72.57%。这表明农村已经完全改变了使用传统能源时的烟熏火燎的状态，反映农民在生活水平提升后对自身生活环境的重视；但同时也要看到非清洁能源依然有较大的比重，因此未来南通地区要进一步依托农村能源的建设改变秸秆等生物质能源的利用方式，使农村彻底摆脱"脏、乱、差"的面貌，重现"美丽乡村"。

5.1.2.5 农村生活用能的经济成本与生态成本分析

1) 经济成本

南通地区消费的商品能源主要有电、液化气和燃油，根据本地的市场价（2013年）核算：农村居民生活用电为0.5283元/kW·h、液化气为8元/kg、燃油为7.4元/L。

秸秆是本地自产的生物质能源，在作为燃料使用时可以用能量替代法折为标准煤计算，或按当地秸秆的市场销售价计算，约为0.38元/kg。

沼气是由生物质能源转化而来的，南通地区用来发酵的沼气原料主要有秸秆、猪粪、鸡粪、人粪和蚕粪等。经过沤制沼气后的沼渣、沼液均为优质有机肥料。因此沼气发酵不仅没有损失生物质燃料中的营养成分，还使得营养成分更容易被农作物吸收。因此沼气不计原料成本，仅考虑沼气池的建设成本。南通地区目前建设一个8 m³的沼气池大约需要成本3000元，使用年限按20年计算，则每年成本为150元，南通地区沼气池可常年发酵，每年产气约450 m³，平均成本为0.33元/m³。调查中发现目前沼气使用较多的只有如皋和海安两个县市。

南通地区利用太阳能的设备主要是太阳能热水器，调查中所有农户均安装有太阳能热水器，且绝大多数为地产品牌，每台价格约1000元，使用年限按10年计算，每年成本为100元。调查中尚未发现有太阳能光伏照明、太阳能暖房等设备。

上述各种生活能源的经济成本系数如表5-14所示。

表 5-14　南通市农村生活用能的经济成本系数

项目	秸秆	电力	液化气	燃油	沼气	太阳能
实物单位	kg	kW·h	kg	L	m³	台
价格/元	0.38	0.53	8.00	7.40	0.33	100

将表 5-11 和表 5-14 中的数据代入公式(5-7)中,得到各县市农村生活能源消费人均经济成本(表 5-15)。从表 5-15 中可以看出,海门的生活能源成本最高,为 1 529.6 元/人;其次为通州,为 1 522.40 元/人;与之相应,上述经济较为发达的地方,商品能源的现金支出比重也较高,均超过了 90%。各县市生活能源消费的现金支出约占人均纯收入的 10%左右。

表 5-15　南通市农村生活能源消费人均经济成本　　　　　　　　　单位:元

项目	南通市	通州	海安	如东	启东	如皋	海门
秸秆	113.33	96.19	144.62	171.46	59.20	103.88	69.11
电力	319.55	295.67	259.50	318.79	375.68	320.43	401.48
液化气	152.32	212.42	100.99	150.17	189.56	117.69	249.24
燃油	857.87	889.47	801.79	740.25	711.91	846.74	777.38
沼气	1.78	0.00	3.45	0.39	0.00	3.28	0.00
太阳能	28.17	28.65	27.62	27.86	35.46	26.04	31.95
合计	1 473.02	1 522.40	1 337.98	1 408.92	1 371.81	1 418.07	1 529.16

2) 生态成本

由于环境破坏而造成经济生态价值的流失,是使用环境所支付的生态成本。南通地区的生活能源中电力和太阳能均为清洁能源,因此在估算生态成本的时候主要考虑了秸秆、燃油、液化气和沼气以全面考量生活能源消费造成的生态破坏。上述生活能源的排放因子参照相关文献(许骏等,2013;王革华,1999)确定,见表 5-16。本研究根据中国气候变化国别研究组对森林固碳研究的结果,将 CO_2 排放成本定为 100 元/t 进行核算,SO_2 减排的成本按电厂脱硫成本 0.945 元/kg 计算(中国气候变化国别研究组,2000)。

表 5-16　南通市农村生活用能的生态成本系数

项目	秸秆	液化气	沼气	燃油
CO_2	1.55 kg/kg	0.55 kg/kg	1.17 kg/m³	2.795 kg/kg
SO_2	0.53 g/kg	0.29 g/kg	0.63 g/m³	11.7 g/kg

将表5-11与表5-16中的数据代入公式(5-8)中,可以计算得到南通地区人均生活能源消费的生态总成本。如东、海安等地因为燃烧了较多的秸秆而导致生态成本较高,二者的人均生态成本总量分别为138.25元、122.77元;启东、海门的村民更偏向于使用液化气,秸秆使用较少,因此二者的人均生态成本总量均较低,分别为62.07元、71.08元。各县市排放CO_2的成本均超过了98%。

5.1.2.6 农村生活用能的驱动因素分析

本研究应用SPSS17.0软件分别对南通市、海安、海门、如皋、如东、通州和启东等地区作逐步回归分析,在置信水平下通过统计性检验,估计结果如表5-17所示。对自变量的多重共线性诊断结果表明,方差膨胀因子的最大值为1.664,最小值为1.029,均小于10,说明自变量之间不存在严重的多重共线性,不需要进行多重共线性处理。

表5-17 回归分析结果

	解释变量	非标准化系数	标准化系数	t值	相伴概率
南通市(观测数为725,R^2为0.396,DW值为1.730)	(常量)	377.244***		7.056	0.000
	人均住房	1.537***	0.174	4.903	0.000
	轿车	335.406***	0.431	14.532	0.000
	人均耕地	85.410***	0.265	8.264	0.000
	常住人口	−59.932***	−0.201	−5.593	0.000
	摩托车	41.111**	0.059	1.988	0.047
通州(观测数为113,R^2为0.414,DW值为1.761)	(常量)	399.893***		4.290	0.000
	轿车	348.877***	0.635	8.379	0.000
	常住人口	−51.608**	−0.213	−2.486	0.014
	人均耕地	75.665**	0.192	2.265	0.025
海安(观测数为91,R^2为0.465,DW值为2.254)	(常量)	794.525***		5.527	0.000
	人均住房	3.826***	0.341	3.726	0.000
	常住人口	−107.366***	−0.351	−3.896	0.000
	人均耕地	36.035**	0.193	2.377	0.020
	轿车	135.136**	0.178	2.216	0.029
如东(观测数为123,R^2为0.470,DW值为2.020)	(常量)	674.856***		4.972	0.000
	人均耕地	139.148***	0.469	5.680	0.000
	常住人口	−101.591***	−0.294	−3.604	0.000
	轿车	182.930***	0.218	3.220	0.002

续表

	解释变量	非标准化系数	标准化系数	t值	相伴概率
启东(观测数为68,R^2为0.396,DW值为1.931)	(常量)	756.791***		7.564	0.000
	轿车	487.841***	0.497	4.994	0.000
	常住人口	−162.000***	−0.484	−4.864	0.000
如皋(观测数为258,R^2为0.514,DW值为1.828)	(常量)	147.660		1.591	0.113
	轿车	411.526***	0.503	10.991	0.000
	人均耕地	141.308***	0.297	6.097	0.000
	人均住房	2.127***	0.242	4.327	0.000
	常住人口	−33.217**	−0.116	−2.045	0.042
海门(观测数为72,R^2为0.645,DW值为1.862)	(常量)	118.036**		2.660	0.010
	轿车	414.776***	0.809	10.989	0.000
	人均住房	1.898***	0.282	3.825	0.000

注:*、**、***分别表示在10%、5%和1%的水平上,t检验显著

人均用能水平是多种因素综合影响的结果。从表5-17中可以看出影响南通农村生活能源消费的因素主要有常住人口、人均耕地、轿车拥有量和人均住房等。多元逐步回归分析进一步解释了各变量对能源消费的影响程度。

1) 各县市常住人口对农村生活能源消费均呈负向影响

家庭人口规模对人均用能水平呈负向影响。其中负向影响最明显的是海安和启东,在控制其他因素不变的情况下,家庭常住人口数每增加1人,海安、启东人均能源消费数量分别将减少107.37 kgce、162.00 kgce。因为在日常生活中家庭常住人口越多,所有家庭成员可以共用各种能源设施和生活空间,从而提高能源的使用效率,降低人均用能水平。

2) 轿车拥有量和人均耕地与农村生活能源消费量之间呈正相关

随着南通地区经济的发展,轿车已经成为农村中较为普遍的交通工具,调查统计数据表明,南通地区目前户均轿车拥有量为0.33,轿车因其耗油量较大而成为影响人均能耗的重要因素。尤其是启东、海门等经济较为发达的地区,轿车拥有量更高,因此其耗油量也大大增加,在保持其他控制因素不变的情况下,每增加1辆轿车,启东和海门人均能耗将分别增加487.84 kgce、414.78 kgce。海安、如东等经济较为落后的地方,轿车的使用率相对较低,因而其对生活能源消费的促进也最小,每增加1辆轿车,其人均能耗分别增加135.14 kgce、182.93 kgce。

人均耕地对于生活能源消费的促进作用居于第二位。秸秆是南通地区农村家

庭较为重要的燃料,而耕地面积决定了秸秆的存量。耕地面积越大,意味着会有更多的秸秆用于炊事,从而导致能耗水平上升,其中上升效果最明显的是如东和如皋。在保持其他控制因素不变的情况下,人均耕地面积每增加1亩,如东、如皋人均能源消费量将分别增加139.15 kgce、141.31 kgce。

3) 人均住房对农村生活能源消费的影响程度相对较小

人均住房面积越大,导致使用的电器种类可能越多。但农村中常住人口相对较少,所以人均住房面积对人均能耗水平影响程度较小。在保持其他控制因素不变的情况下,南通地区人均住房每增加 1 m^2,人均能耗平均增加 1.537 kgce。

虽然南通地区农村生活能源消费不仅有了量的提升,而且有了消费结构的改善和综合热效率的提高,但是相对于小康水平的能源消费标准还有较大的距离,所以要大力发展农村经济,尤其是北三县市,通过发展经济增加农村生活能源的支出,提高农村人均生活用能的水平。北三县市要大力推进农业的适度规模经营,加快万顷良田工程的推进,发展规模养殖场,加快秸秆和畜禽粪便的综合利用以增加农村优质能源的供应量;南三市要充分利用当地可再生能源的开发,尤其是小风电、太阳能和潮汐能,减少对商品能源的过度依赖;政府应加大宣传力度,改变农民的用能观念,通过提供各种能源的配套服务,培养沼气生产工、农村节能员、太阳能利用工和其他农村能源利用人员等积极措施,保证现有的用能设施充分使用;努力使南通农村生活能源的建设与现代大农业的发展结合起来,走出一条既有清洁、高效、优质的能源消费结构,又不完全依赖商品能源的南通特色的农村能源道路,以再造美丽乡村。

5.1.3 南通市农村能源消费预测

随着农村经济的发展、人民生活水平的提高,农村能源消费不仅在能源品种、结构上发生了很大的变化,出现了明显的能源消费多样化、优质化的趋势,同时农村生产、生活能源的消费总量也在不断增加。因此,要保障农村能源消费的健康、可持续发展,必须对能源消费量进行准确、科学、可靠的预测。现有的农村能源消费预测常用的方法主要有:灰色预测 GM(1,1)模型(杨少梅等,2011;石波等,2012)、人工神经网络模型(程胜,2009)、系统动力学模型(李玮等,2010)、时间序列模型(刘勇等,2007;蔡鑫磊,2010;)、回归分析法(徐明德等,2003)等。在上述方法中,灰色预测模型 GM(1,1)具有所需要的信息少、计算方便、可检验等优点而被广泛运用于各种预测领域,虽然其预测精度随时间增加而降低,只能用于短期预测。但是通过建立等维递补灰色预测模型 GM(1,1)可以有效改变这一缺点,使得灰色系统预测模型较好地用于中长期预测(陶冶等,2009)。

5.1.3.1 等维递补灰色预测模型 GM(1,1)的建立

灰色预测主要是通过对系统因素之间的关联度进行分析,对原始数据进行累加或累减来寻找系统变动的规律,生成有较强规律性的数据序列,然后建立相应的微分方程模型,以此来预测事物未来发展的趋势。具体建模与求解的步骤如下(邓聚龙,2002):

1) 模型的有效性预判

一般来说,灰色预测模型至少需要 3 个数据,但数据过多又容易造成一次累加的结果增长过快,从而导致预测精度降低。因此给定的时间序列能否用于灰色预测模型,需要使用级比平滑检验和级比界区检验来进行预判(葛惠玲,2010)。

数据的级比记为 $\sigma_i^{(0)}$,其计算公式为 $\sigma_i^{(0)} = \dfrac{X_{i+1}^{(0)}}{X_i^{(0)}}$,其中级比平滑检验要求为 $\sigma^{(0)} \in (e^{-2}, e^2) = (0.1353, 7.3891)$;级比界区检验要求为 $\sigma^{(0)} \in (e^{-\frac{2}{n+1}}, e^{\frac{2}{n+1}})$,若同时满足上述两个条件,则说明原始数据比较平稳,适合建立灰色预测模型并进行预测。

2) 生成新的序列

设原始数据序列为 $X^{(0)} = \{X^{(0)}(1), X^{(0)}(2), X^{(0)}(3), \cdots, X^{(0)}(n)\}$,一般而言原始数据是一个不平稳的随机序列,因其波动太大,发展趋势无规律可循,因此需要通过累加或累减消除其随机性。本书对原始数据进行一阶累加生成处理,即:

$$X^{(1)}(1) = X^{(0)}(1)$$
$$X^{(1)}(2) = X^{(0)}(1) + X^{(0)}(2)$$
$$X^{(1)}(3) = X^{(0)}(1) + X^{(0)}(2) + X^{(0)}(3)$$
$$\vdots$$
$$X^{(1)} = \{X^{(1)}(1), X^{(1)}(2), X^{(1)}(3), \cdots, X^{(1)}(n)\}$$

3) 构建矩阵和向量

构建累加矩阵 $\boldsymbol{B}$ 和数据向量 $\boldsymbol{Y}$,即:

$$\boldsymbol{B} = \begin{bmatrix} -\dfrac{1}{2}[X^{(1)}(1) + X^{(1)}(2)] & 1 \\ -\dfrac{1}{2}[X^{(1)}(2) + X^{(1)}(3)] & 1 \\ \vdots & \vdots \\ -\dfrac{1}{2}[X^{(1)}(n-1) + X^{(1)}(n)] & 1 \end{bmatrix}$$

$$\boldsymbol{Y} = [X^{(0)}(2), X^{(0)}(3), \cdots, X^{(0)}(n)]^T$$

4）建立预测模型

GM(1,1)预测模型的一般形式为灰色微分方程：

$$\frac{dX^{(1)}}{dt} + \alpha X^{(1)} = \mu$$

其中发展系数 α 和灰色作用量 μ 可以通过最小二乘法拟合得到，即：

$$\begin{bmatrix} \alpha \\ \mu \end{bmatrix} = (\boldsymbol{B}^{\mathrm{T}}\boldsymbol{B})^{-1}\boldsymbol{B}^{\mathrm{T}}\boldsymbol{Y}$$

则预测值为：$\hat{X}^{(1)}(t+1) = \left[X^{(0)}(1) - \dfrac{\mu}{\alpha}\right] e^{-\alpha t} + \dfrac{\mu}{\alpha} \quad (t = 0,1,2,\cdots,n)$

还原值为：$\hat{X}^{(0)}(t+1) = \hat{X}^{(1)}(t+1) - \hat{X}^{(1)}(t) \quad (t = 0,1,2,\cdots,n)$

5）模型的有效性后验（徐建华，2002）

主要通过残差检验和后验差检验灰色预测模型的好坏。

残差检验：原始数据的还原值与其实际观测值之间的残差值 $\Delta^{(0)}(t)$ 和相对残差值 $\varepsilon(t)$ 的计算公式如下：

$$\begin{cases} \Delta^{(0)}(t) = X^{(0)}(t) - \hat{X}^{(0)}(t), \\ \varepsilon(t) = \dfrac{\Delta^{(0)}(t)}{X^{(0)}(t)} \times 100\% \end{cases}$$

根据上式计算平均相对残差：$\bar{\varepsilon} = \dfrac{1}{n}\sum_{i=1}^{n}|\varepsilon(i)|$，则 GM(1,1) 的建模精度 $p = (1-\bar{\varepsilon}) \times 100\%$。若 $\bar{\varepsilon} < 20\%$，$p > 80\%$，则可认为模型达到一般要求；若 $\bar{\varepsilon} < 10\%$，$p > 90\%$，则认为模型达到较高要求。

后验差检验：

第一步，计算方差比，$c = \dfrac{S_2}{S_1}$

其中，S_1 为原始序列 $X^{(0)}$ 的标准差，$S_1 = \sqrt{\dfrac{\sum_{t=1}^{n}[X^{(0)}(t) - \overline{X}^{(0)}]^2}{n}}$

S_2 为残差 $\Delta^{(0)}$ 的标准差，$S_2 = \sqrt{\dfrac{\sum_{t=1}^{n}[\Delta^{(0)}(t) - \overline{\Delta}^{(0)}]^2}{n-1}}$

第二步，计算小误差概率：$P = p\{|\Delta^{(0)}(t) - \overline{\Delta}^{(0)}| < 0.6745 S_1\}$

检验标准见表 5-18。

表 5-18　灰色预测精度检验等级标准

预测精度等级	平均相对残差 $\bar{\varepsilon}$	小误差概率 P	标准差比值 c
一级(优)	<0.01	>0.95	<0.35
二级(合格)	<0.05	>0.80	<0.5
三级(勉强合格)	<0.1	>0.70	<0.65
四级(不合格)	<0.2	≤0.70	≥0.65

6) 等维递补灰色预测模型 GM(1,1)

因为 GM(1,1) 模型一般只适用于短期预测,对于远期预测效果不很理想,只能反映其大致发展趋势。原因是模型中灰参数估计值一旦确定以后,则不再改变,因此忽视了它的动态时变的性质。为了使 GM(1,1) 模型能有更好的预测效果,本研究采用等维递补灰色 GM(1,1) 模型。作为一种动态模型,等维递补灰色 GM(1,1) 模型可以随着时间的推移使未来的扰动因素不断地进入系统,从而对系统施加影响。因此在建立预测模型时,首先可以通过精度最好的 GM(1,1) 模型预测一个值,其次将其补充到已知的原始数列 $\{X^{(0)}\}$ 中去,同时去掉 $X^{(0)}(1)$ 使序列保持等维,接着用新数列按上述方法对下一个值进行预测,逐个滚动预测,依次递补,直到完成预测目标。因为考虑到与预测期接近的数据更为有效,所以该模型预测精度通常比全数据 GM(1,1) 模型有显著提高(刘凤朝等,2004)。

5.1.3.2　计算结果及分析

第一步,以南通市 2001—2013 年农村生产生活用能消耗数据为原始序列,建立 GM(1,1) 模型,进而对南通市未来较长时期内的农村能源需求总量进行预测。原始数据序列为 $X^{(0)} = \{8.430\,987, 8.795\,816, 8.630\,575, 8.865\,784, 8.408\,392, 8.666\,247, 9.483\,071, 9.554\,623, 9.782\,340, 10.641\,401, 10.652\,977, 10.899\,573, 13.468\,277\}$,该数据序列的级比为 $\sigma^{(0)} = [1.043\,272, 0.981\,214, 1.027\,253, 0.948\,409, 1.030\,666, 1.094\,254, 1.007\,545, 1.023\,833, 1.087\,818, 1.001\,088, 1.023\,148, 1.235\,670]$,由此可见数据的级比相对还是比较平稳的。

根据级比平滑检验要求,本书中 $\sigma^{(0)} \in (e^{-2}, e^{2}) = (0.135\,3, 7.389\,1)$,因此通过检验;根据级比界区检验要求,本书数据个数 $n = 13$ 时,$\sigma^{(0)} \in (e^{-\frac{2}{n+1}}, e^{\frac{2}{n+1}}) = (0.866\,88, 1.153\,56)$,检验结果表明,2013 年的级比值没有通过检验。结合之前的平滑检验结果,因此本研究选择 2006—2012 年的历史数据作为建模基础。

第二步,对 $X^{(0)}$ 做一次累加,生成序列 $X^{(1)}$,即 $X^{(1)} = [8.666\,247, 18.149\,318, 27.703\,941, 37.486\,281, 48.127\,682, 58.780\,659, 69.680\,232]$。

第三步,求得参数列 $\hat{\boldsymbol{\alpha}} = (\boldsymbol{B}^{\mathrm{T}}\boldsymbol{B})^{-1}\boldsymbol{B}^{\mathrm{T}}\boldsymbol{Y} = \begin{bmatrix} -0.031\,55 \\ 8.962\,608 \end{bmatrix}$。

第四步,确定 GM(1,1)模型的时间响应式,并求出预测模型:

$$\hat{X}^{(1)}(t+1) = 292.73447\,e^{0.03155t} - 284.072\,(t=0,1,2,\cdots,n),$$
$$\hat{X}^{(0)}(t+1) = X^{(1)}(t+1) - X^{(1)}(t)$$

第五步,确定模拟值、残差和相对误差。

第六步,模型检验。

残差检验:根据上述预测公式,计算 $\hat{X}^{(1)}(t)$,再累减生成 $\hat{X}^{(0)}(t)$ 序列,计算残差及其相对残差序列,结果见表 5-19。

表 5-19 GM(1,1)模型实际值、拟合值及残差计算结果(×10¹⁰ MJ)

年份	$X^{(0)}$	$X^{(1)}$	$\hat{X}^{(1)}$	$\hat{X}^{(0)}$	$\Delta^{(0)}$	$\varepsilon/\%$
2006	8.6662	8.6662	8.6662	8.6662	0.0000	0.0000
2007	9.4831	18.1493	18.0495	9.3833	0.0998	0.0105
2008	9.5546	27.7039	27.7336	9.6841	−0.1294	−0.0135
2009	9.7823	37.4862	37.7280	9.9944	−0.2121	−0.0217
2010	10.6416	48.1276	48.0425	10.3148	0.3268	0.0307
2011	10.6530	58.7806	58.6882	10.6454	0.0075	0.0007
2012	10.8996	69.6802	69.6749	10.9867	−0.0871	−0.0080

从表 5-19 中可以计算得出其平均相对残差 $\bar{\varepsilon} = \frac{1}{n}\sum_{i=1}^{n}|\varepsilon(i)| = 1.2163\% < 0.05$,建模精度 $p = 98.7837\%$,由此可以判定该模型的预测精度为二级。

后验差检验:经计算本研究中 $S_1 = 0.808728, S_2 = 0.176068, c = 0.217709 < 0.35, 0.6745\,S_1 = 0.545487, |\Delta^{(0)}(t) - \bar{\Delta}^{(0)}| = \{0.0008, 0.0990, 0.1302, 0.2129, 0.3258, 0.0068, 0.0878\}$,则 $P = p\{|\Delta^{(0)}(t) - \bar{\Delta}^{(0)}| < 0.6745\,S_1\} = 1$,所以标准差比值为一级,小误差概率为一级,因此模型精度为优。其模型拟合程度见图 5-5。

上述检验结果表明本研究所建立的 GM(1,1)预测模型的精度比较高,数据拟合度也较高,能够满足实际要求,因此可以对南通市农村能源消费总量进行预测。

第七步,利用等维递补灰色预测 GM(1,1)模型对南通市农村能源消费总量进行中长期预测,预测结果见表 5-20。

5 南通市农村能源与现代农业融合发展的基础分析

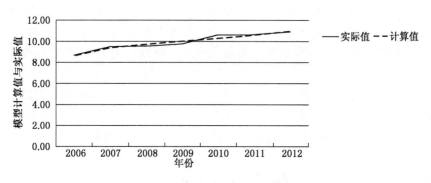

图 5-5　模型计算值与实际值拟合图

表 5-20　南通市未来 10 年农村能源消费预测数据（×10¹⁰ MJ）

年份	2016	2017	2018	2019	2020	2021	2022	2023	2024	2025
农村能源消费总量	12.394 0	12.853 7	13.275 3	13.669 7	14.086 1	14.535 2	15.009 1	15.464 3	15.945 2	16.449 5

预测结果表明，未来十年内南通市农村能源消费总量以年均 3.43% 的速度增长，2025 年其消费总量将达到 16.45×10^{10} MJ，相当于 560 万 t 标煤。农村能源需求量的大增与能源资源紧缺之间的矛盾将趋于尖锐，导致新农村建设所面临的能源问题更加严重，因此有必要加大农村能源资源的开发力度，尤其是需要充分利用现有的丰富的生物质能资源，为未来的经济建设奠定较为扎实的能源基础。

5.2　资源基础

需求基础为南通市农村能源产业与现代农业的融合提供了必要性，而资源基础和产业基础则为二者的融合提供了可行性。南通地区的资源基础主要体现在拥有丰富的废弃物资源、可观的种质资源和后备耕地资源。

5.2.1　生物质资源[①]

5.2.1.1　研究方法与数据来源

目前可以被利用的生物质能资源主要有农作物秸秆、能源作物、畜禽粪便、林木生物质、工业有机废水、城市生活垃圾等。在农村中生物质能源主要包括林木生

---
① 本节内容发表于《生态学报》，2015，35(10)：3480-3489

物质、农作物秸秆和人畜禽粪便三类,而南通市的林业生产所占比重甚小,因此对其忽略不计;同时作为农业大市,南通市的各种农业加工副产品不可忽视,主要包括稻壳、玉米芯、花生壳和棉籽等。本书主要对南通地区的农作物秸秆、农业加工业副产品以及人畜禽粪便等三类可能源化利用的生物质资源量进行估算。研究数据来源于《南通市统计年鉴》(1999—2014)。因为通州市从 2009 年起更改为通州市,为保证统计口径一致,使数据具有可比性,本书没有把通州市并入到南通市区,而是依然单列。因此本书研究的行政单位主要包括南通市辖区、通州市、海安县、如东县、启东市、如皋市、海门市等 7 个县市。

南通市境内拥有较为丰富的滩涂资源,0 m 以上的潮间带滩涂面积约为 18 万 hm^2(含 0 m 以上辐射沙洲 6.7 万 hm^2),约占全省的 1/3。近年来滩涂正在逐渐发展成为种植业、水产养殖业、盐业和生态旅游业的开发热点地区和新的经济增长点。目前水产养殖业占有相当大的比重。除水产养殖业以外,各县市充分利用滩涂资源发展种植业,其中海安县的滩涂资源主要是种植桑树发展养蚕业;如东县以种植油料、棉花和三麦等耐盐碱旱作物为主;启东市在滩涂种植黑麦草发展滩涂生态养殖业,主要有山羊和柴鸡。通州市、海门市以水产养殖业为主。上述地区的种植业和畜牧业过程中产生的生物质资源在统计时均包含在统计范围之内。此外未投入农业利用的滩涂上的滩涂先锋植物、引进的耐盐碱植物因为各县市缺乏相应的统计资料,无法准确估算,所以本书暂未考虑。

1) 秸秆资源

虽然在南通市,秸秆资源是比较可靠的生物质能源,但因为其地区分布比较分散,且没有被列入国家有关部门的统计范围,其秸秆的理论可获得量 Q 的测算只能通过农作物产量与草谷比、折标煤系数、收集系数等进行推算得来,计算公式如下:

$$Q_1 = \sum_{i=1}^{n} P_i \cdot R_i \cdot \eta_i \cdot \alpha_i \quad (5-10)$$

式中,Q_1 为某一区域内各种农作物秸秆的理论可获得量(t/a);i 为各农作物秸秆的编号,$i = 1,2,3,\cdots,n$;P_i 为某一区域第 i 种农作物的年产量(t/a);R_i 为某一区域第 i 种农作物秸秆的草谷比;η_i 为某一区域第 i 种农作物秸秆的折标煤系数;α_i 为某一区域第 i 种农作物秸秆的收集系数。

农作物秸秆的草谷比是指某种农作物单位面积的秸秆产量与籽粒产量的比值,它是一个经验常数,但草谷比的确定是进行资源估算与预测的关键。在不同地区不同品种的农作物基本相同,可以由田间试验或观测得到,不同学者采用的数值并不完全一致。为了更符合南通市的实际情况,大部分农作物本书选取了苏中地区的各农作物的草谷比(冯蕾,2010)。对于其他谷物,其草谷比选用了毕于运等(2009)的研究成果。各主要农作物的折标系数取自 2010 年中国能源统计年鉴。各主要农作物的收集系数采用崔明等(2008)、王雨辰等(2013)的研究成果(表 5-21)。钟华平等(2003)的研究结果表明,在我国秸秆资源利用的主要方式为作为肥料还田、畜牧饲料、工业原料以及能源利用,其中用作能源的大约为 40%～50%。

表 5-21　各主要农作物的草谷比、折标系数及收集系数

项目	水稻	小麦	玉米	大豆	薯类	油菜	花生
草谷比 R_i	1.1	1.14	1.45	1.42	0.69	2.58	0.97
折标系数 η_i	0.429	0.500	0.529	0.543	0.486	0.529	0.529
收集系数 α_i	0.87	0.73	0.97	0.774	0.74	0.797	0.86
项目	蚕豌豆	棉花	芝麻	甜菜	甘蔗	麻类	其他谷物
草谷比 R_i	2.0	3.0	2.2	0.18	0.30	1.9	1.6
折标系数 η_i	0.543	0.543	0.529	0.441	0.441	0.500	0.050
收集系数 α_i	0.774	0.887	0.86	0.917	0.917	0.873	0.825

2) 农业加工副产品资源

对主要农作物副产品的副产物系数、折标系数和收集系数选用郭利磊等(2012)和毕于运等(2010)的研究结果,计算公式如下:

$$Q_2 = \sum_{i=1}^{n} P_i \cdot \beta_i \cdot \eta_i \cdot \alpha_i \tag{5-11}$$

式中,Q_2 为某一区域内各种农业加工副产品的理论可获得量(t/a);i 为各农作物副产品的编号,$i=1,2,3,\cdots,n$;P_i 为某一区域第 i 种农作物的年产量(t/a);β_i 为某一区域第 i 种农作物副产品的副产物系数;η_i 为某一区域第 i 种农作物副产品的折标系数;α_i 为某一区域第 i 种农作物副产品的收集系数。农作物副产品的利用途径虽然较多,但目前南通地区主要用来直接燃烧,因此可以将农副产品视为全部用作能源。

3) 人畜禽粪便资源

畜禽粪便产出的估算是按照不同月龄的牛、猪和鸡等畜禽的日排粪量及存栏数,得出实物量。畜禽粪尿排泄量与动物种类、品种、性别、生长期等因素有关,根据各类畜禽每日粪便产生量和畜禽的饲养周期可以估算畜禽粪便排放量,在考虑折标系数和粪便收集系数的基础上可以得到粪便理论可获得量,计算公式如下(刘刚等,2007):

$$Q_3 = \sum_{i=1}^{n} Q_{d_i} \cdot d_i \cdot m_i \cdot \eta_i \cdot \alpha_i = \sum_{i=1}^{n} Q_{d_i} \cdot M_i \cdot \eta_i \cdot \alpha_i \qquad (5\text{-}12)$$

式中，Q_3 为畜禽粪实物量；Q_{d_i} 为第 i 类畜禽的数目；d_i 为第 i 类畜禽每天粪便的产量；m_i 为第 i 类畜禽的饲养周期；M_i 为第 i 类畜禽在整个饲养周期内粪便排放总量；η_i 为某一区域第 i 种畜禽粪便的折标系数；α_i 为某一区域第 i 种畜禽粪便的收集系数。不同类型单位畜禽饲养期内的排泄量采用袁正宏等(2005)、刘刚等(2007)的研究结果。人粪的排泄系数参考了罗钰翔(2010)的研究结果，取人的粪排泄平均系数为 0.264 kg/d，尿排泄平均系数为 1.707 kg/d。各种粪便的折标系数取自 2010 年中国能源统计年鉴。畜禽粪便的收集系数参照马志强等(2008)的研究结果，借鉴刘刚等(2007)的研究结果大约有 1/3 的畜禽粪便可用作能源。

5.2.1.2 不同种类生物质资源可能源化利用量估算

1) 农作物秸秆资源

南通市秸秆种类主要有麦秸、稻秸、花生秸、芝麻秸、玉米秸、豆秸、油菜秸和棉秆等。由公式(5-10)计算得到各县市 1998 年以来农作物秸秆资源可能源化利用量(图 5-6)。

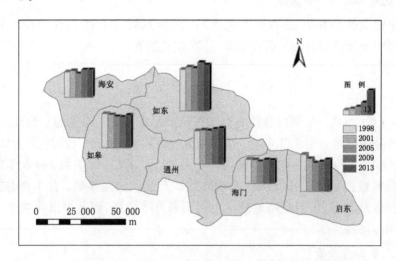

图 5-6　1998—2013 年南通市农作物秸秆资源可能源化利用量估算结果

由图 5-6 可见，南通市秸秆资源的理论蕴藏量很可观，平均每年能提供 105 万 t 标煤的可能源化利用的秸秆资源。从各县市秸秆资源平均值所占比重看，前三位依次是如东县、通州市和启东市，分别占到 22.5%、17.4%、16.5%，比重最低的是海门市，为 11.7%。各县市的秸秆资源量与其种植业的结构密切相关。如东县是著名的粮食生产大县,早在2008年就已经被命名为江苏省水稻种植机械化示范县,水稻生产从秧苗育苗、移栽、培管到收割,向全程机械化迈进。这种机插秧的方式使得稻谷亩产目前已经超过650 kg,因此稻秸就成为如东最主要的秸秆资源。而通州的油菜秸秆超过了小麦位居第二;启东市则以油菜、棉花等经济作物为主,玉米秸秆的量虽逐年下降,但依然占有重要地位而紧随其后。海门叠石桥拥有全国著名的家纺用品市场,这带动了启东、海门的棉花种植,使得这里的棉花成为主要的经济作物。

2) 农业加工副产品资源

南通市农业加工副产品主要有稻壳、花生壳和玉米芯。由公式(5-11)计算得到各县市1998年以来农业加工副产品资源可能源化利用量(图5-7)。

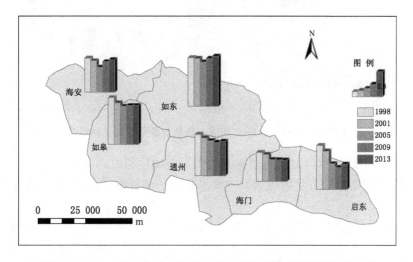

图 5-7　1998—2013年南通市农业加工副产品资源可能源化利用量

由图5-7可见,南通市农业加工业副产品中可能源化利用的资源量平均每年约为20万t标煤,如果加上那些药材、蔬菜、瓜果、藤蔓以及其他农作物,蕴藏的资源量更加可观。

农业加工副产品资源比重前三位依次是如东县、如皋市和通州市,2011年三者资源量的比重分别为24.2%、19.3%、16.5%。各县市农副产品资源与其种植业的结构有着密切关系,如东县、如皋市和通州市是主要的稻米产区,水稻是主要的粮食作物,因此其稻壳资源具有绝对优势。以如东县为例,2003年其稻壳的比重最低也已经超过了70%,近三年的比重更是超过了83%。启东、海门地区的玉米芯则遥遥领先,棉籽也占有较大比重。

3) 人畜禽粪便资源

南通市的畜禽主要是牛、猪、羊、兔和鸡、鸭、鹅等家禽。由公式(5-12)计算得到各县市1998年以来人畜禽粪便资源可能源化利用量(图5-8)。

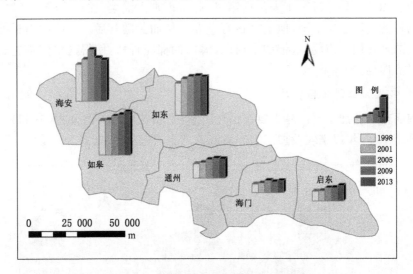

图5-8　1998—2013年南通市粪便资源可能源化利用量

由图5-8可见,南通地区人畜禽粪便中可能源化利用的资源量大约为108.60万t标煤,是南通市所有生物质能源中最重要的一种资源,约占生物质能源总量的一半。

人畜禽粪便资源主要集中在如皋市、海安县和如东县,2013年其资源量比重分别为25.32%、24.10%、22.48%。三县市的畜牧业均以猪和家禽的规模化养殖为主。海安县是全国著名的畜牧生产大县,畜禽养殖业已经成为海安县农村经济的重要支柱产业和农民致富奔小康的主导产业。2013年全县猪肉产量为57 400 t,禽肉产量为29 034 t,禽蛋产量为225 710 t,分别占到南通市总量的21.69%、16.37%、49.42%,当年畜牧业产值42.37亿元,约占农业总产值的45%,这标志着海安的农业生产结构开始从单纯注重种植业发展向多元化方向发展转变。

5.2.1.3　生物质能资源总量及其分布

1) 生物质能资源总量变化

根据公式(5-13)可以得到南通市所有生物质能资源总量(图5-9)。各县市生物质能资源总量的描述性统计分析,主要包括了各变量的极大值、极小值、均值、标准差等统计量(表5-22)。

$$Q = Q_1 + Q_2 + Q_3 \tag{5-13}$$

5 南通市农村能源与现代农业融合发展的基础分析

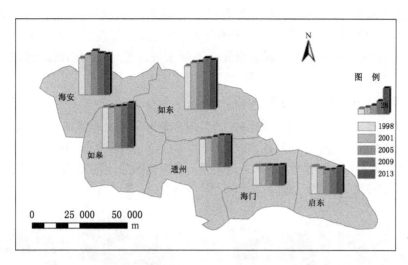

图5-9 1998—2013年南通市生物质资源可能源化利用量汇总

表5-22 描述性统计量

县域	N	极小值	极大值	均值	标准差	偏度		峰度	
						统计量	标准差	统计量	标准差
市辖区	16	3.26	7.11	5.29	1.22	−0.04	0.56	−1.34	1.09
通州	16	30.66	35.38	33.49	1.54	−0.85	0.56	−0.65	1.09
海安	16	40.47	48.64	45.58	2.00	−0.80	0.56	1.66	1.09
如东	16	47.73	56.92	53.21	2.62	−0.42	0.56	−0.12	1.09
启东	16	24.72	31.00	28.31	1.54	−0.68	0.56	0.91	1.09
如皋	16	43.51	49.53	45.94	1.74	0.76	0.56	−0.14	1.09
海门	16	20.84	23.50	21.94	0.71	0.53	0.56	−0.05	1.09

从描述性统计分析中可以看出各县市的生物质能资源数量差异较大,如东的生物质资源总量的平均值最高超过53万t标煤,而市辖区约为5万t标煤;从表示生物质资源总量波动程度的标准差来看,如东县的波动程度最大,而海门市的波动程度最小。

由图5-9及表5-22可知,南通市的生物质能资源很丰富,可能源化利用的资源量平均每年达到234万t标煤。自1998年以来,南通市的生物质能资源总量总体呈上升趋势,从1998年的219.28万t标煤增加到2013年的243.86万t标煤,其中1998—2006年均增长率约为2%。2007年由于各县市的资源总量均有不同程度的下降,导致南通市的资源总量下降了6个百分点。2007年起至今,资源总量开始缓慢回升,近五年的生物质能资源总量均值保持在较高水平。随着南通市土地流转的继续推进,万顷良田工程的开展,农业适度规模经营水平的进一步提高,南通市未来的生物质能资源总量还会不断上升。预计短期内南通市的生物质能资源可能源化利用总量将上升到 240 万 t 标煤。

2) 生物质能资源总量地区分布

尽管南通市的生物质能资源比较丰富,但在地区间的分布极不均匀(图 5-10)。生物质能资源主要集中在海安县、如东县和如皋市,2006 年、2011 年这三县市的生物质能资源总量分别占到南通市的 63%、65%。除市辖区外,启东市和通州市的资源量大体持平,资源量最少的是海门市,2011 年仅占到 9%。

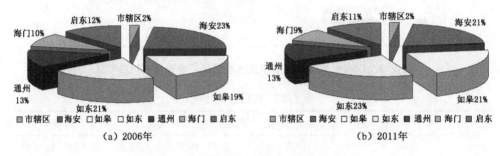

图 5-10　南通市生物质能资源比重(%)

各县市单位国土面积生物质能资源量以及人均生物质能资源量分布不均(图 5-11、图 5-12)。从图 5-11 中可以看出海安县单位国土面积生物质能资源量最

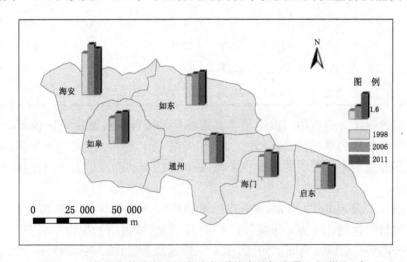

图 5-11　各县市单位国土面积生物质能资源拥有量(t 标煤/hm²)

5 南通市农村能源与现代农业融合发展的基础分析

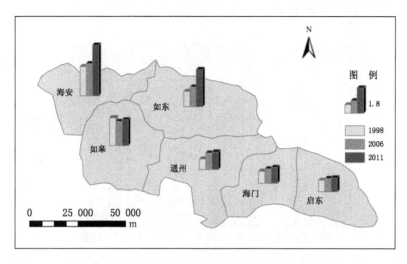

图 5-12　各县市人均生物质能资源拥有量(t标煤/人)

多,1998 年、2006 年、2011 年其单位国土面积的生物质能资源量分别为 12.5 t 标煤/hm²、15.2 t 标煤/hm²、13.9 t 标煤/hm²,远远超过了南通市的平均值,紧随其后的是如皋市和如东县,但这二者与其他县市的差距并不是很大。从图 5-12 人均生物质能资源量来看,各县市差异也非常显著,海安县、如皋市和如东县远远超过了通州市、海门市和启东市。

从生物质能资源总量、单位国土面积生物质能资源量、人均生物质能资源量看,海安县、如东县和如皋市均具有明显优势,尤其是海安县均为第一。北三县市是南通市的农业大县,其农业生产在南通市乃至江苏省都有举足轻重的地位。如东县、如皋市的耕地资源总量在南通市一直遥遥领先,农业生产结构中以种植业为主,所以其秸秆资源占有明显优势;海安县的耕地资源虽不多,但海安的畜牧业发展在南通市一枝独秀,畜牧业的产值已经超过了种植业而成为海安县农业中的第一大产业,近年来大规模的畜禽养殖的发展为海安县提供了丰富的畜禽粪便资源。

3) 生物质能资源总量季节分布

在南通地区生物质能资源总量中产生明显季节变化的主要是秸秆资源,南通地区主要是稻麦两熟,所以秸秆资源量随季节变化有着明显的变化(图 5-13)。各县市表现出相同的季节变化趋势:秋季＞春季＞夏季＞冬季。秋季收获的作物秸秆主要有稻秸、玉米秸秆和棉秆,所以其比重遥遥领先,大约在 1/3～1/2;春季主要是麦秸和油菜秸,其所占比重约为 1/4;农作物在越冬季节停止生长,提供的秸秆资源很少。

从秸秆资源的季节分布可以看出,各县市的秸秆资源季节分布很不均匀,而秸秆的存储很不方便,这意味着要实现秸秆资源的持续利用有一定的难度。

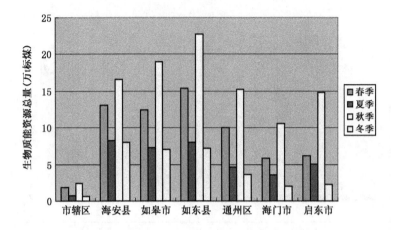

图 5-13 南通市生物质能资源总量的季节分布

5.2.2 种质资源

某些能量富集型的植物借助于光合作用固定 CO_2 和水,然后将太阳能转化为化学能的形式储存于植物中。这些植物除了通过直接燃烧产生热能外,还可以通过各种加工转化成固态燃料、液态燃料、气态燃料,因此这类植物通常被称为能源植物。按照其化学成分划分,能源植物通常被分为四大类:第一类是以甜菜、甘蔗等为代表的富含糖的能源植物和以木薯、玉米等为代表的富含淀粉的能源植物,对这些植物进行加工可得到生物柴油、燃料乙醇以及燃气;第二类是以油菜、向日葵等为代表的富含油脂的能源植物,这类植物不仅是人类食物的重要来源,也是具有广泛用途的工业原料;第三类是以麻风树、油楠等为代表的富含类似石油成分的能源植物,对富含烃类的能源植物进行脱脂处理可以得到柴油;第四类是以杨柳等速生型树种为代表的高产生物质植物资源,它们不仅生长周期短,而且生物质产量高。在南通地区,具有生产潜力的能源植物主要有以下几种。

5.2.2.1 生产酒精的能源植物

1) 甜高粱

甜高粱又叫芦粟,是一种 C_4 植物,其 CO_2 光补偿点接近于零,饱和点很高,光呼吸较低,因而光合效率极高,是水稻、小麦等 C_3 作物的 2~3 倍,一般籽粒产量为 200~400 kg/亩,茎秆产量(鲜重)可达 3 000~4 500 kg/亩,为目前世界上生物产量最高的作物之一,被誉为"最有效的太阳能转换器"(唐三元等,2012)。甜高粱不仅是高能作物,与其他禾谷类作物相比,甜高粱以其抗旱、耐旱、耐盐碱等多种特性,可在荒草地、盐碱地等低质地广泛栽培,而且种植成本不高,因此又被誉为作物中的"骆驼"。在众多非粮乙醇作物中,甜高粱以其种质资源丰富、适应范围广、抗逆性强、产量高、茎汁含糖量高、生产成本相对较低等诸多优点而被认为是最有发展潜力的乙醇原料(张彩霞等,2010)。甜高粱的含糖量与甘蔗大体相当,约占茎秆总质量的9%~12%,但是甜高粱的生长期较短,大概为3~5个月,而甘蔗的生长期则长达10~13个月。此外甜高粱还生产籽粒,这就使得甜高粱总的生物质转化为乙醇的量要远远高于甘蔗。研究表明,在我国,利用甜高粱生产乙醇的产量为6 300 kg/hm²,而甘蔗的乙醇生产量为4 900 kg/hm²(唐三元,2012)。

2) 甘薯

又被称为红薯或者白薯等,属旋花科一年生或多年生蔓生草本。性喜温、短日照作物,因其根系发达而较耐旱,且对土质的要求不高,常常被人们称为荒地开发的"先锋作物"(中国能源作物可持续发展战略研究编委会,2009)。甘薯易栽易活,世界上许多国家都有种植。与其他能源作物相比,甘薯具备四大优点:一是产量较高,目前每公顷可生产薯干达13.5 t;二是能量产量高,其能源产出量为$4.37×10^4$ kJ/(hm²·d),大约是玉米的3倍;三是适应性广,特别适宜于丘陵山区、山坡地、旱地以及盐碱地种植;四是种植成本比较低(王仲颖等,2010)。

3) 菊芋

俗称洋姜、鬼子姜,原产于北美洲,属于菊科向日葵属的多年生草本植物。菊芋在全球各种气候区均有分布和栽培,主要有四个优点:一是繁殖力强,每年能够以20倍以上的速度进行繁殖;二是对土壤的适应性强,发达的根系使其能从难溶的硅酸盐土层中吸收养分(刘兆普等,2008);三是抗病虫害能力强,适宜粗放种植;四是生产量和含糖量较高,在海涂荒地其生物量可以达到75~150 t/hm²,其块茎中的糖总量大体与甜菜持平,达到8 500~15 000 kg/(hm²·a)(Denoroy,1996)。

5.2.2.2 生产生物柴油的能源植物

南通地区适宜发展生物柴油的能源植物主要有油菜、黄连木、乌桕和蓖麻等(华晓燕等,2011)。

1) 油菜

作为分布最广、种植历史最悠久的重要油料作物之一,油菜已经被加拿大、德国、澳大利亚以及韩国等国确立为优势替代生物柴油的原料作物,例如目前欧盟生产的生物柴油的80%是以油菜为原料(生产的油菜籽60%用于生产生物柴油)(傅廷栋等,2006;徐桂转等,2005)。作为生产生物柴油的较为理想的原料,油菜具有独特的优势,表现在不仅适应范围广,而且发展潜力比较大。从地区分布看,我国西北和东北地区、黄淮地区和长江流域均适宜栽培油菜,其适宜区面积可达

1亿 hm² 以上。油菜的低芥酸菜油的脂肪酸碳链组成为 16~18 个碳,与柴油分子(15 个左右的碳链)碳数极为相近,油菜也因此而成为生物柴油的理想原料。在长江流域和黄淮地区种植的冬油菜仅仅利用冬闲田生长,在其品种改良后不会对水稻(包括双季稻)等主要粮食作物的生产产生影响,也不与主要的粮食作物争地,因而可以较好地协调我国能源安全与粮食安全之间的矛盾;此外油菜生长旺盛,叶面积系数高,且叶片在油菜收获前都归还了土壤,变成了有机肥,因此种植油菜可以培肥地力,增加后茬作物产量(王汉中,2005;范袁斌等,2008)。

2) 黄连木

漆树科黄连木属植物,为木本油料及用材林树种,又称"楷木""药木""黄连茶"等。黄连木分布广、耐干旱、盐碱、瘠薄,适应性强,是荒山、滩地造林的优良树种,也是具有重要经济价值的油料树种。其种子含油量、种仁含油量分别高达 42.46%、56.5%(万泉,2005;王涛,2005)。其种子油是一种不干性油,加工后既可以用作优良的燃料油,也可以用作食用油。并且黄连木具有良好的用材、绿化、观赏和药用等功能,长期种植黄连木可以带动多种产业的发展,目前已经成为发展潜力极大的木本能源植物之一。黄连木在中国分布广泛,适应性强,适宜分布于年均温在 10℃左右或以上,1 月均温约为 0℃,7 月均温为 20~30℃,年降水量 1 000 mm 左右,无霜期平均不少于 140 d,且最冷月极端低温大于-20℃的地区(符瑜等,2009)。主要分布在河北、河南、陕西、四川、贵州、云南、浙江、江苏、山东、安徽、福建、广东等省区(牛正田,2005)。

3) 乌桕

又名蜡树、桕子树、木梓等,为大戟科乌桕属。乌桕属于乔木,高可达 15 m,是我国亚热带重要的油料树种,其种子既含油又含脂。乌桕的蜡皮一般占全子重的 36%、种仁占 30%、种壳占 34%。100 kg 桕籽可以榨取桕脂 23~25 kg,梓油 16~18 kg,且可以得到皮饼 8~9 kg,梓饼 10~11 kg。如果桕林经营得当,那么每公顷可收桕籽 3 t 以上,可产出油脂 1.3 t,单位面积油脂产量高于油茶、油桐等,也高于号称"油王"的油棕,曾被日本科学家誉为"绿色原子弹"。在我国乌桕主要分布与长江以南大部分省区,田埂、山坡、海滩、沙地等均可以种植(姚波等,2010)。

4) 蓖麻

大戟科蓖麻属植物,是世界上最重要的非食用木本油料植物之一。蓖麻的生长周期短,从种到收只需几个月。蓖麻适应能力强,广泛生长于我国北至内蒙古、新疆、东北大部分地区,南至海南省热带地区,具有耐干旱、耐薄瘠、耐盐碱等特性,在山坡、丘陵、盐碱地甚至是污染较重的地方也能生长。特别是蓖麻籽含油量高

(一般在50%左右),高产品种每亩可产油150 kg以上,在新疆等光照条件好的地区产量更高,这是其他油料作物远不能及的;此外,种子油主要由蓖麻油酸组成(占种子脂肪酸的90%以上),由于其12碳位的羟基化,形成了其独特的理化性质,即高温下不易挥发,低温下不凝固,而且极性强,能够和酒精互溶,通过蓖麻油和酒精按照一定比例进行混合,可以直接产生能够替代柴油、石化汽等生物质燃料。这种生物质燃料因其燃烧充分,能使尾气排放量降低90%以上,被誉为"绿色可再生石油资源",成为生产生物柴油的最理想原料。蓖麻油是羟基脂肪酸的唯一商业来源,具有特殊的化学结构,其碳链上既含有羟基,又含有不饱和键,可以发生多种化学反应,在化工上具有十分重要的地位,截至目前,蓖麻油是世界上深加工产品最多的一种植物油(王蔚萍等,2014;邱丽俊等,2015)。

5.2.3 后备耕地资源

南通市地处长江入海口,属于江海冲积沉积平原,土层深厚,沙粘适中,因此土地利用条件较好,限制性因素较少(欧名豪等,1995)。目前全市土地总面积10 549.3 km^2(含海堤外滩涂和长江水面),人均土地面积0.138 hm^2。2015年土地利用变更调查数据显示,全市现有耕地面积44.31万 hm^2,人均耕地面积0.060 7 hm^2。南通境内江海岸线442 hm,其中江岸线和海岸线分别达到226 km、206 km,约占江苏省海岸线总长度的20%左右。由于地理位置独特,南通境内滩涂资源较为丰富,拥有18万公顷0米以上的潮间带滩涂面积(其中包含了6.7万hm^2 0米以上的辐射沙洲),约占全省的1/3。

2015年末,全市土地面积为105.49万 hm^2,其中农用地59.55万 hm^2,占土地总面积的56.45%;建设用地23.91万 hm^2,占土地总面积的22.66%;其他土地22.03万 hm^2,占土地总面积的20.89%。目前全市可供开发利用的后备土地资源包括现有的农业土地的挖潜,增加对土地的投入和未利用土地可供开发的部分,尤其是沿海滩涂资源和可观的冬闲田。

滩涂资源:南通市海域主要属于南黄海海域,其沿海滩涂面积为20.49万hm^2,包括潮上带滩涂0.40万 hm^2、潮间带13.42万 hm^2、辐射沙洲6.67万 hm^2。据江苏省地质矿产勘查局勘探结果(2014年),-3 m以上高程的可供围垦开发的滩涂资源总量为5.91万 hm^2(约88.59万亩),主要分布在如东县和启东市,分别占到76%、15.7%,见表5-23。由于岸外辐射沙脊群的掩护,南通市沿海多为淤涨型潮滩,淤涨型岸段长度达176 km,平均每年以25~30 m的速度向外淤涨,每年淤积的滩涂面积近万亩(杨宏兵等,2017)。丰富的滩涂资源为南通市提供了充裕的后备耕地资源。

表 5-23 南通市沿海滩涂资源潜力分布表

行政区划	潮下带		低潮滩		中潮滩	高潮滩	合计	各县市占比/%
	−3～−2 m	−2～−1 m	−1～0 m	0～1 m	1～2 m	>2 m		
海安县	0.000	0.000	0.009	1.008	0.441	2.632	3.0	
如东县	0.153	4.500	22.376	21.782	11.516	6.922	67.249	76.0
通州市	0.004	0.083	1.189	1.914	0.187	0.243	3.620	4.1
海门市	0.000	0.005	0.505	0.546	0.051	0.054	1.161	1.3
启东市	0.031	4.190	4.927	3.750	0.850	0.180	13.928	15.7
合计	0.188	8.778	29.006	29.000	13.778	7.840	88.590	100.0
各潮汐状况占比/%	0.200	9.900	32.700	32.700	15.600	8.800	100.0	

注：除占比数据外，其他数据单位均为万亩，1 万亩≈0.066 7 万 hm^2

冬闲田：南通市地处长江中下游地区，目前的复种指数大概在 180% 左右，土地重复利用程度属于中等，未来一定程度上可以增加复种指数。中国农业科学院油料作物研究所所长王汉中曾提出，当前我国最大的一项潜在的生物质能源是大规模地利用长江流域的冬闲季节扩种或者移栽油菜。利用冬闲田种植油菜没有任何技术困难，且种植油菜益处多多。油菜的秸秆是优良绿肥，种子榨油后的饼粕是优质的高蛋白饲料，油又是最佳的生物柴油。如果利用长江流域的冬闲田种植油菜，初期可具有千万吨级的产量，远期则"可相当于一个半永不枯竭的绿色大庆"（王汉中，2005）。南通市如果充分利用冬闲季节扩栽油菜，其面积可以达到 25 万 hm^2 左右，按单产 3 000 kg/hm^2 计算，则冬闲季节种植的油菜产量至少可以达到 75 万 t。

此外，在已利用的地块中，南通市尚存有一部分中低产地，包括中低产耕地、中低产园地、低产林地和低产水面。荒滩、荒地和废弃地等通过增加投入变为可以利用的土地资源。

5.3 产业基础

南通市具有较为发达的现代农业、正在兴起的农村能源产业、较为发达的制造业和已经起步的农业服务业，这些都为农村能源产业与现代农业的融合奠定了较为坚实的产业基础。

5.3.1 较为发达的现代农业

南通市现代农业发展大致经历了以下五个阶段（王昀，2010）：第一阶段

(1949—1978年),从土地改革到农业合作化、人民公社化阶段;第二阶段(1979—1984年),废除人民公社体制,确立以家庭联产承包经营为基础,统分结合的双层经营体制阶段;第三阶段(1985—1991年),推进农产品流通体制改革和农村结构调整阶段;第四阶段(1992—2002年),围绕建立社会主义市场经济体制的总体目标,深化整个农村改革阶段;第五阶段(2003年—现在),统筹城乡经济社会发展新阶段。其中第五阶段是南通历史上农业和农村发展最快最好的时期,高效农业获得长足发展,南三市全面达小康,全市进入"扎实保增长、全面达小康"阶段。

5.3.1.1 南通现代农业发展的条件分析

1) 优越的自然条件使得南通物产资源非常丰富

南通境内是典型的亚热带和暖温带季风气候,光照充足,雨水充沛,四季分明,农业气候条件优越。南通地区光热资源条件较好,年平均光照时数达到 2 040~2 280 h,年太阳辐射为 108~117 kcal/cm^2,热量条件可以满足各种形式的两熟制;降水主要集中在 5~9 月份,年降水量达到 1 000~1 060 mm,得益于基本配套的水利工程,可以基本满足工农业生产和生活用水的需求。土壤肥沃,适种范围广,盛产水稻、棉花、蚕茧、油料等作物,是我国重要的商品粮和商品棉基地。南通拥有海岸带面积约 1.3×10^{10} m^2,沿海滩涂 21 万 hm^2,是我国沿海土地资源最丰富的地区之一,水产资源十分丰富,是全国文蛤、紫菜、河鳗、沙蚕和对虾的出口创汇基地。南通是我国电力能源基地之一,丰富的水土资源、富足的电力能源赋予南通发展现代农业不可多得的先天禀赋。

2) 便捷的交通体系为培育现代农产品物流业提供良好条件

南通最早成为我国十四个沿海开放城市之一,但在新长线正式通车之前,南通是仅有的不通铁路的城市之一,故被称为"难通"。得益于江苏沿海开发和长三角一体化发展两大国家战略的叠加实施,南通境内已经建成了布局合理、结构完善、衔接紧密的公路水路基础设施,实现市域 30 分钟上高速、区域内一小时交通圈,进入上海一小时交通圈、长三角三小时交通圈;已经扩建的兴东机场、正在建设中的高铁、深水港口洋口港的配合使得南通形成了江海河贯通,水陆空配套的立体大交通体系,为南通地区现代农产品物流业的发展提供了良好条件。

3) 深厚的人文底蕴为南通现代农业的发展提供了和谐的文化氛围

以清末状元张謇为代表的近代南通人开创风气之先,于 1901 年最早开始以淮南农垦事业为代表的农业现代化实践活动,并先后提出包含农业机械化、农业科学技术、多种经营、农工商一体化、提高农民素质在内的农业现代化思想(丛卫兵,2007),形成了较为科学和先进的大农业发展观和科教兴农、实业兴农的一整套理念,为南通现代农业的发展留下了深厚的历史积淀。南通地区素来有尊师重教的传统,享有"教育之乡"的美誉,基础教育在全国遥遥领先。近年来,南通基础教育、职业教育、成人教育、特殊教育、高等教育发展势头喜人,初步形成了较为完整的教育体系,为南通地区社会经济的发展培养了大量的各级各类人才;此外南通拥有多所农业科研院所,大量的科技人才可以为南通现代农业的发展提供智力支持。南通先后被评为"国家环境保护模范城市""中国最佳休闲旅游城市""国家园林城市""全国文明城市"等,南通良好的人文环境为南通现代农业的发展创造了和谐的文化氛围。

4) 良好的政策背景为南通现代农业的发展提供了不可多得的机遇

自2004年以来,中央连续十一年发布以"三农"(农业、农村、农民)为主题的中央一号文件。其中2007年提出积极发展现代农业、2013年再次提出加快发展现代农业,进一步增强农村发展活力、2014年提出全面深化农村改革加快推进农业现代化,现代农业建设已经成为社会主义新农村建设的首要任务。在此宏观背景下,江苏省委省政府先后出台了包括粮食高产增效创建、高效设施农业建设、农业产业化"三大载体"建设、农产品质量安全建设、农业科技人才建设、生态农业建设、农业信息化建设等在内的《江苏省农业现代化工程十大重点项目总体实施计划》《关于推进体制机制改革创新进一步增强农业农村发展活力的意见》《关于全面深化农村改革深入实施农业现代化工程的意见》等政策和文件,积极发展现代农业,夯实新农村建设的基础,为现代农业的健康发展保驾护航。南通作为江苏重要的农业大市,市委市政府积极响应国家和省委、省政府的一系列文件精神及相关部署,扶持和出台了《关于进一步扶持农业产业化龙头企业发展的意见》、推进政策性农业保险、设施农业补贴等一批支农惠农政策,农机购置补贴更是实现十一连增,实施范围由2004年的1个品种拓宽到2014年的12大类50个品目3 000多种机具;由单纯的粮食种植机具拓展到整个农林牧副渔所有的农机具(汤晓峰,2015)。积极推进农村地区路网、电网、信息网、农田水利建设等现代农业的基础设施建设;大力扶持特色高效农业的发展、推进高效农业规模化建设、加大农业产业化建设力度,初步形成包括南黄海之滨的海洋农业、长江下游冲积平原的农区农业和长三角北翼城市群的都市农业的具有南通特点的现代农业产业体系,为南通地区现代农业的健康发展奠定了良好的基础。

5.3.1.2 南通现代农业发展现状

1) 农业生产组织方式、产业化经营方式不断创新

近年来,南通市委市政府按照工业化的思路谋划农业,逐步探索出以"一条主线(招商引资)、四个主体(市场、投资、联结、考评主体)"为主要内容的项目农业发展路子,促进了现代农业的加快发展和农业组织方式的重大变革;为高效设施农业

的发展谋划了科学合理的设施农业"863工程",即到2012年建成千亩连片设施农业基地80个,万亩设施农业乡镇60个,三分之一农户发展设施栽培;从2012年起探索开展"农民提供土地,服务组织全程经营,收益协商共享"的"全托管"经营体系建设,至2014年6月,南通市托管土地达17万亩,粮食单产达到805.8 kg/亩,有效解决社会转型期农村"谁来种地、怎样种地"的突出问题,最大程度上稳定粮食种植面积,提高粮食产量,实现南通粮食生产十一连增,成为江苏省新型农业经营体系建设的创新点和"三农"工作的出彩点,为加快推进农业现代化提供新鲜样本(汤晓峰,2014);自2013年以来,江苏省南通市按照"积极引导、稳步推进、规范登记、重点培育"的原则加快推进家庭农场建设,截至目前,南通市已发展各类家庭农场1 927个,经营范围基本涵盖粮食、蔬菜、畜禽、水果、花卉等本市传统优势产业,平均每个家庭农场收入集中在10万~20万元左右,另有15%的农场收入超过50万元,促进了农民收入的大幅度增长(吴建东,2014)。

2) 农业综合生产能力不断增强

提高农业综合生产能力是农业发展的一个重大战略问题,是新时期农业和农村工作的主题,也是社会主义新农村建设的重要物质基础。近年来南通市采取多种措施提高农业综合生产能力、保障耕地面积、努力提高粮棉油等主要农产品的生产水平。2013年,虽然粮、棉、油的种植面积均有不同程度的下降,但粮食、油料的产量却在上升,达到333.46万t、40.84万t,分别比去年增长了0.1%、4.2%。2014年,南通市积极落实惠农政策,大力开展粮食高产创建活动,加快新品种、新技术、新模式的推广步伐,实现了粮食生产的十一连增。初步统计,全市粮食总产335.9万t,比上年增产2.4万t,完成江苏省下达我市全年粮食增产2万t的目标任务。与此同时,农产品的加工能力也在不断增强,目前经过初加工、精加工和深加工的农产品进入流通和消费领域的数量越来越大,农产品加工业产值与农业产值之比达1∶1,农产品和副产品加工业已成为农业的延伸和重要组成部分,从而大大提高了农产品的附加值。

3) 农业产业结构不断优化升级

自2007年中央一号文件提出积极发展现代农业以来,南通大力发展外向型农业、高效设施农业、生态农业等现代农业新业态,以项目农业建设为抓手,深入实施高效农业规模化"133行动计划",加大农业结构调整力度,促进农业产业结构不断优化升级。2013年全年实现农林牧渔业总产值594.8亿元,按可比价计算,增长3.2%,其中农业产值263.6亿元,增长3.2%;牧业产值138.3亿元,增长0.9%;渔业产值141.1亿元,增长1.6%(南通市统计局,2014)。在农业产业结构调整过程中,一方面注重横向调整,即调整种养比例,逐步提高养殖业在农业中的份额;在种植业内部,在确保粮食安全的前提下,积极发展效益相对较高的油料、蔬菜、林果、蚕桑、花卉和小杂粮等优势品种,使其比重进一步增大。另一方面注重纵向调整,即以市场需求为导向,以中介组织为纽带,积极发展农产品加工业、流通业等,延伸农业产业链,逐步形成农业生产的专业化分工协作体系。农林牧渔业的比例已经由1998年的58:1:21:20调整为2013年的44.32:0.63:23.24:23.72:8.08,牧业、渔业和服务业得到充分发展。

4)土地产出率和农业劳动生产率不断提升

现代农业的实质是土地产出率、农业劳动生产率的不断提高。土地产出率是衡量农业生产力发展水平的重要标志之一。它反映的是现代农业单位土地的生产能力,一般用农业生产周期(一年或多年)单位面积土地上的农产品数量或产值(包括产值、净产值)来表示。农业劳动生产率反映的是现代农业单位劳动力的产出水平,通常表示为农业总产值与农业劳动力人数的比值。

南通既有苏南工业化、城市化比较发达的优势,又有苏中、苏北农业资源禀赋比较好的优势(韩长斌,2014),这促使南通的现代农业快速发展,土地产出率、农业劳动生产率水平逐年上升,从2010年起连续三年农业现代化水平领先于苏中、苏北地区。从图5-14(a)中可以看出,2006年以前,南通的农业劳动生产率略低于江苏省的平均水平,但自2006年起,南通的农业劳动生产率水平开始逐渐超过全省的平均水平,并且这种差距开始逐渐扩大,2014年南通的农业劳动生产率达到3.84万元/人(按1990年价格计算),是江苏省平均水平的1.38倍,远远超过了现代农业劳动产出率1万元/人的标准;南通的土地产出率一直高于全省的平均水平,近年来稳定在全省的1.29倍,2014年南通土地产出率已经达到5.82万元/hm²,已经超过了现代农业土地产出率4万元/hm²的标准(图5-14(b))。

5.3.1.3 南通现代农业的比较优势分析

虽然农业总产值在南通市生产总值中的比重一直在降低,但农业在南通市依然具有重要地位,在现代农业发展过程中,南通市先后提出了大力发展设施农业、外向型农业、都市农业、休闲农业、生态农业等新的农业形态。但各县市的现代农业产业发展存在结构趋同现象,因此有必要根据各县市的资源禀赋、区位条件和产业基础等进行调整以充分发挥各区域的比较优势、深度开发农业的多功能、切实增加农民收入。通过计算南通与周边地级市和南通各县市农业的区位商,以明确南通地区具有比较优势的农业部门。

1)研究方法

区位商(Location Quotient)又称区域专业化率,通常认为是指一个地区特定部门的产值在该地区总产值中所占的比重,与该部门产值在全国总产值中所占比重的比率(程选,2001)。一般来说,区位商越大,该地区产业优势越大。

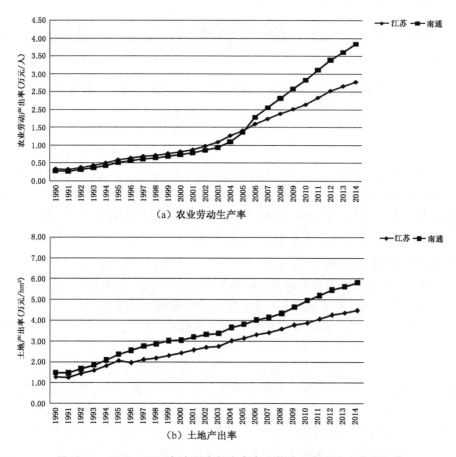

图 5-14 1990—2014 年南通市与全省农业劳动生产率和土地产出率

参照果雅静(2008)等的研究方法,计算不同区域农业(广义)的区位商,其计算公式为:

$$LQ_i = \frac{i\text{区域农业总产值}/i\text{区域国内生产总值(GDP)}}{\text{地区农业总产值}/\text{地区国内生产总值(GDP)}} \quad (5\text{-}14)$$

当 $LQ_i > 1$ 时,则该区域农业具有比较明显的优势,可以向外输出农产品;当 $LQ_i = 1$ 时,则该区域农业没有明显优势,农产品以自给自足为主;当 $LQ_i < 1$ 时,则该区域的农业处于明显劣势,农产品不能满足当地需求。

本部分通过计算南通与江苏其他 12 个地级市的区位商,对南通与江苏其他市农业的比较优势进行分析;通过计算南通地区各县市农业的区位商,对南通各县市农业产业的比较优势进行分析。

农业结构内部各行业区位商的计算公式为：

$$LQ_{ij} = \frac{i\text{区域农业结构内部}j\text{行业农业总产值}/\text{该区域农业总产值}}{\text{地区农业结构内部}j\text{行业农业总产值}/\text{地区农业总产值}}$$

(5-15)

当 $LQ_{ij} > 1$ 时，农业结构内部某行业具有区域比较优势，该数值越大，则优势越明显；当 $LQ_{ij} = 1$ 时，农业结构内部某行业无明显优势；当 $LQ_{ij} < 1$ 时，则农业结构内部某行业处于劣势。

本部分通过计算南通与江苏省其他地级市农业结构内部种植业、林业、牧业、渔业和服务业的区位商，通过分析确定南通与周边其他地级市的种植业、林业、渔业、牧业和服务业的行业比较优势；通过计算南通地区各县市的种植业、林业、渔业、牧业和农业服务业的区位商，分析确定南通地区各县市农业结构内部各行业的比较优势。

2) 南通与周边其他地级市农业的比较优势

(1) 广义区位商比较

2014年，南通市的农林牧渔业总产值为631.32亿元，占到整个地区国内生产总值的11.17%，高于苏南五市，但远远低于苏中和苏北其他各市，与泰州大体持平。根据公式(5-14)计算南通与江苏其他地级市农业区位商(表5-24)。以区位商值1和2为分类依据，当区位商值小于1定义为低区位商，表明该市农业生产没有竞争力；在1~2定义为中区位商，表明该市农业生产竞争力较强；大于2则定义为高区位商，表明该市农业生产竞争力很强。从表5-24及图5-15中可以看出，南通的区位商为1.13，而同期苏北地区的盐城和连云港的区位商分别达到2.73、2.61，苏南地区的苏州、无锡的区位商分别为0.29、0.31。这表明南通地区属于中区位商，其农业与苏北地区相比没有任何比较优势，但与苏南(低区位商)相比依然具有较大的比较优势，农业依然是南通地区的优势产业和基础产业。

表 5-24 2014 年南通市与江苏其他地级市农业区位商比较

地区	地区国内生产总值/亿元	地区农业总产值/亿元	比重/%	区位商
江苏省	65 088.32	6 443.67	9.90	
南京	8 820.75	384.63	4.36	0.44
无锡	8 205.31	253.76	3.09	0.31
徐州	4 963.91	893.65	18.00	1.82
常州	4 901.87	256.81	5.24	0.53
苏州	13 760.89	392.49	2.85	0.29
南通	5 652.69	631.32	11.17	1.13

续表

地区	地区国内生产总值/亿元	地区农业总产值/亿元	比重/%	区位商
连云港	1 965.89	507.39	25.81	2.61
淮安	2 455.39	535.56	21.81	2.20
盐城	3 835.62	1 035.82	27.01	2.73
扬州	3 697.91	431.98	11.68	1.18
镇江	3 252.44	214.02	6.58	0.66
泰州	3 370.89	361.94	10.74	1.08
宿迁	1 930.68	463.16	23.99	2.42

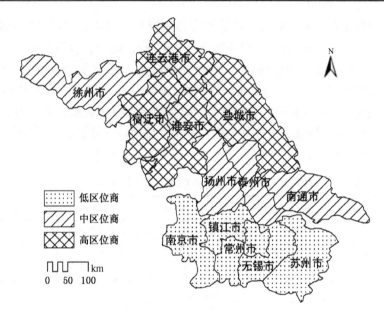

图 5-15 2014 年南通市与江苏其他地级市农业区位商

(2) 狭义区位商比较

2014 年,南通的种植业产值占到农业总产值的 44.14%,林业占 0.64%,牧业占 22.96%,渔业占 23.41%,服务业占 8.85%,其中种植业、牧业和渔业产值之和占农业总产值的 90.51%。根据公式(5-15)计算得到南通与江苏其他地级市农业结构内部各产业的区位商(表5-25)。与其他地级市相比,南通的林业区位商最低,仅为 0.35;种植业的区位商也处于中下水平,只有 0.85;牧业的区位商达到 1.25,仅次于徐州和盐城,位列全省第三;渔业的区位商为 1.08,仅次于常州、苏州和扬州,位列全省第四;服务业的区位商最高达到 1.62,仅次于无锡、苏州和镇江,位列全省第四。与江苏其他地级市相比,虽然南通的林业和种植业没有优势,但牧业、渔业和服务业具有明显的比较优势。

从总体上看南通地区的农业与苏南相比比较优势明显，但与苏中、苏北地区相比没有比较优势；从农业各产业结构内部看，南通的牧业、渔业和服务业在全省都具有较为明显的比较优势。南通是传统的畜禽养殖大市，2014年，全市的生猪、山羊、家禽的饲养量分别达到656.15万头、498.67万只、15 885.18万羽。南通目前拥有狼山鸡、海门山羊、如皋黄鸡三个国家级畜禽种质资源；拥有东串猪、姜曲海猪、沙乌头三个省级畜禽种质资源。近年来，"通农三宝"品牌的推介，"公司＋农户""合作社＋农户"生产组织方式的改进，专卖店、商超销售模式的推进和苏南、上海等地市场的扩大，使得南通的畜禽资源优势逐渐转化为市场优势和资源优势，保证了南通现代畜牧业的健康发展。

南通的各级农技服务机构承担了推广和指导相关农业技术服务的职能，在农业服务体系中处于主导地位，目前南通拥有各类农技服务机构已达308个，现有实有人员3 115人，其中大专学历占68%，使得农技服务机构的力量不断加强。目前南通地区拥有4 000多个农民专业合作组织；2014年南通农机总动力达到387.02万kW，成为苏中、苏北第一个率先基本实现水稻生产机械化市。农民专业合作组织的不断壮大、农业机械化服务的迅速发展都促使南通农业服务业的快速发展，在过去的十年时间里，农业服务业在农业总产值中的比重增加了一倍。

表5-25　2014年南通市与江苏其他地级市农业各产业区位商比较

地区	种植业		林业		牧业		渔业		服务业	
	比重/%	区位商	比重/%	区位商	比重/%	区位商	比重/%	区位商	比重/%	区位商
南京	56.81	1.09	5.16	2.81	12.54	0.68	20.76	0.94	4.73	0.86
无锡	54.02	1.04	7.81	4.26	12.93	0.70	14.55	0.66	10.69	1.95
徐州	61.31	1.17	1.49	0.82	29.57	1.61	4.51	0.20	3.12	0.57
常州	54.03	1.04	0.70	0.38	14.57	0.79	25.21	1.14	5.49	1.00
苏州	41.13	0.79	6.23	3.40	9.89	0.54	31.25	1.41	11.49	2.10
南通	44.14	0.85	0.64	0.35	22.96	1.25	23.41	1.08	8.85	1.62
连云港	47.75	0.91	2.77	1.51	20.84	1.14	23.09	1.04	5.55	1.01
淮安	63.65	1.22	2.16	1.18	22.21	1.21	10.24	0.46	1.74	0.32
盐城	43.53	0.83	2.48	1.35	27.20	1.48	19.82	0.90	6.96	1.27
扬州	46.72	0.90	2.35	1.28	17.00	0.92	28.96	1.31	4.98	0.91
镇江	55.63	1.07	4.26	2.32	13.16	0.72	13.54	0.61	13.41	2.45
泰州	55.55	1.06	2.44	1.33	18.39	1.00	18.49	0.84	5.13	0.94
宿迁	58.93	1.13	3.93	2.14	19.59	1.07	15.29	0.69	2.26	0.41

3）南通地区各县市农业的比较优势

(1) 广义区位商比较

2014年,南通各县市中如东、启东的农业总产值最高,分别为126.86亿元、121.52亿元;通州、海门的农业总产值较低,只有88.18亿元、86.38亿元。根据公式(5-14)计算得到南通各县市区位商(表5-26)。从表5-26中可以看出通州、海门的区位商较低,其余四县市的区位商均大于1,其中如东的区位商最高,为1.85。这表明在南通地区,通州和海门的农业没有比较优势,而其余四县市农业比较优势较明显,如东的比较优势最明显。

表5-26 2014年南通市农业区位商比较

地区	地区农业总产值/亿元	地区国民生产总值/亿元	比重/%	区位商
南通	631.32	5 652.69	11.17	
通州	88.18	860.73	10.24	0.92
海安	102.71	624.14	16.46	1.47
如东	126.86	615.51	20.61	1.85
启东	121.52	739.13	16.44	1.47
如皋	98.98	743.64	13.31	1.19
海门	86.38	836.50	10.33	0.92

(2) 狭义区位商比较

南通各县市农业结构内部的种植业、林业、牧业、渔业、服务业的产值占南通农业总产值的比重各不相同。根据公式(5-15)计算各县市各产业的区位商,见表5-27。对于种植业,通州、如皋、海门的区位商分别为1.18、1.26、1.12,这三个县市的种植业具有比较明显的优势;对于林业,通州、如东、海门的区位商均超过1,分别为1.90、1.19、1.30,相对于其他县市,这三个县市的林业比较优势较为明显;对于牧业,海安、如皋的区位商较大,分别为1.88、1.41,因此这两个县市的牧业具有明显的比较优势;对于渔业,启东、如东的区位商较大,分别为2.02、1.36,因此这两个县市的渔业具有明显的比较优势;对于服务业,通州、海门的区位商均超过了1,分别为1.75、1.33,因此二者的农业服务业相当发达,具有较为明显的比较优势。

表 5-27　2014 年南通市农业各产业区位商比较

地区	种植业		林业		牧业		渔业		服务业	
	比重/%	区位商	比重/%	区位商	比重/%	区位商	比重/%	区位商	比重/%	区位商
通州	51.89	1.18	1.22	1.90	14.98	0.65	16.43	0.70	15.47	1.75
海安	40.27	0.91	0.30	0.47	43.28	1.88	8.09	0.35	8.06	0.91
如东	38.20	0.87	0.76	1.19	23.47	1.02	31.95	1.36	5.61	0.63
启东	33.39	0.76	0.56	0.87	10.34	0.45	47.24	2.02	8.47	0.96
如皋	55.67	1.26	0.23	0.36	32.47	1.41	5.47	0.23	6.16	0.70
海门	49.53	1.12	0.83	1.30	13.48	0.59	24.42	1.04	11.75	1.33

根据南通地区的实际情况,将各县市分为产业优势突出区($LQ>1.6$)、产业有较大优势区($1.3<LQ\leqslant1.6$)、产业有一定优势区($1.0<LQ\leqslant1.3$)。其中种植业具有一定优势区包括通州、如皋和海门;林业具有产业优势突出区为通州,具有一定优势区包括如东和海门;牧业具有产业优势突出区为海安,具有较大优势区为如皋,具有一定优势区为如东;渔业具有产业优势突出区为启东,具有较大优势区为如东,具有一定优势区为海门;服务业具有产业优势突出区为通州,具有较大优势区为海门。

5.3.2　正在兴起的农村能源产业

1) 南通市农村能源产业化发展历程

南通市的农村能源产业化经历了四个不同的发展阶段(徐兴林,1998;陈爱国等,1999)。一是农村能源事业的起步阶段(1972—1982年)。这一时期,农村地区普遍存在着柴草不够用,用能水平低,资源浪费大的现象,农村能源建设的工作重点放在建改省柴灶和推广户用沼气池上,其根本目的是解决"锅下愁"问题,主要采取下达计划任务指标的行政手段加以推广。但由于种种原因,资源优势没有得到充分发挥和利用。二是农村能源事业的发展阶段与农村能源产业的起步阶段(1983—1992年)。这一时期的"锅下愁"问题基本得到解决,农村能源建设的主要任务是如何增加能源供应量,提高用能设施的热效率,其根本目的是帮助和引导农民节约作物秸秆,开展综合利用,增加副业收入,南通市的农村能源建设步入了一个新的历史发展时期。由于农村地区的能源极为短缺,从"七五"开始,"县级农村能源综合建设"被列入国家科技攻关课题,该课题由农业部、中国科学院、林业部、水利部、国家教委、机电部、能源部共同主持,试验期限为五年,共选择了十二个县进行试点,这其中就包含了作为苏北高沙平原地方工业发达地区代表的江苏省如皋县。经过10年的探索,南通市的农村能源建设内容跳出了单一的沼气、省柴灶,扩大到以沼气能、太阳能、风能为基础的新能源与生物质能资源的开发利用;扩大到以推广省柴灶和推广节煤、节油、节电新技术、新产品、新设施、新工艺为重点的农村节能管理。农村能源建设的范围也由生活领域拓宽到生产领域,由农村发展到城镇,由农业生产渗透到厂矿企业,从而形成了"一手抓能源(增能节能),一手抓财源(有偿服务)"的农村能源建设格局。三是农村能源事业的推进与农村能源产业的发展阶段(1993—1997年)。这一时期,农村经济发展较快,农民生活水平有了较大幅度的提高,农村能源建设的工作重点转移到开发替代能源,节约常规能源,提高能源品位,改善生态环境上,其根本目的是满足农民对高品位能源的需求,改善农村生态环境,提高农村生活质量,帮助和引导农民脱贫致富奔小康。1993年南通市成为国家计委批准的全国唯一的地级农村能源综合建设试点市后,全市上下坚持以生物能开发为基础,乡镇工业节能为重点,农村节能和资源综合利用为中心环节,形成了具有自身特色的农村能源综合建设工作体系。五年间,通过实施全国农村能源综合建设市项目,全市形成了年开发增能折合标煤28.38万 t 和年节约能源折标煤68.60万 t 的能力,取得了较好的能源、经济、生态和社会效益,并总结出符合南通实际的能源效益型和生态良性循环型的农村能源建设模式,探索出一条全方位、多层次、综合发展农村能源的路子。四是农村能源产业的推进与农村能源产业化经营的起步阶段(从1995年起,与第三阶段有交叉)。这一时期农村能源建设的中心任务就是合理开发再生能源,有效利用常规能源,改善农村生态环境,为农村经济发展、农村生态建设、农民生活需要服务,促进农业和农村经济持续发展。

据统计,早在1997年,南通市就已经形成了年开发和节约近100万 t 标煤的能力。截至2012年南通市的户用沼气池约为6.5万个,年产气量为1 811.02万 m^3;各种沼气工程213处,年产气量为1 473万 m^3,供气户数达到88万,利用沼气发电装机容量为2 110 kW,年发电量为891万 kW·h;生活污水净化、沼气池292处,总池容约为8万 m^3;太阳能热水器40万台,总面积为68万 m^2;此外还包括小型风力发电、多种方式的秸秆能源化(包括秸秆热解气化、秸秆沼气、秸秆固化成型)等多种农村能源开发利用的方式。尤其是如东县已经形成了包括风力发电、生物质发电、太阳能光伏发电、垃圾发电在内的绿色能源发电格局,2011年该县被评为首批"国家绿色能源示范县"。

2) 农村能源产业发展特征

从20世纪90年代中期起,南通市农村能源建设工作以"围绕事业办产业,办好产业促事业"和"能源项目为主,多种经营搞活"为方针,大力创办农村能源产业实体,积极培育农村能源骨干企业,并开发系列新型节能产品,促使农村能源产业蓬勃发展。具体体现在(陈爱国等,1999)：

第一,农村能源产业规模不断扩大。2013年南通市农村能源共有33个企业,实现总产值35 497万元,占全省农村能源产业比重的31.43%;拥有固定资产25 865万元,占全省农村能源固定资产比重的42.88%,显示出南通市较为雄厚的农村能源产业基础。太阳能热水器和生活污水处理工程已经成为农村能源产业化的重要支柱。2013年南通农村热水器的使用量达到60多万台,面积达100多万 m^2。此外,秸秆能源化利用取得重大突破,形成了令人瞩目的"南通经验",已经建成的35个秸秆能源化利用点,通过秸秆热解气化集中供气、秸秆沼气集中供气、秸秆固化成型等方式,累计收储各类秸秆37 000 t,全市还田部分以外的农作物秸秆综合利用率可提高到85%以上(杨建等,2012)。

第二,农村能源产业体系初步形成。目前南通的能源产业已经初步形成了包括太阳能光伏电池、风力发电、生物质发电及新能源装备制造等在内的产业体系。一是光伏产业迅速崛起。截至2014年6月,南通市注册登记的光伏及配套企业有34个,主要从事太阳能电池、太阳能电池组件的生产。2014年上半年34个企业实现销售收入49.36亿元,同比增加1.42亿元,增长2.96%。累计入库税收8 212万元,同比增收5 222万元,增长1.74倍(南通市国税局,2014)。二是生物质发电进展较快。如东2.5万kW秸秆焚烧发电项目和如皋3万kW垃圾焚烧发电项目均已竣工投产,海门灵甸工业区的生物质资源综合利用热电联产项目也在紧锣密鼓地施工中。万达锅炉投资亿元研发的循环流化床垃圾焚烧发电系列锅炉,完全针对我国低热值、高水分、多组分的城市生活垃圾,单炉日处理垃圾量可达250~800 t/d,蒸发量为20~75 t/h,其中400 t/d流化床垃圾炉还获得"江苏省高新技术产品"称号,被授予"江苏省科技进步三等奖"(乔桂银,2012)。

第三,农村能源产业链条基本形成。依托科技创新和投入,大批骨干型、龙头型企业迅速崛起,在规模上和技术上逐渐形成较为明显的优势。其中九鼎集团拥有玻纤复合材料风电机舱罩、叶片以及兆瓦级风电机组的产业链;强生光电拥有的非晶硅薄膜电池生产线创造了四项"全国第一",包括单线产能、设备投入产出比、电池转换效率和批量投产时间;紫琅风电与加拿大皇家理工学院、德国新能源教育中心等单位合作,开发了装机容量为30~300 kW的离网型小型风力发电机,该产品在国内居领先地位;南通万达锅炉在全国工业锅炉行业中位于前三,该企业致力于在生物质能利用领域进行研发,已经研制出国内首台秸秆流化床锅炉。此外南通地区已经初步形成了农村能源产业链。例如南通风电装备制造业已经形成了从整机制造到叶片、风电机组、导流罩等各种配件的制造,产品覆盖面相对较广,目前通州和如东等地已经初步形成了风电整机、配件制造集中区;光伏产业涉及硅棒切片、电池生产、系统集成等,光伏电池产品则涵盖了单晶硅电池、多晶硅电池和非晶硅薄膜电池等多个领域。

5.3.3 蓬勃发展的制造业

早在20世纪90年代南通市就已经基本形成了以太阳能热水器、绿色照明灯、净化沼气工程为主的三大支柱产业,并且太阳能热水器和绿色照明灯已面向全国市场。在农村能源建设中所需各种能源设备的工厂化生产、各种设备产品的系列化、规范化和标准化均需要制造业的支撑。南通是中华民族工业的发祥地之一,其工业起源于19世纪末期的棉纺织工业。经过中华人民共和国成立后60多年的发展,南通已经形成了自己的工业体系,并且建成了六大优势产业集群,坚持走全面、协调、可持续发展的新型工业化道路,为农村能源建设提供了坚实的制造业基础。2014年,全市规模以上工业实现增加值2 864.2亿元,实现主营业务收入12 308.3亿元,实现利税总额1 471.8亿元,实现利润总额936.4亿元,分别是"十一五"末的1.45倍、1.47倍、1.78倍和1.41倍。2014年,全市规模工业销售收入总量占全省比重达到8.39%,比"十一五"末提高了1.91个百分点。"十一五"期间,全市规模工业销售收入年均增长28.56%,实现利税总额年均增长37.84%,实现利润总额年均增长39.97%,总体呈现出利润增幅高于利税增幅、利税增幅高于销售增幅的良好发展态势。

1) 工业化进程阶段——工业化后期

对南通工业经济发展阶段的准确判定,关系到南通市工业化战略目标的制定以及措施的选择。在工业化发展的不同阶段,发展取向将发生根本性的变化。

美国经济学家钱纳里借助多国模型,对人均经济总量与经济发展阶段之间的关系进行研究,其研究结果认为人均GDP以3 227美元、6 553美元、12 287美元(2008年美元标准)为界,将经济发展分为工业化初期阶段、中期阶段和后期阶段,若小于3 227美元,则意味着该国或地区还没有开始工业化进程。2015年,南通市人均GDP达到11 843美元,从这一指标看,南通市目前已经进入工业化后期阶段。

"霍夫曼定理"是关于工业内部重工业化的理论,该理论认为在工业化过程中,把消费资料工业规模与资本资料工业规模进行比较,前者在逐渐缩小,而后者在逐渐扩大。以这种变化趋势为依据,把工业化进程分为四个阶段,分别为轻纺工业化阶段、重化工业阶段、高加工度化阶段和技术集约化阶段。在实际运用中,一般以轻重工业产值之比来近似估算霍夫曼系数。四个阶段的霍夫曼系数分别为5(±1)、2.5(±1)、1(±0.5)和1以下。用轻重工业的比重来近似估算南通市的霍夫曼系数(表5-28)。可以看出南通市霍夫曼系数的变化趋势与霍夫曼定理所描述的变化趋势基本一致,即与资本资料工业规模相比,消费资料工业规模在逐渐减少,而资本资料工业规模在逐渐扩大。这表明长期以轻纺工业为主的南通市工业化加快了向重型化发展的进程,目前已经进入了向技术集约化发展演变的阶段。上述两种工业化发展阶段的判定方法均表明南通市目前已经进入工业化后期阶段。

表5-28 1990—2014年南通市轻重工业比重及霍夫曼系数

年份	轻工业比重	重工业比重	霍夫曼系数	年份	轻工业比重	重工业比重	霍夫曼系数
1990	64.00	36.00	1.78	2005	49.75	50.25	0.99
1995	64.00	36.00	1.78	2006	47.85	52.15	0.92
1996	61.00	39.00	1.56	2007	45.34	54.66	0.83
1997	61.00	39.00	1.56	2008	41.05	58.95	0.70
1998	61.00	39.00	1.56	2009	38.77	61.23	0.63
1999	58.00	42.00	1.38	2010	38.65	61.35	0.63
2000	58.00	42.00	1.38	2011	35.79	64.21	0.56
2001	58.00	42.00	1.38	2012	33.81	66.19	0.51
2002	56.60	43.40	1.30	2013	33.09	66.91	0.49
2003	53.80	46.20	1.16	2014	31.65	68.35	0.46
2004	49.67	50.33	0.99				

2) 工业结构调整合理,产业层次有所提升

"十二五"以来南通市工业产业结构加快调整,在轻重产业结构优化、装备制造业发展与新兴产业培育等方面均取得长足进步。在国民经济行业分类的南通市工业34个大类中,2014年各行业工业产值的比重出现明显的梯次分布特征(表5-29)。化学原料和化学制品制造业、电气机械和器材制造业、纺织业、通用设备制造业、金属制品业、计算机和通信、专用设备制造业等7大行业,其工业总产值比重均超过5%,为南通市的第一层次产业。以上7大行业总产值占全部工业总产值的比重高达63.38%,成为南通市工业经济的主导产业。纺织服装与服饰业、仪器仪表制造业、交通运输设备制造业、农副食品加工业等8大行业工业产值的占比均在2%~5%之间,为第二层次产业,以上8大行业总产值占全部工业总产值的比重为26.66%,成为南通市工业经济的支柱产业。前述15个产业一起构成了南通市工业的主要专业生产部门,但各行业之间发展很不平衡。从工业产业结构的变动看,纺织服装、轻工食品等传统行业销售收入占规模工业比重逐步下降,2014年轻纺工业比重比"十五"末降低了11.48个百分点;机械、船舶、电子信息等行业占比不断提高,分别达到19.95%、7.31%、和13.05%,比"十五"末提高了4.48、4.7和3.78个百分点。装备制造业占比大幅提升,全市装备制造业产值占比达到

45.1%，比"十五"末提高了 14.5 个百分点；新兴产业快速兴起，形成了海洋工程装备、新能源、新材料、生物技术和新医药、智能装备和节能环保等六大新兴产业，2014年六大主导产业产值全面增长，其中新能源、能源及其装备制造业和船舶海工等三大产业分别增长 18.6%、16.6%和 14.6%。工业产值中，装备制造业 5 992.3 亿元，增长 15.1%，占全市规模以上工业总产值的比重达 47.5%。

表 5-29 南通市主要工业行业产值及比重

主要行业	2000 年 产值/亿元	比重/%	2005 年 产值/亿元	比重/%	2014 年 产值/亿元	比重/%
化学原料和化学制品制造业	48.91	4.02	197.40	9.21	1 767.06	14.14
电气机械和器材制造业	27.21	2.24	141.10	6.58	1 721.20	13.77
纺织业	154.02	12.67	473.40	22.09	1 326.45	10.61
通用设备制造业	40.96	3.37	152.40	7.11	1 004.02	8.03
金属制品业	34.56	2.84	121.20	5.65	733.16	5.87
计算机、通信和其他电子设备制造业	37.05	3.05	100.88	4.71	685.36	5.48
专用设备制造业	13.14	1.08	34.41	1.61	684.46	5.48
仪器仪表制造业	5.83	0.48	40.39	1.88	546.04	4.37
文教、工美、体育和娱乐用品制造业	9.55	0.79	31.16	1.45	509.31	4.07
纺织服装、服饰业	67.99	5.59	473.40	22.09	481.88	3.86
铁路、船舶、航空航天和其他运输设备制造业	21.29	1.75	66.28	3.09	440.29	3.52
农副食品加工业	47.32	3.89	125.10	5.84	428.58	3.43
非金属矿物制品业	28.74	2.36	78.50	3.66	371.29	2.97
化学纤维制造业	31.68	2.61	50.00	2.33	295.61	2.36
医药制造业	5.90	0.49	33.32	1.55	259.98	2.08
全市工业产值	1 215.29		2 143.40		12 499.70	

3) 各县市工业比较优势各不相同

将公式(5-14)、(5-15)中的农业总产值替换为工业增加值，可以计算得到南通各县市工业区位商和各县市工业各行业区位商，由此可以判定各县市具有比较优势的工业行业。

从各县市的工业区位商计算的结果可以看出，仅如皋市、海门市的工业区位商略大于 1，具有一定的工业比较优势；其余各县市的区位商均小于 1，不具备工业比较优势。

在国民经济行业分类的南通工业 34 个大类中,2013 年各县市工业区位商大于 1 的行业共有 73 个,其中如皋市和如东县的优势产业最多,分别为 19 个、17 个;而启东市的优势产业最少,只有 7 个。

理论上来说,如果区位商的值越大,专业化的程度越高,那么该地区对这一行业的相对吸引力也就越大。反之,区位商越小,则其产业分工的能力越弱。因此可以用区位商值的大小来判断一个地区的优势产业。对南通各县市以 $LQ>2$ 为标准,判定其专业化水平非常高的工业行业,具体结果见表 5-30。从表 5-30 中可以看出,南通各县市具有比较优势的产业仍然集中在资源加工型、劳动密集型等部门,而对技术要求较高的高新产业部门依然比较薄弱。

表 5-30 南通市专业化区分的优势行业

县域	比较优势行业（$LQ>2$）
通州	纺织服装、服饰业;酒、饮料和精制茶制造业;计算机、通信和其他电子设备制造业;仪器仪表制造业
海安	化学纤维制造业;仪器仪表制造业;黑色金属冶炼和压延加工业
如东	燃气生产和供应业;其他制造业;家具制造业;造纸和纸制品业;石油加工、炼焦和核燃料加工业
启东	印刷和记录媒介复制业;电力、热力生产和供应业;医药制造业
如皋	废弃资源综合利用业;汽车制造业;石油加工、炼焦和核燃料加工业;其他制造业;酒、饮料和精制茶制造业;铁路、船舶、航空航天和其他运输设备制造业;黑色金属冶炼和压延加工业;计算机、通信和其他电子设备制造业
海门	有色金属冶炼和压延加工业;皮革、毛皮、羽毛及其制品和制鞋业

5.3.4 已经起步的农业服务业

农业服务业是为农、林、牧和渔业生产各个环节提供服务的行业,也是现代农业的重要组成部分,是衡量农业现代化水平的重要标志之一(周兆佳,2012)。加快农业服务业的发展,对于新时期农业和农村经济快速健康发展、提高农业竞争力、提高农民收入水平和建设社会主义新农村具有极其重要的意义。

1) 南通市农业服务业发展的条件

南通市发展农村服务业的条件比较优越,主要体现在以下几个方面:

第一,良好的农业基础为农业服务业发展提供发展空间。作为鱼米之乡,南通已经成为江苏省内农业生产较为发达的地区之一。从农业经济总量来看,2013 年全市农业增加值达 345.41 亿元,仅次于盐城(489.18 亿元)和徐州(432.38 亿元),居全省第三位;从主要农产品的年产出量来看,2013 年全年生产粮食 333.46 万 t、油料 40.84 万 t，棉花 5.07 万 t，分别居全省第六位、第一位和第二位，全年生产肉类 47.89 万 t，水产品 87.04 万 t，分别居全省第三位和第二位。

第二，丰富的农技成果为农业服务业提供技术支撑。2013 年省统计局、省农委等 5 部门对南通农业基本现代化 21 项指标分别打分、综合排名：南通市农业基本现代化实现程度达 75.4%，居全省第五位，比上年提高 8.14 个百分点。"十一五"期间，南通市逐步形成了以科研院所和科技型企业为主体、涉农院校及推广部门为补充的新型农业科技创新体系。目前南通市已经拥有涉农省级和市级工程技术研究中心 13 家和 29 家；重点开放实验室 2 家；省级科技服务机构 1 家；省市级公共服务平台各 2 家。通过建立"开放、流动、竞争、协作"的新机制，使农业科技创新人才逐步向创新主体集聚。在"十一五"期间，南通市新增国务院特殊津贴专家 11 人，江苏省有突出贡献的中青年专家、江苏省"333 高层次人才培养工程"培养对象、江苏省"高层次创新创业人才培育计划"培育对象等共 39 人，此外尚有市级的科技兴市功臣、首批杰出专业技术人才等培育对象共 214 人。体制的创新、创新主体的集聚使得农业科技成果的转化由过去的农技推广部门一统天下的局面转变为由农业龙头企业、科研院所、高等院校、产业化经营组织和农民专业合作社以及其他中介组织等共同参与的多元化成果转化体系，由此有力地推动了科技成果的转化。"十一五"期间，南通获得市政府奖励的农业科技推广成果共有 123 项，使得农作物良种率达到 93%；高效农业面积占农业总面积的 41.4%；高效养殖技术使得生猪和家禽成为畜牧业的主导产业；农民人均收入亦持续增长（唐明霞等，2012）。

第三，有效的资金来源为农业服务业提供了投入保证。近年来随着南通市社会经济的高速发展，财政收入不断增加，2013 年全市一般预算收入为 485.88 亿元，比上年增长 15.76%。随着南通市政府对农业重视程度的提高，财政支农力度也在不断加大。2013 年用于农林水事务的财政支出达到 70.23 亿元，同比增加 11.66%。此外全市各地"三资"对农业的投入也在持续升温，2013 年全市完成农业"三资"项目总量已经突破 200 亿元。

2）南通市农业服务业的特点

随着农业经济和社会经济的发展，南通市目前已经初步形成了以农技服务机构为主导，各类农民专业合作组织全面参与、农业龙头企业与农业产业化经营组织辐射带动、各种农资供应主体为补充的农业服务体系。主要有以下几个特点（周兆佳，2012）：

第一，农技服务机构的力量不断增强。各级农技服务机构主要承担着面向农业、农村、农民，对相关农业技术服务进行推广和指导的职能，因此它们在整个农业服务体系中处于主导地位。在实行机构改革后，目前南通市拥有各类农技服务机构 300 多个，其中县级、县级以下机构多达 200 多个。在各级农技服务机构中，现有实有人员3 115人,其中大专以上学历约为70%,中级及以上技术职称约占一半。

第二,专业合作组织不断发展壮大。南通市农民专业合作组织得到了较快的发展,农民专业合作组织已经成为农业服务体系中不可或缺的重要组成部分。截至2013年底,在工商部门登记注册的合作社已经超过了4 000家,其中出资额超过50万元的合作社约占一半。按服务的行业类别划分,种植业合作社大约占一半;畜牧业合作社大约占20%;林业合作社、渔业合作社、农机合作社各约占10%。

专业合作组织不仅有利于农业产业结构的调整。以如皋为例,目前如皋通过专业合作组织引导农户发展专业化生产,形成规模化、专业化的农业产业区域和农业产业体系,全市形成了以如城、桃园为核心的10万亩花木板块,以白蒲、林梓等镇为主的30万头优质生猪板块,以搬经、袁桥等镇为主的千万只优质黄鸡板块,以磨头、石庄等镇为主的8万亩外向果蔬板块,以高明、雪岸等10个镇为重点的10万亩优质蚕桑板块。专业合作组织还有利于提高农民的组织化程度。农民专业合作社的建立可以把农民组织起来,从而使生产经营规模扩大,并利用规模优势共同抵御各类经营风险。目前如皋已有4万左右农户加入了各类农民专业合作经济组织,这就使以前单打独斗闯市场的局面得到很大程度的改善,农民进入市场的组织化程度也因此得到提高。如皋下原镇九庄禽业专业合作社常年以保护价收购禽蛋,每年为成员增加经济效益136.6万元,并以合作社名义通过市场调查、论证考评,最后选定饲料供应商,实行统一采购,每年为成员节约饲料成本58.6万元。

第三,农业服务业在农业经济中的比重不断攀升。从2003年起,国家统计局正式将农林牧渔服务业纳入年度农业经济核算体系中,使之成为农林牧渔增加值的重要组成部分。南通市的农林牧渔服务业增加值在逐年增长,其在农业经济中的比重也在不断提高(图5-16)。2014年南通市农林牧渔服务业增加值达到56.

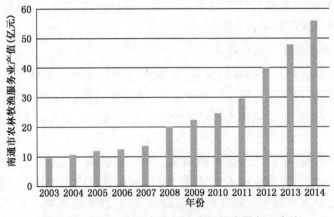

图5-16　2003—2014年南通市农林牧渔服务业产值

06亿元,比2003年提高了4.96倍,年均增长率达到17.43%,比同期农业总产值年均增长速度高出8.02个百分点。农林牧渔服务业在农业增加值中的比重也从2003年的2.7%提升到2014年的7.01%。

5.4 本章小结

本章主要从需求基础、资源基础、产业基础三个方面论述了南通市农村能源与现代农业融合的必要性与可行性。需求基础为南通市农村能源与现代农业的融合提供了必要性,而资源基础和产业基础则为二者的融合提供了可行性。

需求基础:在农业生产用能方面,各县市的农业生产用能总量和用能效率总体在不断提升;区域差异比较明显,通州、启东、海门等经济较为发达的地区用能效率较高,而经济较为落后的北三县市用能效率较低;主要影响因素有农业经济总量、能源消费习惯、劳动力投入以及农业固定资产投资等。在生活用能方面,其消费结构总体上看以商品能源为主;受家庭特征、资源可得性、经济特征等因素的影响,南通农村生活能源的消费总量和综合热效率也体现了较为明显的县域差异;从人均能耗的影响因素看,人均耕地面积、家庭常住人口、轿车拥有量、人均住房面积等因素均对人均能耗水平产生了显著的影响,除家庭常住人口外其余因素均呈正向影响。利用等维灰色递补预测模型对未来南通市农村能源消费进行了预测,预测结果表明,未来十年内南通市农村能源消费总量以年均3.43%的速度增长,2025年其消费总量将达到16.45×10^{10} MJ,相当于560万t标煤。农村能源需求量的大增与能源资源紧缺之间的矛盾将趋于尖锐,导致新农村建设所面临的能源问题更加严重,因此有必要加大农村能源资源的开发力度,尤其是需要充分利用现有的丰富的生物质能资源,为未来的经济建设奠定较为扎实的能源基础。

丰富的资源为农村能源与现代农业的融合奠定了物质基础,主要体现在南通地区拥有丰富的废弃物资源、可观的种质资源和后备耕地资源。其中秸秆资源、农副产品资源、畜禽粪便等可能源化利用的废弃物资源总量大约为233万t标煤,畜禽粪便资源约占到一半;资源的时空分布差异较大,从地区分布看生物质能资源主要集中在如东、海安、如皋等经济基础相对薄弱的北三县市;从季节分布看主要集中在秋季和春季。从种质资源看,适宜南通沿海滩涂种植的能源作物种类较多,其中可以用来制取燃料乙醇的主要有甜高粱、甘薯和菊芋等;制取生物柴油的主要有油菜、黄连木、乌桕和蓖麻等。沿海滩涂和冬闲田则为二者的融合提供了宝贵的后备耕地资源。

相关产业的发展为农村能源与现代农业的融合提供了产业基础,主要体现在南通市现在已经拥有较为发达的现代农业、正在兴起的农村能源产业、蓬勃发展的制造业和已经起步的农业服务业。

6 南通市农村能源与现代农业融合发展的水平测度

6.1 农村能源与现代农业序参量一般指标的选取

在第 4 章初步提出评价指标体系的基础上,本着科学性、系统性、可操作性、可比性和全面性原则,征询相关专家的意见,并考虑南通地区农村能源与现代农业发展的实际情况和数据的可获取性,本章将评价指标体系调整为包含 3 个指标层、31 个具体评价指标的评价体系,见表 6-1。

表 6-1 序参量一般指标体系

序参量	指标簇	指标	单位
农村能源子系统	总量指标	生活能源消费总量	MJ
		生产能源消费总量	MJ
		农村用电量	万 kW·h
		能源经费投入	万元
	结构指标	传统生物质能源占能源消费总量比重*	%
		商品能源占能源消费总量比重	%
		清洁能源占能源消费总量比重	%
	效益指标	农村人均生活有效热	MJ/人
		农业总产值能耗*	MJ/万元
		CO_2 排放量*	t
现代农业子系统	农业生产条件和手段	农林水利事务支出占比	%
		农业从业人员人均农机总动力	kW/人
		单位耕地面积用电量	kW·h/hm²
		有效灌溉率	%
		各县域职业教育在校生人数	人

续表

序参量	指标簇	指标	单位
现代农业子系统	农业生产条件和手段	经济作物播种面积占比	%
		农作物耕种收综合机械化率	%
		单位播种面积塑料薄膜施用量	kg/hm²
	农业产出水平	土地生产率	万元/hm²
		农业劳动生产率	元/人
		农业投入产出率	%
		农林牧渔业增加值	万元
		农业增加值占 GDP 比重*	%
		牧渔业增加值占农业增加值比重	%
		单位播种面积粮食产量	kg/hm²
		农业从业人员比重*	%
		非农业就业比重	%
		农村人均纯收入	元/人
	农业可持续发展水平	劳均耕地面积	hm²/人
		单位播种面积化肥施用量(折纯量)*	kg/hm²
		单位播种面积农药施用量*	kg/hm²

注：带"*"的指标项为成本型指标

6.2 基于灰色关联模型的序参量指标筛选

6.2.1 原始数据的获取

各个指标的原始数据根据《江苏省农村统计年鉴》(2000—2014)、《南通统计年鉴》(2000—2014)、南通市农委提供的《南通市农村可再生能源统计表》(2000—2014)以及笔者的调查数据整理得到,共收集整理了 13 年指标的相关数据,见附表1和附表2。

6.2.2 灰色关联度的计算

本书选取各项指标2001—2013年的数据,以生活能源消费总量为参考序列,记为y;以现代农业各指标序列为比较序列,记为x,则两大子系统的灰色关联度计算过程如下:

(1) 根据公式(4-12)计算数列初值得:

$$y'_1 = \{y'_1(1), y'_1(2), y'_1(3), \cdots, y'_1(13)\} = \left\{\frac{y_1(1)}{y_1(1)}, \frac{y_1(2)}{y_1(1)}, \frac{y_1(3)}{y_1(1)}, \cdots, \frac{y_1(13)}{y_1(1)}\right\}$$
$$= \{1.0000, 1.0692, 1.0396, 1.0759, 0.9936, 1.0546, \cdots, 1.9681\}$$

$$x'_1 = \{x'_1(1), x'_1(2), x'_1(3), \cdots, x'_1(13)\} = \left\{\frac{x_1(1)}{x_1(1)}, \frac{x_1(2)}{x_1(1)}, \frac{x_1(3)}{x_1(1)}, \cdots, \frac{x_1(13)}{x_1(1)}\right\}$$
$$= \{1.000, 1.0663, 1.0225, 1.0845, 1.3116, 1.3495, 1.4739, \cdots, 2.2016\}$$

同理可得$x'_2, x'_3, x'_4, \cdots, x'_{21}$。

(2) 根据公式(4-13)计算差序列得:

$$\Delta_{1j}(k) = |y'_1(k) - x'_j(k)|, j = 1, 2, 3, \cdots, 21; k = 1, 2, 3, \cdots, 13$$
$$\Delta_{11} = \{\Delta_{11}(1), \Delta_{11}(2), \Delta_{11}(3), \cdots, \Delta_{11}(13)\},$$
$$= \{0.0000, 0.0029, 0.0172, 0.0086, 0.3180, 0.2950, \cdots, 0.2335\}$$

同理可得$\Delta_{12}, \Delta_{13}, \Delta_{14}, \cdots, \Delta_{121}$。

(3) 根据公式(4-14)计算极差得:

极差最大值:$\Delta_{\max} = \max\limits_{j}\max\limits_{k}|y_1(k) - x_j(k)| = 4.5826$

极差最小值:$\Delta_{\min} = \min\limits_{j}\min\limits_{k}|y_1(k) - x_j(k)| = 0.0000$

(4) 根据公式(4-15)计算关联系数得:

$$r_{ij}(k) = \frac{\min\min|x_i(k) - y_j(k)| + \rho \cdot \max\max|x_i(k) - y_j(k)|}{|X_i(k) - y_j(k)| + \rho \cdot \max\max|x_i(k) - Y_j(k)|}$$
$$= \frac{m + \rho \cdot M}{\Delta_i(k) + \rho \cdot M}$$

式中,$\rho \in (0,1), k = 1, 2, \cdots, n; i = 0, 1, 2, \cdots, m$。将$M = 4.5826, m = 0.0000$代入上式可得:$r_{1j} = \dfrac{0 + \rho \cdot M}{\Delta_j(k) + \rho \cdot M}$,此处取$\rho = 0.5$,得到系数矩阵如下:

1.0000	0.9987	0.9926	0.9963	0.8781	0.9010	0.8612	0.7523	0.7938	0.7674	0.7805	0.9075
1.0000	0.9943	0.9310	0.8908	0.7710	0.6617	0.6149	0.5789	0.5717	0.5337	0.5016	0.5230
1.0000	0.8910	0.9410	0.9471	0.9657	0.8523	0.8095	0.8045	0.7834	0.8265	0.8969	0.8006
1.0000	0.9990	0.9787	0.9920	0.9459	0.9600	0.9391	0.9553	0.8689	0.8702	0.8731	0.7029
1.0000	0.9898	0.8775	0.7986	0.7319	0.7096	0.7670	0.8592	0.9179	0.9043	0.9562	0.8209
1.0000	0.9724	0.9985	0.9942	0.9818	0.9096	0.9110	0.9005	0.8459	0.8497	0.8412	0.7134
1.0000	0.9821	0.9983	0.9913	0.9414	0.9874	0.9911	0.9852	0.9355	0.9979	0.9535	0.7964
1.0000	0.9835	0.9204	0.8994	0.8825	0.9806	0.9455	0.8946	0.8745	0.8237	0.7981	0.9113
1.0000	0.9883	0.9657	0.9878	0.9304	0.9634	0.8636	0.8361	0.8023	0.7602	0.7120	0.7805
1.0000	0.9891	0.9824	0.8953	0.7677	0.6658	0.5083	0.4655	0.4288	0.3884	0.3449	0.3333
1.0000	0.9686	0.9429	0.9939	0.9750	0.9957	0.8685	0.9371	0.8802	0.9051	0.8987	0.7533
1.0000	0.9869	0.9947	0.9729	0.9237	0.9239	0.9725	0.8264	0.8213	0.7663	0.7154	0.7857
1.0000	0.9498	0.9153	0.8763	0.8629	0.8192	0.7528	0.7420	0.6935	0.6894	0.6827	0.5947
1.0000	0.9796	0.9964	0.9707	0.9887	0.9782	0.9372	0.9215	0.8491	0.8484	0.8202	0.6958
1.0000	0.9566	0.9521	0.9529	0.9765	0.9641	0.9037	0.9102	0.8547	0.8658	0.8632	0.7308
1.0000	0.9539	0.9416	0.9038	0.8880	0.8272	0.7656	0.7530	0.6917	0.6916	0.6827	0.5940
1.0000	0.9856	0.9728	0.9556	0.8764	0.8501	0.8842	0.8761	0.9404	0.9319	0.9395	0.8728
1.0000	0.9928	0.9665	0.9273	0.8490	0.8207	0.8103	0.7525	0.6823	0.5980	0.5478	0.5614
1.0000	0.9933	0.9630	0.9407	0.8350	0.7556	0.7487	0.7160	0.7332	0.7037	0.6899	0.7837
1.0000	0.9773	0.9847	0.9676	0.9887	0.9863	0.9358	0.9006	0.8163	0.8121	0.8048	0.6851
1.0000	0.9496	0.9725	0.9608	0.8754	0.8816	0.9108	0.9218	0.9605	0.9453	0.9205	0.7605

(5) 根据公式(4-16)计算其余序列与序列[1]的灰色关联度。

由公式 $R_{ij} = \frac{1}{n}\sum_{j=1}^{n} r_{ij}(k), i=1,2,\cdots,m$ 可知,$r_{11}=0.8858$,$r_{12}=0.7119$,$r_{13}=0.8784$,$r_{14}=0.9257$,$r_{15}=0.8569$,$r_{16}=0.9158$,$r_{17}=0.9630$,$r_{18}=0.9094$,$r_{19}=0.8862$,$r_{110}=0.6455$,$r_{111}=0.9256$,$r_{112}=0.8918$,$r_{113}=0.7941$,$r_{114}=0.9179$,$r_{115}=0.9119$,$r_{116}=0.8022$,$r_{117}=0.9205$,$r_{118}=0.7861$,$r_{119}=0.8129$,$r_{120}=0.9061$,$r_{121}=0.9236$。

(6) 根据前述计算步骤,可以计算得到 31 个指标之间的整体关联度矩阵,结果如表 6-2。

表 6-2　南通市农村能源与现代农业序参量指标的关联度矩阵

指标	y_1	y_2	y_3	y_4	y_5	y_6	y_7	y_8	y_9	y_{10}	平均值
x_1	0.8858	0.8508	0.6803	0.8150	0.8685	0.6645	0.7980	0.7971	0.8126	0.6856	0.7858
x_2	0.7119	0.7241	0.7928	0.7026	0.7185	0.8114	0.8610	0.6939	0.6800	0.7337	0.7430
x_3	0.8784	0.9515	0.6114	0.9476	0.9199	0.5861	0.6450	0.9170	0.9965	0.6442	0.8097
x_4	0.9257	0.9636	0.6409	0.9088	0.9643	0.6183	0.6998	0.8830	0.9146	0.6522	0.8171
x_5	0.8569	0.8384	0.7122	0.7991	0.8617	0.6934	0.7624	0.7820	0.8055	0.6813	0.7793
x_6	0.9158	0.9856	0.6309	0.9283	0.9542	0.6072	0.6798	0.9001	0.9345	0.6494	0.8186
x_7	0.9630	0.9351	0.6459	0.8864	0.9788	0.6242	0.7119	0.8626	0.9054	0.6598	0.8173
x_8	0.9094	0.8646	0.6788	0.8263	0.8895	0.6623	0.7782	0.8076	0.8255	0.6660	0.7908
x_9	0.8862	0.8559	0.6740	0.8229	0.8730	0.6597	0.7851	0.8006	0.8177	0.6812	0.7856
x_{10}	0.6455	0.6686	0.9186	0.6528	0.6574	0.8550	0.7020	0.6474	0.6250	0.8025	0.7175
x_{11}	0.9256	0.9624	0.6377	0.9129	0.9681	0.6155	0.6930	0.8864	0.9305	0.6485	0.8181
x_{12}	0.8918	0.8583	0.6748	0.8225	0.8779	0.6606	0.7849	0.8039	0.8179	0.6802	0.7873
x_{13}	0.7941	0.8897	0.5883	0.9437	0.8306	0.5607	0.6006	0.9725	0.8884	0.6231	0.7691
x_{14}	0.9179	0.9828	0.6311	0.9278	0.9551	0.6073	0.6804	0.9001	0.9273	0.6510	0.8181
x_{15}	0.9119	0.9774	0.6246	0.9321	0.9502	0.6001	0.6692	0.8992	0.9465	0.6503	0.8162
x_{16}	0.8022	0.8965	0.5928	0.9509	0.8381	0.5653	0.6082	0.9798	0.8962	0.6276	0.7757
x_{17}	0.9205	0.8829	0.6698	0.8414	0.9139	0.6509	0.7663	0.8219	0.8497	0.6744	0.7991
x_{18}	0.7861	0.7829	0.7281	0.7561	0.7876	0.7311	0.9368	0.7437	0.7386	0.7146	0.7706
x_{19}	0.8129	0.7993	0.7161	0.7693	0.8076	0.7065	0.8813	0.7562	0.7587	0.7040	0.7712
x_{20}	0.9061	0.9869	0.6276	0.9383	0.9427	0.6033	0.6736	0.9072	0.9331	0.6503	0.8169
x_{21}	0.9236	0.6511	0.6501	0.8762	0.9481	0.6272	0.7252	0.8513	0.8913	0.6728	0.7817
平均值	0.8653	0.8718	0.6727	0.8552	0.8812	0.6529	0.7354	0.8387	0.8522	0.6739	

从表 6-2 中可以看出,农村能源子系统与现代农业子系统之间的关联度值比较高,说明农村能源与现代农业之间具有高度关联性。其中农村能源子系统中的生活能源消费总量 y_1、生产能源消费总量 y_2、传统生物质能源占能源消费总量比重 y_5、商品能源占能源消费总量比重 y_6、农业总产值能耗 y_9、CO_2 排放量 y_{10} 对现代农业子系统的影响比较大;而现代农业子系统中单位耕地面积用电量 x_3、有效灌溉率 x_4、经济作物播种面积占比 x_6、农作物耕种收综合机械化率 x_7、农业投入产出率 x_{11}、牧渔业增加值占农业增加值比重 x_{14}、单位播种面积粮食产量 x_{15}、单位播种面积化肥施用量 x_{20} 对农村能源子系统的影响比较大。农村能源子系统中清洁能源占能源消费比重 y_6 与现代农业子系统中的少数指标关联度小于 0.6,但其与现代农业的整体关联度依然大于 0.6,所以该指标予以保留。

6.3 农村能源与现代农业序参量指标的相关性分析

由于农村能源子系统与现代农业子系统各指标原始数值的单位不同,数据的量化会带来不同的理解,不同单位的指标所代表的意义也不一样,从而导致测量值会产生很大的差距。因此为了使指标之间形成一致性,消除各指标之间的差距,本书首先根据公式(4-18),运用 SPSS17.0 统计分析软件对经过灰色关联模型筛选后的指标的原始数据进行标准化,使各指标数据代表的含义趋于一致。为了区别于原始指标,标准化后的农村能源子系统和现代农业子系统的各指标统一在原始指标前加上 Z,各指标标准化后的数据见附表 3 和附表 4。

对上述标准化后的指标进行相关性分析,得到农村能源子系统与现代农业子系统序参量指标的相关性分析结果,见附表 5 和附表 6。

从附表 5 和附表 6 中可以看出,农村能源子系统的各指标均符合要求,所以全部予以保留;现代农业子系统中的农业从业人员人均农机总动力、农林牧渔业增加值、农业从业人员比重、非农业就业比重、土地生产率、农业劳动生产率等指标的相关度均超过了 0.95,因此各指标之间的重复性较高。根据第 4 章的相关性分析合并筛选原理,结合 2007 年中央一号文件现代农业的建设标准,保留土地生产率和农业劳动生产率,其余四个指标删掉。最终确定的农村能源子系统与现代农业子系统的序参量指标表见表 6-3。

表 6-3　南通市农村能源子系统与现代农业子系统的序参量指标

序参量	指标簇	指标	单位
农村能源子系统	总量指标	生活能源消费总量	MJ
		生产能源消费总量	MJ
		农村用电量	万 kW·h
		能源经费投入	万元
	结构指标	传统生物质能源占能源消费总量比重*	%
		商品能源占能源消费总量比重	%
		清洁能源占能源消费总量比重	%
	效益指标	农村人均生活有效热	MJ/人
		农业总产值能耗*	MJ/万元
		CO_2 排放量*	t
现代农业子系统	农业生产条件和手段	农林水利事务支出占比	%
		单位耕地面积用电量	kW·h/hm²
		有效灌溉率	%
		各县域职业教育在校生人数	人
		经济作物播种面积占比	%
		农作物耕种收综合机械化率	%
		单位播种面积农用塑料薄膜施用量	kg/hm²
	农业产出水平	土地生产率	万元/hm²
		农业劳动生产率	元/人
		农业投入产出率	%
		农业增加值占 GDP 比重*	%
		牧渔业增加值占农业增加值比重	%
		单位播种面积粮食产量	kg/hm²
		农村人均纯收入	元/人
	农业可持续发展水平	劳均耕地面积	hm²/人
		单位播种面积化肥施用量(折纯量)*	kg/hm²
		单位播种面积农药施用量*	kg/hm²

注:带"*"的指标项为成本型指标

6.4 农村能源子系统有序度的计算

6.4.1 原始数据的数值处理

数据缺失是收集农村能源子系统基础数据时碰到的最主要的问题。对于缺失数据的处理采取以下原则:(1) 如果某一指标缺失中间少数几个年份的数据但具备 2013 年的数据,利用 SPSS17.0 统计分析软件采用点处的线性趋势进行缺失值补充;(2) 如果某一指标前面几个年份连续,但缺失 2013 年的数据,那么先根据调查数据补全该年份指标,再利用前述方法补全缺失年份数据;(3) 对于某一地区连年缺失的指标,且在农村中很少使用的能源,因无从推算且造成的影响很小,故而放弃这一指标。

在上述指标系中,农村能源子系统中的传统生物质能源占能源消费总量比重 y_5、农业总产值能耗 y_9、CO_2 排放量 y_{10} 等指标值越大越不好,与其他指标是反向运行的。为了研究方便,本书对上述指标在标准化时全部采用负向指标极差法进行修正。

$$负向指标:x_{ij} = \frac{x_{\max}(x_{1j},x_{2j},\cdots,x_{mj}) - x_{ij}}{x_{\max}(x_{1j},x_{2j},\cdots,x_{mj}) - x_{\min}(x_{1j},x_{2j},\cdots,x_{mj})}$$

根据第 4 章农村能源与现代农业融合度计算模型可以看出,研究中需要选择公式(4-7)中的各个指标的 α 值和 β 值以计算贡献度,这两个值分别代表了指标数值的理想值和最差值。因为无法确定农村能源子系统和现代农业子系统中各指标的理想值和最差值,所以参照赵媛(2012)、张轶龙等(2013)的研究方法,分别采用样本期内最大值和最小值来代替。

6.4.2 农村能源子系统指标贡献度的计算

根据公式(4-7)对附表 3 中的数据进行计算,可以得到农村能源子系统序参量中某个指标对整个指标体系的贡献系数,结果见表 6-4。

表 6-4　南通市农村能源子系统指标贡献值

地区	年份	Z生活能源消费总量	Z生产能源消费总量	Z农村用电量	Z能源经费投入	Z传统生物质能源占能源消费总量比重	Z商品能源占能源消费总量比重	Z清洁能源占能源消费总量比重	Z农村人均生活有效热	Z农业总产值能耗	Z CO_2 排放量
通州	2001	0.351 8	0.121 8	0.046 1	0.040 8	0.526 3	0.546 9	0.054 3	0.167 3	0.638 9	0.799 8
	2002	0.407 8	0.078 2	0.050 9	0.024 0	0.487 6	0.495 6	0.057 1	0.193 3	0.662 8	0.926 9
	2003	0.373 9	0.063 4	0.076 8	0.006 1	0.647 7	0.668 3	0.092 8	0.202 6	0.504 3	0.955 8
	2004	0.252 9	0.062 9	0.187 6	0.004 5	0.570 8	0.577 9	0.289 0	0.191 7	0.557 9	0.946 5
	2005	0.231 5	0.053 9	0.299 1	0.025 3	0.532 6	0.520 9	0.490 6	0.242 2	0.634 0	0.934 5
	2006	0.253 2	0.053 2	0.356 7	0.026 8	0.586 9	0.571 4	0.561 4	0.290 3	0.667 9	0.951 5
	2007	0.383 7	0.059 7	0.457 6	0.023 3	0.782 9	0.779 9	0.578 6	0.407 7	0.697 4	0.956 3
	2008	0.368 8	0.000 0	0.600 2	0.029 7	0.751 0	0.730 4	0.790 8	0.468 0	0.820 5	0.999 2
	2009	0.370 3	0.018 4	0.614 5	0.031 2	0.777 9	0.744 9	0.815 3	0.482 1	0.838 3	1.000 0
	2010	0.545 0	0.029 3	0.741 5	0.056 7	0.892 0	0.868 6	0.784 5	0.665 9	0.874 6	0.983 9
	2011	0.465 4	0.039 0	0.845 6	0.034 2	0.910 6	0.873 1	0.981 2	0.707 8	0.891 4	0.981 7
	2012	0.493 3	0.055 8	0.914 1	0.035 7	0.919 8	0.904 5	1.000 0	0.778 4	0.912 4	0.954 4
	2013	0.780 2	0.056 0	1.000 0	0.028 9	1.000 0	1.000 0	0.806 1	1.000 0	0.934 4	0.924 2
海安	2001	0.182 7	0.327 7	0.009 3	0.052 9	0.249 2	0.252 2	0.001 3	0.112 6	0.059 3	0.742 0
	2002	0.160 2	0.362 7	0.016 9	0.006 4	0.295 8	0.298 7	0.013 5	0.110 8	0.060 7	0.702 8
	2003	0.153 7	0.411 5	0.050 5	0.000 5	0.351 0	0.354 3	0.053 7	0.137 4	0.093 0	0.664 6
	2004	0.185 3	0.450 3	0.089 1	0.000 0	0.370 5	0.372 6	0.089 0	0.184 8	0.236 8	0.587 5

6 南通市农村能源与现代农业融合发展的水平测度

续表

地区	年份	Z生活能源消费总量	Z生产能源消费总量	Z农村用电量	Z能源经费投入	Z传统生物质能源占能源消费总量比重	Z商品能源占能源消费量比重	Z清洁能源占能源消费总量比重	Z农村人均生活有效热	Z农业总产值能耗	Z CO_2 排放量
海安	2005	0.1908	0.4687	0.1173	0.0543	0.4084	0.3997	0.1324	0.2267	0.2887	0.7247
	2006	0.2056	0.4421	0.1584	0.0688	0.4651	0.4526	0.1821	0.2721	0.3587	0.7623
	2007	0.2290	0.4273	0.2144	0.0525	0.5298	0.5253	0.2193	0.3394	0.3392	0.7603
	2008	0.2401	0.3967	0.2533	0.0978	0.5447	0.5226	0.2913	0.3994	0.5357	0.8219
	2009	0.2541	0.3568	0.2981	0.1123	0.5884	0.5609	0.3457	0.4568	0.5806	0.8209
	2010	0.2578	0.3424	0.3457	0.1056	0.6364	0.6171	0.3910	0.4716	0.6335	0.8121
	2011	0.3078	0.3637	0.4182	0.2523	0.6919	0.6190	0.5020	0.5961	0.7190	0.7729
	2012	0.3167	0.3792	0.4609	0.1558	0.7223	0.6781	0.5068	0.6340	0.7361	0.7324
	2013	0.4938	0.4133	0.5349	0.1235	0.8117	0.7900	0.4716	0.8334	0.7795	0.6822
如东	2001	0.0000	0.8960	0.0110	0.0032	0.7391	0.7742	0.0115	0.0000	0.2037	0.7226
	2002	0.0371	0.9225	0.0165	0.0071	0.7510	0.7841	0.0136	0.0248	0.2368	0.7138
	2003	0.0347	0.8789	0.0281	0.0050	0.7519	0.7820	0.0325	0.0278	0.2120	0.6269
	2004	0.0565	0.8933	0.0459	0.0045	0.7512	0.7781	0.0522	0.0537	0.3276	0.6152
	2005	0.0524	0.8848	0.0774	0.1195	0.7290	0.7474	0.1025	0.0710	0.3858	0.6561
	2006	0.0810	0.8835	0.1159	0.1740	0.7397	0.7553	0.1466	0.1271	0.4398	0.7176
	2007	0.1339	0.8203	0.1614	0.0398	0.8067	0.8170	0.1856	0.1961	0.4620	0.6613
	2008	0.1337	0.8612	0.1993	0.2830	0.7376	0.7455	0.2406	0.2183	0.6225	0.7293

续表

地区	年份	Z生活能源消费总量	Z生产能源消费总量	Z农村用电量	Z能源经费投入	Z传统生物质能源占能源消费总量比重	Z商品能源占能源消费总量比重	Z清洁能源占能源消费总量比重	Z农村人均生活有效热	Z农业总产值能耗	Z CO_2排放量
如东	2009	0.168 5	0.877 4	0.261 6	0.337 5	0.747 3	0.752 5	0.301 3	0.281 0	0.664 7	0.722 0
	2010	0.265 4	0.768 7	0.332 2	0.348 8	0.642 7	0.635 5	0.368 0	0.376 5	0.769 6	0.623 4
	2011	0.283 3	0.865 0	0.395 7	0.487 7	0.758 2	0.743 7	0.426 7	0.433 0	0.779 6	0.474 4
	2012	0.291 8	0.961 8	0.468 8	0.501 0	0.785 9	0.778 5	0.470 7	0.475 1	0.784 0	0.187 1
	2013	0.501 8	1.000 0	0.540 6	0.659 6	0.927 1	0.944 5	0.409 4	0.647 7	0.803 0	0.000 0
启东	2001	0.202 1	0.431 6	0.000 0	0.019 7	0.000 0	0.000 0	0.011 9	0.058 8	0.789 7	0.754 4
	2002	0.228 8	0.451 2	0.010 1	0.008 0	0.015 6	0.013 7	0.022 2	0.083 6	0.791 4	0.881 2
	2003	0.204 9	0.434 6	0.015 8	0.008 0	0.026 1	0.021 1	0.040 2	0.077 4	0.743 2	0.887 9
	2004	0.247 3	0.486 7	0.044 2	0.009 6	0.046 7	0.040 5	0.068 6	0.113 5	0.774 2	0.928 8
	2005	0.076 2	0.389 8	0.054 5	0.045 3	0.373 9	0.375 1	0.170 9	0.071 5	0.829 5	0.955 2
	2006	0.075 6	0.356 0	0.065 6	0.059 9	0.376 6	0.373 3	0.201 1	0.082 0	0.846 2	0.983 9
	2007	0.062 2	0.340 4	0.082 6	0.039 2	0.460 6	0.455 3	0.252 4	0.089 2	0.878 0	0.979 8
	2008	0.076 5	0.365 2	0.104 3	0.089 0	0.464 9	0.457 9	0.281 7	0.110 4	0.922 7	0.971 5
	2009	0.070 7	0.398 5	0.126 8	0.103 5	0.552 2	0.545 5	0.328 4	0.126 6	0.932 9	0.962 4
	2010	0.089 2	0.344 4	0.146 3	0.098 7	0.512 6	0.499 2	0.363 0	0.147 9	0.964 9	0.932 5
	2011	0.098 5	0.333 6	0.181 9	0.173 0	0.582 5	0.562 8	0.433 4	0.178 3	0.972 6	0.923 3
	2012	0.104 8	0.343 2	0.187 9	0.147 2	0.584 2	0.566 1	0.434 8	0.187 1	0.987 4	0.904 1
	2013	0.267 3	0.332 4	0.201 8	0.166 4	0.740 0	0.743 5	0.323 5	0.297 8	1.000 0	0.861 1

续表

地区	年份	Z生活能源消费总量	Z生产能源消费总量	Z农村用电量	Z能源经费投入	Z传统生物质能源占能源消费总量比重	Z商品能源占能源消费总量比重	Z清洁能源占能源消费总量比重	Z农村人均生活有效热	Z农业总产值能耗	Z CO_2 排放量
如皋	2001	0.322 1	0.480 3	0.025 4	0.124 8	0.176 5	0.177 6	0.000 0	0.089 0	0.000 0	0.813 3
	2002	0.341 7	0.445 7	0.042 9	0.163 2	0.163 1	0.161 6	0.017 4	0.105 4	0.073 7	0.775 6
	2003	0.319 7	0.445 6	0.070 3	0.232 5	0.207 4	0.205 8	0.051 2	0.112 4	0.084 8	0.689 9
	2004	0.376 3	0.436 1	0.114 0	0.189 6	0.209 9	0.206 8	0.086 1	0.157 1	0.258 2	0.667 0
	2005	0.384 6	0.464 9	0.155 1	0.351 4	0.234 2	0.217 2	0.138 3	0.178 8	0.323 3	0.660 8
	2006	0.432 4	0.390 2	0.244 8	0.410 8	0.276 6	0.255 1	0.222 8	0.242 4	0.394 8	0.715 6
	2007	0.523 1	0.405 4	0.412 9	0.193 7	0.337 9	0.325 8	0.327 5	0.345 4	0.408 1	0.726 8
	2008	0.615 7	0.425 5	0.591 2	0.514 3	0.422 0	0.399 6	0.460 2	0.478 2	0.601 2	0.792 3
	2009	0.671 2	0.377 2	0.659 4	1.000 0	0.411 1	0.384 0	0.514 5	0.533 1	0.697 2	0.784 6
	2010	0.787 5	0.400 1	0.714 0	0.928 3	0.535 6	0.505 6	0.498 1	0.613 4	0.707 2	0.790 4
	2011	0.760 8	0.392 2	0.794 5	0.781 6	0.499 8	0.418 6	0.619 7	0.650 2	0.782 4	0.788 7
	2012	0.780 6	0.401 8	0.884 8	0.767 5	0.535 4	0.472 0	0.657 5	0.695 0	0.810 2	0.750 5
	2013	1.000 0	0.388 1	0.944 4	0.455 7	0.683 8	0.646 4	0.579 4	0.827 7	0.832 8	0.704 8
海门	2001	0.266 8	0.015 4	0.105 9	0.007 8	0.352 5	0.369 1	0.093 7	0.198 2	0.121 0	0.724 0
	2002	0.313 1	0.021 7	0.139 4	0.004 8	0.394 5	0.414 0	0.116 9	0.275 2	0.173 8	0.958 4
	2003	0.332 1	0.025 1	0.179 2	0.000 2	0.457 7	0.478 4	0.154 4	0.332 6	0.018 3	0.920 7
	2004	0.386 1	0.025 4	0.234 4	0.000 5	0.452 1	0.470 6	0.193 9	0.402 7	0.154 5	0.907 5

续表

地区	年份	Z生活能源消费总量	Z生产能源消费总量	Z农村用电量	Z能源经费投入	Z传统生物质能源消费总量比重	Z商品能源占能源消费总量比重	Z清洁能源占能源消费总量比重	Z农村人均生活有效热	Z农业总产值能耗	Z CO_2 排放量
海门	2005	0.3750	0.0326	0.3038	0.0547	0.2722	0.2701	0.4109	0.4393	0.7968	0.8609
	2006	0.4062	0.0474	0.3883	0.0696	0.3652	0.3661	0.4957	0.5348	0.8053	0.8159
	2007	0.5172	0.0043	0.4746	0.1311	0.3557	0.3503	0.5237	0.6635	0.8360	0.8206
	2008	0.4465	0.0093	0.5085	0.0995	0.5054	0.5068	0.6234	0.6628	0.8956	0.8236
	2009	0.4532	0.0132	0.5451	0.1144	0.5542	0.5537	0.6647	0.6977	0.9154	0.7919
	2010	0.4605	0.0266	0.5820	0.1773	0.5986	0.5960	0.7030	0.7325	0.9357	0.7689
	2011	0.4643	0.0581	0.6153	0.1838	0.6480	0.6442	0.7352	0.7622	0.9261	0.7041
	2012	0.4663	0.0834	0.6468	0.1592	0.6933	0.6892	0.7671	0.7989	0.9652	0.6265
	2013	0.5632	0.0813	0.6689	0.0964	0.8740	0.8837	0.7018	0.8958	0.9830	0.5873

6.4.3 农村能源子系统指标权重的计算

6.4.3.1 基于熵值法

本书选取 2001—2013 年各相关指标的数据,按照第 4 章熵值法逐步求取权重,过程如下:

(1) 根据公式(4-20)和公式(4-21)对原始数据标准化,其中传统生物质能源占能源消费总量比重 y_5、农业总产值能耗 y_9、CO_2 排放量 y_{10} 等指标为成本型指标,使用公式(4-21),其余均使用公式(4-20)进行标准化,标准化结果见附表 7。

(2) 根据公式(4-22)和公式(4-23)进行归一化处理并计算熵值得:

$$e_1 = -k \sum_{\lambda=1}^{h} \sum_{i=1}^{m} P_{\lambda ij} \ln P_{\lambda ij} = -k \sum_{i=1}^{m} y_1 \times \ln y_1 = 0.9538$$

式中,$k = \dfrac{1}{\ln(13 \times 6)} = 0.2295$,以此可以计算其余所有熵值,见表 6-5。

(3) 根据公式(4-24)计算差异性系数得:

$$d_1 = 1 - e_1 = 0.0462$$

据此计算所有差异性系数,见表 6-5。

(4) 根据公式(4-25)计算权重系数得:

$$w_1 = \dfrac{d_1}{\sum_{j=1}^{n} d_j} = \dfrac{0.0462}{0.5992} = 0.0770$$

据此计算所有权重见表 6-5。

表 6-5 基于熵值法南通市农村能源子系统序参量相关系数

序参量	y_1	y_2	y_3	y_4	y_5	y_6	y_7	y_8	y_9	y_{10}
熵值 e	0.9538	0.9202	0.9118	0.8426	0.9743	0.9736	0.9259	0.9392	0.9662	0.9931
差异性系数 d	0.0462	0.0798	0.0882	0.1574	0.0257	0.0264	0.0741	0.0608	0.0338	0.0069
权重 w	0.0770	0.1331	0.1471	0.2627	0.0430	0.0440	0.1237	0.1015	0.0564	0.0116

6.4.3.2 基于相关系数法

按照 4.4.2 中相关系数法的计算思路,利用附表 5 的数据可以计算得到各序参量指标权重,见表 6-6。本书认为熵值法确权与相关系数法确权同等重要,故而取二者的平均值即为本书的最终权重 6-7。

表 6-6 基于相关系数法南通市农村能源子系统序参量权重系数

权重	w_1	w_2	w_3	w_4	w_5	w_6	w_7	w_8	w_9	w_{10}
数值	0.1022	0.0865	0.1311	0.0788	0.0959	0.0906	0.1300	0.1281	0.0939	0.0631

表 6-7 南通市农村能源子系统序参量指标权重系数

指标	权重	数值
生活能源消费总量	w_1	0.0896
生产能源消费总量	w_2	0.1098
农村用电量	w_3	0.1391
能源经费投入	w_4	0.1708
传统生物质能源占能源消费总量比重	w_5	0.0694
商品能源占能源消费总量比重	w_6	0.0673
清洁能源占能源消费总量比重	w_7	0.1268
农村人均生活有效热	w_8	0.1148
农业总产值能耗	w_9	0.0751
CO_2 排放量	w_{10}	0.0373

6.4.4 农村能源子系统有序度的计算

根据公式(4-8)，结合表 6-4 所得到的序参量指标贡献系数矩阵与表 6-7 所得到的各指标权重矩阵进行相乘，就可以计算得到南通市农村能源子系统 2001—2013 年的有序度，结果见表 6-8。

表 6-8 2001—2013 年南通市农村能源子系统的有序度

年份	通州	海安	如东	启东	如皋	海门
2001	0.2355	0.1421	0.2476	0.1646	0.1712	0.1617
2002	0.2373	0.1435	0.2620	0.1795	0.1844	0.2011
2003	0.2507	0.1686	0.2558	0.1758	0.2068	0.2149
2004	0.2708	0.2014	0.2751	0.2039	0.2316	0.2494
2005	0.3171	0.2409	0.3085	0.2440	0.2850	0.3204
2006	0.3521	0.2732	0.3453	0.2517	0.3346	0.3727
2007	0.4236	0.2990	0.3477	0.2685	0.3662	0.4195

续表

年份	通州	海安	如东	启东	如皋	海门
2008	0.475 8	0.343 7	0.413 5	0.293 7	0.516 1	0.451 1
2009	0.489 1	0.371 7	0.455 3	0.322 6	0.626 5	0.475 9
2010	0.563 6	0.394 1	0.472 3	0.322 5	0.659 7	0.509 3
2011	0.600 7	0.473 4	0.541 4	0.361 6	0.659 5	0.529 9
2012	0.628 6	0.476 2	0.569 5	0.361 5	0.689 2	0.547 5
2013	0.678 5	0.534 1	0.657 1	0.400 8	0.689 7	0.576 6

6.5 现代农业子系统有序度的计算

6.5.1 原始数据的数值处理

根据《南通统计年鉴》(2000—2014)和《江苏省农村统计年鉴》(2000—2014)，搜集了13年间17个指标的相关数据，见附表8。

6.5.2 现代农业子系统指标贡献度的计算

按照前述同样的方法，利用公式(4-9)，可以计算得到南通市现代农业子系统的贡献度，见表6-9。

6.5.3 现代农业子系统指标权重的计算

6.5.3.1 基于熵值法

与农村能源子系统相同，利用公式(4-20)和公式(4-21)对原始数据进行标准化，结果见附表9。

根据公式(4-22)、公式(4-23)、公式(4-24)和公式(4-25)，分别计算得到南通市现代农业子系统序参量的熵值、差异性系数和权重系数，结果见表6-10。

6.5.3.2 基于相关系数法

与农村能源指标权重计算方法相同，利用SPSS17.0统计分析软件对原始数值进行标准化和相关性分析并求得权重系数，结果见附表10、表6-11。

表 6-9 南通市现代农业子系统序参量指标贡献值

地区	年份	Z农林水利事务支出占比	Z单位耕地面积用电量	Z有效灌溉率	Z各县城职业教育在校生人数	Z经济作物播种面积占比	Z农作物播种耕种收综合机械化率	Z单位播种面积塑料薄膜施用量	Z农业劳动生产率	Z土地生产率	Z农业投入产出率	Z农业增加值占GDP比重	Z牧渔业增加值占农业增加值比重	Z单位播种面积粮食产量	Z农村人均纯收入	Z劳均耕地面积	Z单位播种面积化肥施用量	Z单位播种面积农药施用量
通州	2001	0.1736	0.2141	0.4079	0.2693	0.3601	0.1972	0.0508	0.0156	0.0601	0.2799	0.5894	0.3064	0.4892	0.0842	0.0576	0.7245	0.8668
	2002	0.1563	0.0716	0.3641	0.1874	0.4041	0.2301	0.0635	0.0300	0.0745	0.2567	0.6289	0.2900	0.4505	0.1037	0.0872	0.7392	0.8950
	2003	0.1635	0.0428	0.3740	0.4553	0.4716	0.2322	0.0925	0.0189	0.0000	0.6699	0.7532	0.3173	0.4134	0.1245	0.1326	0.7307	0.8458
	2004	0.1746	0.0567	0.3827	0.4246	0.4376	0.2547	0.1097	0.0427	0.0330	0.6263	0.7934	0.2698	0.4728	0.1671	0.1715	0.7588	0.8672
	2005	0.1833	0.0712	0.3857	0.5206	0.4257	0.2803	0.1315	0.0630	0.0519	0.6209	0.8577	0.3330	0.4610	0.2122	0.2098	0.8314	0.8273
	2006	0.2014	0.0532	0.3816	0.5252	0.4491	0.0967	0.1416	0.0998	0.0740	0.6122	0.9109	0.3104	0.4359	0.2582	0.2869	0.8611	0.7552
	2007	0.4214	0.0495	0.3785	0.5357	0.4555	0.2643	0.1307	0.1349	0.1079	0.6379	0.9483	0.3315	0.4347	0.3198	0.3285	0.8502	0.6260
	2008	0.5037	0.0000	0.3834	0.4535	0.4619	0.1962	0.1441	0.2176	0.2070	0.3933	0.9632	0.3541	0.4639	0.3801	0.3821	0.9592	0.6640
	2009	0.5573	0.0071	0.3817	0.3741	0.5077	0.1662	0.1631	0.2469	0.2201	0.6804	0.9392	0.3542	0.4537	0.4239	0.4231	1.0000	0.6943
	2010	0.4476	0.0192	0.2428	0.2997	0.5266	0.3380	0.1963	0.2908	0.3255	0.7055	0.9562	0.3439	0.4424	0.5379	0.3793	0.9765	0.7002
	2011	0.4841	0.0248	0.2935	0.2443	0.5209	0.3074	0.2189	0.3498	0.3772	0.7012	0.9835	0.3343	0.4546	0.6792	0.3348	0.9783	0.6923
	2012	0.4880	0.0575	0.3057	0.2036	0.5149	0.3425	0.2411	0.4087	0.4374	0.7410	0.9877	0.2744	0.4685	0.7950	0.4420	0.9740	0.7037
	2013	0.5304	0.0854	0.2211	0.1689	0.5141	0.2925	0.2651	0.4717	0.4988	0.7435	0.9945	0.2268	0.4730	0.9123	0.4675	0.9522	0.7112
海安	2001	0.0624	0.4398	0.2540	0.0761	0.0200	0.3608	0.0015	0.0354	0.1603	0.3141	0.2891	0.5881	0.7081	0.0486	0.0386	0.6236	0.7995
	2002	0.0880	0.5054	0.2647	0.1232	0.0901	0.3716	0.0000	0.0426	0.1777	0.3163	0.3517	0.6451	0.7428	0.0643	0.0449	0.5915	0.8449
	2003	0.1285	0.5652	0.2763	0.7496	0.1007	0.3643	0.0149	0.0592	0.2010	0.2701	0.4461	0.6825	0.6474	0.0823	0.0655	0.5457	0.7612

6 南通市农村能源与现代农业融合发展的水平测度

续表

地区	年份	Z农林水利事务支出占比	Z单位耕地面积用电量	Z有效灌溉率	Z各县域职业教育在校生人数	Z经济作物播种面积占比	Z农作物耕种收综合机械化率	Z单位播种面积塑料薄膜施用量	Z农业劳动生产率	Z土地生产率	Z农业投入产出率	Z农业增加值占GDP比重	Z牧渔业增加值占农业增加值比重	Z单位播种面积粮食产量	Z农村人均纯收入	Z劳均耕地面积	Z单位播种面积化肥施用量	Z单位播种面积农药施用量
海安	2004	0.1214	0.6907	0.2818	0.6302	0.1273	0.3988	0.0027	0.1009	0.2916	0.1827	0.5219	0.6175	0.7072	0.1203	0.0917	0.5100	0.7519
	2005	0.1902	0.4795	0.2786	0.7453	0.0865	0.4029	0.0021	0.1551	0.3180	0.1765	0.6338	0.6368	0.6815	0.1594	0.1661	0.4572	0.6856
	2006	0.2264	0.4239	0.3692	0.6979	0.0409	0.4257	0.0039	0.1959	0.3611	0.1571	0.7101	0.5644	0.8126	0.2017	0.2003	0.4215	0.6847
	2007	0.3866	0.4225	0.3302	0.6662	0.0000	0.4271	0.0183	0.3364	0.3834	0.1304	0.7993	0.6849	0.8345	0.2575	0.3925	0.3195	0.6617
	2008	0.4841	0.3237	0.3012	0.6613	0.0067	0.5450	0.0384	0.4557	0.4983	0.0810	0.8446	0.6942	0.9507	0.3209	0.4484	0.3309	0.6501
	2009	0.8507	0.3274	0.2996	0.6193	0.0232	0.6470	0.0572	0.5270	0.5377	0.2560	0.8126	0.6736	0.9587	0.3763	0.4994	0.3544	0.6430
	2010	0.8540	0.3787	0.6159	0.6715	0.0250	1.0000	0.0833	0.5873	0.6868	0.2666	0.8438	0.6588	0.9791	0.4609	0.4477	0.3739	0.6895
	2011	0.9018	0.4473	0.4459	0.7565	0.0230	0.5706	0.1136	0.7269	0.8056	0.2605	0.8740	0.6801	1.0000	0.5868	0.4961	0.3338	0.7104
	2012	0.8917	0.5177	0.4123	0.7708	0.0282	0.5753	0.1810	0.8205	0.8932	0.3032	0.8769	0.5743	0.9843	0.6916	0.5180	0.2703	0.7233
	2013	1.0000	0.5982	0.2240	0.7011	0.0251	0.5937	0.2344	0.9391	1.0000	0.3019	0.8875	0.5767	0.9998	0.7971	0.5443	0.1588	0.7344
如东	2001	0.0291	0.2022	0.2647	0.0738	0.1463	0.3551	0.2143	0.0755	0.0473	0.2799	0.0000	0.6470	0.6194	0.0194	0.2548	0.3427	0.4963
	2002	0.0953	0.2087	0.2644	0.1327	0.1252	0.3433	0.2252	0.0863	0.0611	0.0526	0.1750	0.7168	0.6206	0.0354	0.2666	0.3526	0.5000
	2003	0.1027	0.2811	0.2699	0.0458	0.1665	0.4065	0.2457	0.1037	0.0497	0.3707	0.2558	0.8017	0.5465	0.0525	0.3359	0.4131	0.5087
	2004	0.1357	0.2905	0.2714	0.4320	0.1789	0.3949	0.2711	0.1413	0.0918	0.2551	0.3018	0.7539	0.5732	0.0861	0.3729	0.4110	0.4976
	2005	0.1383	0.2575	0.3153	0.5014	0.0695	0.5087	0.2625	0.1734	0.1036	0.1736	0.4700	0.7277	0.6174	0.1245	0.4374	0.3820	0.0000
	2006	0.1509	0.2071	0.3696	0.5547	0.0489	0.4841	0.2759	0.3135	0.1237	0.1258	0.5930	0.7682	0.6323	0.1669	0.7492	0.3721	0.0193

续表

地区	年份	Z农林水利事务支出占比	Z单位耕地面积用电量	Z有效灌溉率	Z各县域职业教育在校生人数	Z经济作物播种面积占比	Z农作物耕种收综合机械化率	Z单位播种面积塑料薄膜施用量	Z农业劳动生产率	Z土地生产率	Z农业投入产出率	Z农业增加值占GDP比重	Z牧渔业增加值占农业增加值比重	Z单位播种面积粮食产量	Z农村人均纯收入	Z劳均耕地面积	Z单位播种面积化肥施用量	Z单位播种面积农药施用量
如东	2007	0.4362	0.2518	0.3777	0.5915	0.0522	0.4702	0.3135	0.3677	0.1456	0.0660	0.7139	0.8933	0.6207	0.2243	0.8229	0.3619	0.0163
	2008	0.5646	0.1968	0.1429	0.5943	0.0554	0.4505	0.3911	0.5282	0.2278	0.0000	0.7675	1.0000	0.7405	0.2992	0.9567	0.3728	0.0453
	2009	0.7514	0.2026	0.2310	0.5524	0.0622	0.4107	0.6301	0.5974	0.2638	0.1127	0.7259	0.9204	0.7572	0.3540	1.0000	0.3928	0.0694
	2010	0.7893	0.3722	0.0000	0.4617	0.0330	0.0694	0.6284	0.7357	0.4547	0.1195	0.7621	0.8796	0.7765	0.4349	0.8554	0.7761	0.0960
	2011	0.9171	0.5236	0.1826	0.4251	0.0299	0.7493	0.6720	0.7949	0.5073	0.1729	0.7993	0.8614	0.8001	0.5556	0.8542	0.7794	0.1068
	2012	0.7623	0.8153	0.1930	0.3507	0.0279	0.5370	0.7165	0.8936	0.5752	0.2125	0.8008	0.7954	0.8138	0.6549	0.8786	0.7636	0.1182
	2013	0.8387	1.0000	0.3817	0.2913	0.0165	0.5293	0.8015	1.0000	0.6559	0.2132	0.8106	0.8031	0.8207	0.7543	0.8903	0.8006	0.1632
启东	2001	0.1456	0.3194	0.0260	0.0060	0.5397	0.0105	0.2128	0.0455	0.2821	0.1616	0.3234	0.9530	0.1432	0.0980	0.0000	0.9408	0.8825
	2002	0.1156	0.1580	0.0255	0.0000	0.5758	0.0145	0.3315	0.0489	0.3315	0.1604	0.3317	0.9313	0.0625	0.1056	0.0020	0.9433	1.0000
	2003	0.1593	0.1523	0.1019	0.8000	0.6198	0.0057	0.3600	0.0355	0.2290	0.2904	0.3495	0.9761	0.1111	0.1266	0.0042	0.9596	0.9976
	2004	0.1741	0.0982	0.0292	0.2528	0.6600	0.0057	0.4229	0.0580	0.2904	0.3084	0.4936	0.9580	0.6071	0.2139	0.0969	0.8616	0.9767
	2005	0.1840	0.0761	0.0320	0.2582	0.6870	0.0160	0.4378	0.1160	0.3296	0.2966	0.6071	0.9580	0.0000	0.2139	0.0969	0.8616	0.9767
	2006	0.2297	0.0397	0.0856	0.2768	0.6847	0.0156	0.3803	0.1538	0.3426	0.3614	0.6839	0.9292	0.0213	0.2618	0.1488	0.8446	0.9095
	2007	0.4715	0.0461	0.2475	0.1913	0.6031	0.0708	0.3861	0.1858	0.2739	0.7552	0.9404	0.0298	0.3205	0.1639	0.1634	0.8143	0.9134
	2008	0.4218	0.0564	0.1458	0.1658	0.6421	0.0800	0.4059	0.2725	0.5342	0.1868	0.7618	0.9689	0.0392	0.3811	0.2025	0.8099	0.9178
	2009	0.6026	0.0697	0.2697	0.2167	0.7062	0.1897	0.4127	0.3392	0.5942	0.3472	0.7256	0.9619	0.0059	0.4472	0.2479	0.7669	0.9253

172

续表

地区	年份	Z农林水利事务支出占比	Z单位耕地面积用电量	Z有效灌溉率	Z各县城职业教育在校生人数	Z经济作物播种面积占比	Z农作物耕种收综合机械化率	Z单位播种面积塑料薄膜施用量	Z农业劳动生产率	Z土地生产率	Z农业投入产出率	Z农业增加值占GDP比重	Z牧渔业增加值占农业增加值比重	Z单位播种面积粮食产量	Z农村人均纯收入	Z劳均耕地面积	Z单位播种面积化肥施用量	Z单位播种面积农药施用量
启东	2010	0.7207	0.1072	0.1253	0.2956	0.7484	0.4244	0.4416	0.4454	0.6795	0.3587	0.7672	0.9121	0.0173	0.5412	0.2824	0.8120	0.9362
	2011	0.7719	0.1192	0.0431	0.3121	0.7455	0.1178	0.5042	0.4618	0.7061	0.3554	0.8438	0.9019	0.0160	0.6823	0.3128	0.8110	0.9714
	2012	0.8718	0.1438	0.0509	0.2913	0.7049	0.1077	0.5277	0.5434	0.7921	0.3716	0.8567	0.8741	0.0470	0.7977	0.3426	0.8280	0.9799
	2013	0.4117	0.1939	0.0228	0.2630	0.7176	0.1160	0.5635	0.6079	0.8577	0.3699	0.8777	0.8557	0.0455	0.9164	0.3642	0.8634	0.9879
如皋	2001	0.0000	0.1898	0.1242	0.3563	0.1891	0.2261	0.1891	0.0000	0.0080	0.3208	0.3884	0.0658	0.5388	0.0000	0.0547	0.6585	0.8864
	2002	0.0074	0.2298	0.1319	0.4122	0.1692	0.2178	0.2187	0.0072	0.0202	0.3109	0.4281	0.0615	0.5145	0.0149	0.0669	0.6732	0.8876
	2003	0.0021	0.3241	0.1454	0.5224	0.1886	0.2206	0.2492	0.0117	0.0210	0.3443	0.5365	0.0228	0.4792	0.0306	0.0816	0.7018	0.8920
	2004	0.0377	0.3484	0.1522	0.7676	0.2216	0.3089	0.2769	0.0353	0.0705	0.3184	0.5771	0.0054	0.5411	0.0616	0.1064	0.7370	0.9033
	2005	0.0654	0.3564	0.1670	0.8854	0.2062	0.2789	0.2500	0.0600	0.0905	0.3196	0.6727	0.0000	0.5437	0.0975	0.1549	0.7005	0.4633
	2006	0.1874	0.2960	0.1662	1.0000	0.1880	0.3045	0.2522	0.1097	0.1019	0.3751	0.7570	0.0072	0.5301	0.1366	0.2735	0.7406	0.4400
	2007	0.3277	0.2097	0.2098	0.9462	0.1407	0.3364	0.2738	0.1253	0.1287	0.3516	0.8332	0.1381	0.5804	0.1902	0.2778	0.6577	0.3225
	2008	0.3513	0.2061	1.0000	0.7834	0.1485	0.3760	0.2522	0.1845	0.2227	0.2515	0.8865	0.2528	0.6032	0.2593	0.2979	0.6800	0.3167
	2009	0.5353	0.2137	0.1321	0.8003	0.0955	0.3319	0.2524	0.2143	0.2485	0.5001	0.8578	0.2547	0.6334	0.3256	0.3273	0.6708	0.3163
	2010	0.4489	0.2063	0.2867	0.7854	0.0987	0.2304	0.2754	0.2562	0.3068	0.5222	0.8905	0.2224	0.6612	0.4042	0.3409	0.6429	0.3659
	2011	0.4627	0.2094	0.1816	0.8230	0.1069	0.4482	0.3199	0.3225	0.3763	0.5504	0.9133	0.2009	0.7055	0.5213	0.3787	0.7951	0.4624
	2012	0.5727	0.2507	0.2665	0.7335	0.1325	0.4372	0.3519	0.3775	0.4404	0.6031	0.9166	0.1198	0.7244	0.6192	0.3982	0.8183	0.5321
	2013	0.6023	0.2952	0.1695	0.5684	0.1338	0.4428	0.3169	0.4349	0.5001	0.5885	0.9270	0.1140	0.7235	0.7163	0.4211	0.8580	0.5597

续表

地区	年份	Z农林水利事务支出占比	Z单位耕地面积用电量	Z有效灌溉率	Z各县城职业教育在校生人数	Z经济作物播种面积占比	Z农作物耕种收综合机械化率	Z单位播种面积塑料薄膜施用量	Z农业劳动生产率	Z土地生产率	Z农业投入产出率	Z农业增加值占GDP比重	Z牧渔业增加值占农业增加值比重	Z单位播种面积粮食产量	Z农村人均纯收入	Z劳均耕地面积	Z单位播种面积化肥施用量	Z单位播种面积农药施用量
	2001	0.1762	0.4217	0.1000	0.0662	0.7710	0.0079	0.3619	0.0259	0.1197	0.2888	0.6431	0.3811	0.1195	0.1135	0.0416	0.2068	0.7543
	2002	0.1726	0.0776	0.3189	0.1082	0.7976	0.0620	0.4625	0.0407	0.1408	0.2948	0.6599	0.4390	0.0800	0.1324	0.0633	0.0602	0.7331
	2003	0.1840	0.1334	0.3654	0.1433	0.8080	0.0523	0.5845	0.0286	0.0893	0.5528	0.7393	0.4076	0.0838	0.1543	0.0710	0.0514	0.7170
	2004	0.1946	0.1522	0.3455	0.3062	0.8131	0.0612	0.6452	0.0477	0.1388	0.5002	0.7798	0.3780	0.0901	0.2011	0.0812	0.0927	0.7089
	2005	0.2078	0.2268	0.3597	0.2573	0.8489	0.0501	0.6561	0.0720	0.1660	0.4376	0.8551	0.4336	0.0208	0.2493	0.1162	0.0970	0.7032
	2006	0.2643	0.2917	0.3637	0.3272	0.8599	0.0634	0.6799	0.1177	0.1836	0.4910	0.9106	0.4201	0.0270	0.2951	0.2008	0.0331	0.6833
海门	2007	0.3720	0.2787	0.3845	0.3272	0.8657	0.1421	0.7171	0.1479	0.1970	0.4534	0.9639	0.4802	0.0190	0.3574	0.2510	0.0000	0.6608
	2008	0.3883	0.2796	0.3914	0.2743	0.8985	0.1460	0.7200	0.2090	0.2975	0.3421	0.9768	0.4782	0.0464	0.4216	0.2710	0.0339	0.6851
	2009	0.7422	0.3270	0.4049	0.3045	0.9047	0.1580	0.7470	0.2450	0.3435	0.5815	0.9521	0.4637	0.0517	0.4982	0.2902	0.0570	0.6900
	2010	0.7680	0.3639	0.3964	0.3447	0.9241	0.1651	0.7530	0.1880	0.2904	0.6074	0.9761	0.4286	0.0450	0.5981	0.3043	0.1058	0.7094
	2011	0.7321	0.4607	0.4423	0.2066	0.9413	0.1881	0.7893	0.2103	0.2864	0.4104	0.9931	0.4142	0.0323	0.7488	0.2983	0.1216	0.7133
	2012	0.7427	0.5767	0.4484	0.3463	0.9836	0.2109	0.8866	0.2104	0.3883	0.6528	0.9939	0.3579	0.0449	0.8726	0.3217	0.1053	0.7301
	2013	0.8597	0.6326	0.0777	0.3261	1.0000	0.2212	1.0000	0.4495	0.6350	0.6537	1.0000	0.3645	0.0472	1.0000	0.3413	0.1220	0.7434

6 南通市农村能源与现代农业融合发展的水平测度

表6-10 基于熵值法南通市现代农业子系统序参量指标相关系数

序参量	x_1	x_2	x_3	x_4	x_5	x_6	x_7	x_8	x_9	x_{10}	x_{11}	x_{12}	x_{13}	x_{14}	x_{15}	x_{16}	x_{17}
熵值 e	0.9392	0.9398	0.9592	0.9579	0.9136	0.9438	0.9371	0.9080	0.9351	0.9685	0.9851	0.9600	0.9290	0.9343	0.9348	0.9608	0.9736
差异性系数 d	0.0608	0.0602	0.0408	0.0421	0.0864	0.0562	0.0629	0.0920	0.0649	0.0315	0.0149	0.0400	0.0710	0.0657	0.0652	0.0392	0.0264
权重 w	0.0661	0.0654	0.0443	0.0457	0.0939	0.0611	0.0683	0.1000	0.0705	0.0343	0.0162	0.0434	0.0772	0.0714	0.0709	0.0426	0.0287

表6-11 基于相关系数法南通市现代农业子系统序参量指标权重系数

权重	w_1	w_2	w_3	w_4	w_5	w_6	w_7	w_8	w_9	w_{10}	w_{11}	w_{12}	w_{13}	w_{14}	w_{15}	w_{16}	w_{17}
数值	0.0707	0.0529	0.0367	0.0546	0.0682	0.0708	0.0605	0.0781	0.0607	0.0521	0.0598	0.0415	0.0688	0.0638	0.0742	0.0294	0.0570

同样,取熵权法和相关系数法权重的平均值作为现代农业子系统序参量指标权重系数,结果见表 6-12。

表 6-12 南通市现代农业子系统序参量指标权重系数

指标	权重	数值
农林水利事务支出占比	w_1	0.068 4
单位耕地面积用电量	w_2	0.059 2
有效灌溉率	w_3	0.040 5
各县域职业教育在校生人数	w_4	0.050 2
经济作物播种面积占比	w_5	0.081 1
农作物耕种收综合机械化率	w_6	0.066 0
单位播种面积塑料薄膜施用量	w_7	0.064 4
农业劳动生产率	w_8	0.089 1
土地生产率	w_9	0.065 6
农业投入产出率	w_{10}	0.043 2
农业增加值占 GDP 比重	w_{11}	0.038 0
牧渔业增加值占农业增加值比重	w_{12}	0.042 5
单位播种面积粮食产量	w_{13}	0.073 0
农村人均纯收入	w_{14}	0.067 6
劳均耕地面积	w_{15}	0.072 6
单位播种面积化肥施用量	w_{16}	0.036 0
单位播种面积农药施用量	w_{17}	0.042 9

6.5.4 现代农业子系统有序度的计算

与农村能源子系统的有序度计算方法相同,利用公式(4-10)和表 6-9、表 6-12 中的数据,可以计算得到现代农业子系统的有序度,结果见表 6-13。

表 6-13 南通市现代农业子系统序参量指标有序度

年份	通州	海安	如东	启东	如皋	海门
2001	0.261 7	0.262 4	0.225 5	0.259 4	0.210 6	0.253 1
2002	0.257 2	0.273 8	0.240 8	0.258 7	0.222 2	0.255 6
2003	0.294 7	0.310 1	0.266 6	0.285 2	0.242 4	0.281 0

续表

年份	通州	海安	如东	启东	如皋	海门
2004	0.308 8	0.328 0	0.301 1	0.302 6	0.284 3	0.303 6
2005	0.331 1	0.335 6	0.296 2	0.319 2	0.281 2	0.317 1
2006	0.332 0	0.353 0	0.341 6	0.335 1	0.313 9	0.347 3
2007	0.367 9	0.394 4	0.389 3	0.360 3	0.331 3	0.374 5
2008	0.384 3	0.438 3	0.437 9	0.379 1	0.376 7	0.394 1
2009	0.412 3	0.493 7	0.484 1	0.431 9	0.370 7	0.449 2
2010	0.424 2	0.559 9	0.493 9	0.485 6	0.382 8	0.476 1
2011	0.447 4	0.573 1	0.586 6	0.491 9	0.434 6	0.505 7
2012	0.470 8	0.598 3	0.600 2	0.523 2	0.468 2	0.544 4
2013	0.485 9	0.628 4	0.652 0	0.517 0	0.478 2	0.571 2

6.6 农村能源与现代农业融合发展水平测度结果

根据公式(4-11),可以计算得到南通市农村能源子系统与现代农业子系统融合度结果,见表6-14。

表6-14 南通市农村能源与现代农业的融合度

年份	通州	海安	如东	启东	如皋	海门
2002	0.002 8	0.003 9	0.014 9	0.003 2	0.012 4	0.009 9
2003	0.022 4	0.035 5	0.018 4	0.017 0	0.033 6	0.038 5
2004	0.040 8	0.062 4	0.045 7	0.041 2	0.066 7	0.066 6
2005	0.075 3	0.085 0	0.065 6	0.068 9	0.089 6	0.100 8
2006	0.090 5	0.108 9	0.106 5	0.081 2	0.129 9	0.141 0
2007	0.141 4	0.143 9	0.128 1	0.102 4	0.153 4	0.176 9
2008	0.171 6	0.188 3	0.187 7	0.124 3	0.239 4	0.202 0
2009	0.195 5	0.230 4	0.231 8	0.165 1	0.270 0	0.248 2
2010	0.230 9	0.273 8	0.245 6	0.189 0	0.290 0	0.278 4
2011	0.260 4	0.320 8	0.325 8	0.214 0	0.330 7	0.305 0
2012	0.286 7	0.334 9	0.347 4	0.227 2	0.365 2	0.335 2
2013	0.315 1	0.378 8	0.417 9	0.246 7	0.372 5	0.363 3

6.7 农村能源与现代农业融合发展阶段的判定

根据公式(4-26)以及4.5中融合发展阶段判定方法,得到各县市农村能源与现代农业融合发展关系(表6-15)。

表6-15 南通市农村能源与现代农业融合发展关系

年份	通州	海安	如东	启东	如皋	海门
2001	ⅢAc	ⅢB	ⅢAc	ⅢCc	ⅢAc	ⅢCc
2002	ⅢAc	ⅢB	ⅢAc	Ⅲb	ⅢAc	ⅢB
2003	ⅢCc	ⅢCc	Ⅲb	ⅢCc	ⅢB	ⅢCc
2004	ⅢCc	ⅢB	ⅢCc	ⅢB	ⅢCc	ⅢB
2005	ⅢCc	ⅢAc	ⅢAc	ⅢAc	ⅢB	ⅢAc
2006	Ⅲb	ⅢAc	ⅢB	ⅢAc	ⅢCc	ⅢAc
2007	Ⅲb	ⅢAc	ⅢCc	ⅢAc	ⅢCc	ⅢAc
2008	ⅢAc	ⅢAc	ⅢB	ⅢAc	ⅢB	ⅢAc
2009	ⅢCc	ⅢB	ⅢB	ⅢB	ⅡAb	ⅢB
2010	ⅡAc	ⅡCc	ⅡB	ⅡCc	ⅡAb	Ⅱb
2011	ⅠB	ⅠB	ⅠCc	ⅠB	ⅠB	ⅠB
2012	ⅠB	ⅠB	ⅠB	ⅠCc	ⅠCc	ⅠCc
2013	ⅠB	ⅠAc	ⅠAc	ⅠAc	ⅠCc	ⅠCc

注:Ⅰ、Ⅱ和Ⅲ分别表示高水平农村能源、中等水平农村能源和低水平农村能源;A、B和C分别表示农村能源超前型、农村能源与现代农业基本协调型和农村能源滞后型;a、b和c分别表示严重偏离、中度偏离和轻度偏离

6.8 结果分析

通过对南通各县市农村能源与现代农业融合度的计算及融合发展阶段的判断,可以得到如下结论。

6.8.1 农村能源与现代农业的发展水平均在不断提高

2001—2013年南通各县市农村能源和现代农业的发展水平分别见图6-1与图6-2。从图6-1与图6-2中可以看出各县市的农村能源和现代农业的发展水平

均呈上升趋势。就农村能源的发展情况而言,如皋、海安的增速是最快的,其农村能源发展指数分别从2001年的0.171 2、0.142 1增长到2013年的0.689 7、0.534 1,分别是其初期发展水平的4.03倍、3.76倍。现代农业的发展过程中,如东和海安的增速是最快的,其现代农业发展指数从2001年的0.225 5、0.262 4增长到2013年的0.652 0、0.628 4,分别是其初期水平的2.89倍、2.39倍,并且两地的现代农业发展水平也居于领先地位,这与第5章中南通各县市农业区位商的研究结论是一致的。

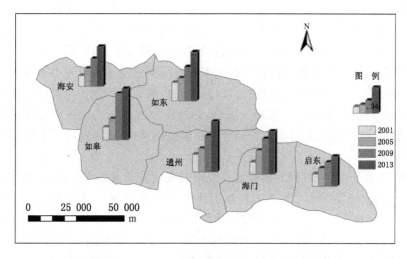

图6-1　2001—2013年南通市农村能源发展水平

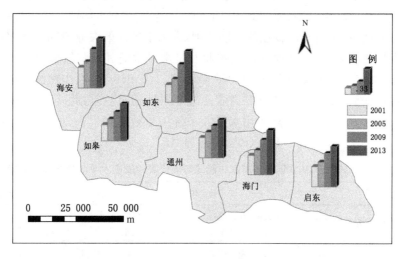

图6-2　2001—2013年南通市现代农业发展水平

分别对南通各县市农村能源和现代农业的发展水平作描述性统计分析,主要包括了极大值、极小值、均值和标准差等统计量,结果见表6-16。从表6-16中可以看到,各县市农村能源发展水平存在较大差异。2013年农村能源发展水平较高的是如皋市和通州市,其农村能源有序度分别达到0.689 7、0.678 5;发展水平较低的是海安县和启东市,其农村能源有序度分别只有0.534 1、0.400 8;如东县和海门市居中。如皋市和如东县大力发展农村能源产业,不断加大对农村能源建设的经费投入,统计数据表明自2000年以来如皋市、如东县的农村能源经费投入累计分别高达18 578.87万元、9 071.21万元,在南通各县市中遥遥领先。可观的投入不仅促进了农村户用沼气和大中型规模畜禽场沼气工程的建设,而且为如东县秸秆气化、生活垃圾发电等绿色电力的发展提供了资金支持,由此大大提高二县市农村能源消费中清洁能源的比重。通州市和海门市得益于农村电力事业的快速发展,不仅提高了清洁能源的消费比重,而且大大提高了人均生活用能的水平。启东市的农业总产值能耗最低具有相对优势,而海安县仅在人均生活用能水平上具有相对优势,且海安县的生活用能中秸秆占有较大比重,所以导致海安县的农村能源发展水平最低。

同样从表6-16中可以看出南通各县市的现代农业发展水平也存在较大差异。2013年现代农业发展水平较高的是如东县和海安县,二者的现代农业有序度分别为0.652 0、0.628 4;发展水平较低的是如皋市和通州市,二者的现代农业有序度分别为0.478 2、0.485 9;海门市和启东市居中。如东县是南通地区的农业大县,得益于较高的机械化水平(0.034 9),如东县的农业劳动生产率最高(0.089 0),粮食生产水平也最高(0.059 9)。海安县的畜牧业发展在南通地区一枝独秀,这导致海安县的农业劳动生产率(0.083 6)和土地生产率(0.065 6)最高。海门市凭借其紧邻上海的优越地理位置、较强的经济基础,带来了较高的农业劳动生产率和较高的农村人均纯收入水平,因此其现代农业发展水平紧随其后。如皋市的财政支农力度较小(0.041 2),远低于海安(0.068 4)和海门(0.058 8),农作物种植结构中经济作物比重偏低(0.010 8),由此导致农业生产条件相对较差;此外,较低的劳均耕地面积(0.030 6)、较高的农药施用水平(0.024 0)导致了如皋农业的可持续发展水平较低(0.085 4),仅略高于海安(0.076 7)和海门(0.061 0)。

表6-16　2001—2013年南通市农村能源与现代农业发展水平的描述性统计量

统计量	N	极小值		极大值		均值		标准差	
		农村能源发展水平	现代农业发展水平	农村能源发展水平	现代农业发展水平	农村能源发展水平	现代农业发展水平	农村能源发展水平	现代农业发展水平
通州	13	0.235 5	0.257 2	0.678 5	0.485 9	0.424 9	0.367 6	0.159 4	0.077 1
海安	13	0.142 1	0.262 4	0.534 1	0.628 4	0.312 5	0.426 8	0.132 4	0.129 9

续表

	N	极小值		极大值		均值		标准差	
	统计量	农村能源发展水平	现代农业发展水平	农村能源发展水平	现代农业发展水平	农村能源发展水平	现代农业发展水平	农村能源发展水平	现代农业发展水平
如东	13	0.247 6	0.225 5	0.657 1	0.652 0	0.396 2	0.408 9	0.134 1	0.145 0
启东	13	0.164 6	0.258 7	0.400 8	0.523 2	0.273 1	0.380 7	0.078 2	0.098 3
如皋	13	0.171 2	0.210 6	0.689 7	0.478 2	0.432 3	0.338 2	0.211 5	0.089 5
海门	13	0.161 7	0.253 1	0.576 6	0.571 2	0.386 9	0.390 2	0.144 0	0.109 7
有效的 N	13								

6.8.2 农村能源与现代农业融合发展水平在提升，但总体较低

农村能源与现代农业作为两大自组织系统，其融合发展过程也是双方不断调整反馈的过程。2002—2013年南通各县市农村能源与现代农业的融合发展情况见图6-3。从图6-3和表6-14中可以看出，南通各县市农村能源与现代农业之间存在融合发展关系，并且二者的融合发展水平均呈上升趋势，年均增长率超过30%，通州和海安的年均增长率甚至超过了50%，分别达到53.63%、51.59%，如东虽然增长率最低，但也达到了35.4%。这主要是因为自2000年以来，南通市对农村能源和现代农业给予了高度重视，先后通过农村沼气国债项目、秸秆气化、秸秆发电等推动农村能源建设，通过设施农业、土地流转、万亩良田工程、家庭农场等推动现代农业的发展。但从表6-14中可以看出，各县市农村能源与现代农业的融

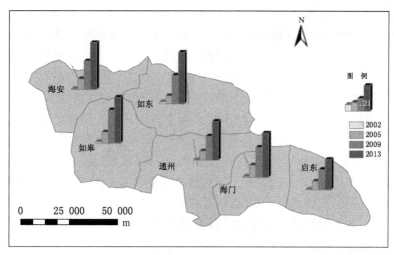

图6-3 2002—2013年南通市农村能源与现代农业融合发展水平

合度均未超过 0.5,2013 年,融合度最高的是如东县,其融合度仅为 0.417 9,而启东市的融合度只有 0.246 7。因此按照表 4-5 的评判标准,目前南通市农村能源与现代农业尚处于失调衰退阶段,通州市、如皋市的农村能源发展水平高于现代农业,而海安县、启东市的农村能源发展水平低于现代农业。

2001—2013 年间南通市农村能源与现代农业子系统的有序度均得到了飞速的提升,但目前二者的融合发展水平程度依然较低。这说明目前农村能源与现代农业子系统的融合度的提升需要的是两大子系统在结构和功能上的有序融合,任何一个子系统的超前或者滞后发展都可能导致系统处于一种不协调的状态。目前南通市农村能源与现代农业的发展不相匹配,二者的融合度并没有得到明显提升,现代农业对于农村能源发展的支撑功能没有得到真正体现,这无疑不利于农村能源的健康发展。这恰恰说明了农村能源与现代农业的融合是两个极其复杂的系统之间的融合,影响二者融合发展的序参量很多且系统始终处于不断的变化之中,因此,在对系统序参量重点关注的同时,我们还应该加强对其他控制变量的研究,从而促使整个系统向着整体融合的方向发展。

6.8.3 各县市融合发展程度存在差异

南通市农村能源与现代农业的融合发展关系大体经历了三个阶段:2001—2009 年农村能源发展水平均较低,仅如皋市在 2009 年提高到中等;2010 年各县市的农村能源发展水平均为中等;2011—2013 年则基本发展为高水平,仅海门市在 2011 年依然为中等。从总体上看,农村能源与现代农业融合发展的关系随着时间逐渐由低水平向高水平、由农村能源滞后型向农村能源与现代农业协调型转变,但各县市之间具有一定差异。

分别对南通各县市农村能源和现代农业融合度作描述性统计分析,主要包括了极大值、极小值、均值和标准差等统计量,结果见表 6-17。从表 6-17 中可以看出,如东县、如皋市和海安县等经济相对比较落后的北三县市其农村能源与现代农业融合程度较高;而通州市、启东市和海门市等经济较为发达的南三市其农村能源与现代农业融合程度较低。北三县市的农业生产均具有较明显的比较优势,如东县和如皋市非常注重农村能源的建设。2013 年如皋市的沼气用户达到 3.56 万户,拥有沼气工程 104 处,总池容达到 3.23 万 m^3;如东县的小型风电独具特色,此外秸秆固化成型达到 72 100 t。南三市更注重工业和第三产业的发展,较强的经济实力为现代农业的发展奠定了基础,但对农村能源的建设没有给予足够的重视,因此农村生产生活中能源消费更多地依赖商品能源,导致农村能源与现代农业的融合关系相对较差。

表 6-17 2002—2013 年南通市农村能源与现代农业融合度的描述性统计量

	N	极小值	极大值	均值		标准差		偏度		峰度
				统计量	标准差	统计量	标准差	统计量	标准差	
通州	12	0.002 8	0.315 1	0.152 8	0.030 9	0.107 1	0.069 5	0.637 3	−1.406 4	1.232 2
海安	12	0.003 9	0.378 8	0.180 6	0.036 5	0.126 4	0.197 5	0.637 3	−1.379 6	1.232 2
如东	12	0.014 9	0.417 9	0.178 0	0.039 5	0.136 7	0.417 2	0.637 3	−1.098 1	1.232 2
启东	12	0.003 2	0.246 7	0.123 4	0.024 3	0.084 3	0.067 4	0.637 3	−1.425 7	1.232 2
如皋	12	0.012 4	0.372 5	0.196 1	0.037 8	0.130 9	−0.008 1	0.637 3	−1.620 6	1.232 2
海门	12	0.009 9	0.363 3	0.188 8	0.034 5	0.119 4	−0.050 9	0.637 3	−1.343 8	1.232 2
有效的 N	12									

6.9 本章小结

本章主要是利用第 4 章建立的农村能源与现代农业融合发展水平的测评模型对南通市进行实证研究。首先根据南通地区的实际情况和数据的可获取性，设置了包含 3 个指标层、31 个具体评价指标的评价体系。其次基于灰色关联模型对指标进行筛选，在农村能源子系统中选取了包括生活能源消费总量、生产能源消费总量、农村用电量、能源经费投入、传统生物质能源占能源消费总量比重、商品能源占能源消费总量比重、清洁能源占能源消费总量比重、农村人均生活有效热、农业总产值能耗以及 CO_2 排放量等 10 个指标；在现代农业子系统中选取了包括农林水利事务支出占比、单位耕地面积用电量、有效灌溉率、各县域职业教育在校生人数、经济作物播种面积占比、农作物耕种收综合机械化率、单位播种面积塑料薄膜施用量、农业劳动生产率、土地生产率、农业投入产出率、农业增加值占 GDP 比重、牧渔业增加值占农业增加值比重、单位播种面积粮食产量、农村人均纯收入、劳均耕地面积、单位播种面积化肥施用量、单位播种面积农药施用量等 17 个指标。然后根据复合系统协调度模型分别计算南通市农村能源子系统和现代农业子系统的有序度，基于熵值法和相关系数法组合的权重分别计算农村能源子系统和现代农业子系统各指标的权重。最后计算南通各县市农村能源与现代农业的融合发展水平并划分其融合发展阶段。相关研究结果表明，南通各县市农村能源与现代农业发展水平都在不断提高，二者的融合发展水平也在不断提高，但总体融合程度仍然较低，并且各县市之间的融合程度差异较大。

7 南通市农村能源与现代农业融合发展的机理分析

7.1 农村能源与现代农业融合发展机理的内涵

《现代汉语词典》对"机理"有三层解释：

第一，指机器的构造和工作原理，其本意是指机器运转过程中的各个零件之间的相互联系、联结关系以及各自的运转方式；

第二，指某个有机体的构造、功能及其相互关系；

第三，指某些自然现象的物理、化学规律，重在强调人类对自然规律的认知和理解。

综上所述"机理"的主要内涵是指为实现某一特定的功能，处于一定系统结构中的各个组成要素的内在工作方式，各要素在一定环境下相互联系、相互作用的运行规则和工作原理。根据"机理"的概念，本书认为"融合机理"是指具有一定关联的不同系统，在一定的融合环境中，在各种融合影响因素的作用下，融合发展的原因、过程及各影响因素的作用程度。

随着现代农业的不断发展，农村能源规模的不断扩大，农村能源与现代农业两大系统越来越呈现出融合的趋势。而这种融合并非是偶然的经济现象，其间必然蕴含着内在的融合发展机理。基于上述对产业融合机理内涵的分析，可以得出农村能源与现代农业的融合机理必须揭示的内容包括：第一，农村能源与现代农业融合必须建立在两个系统紧密联系和高效互动的基础上；第二，二者的融合是在一定的融合动因驱动下、一定融合条件限制下进行的复合系统内生经济现象；第三，二者融合的实现过程有其特有的方式，即其融合过程有别于其他产业的发展过程；第四，二者的融合是在一定的社会经济环境中进行的，因此必然受到环境因素及其相关社会经济因素的支撑和制约，即二者的融合是众多融合影响因素共同作用的结果。

因此本书主要揭示农村能源与现代农业的融合动力系统、剖析二者的融合过程、分析二者的融合影响因素及其影响程度。

7.2 农村能源与现代农业融合发展的动力剖析

农村能源子系统与现代农业子系统构成一个复合系统,在这个复合系统中,促进二者融合的动力或因素是多方面、多维度的,这些动力或者因素的构成及其相互联系、相互作用的方式和原理就构成农村能源与现代农业融合的动力机制。在前人对系统融合动因研究的基础上,根据融合的一般原理并结合农村能源与现代农业产业融合的实际情况,总结提炼出推动二者融合的主要动力因素,构建了农村能源与现代农业融合的驱动力模型。其驱动力主要包括:①前提条件:系统之间的紧密关联;②内在驱动力:对经济效益的追求;③外在推动力:技术进步与创新;④发展支持力:适宜的外围环境,包括政府政策的支持与农村经济的发展等。

7.2.1 前提条件:紧密的经济联系

系统间的关联性是系统发生融合的前提条件,如果各系统之间不存在密切的经济联系,那么它们之间的融合是不可能发生的。农村能源与现代农业都是关联紧密的系统,且二者之间关联也比较密切,这就为农村能源与现代农业的融合奠定了坚实的基础。

产业价值链也叫产业链,是各产业部门之间,基于一定的经济与技术关联、逻辑关系和时空布局关系等,形成的链条关系和战略联盟(芮明杰等,2006)。农村能源产业和现代农业均已建立各自的产业链,并且通过产业链的延伸和拓展可以使农村能源产业与现代农业实现真正的融合。

各种农村能源产业基本都可以形成各自的产业链,因而其发展都具有较强的产业关联。以沼气产业为例,沼气产业的发展能够带动包括种植业、养殖业、农业加工业、牲畜加工业等与沼气产业具有后向关联的产业;带动沼气化工产业、沼肥产业、沼气电力产业、沼气燃料汽车产业、能源产业、生态种植业、生态养殖业和生态旅游业等与沼气产业具有前向关联的产业;带动包括沼气工程咨询设计企业、沼气利用设备制造业、交通运输业、沼气工程建筑业、沼气工程后续服务业、沼气相关技术研究机构以及教育培训机构等关联产业(何周蓉等,2014)。生物柴油产业、乙醇产业的发展过程则主要涉及原料的种植与收集、加工、生产、应用、标准、检测和消费等,整个生产消费过程涵盖了从生物、农业到化工、医药、装备制造、能源、环境保护和科研等多个产业(王仰东,2008;吴永明,2014)。

现代农业已经突破了传统农业的自我封闭状态,也具有高度的产业关联性。通过后向关联效应,农业生产可以使农用生产资料生产部门的投入产出大幅度增加,这些生产部门与农业生产具有最密切的生产联系,以农用机械设备、化肥、农药和薄膜等部门为代表;通过前向关联效应,则可以带动农产品包装、加工和保鲜等产业部门投入产出的增加,特别是未来农业生产的进一步发展和产品结构的逐渐调整,农业将为其前向相关部门提供数量更多、种类更为丰富的加工对象,促使更多相关部门的产生与发展。农业产业的关联效应还会增加其前向关联产业部门与后向关联产业部门之间的互动效应,并通过相关产业的发展以及各自的关联效应传递到钢铁、机械制造、原材料、石油、电力、化工和机械修配等产业部门,进而传散到整个第二产业的所有部门,不仅带来第二产业数量的扩张,而且促进其整体素质的提高和产业结构的优化。最后,农产品及加工性农产品经过运输、储藏、销售或餐饮部门加工准备,提供给消费者,实现了农业与服务业的结合。因此现代农业是以农产品的生产、加工、制造、运输、储藏、销售与餐饮服务为中心,贯穿第一、二、三产业,形成了一个完整的具有特定功能的综合农业经济系统(曾乐元,1997;周应恒,2007)。

在农村能源产业与现代农业融合的过程中,二者相互依存,呈现出互补、完善、延伸和提升产业价值链的功能,从而为两大产业的融合奠定了基础。农村能源产业将对现代农业的类型结构、基础结构、条件结构和途径结构产生深远影响,现代农业则为农村能源产业发展提供了充足的原料和剩余劳动力、提高了农村能源的使用效率、促进了农村能源的扩大再生产。在二者的融合过程中,可以形成能源农作物种植业、能源林业、能源畜牧业、能源农业加工业等许多边缘产业和交叉产业,从而形成新价值的增长点和动力源。

7.2.2 内在驱动力:经济效益的追求

产业发展遵循经济发展的一般规律,即追求利润最大化,成本最小化(厉无畏等,2002),也就是说企业作为市场经济中的重要微观个体,无疑是以不断降低成本、追求利益为目标的。在经济全球化、高新技术迅速发展的大背景下,产业融合已经成为农村能源产业和现代农业不断提高生产效率和市场竞争力的重要发展途径。因为无论是农村能源企业还是现代农业企业,在整个现代产业体系中均属于弱质产业,其技术含量和平均收益率低于其他产业,因此相关企业本身也在不断寻找新的利润增长点以提高企业的收益,而二者融合后形成的新业态可以为其提供新的经济增长点;此外面对水、电、油、煤炭等资源和能源供应的日益紧张和成本高涨的局面,相关企业必须不断地减少资源和能源的消耗以降低生产成本,二者的融合可以为相关企业提供大量的、洁净的优质能源,不仅满足生产过程中对能源的需求,而且可以提高生产效率。因此农村能源产业与现代农业的融合可以带来丰厚的利润,从而促进相关企业的发展。

在对商业利益追求的过程中,企业面临日趋激烈的市场竞争。对于农村能源企业而言,随着能源市场的不断成熟,竞争越来越激烈,农村能源企业想要在竞争中始终立于不败之地,就必须努力改进技术,促使生产成本下降,给用户提供更多、更清洁的优质能源,以满足客户的各种能源需求。而要满足客户的各种能源需求,就要求农村能源企业必须与相关企业之间通过竞争与合作,促使在更大的范围内让更多的农村能源资源得到合理的配置和使用,从而提供具有融合性的能源产品,使得农村能源企业及相关企业具有更强的市场竞争力。

此外为了应对激烈的市场竞争,农村能源企业及相关企业还必须在依托各种农村能源资源的基础上,为追求范围经济而进行跨产业经营,从而可以为相关企业创造出新的能源消费市场,从而带来新的能源相关收入,最终提高农村能源与相关企业的经济效益。因此,农村能源企业与相关企业从产业融合中获得范围经济、规模经济和追求效益最大化的预期,既是产业发展内在规律的作用结果,也是农村能源企业与相关企业融合发展的内在驱动力。

7.2.3 外在推动力:技术进步与创新

在农村能源与现代农业的融合作用下产生的新型业态发展,很大程度上取决于农村能源技术进步与创新的程度。能源农作物种植业技术的研究重点主要是能源植物种质资源、遗传育种和栽培技术;能源畜牧业的技术措施主要包括能源型猪、牛、羊和禽类的育种技术、养殖管理技术、饲料技术、油脂转换成燃油的技术和沼气工程技术等;能源林业的技术体系则包括能源型速生树种和野生林木种质的选育、栽培及其加工技术。上述能源农业虽然尚未进入产业化规模发展阶段,但相关的基础研究已经如火如荼,在良种选育、种植技术以及产品开发方面均取得较大进展(张亚平,2008)。

能源农业加工业技术的涉及面十分广泛,主要包括沼气工程、生物柴油应用技术、乙醇发酵工程、农作物秸秆发电技术、秸秆气化技术和秸秆固化成型技术。目前农村能源技术中发展比较成熟的是沼气工程,在"生态富民家园工程""农村沼气国债项目"的推动下,已经逐渐形成了南方地区的"猪—沼—果"、北方地区的"四位一体"和西北地区的"五配套"等多种沼气综合利用模式,实现了经济效益、社会效益和生态效益的有机结合(屠云璋,2005)。而随着沼气建设事业的迅速发展和沼气产量的不断增加,沼气的利用也已经从传统的取暖、炊事和照明等逐步向沼气发电这一新兴领域快速发展。

其次是生物质固化成型、生物质发电、生物质气化和生物质液体燃料等技术,其中生物质固化成型技术是指通过一定的机械设备先将生物质粉碎,再送入成型器,在各种外力作用下,压缩成需要的形状,可以作为燃料直接燃烧,用于家庭取暖或进一步加工制成生物碳用作民用烧烤木炭或工业用木炭原料。这种技术不仅解决了生物质形状各异、堆积密度小、较松散、不易运输和储存等问题,而且还提高了单位体积的能量密度和生物质能源的使用热效率。目前我国的生物质成型技术已经达到工业化规模阶段。

生物质发电是目前世界范围内相对比较成熟的生物质能源利用技术,主要包括直接燃烧发电、生物质直接与煤混合燃烧发电、生物质气化混合燃烧发电、沼气发电等技术。我国已经建成投产的生物质发电项目则主要涵盖了沼气发电、垃圾焚烧发电和秸秆发电,并且大多采用生物质直燃发电技术(吴进等,2011)。

生物质气化是指通过热化学的方法,将生物质转换为含有 CH_4、CO 和 H_2 等气体的过程(庄新姝等,1998)。生物质通过热解气化可以获得燃气、生物油和生物质碳等 3 种产物,其中高品位的燃气不仅可以作为民用或工业燃料,而且可以利用内燃机或燃气轮机进行发电,实现热电联产,或者合成有机化工产品、液体燃料等产品;对生物油继续分离或提取可以制成各种燃料油和化工原料;生物质碳则可以用作生产活性炭的原料或者通过气化生成气体燃料,也可以为流化床锅炉提供燃料生产蒸汽热能,从而实现生物质能源的高效清洁利用(蒋剑春,2007)。

生物质液体燃料主要包括生物乙醇、生物柴油。生物乙醇是指通过微生物的发酵将玉米、小麦、薯类、纤维素等各种生物质转化为燃料酒精。这是一种不含硫分及灰分的清洁能源,少量使用可以替代四乙基铅和甲基叔丁基醚(MTBE)用作汽油的抗暴剂,大量使用则可以与汽油混配制成乙醇汽油作为汽车燃料。燃料乙醇产业是当前可行性最高的液体燃料,目前我国已经形成了以非粮作物木薯、甘薯和甜高粱等为原料的燃料乙醇工业,未来将逐步转向以木质纤维素为原料的工业发展,以有效解决与人争粮、与粮争地的问题。生物柴油技术按照来源划分主要有四种:以地沟油或餐饮废油制取生物柴油、藻类生物柴油技术、植物生物柴油技术以及产油微生物制取生物柴油。目前已经基本形成了热解法、酯交换法、微乳化法、超临界甲醇法、生物酶法等多种制取生物柴油的工艺(邢英等,2006)。其中化学法生产比较普遍,即用动物和植物油脂与甲醇或乙醇等低碳醇,在酸性或碱性催化剂和高温条件下(230~250℃)进行转酯化反应,生成相应的脂肪酸甲酯或乙酯,再经洗涤干燥即可得到生物柴油。目前我国研究相继攻克了菜籽油、废弃油转化生物柴油的技术,并且攻克了棕榈油转化为生物柴油的核心技术——冷凝改良技术,陆续建成了年产超万吨的生物柴油生产企业。

7.2.4 发展支持力:适宜的外围环境

宽松的外围环境为农村能源与现代农业的融合提供了发展支持力,这种优越的外围环境主要体现在政府政策的大力支持和农村经济的快速发展。

1) 政府政策的大力支持

农村、农业和农民历来是中央经济工作的重点。早在1984年的第三个中央一号文件中,就将当时农村刚刚兴起的饲料工业、食品工业、建筑建材业和小能源工业等认定为"是最为社会所急需而又能较快发展的几个产业部门",提出应有计划地优先发展,并要求有关部门和地方要给予积极的指导和扶持,由此开启了农村能源与现代农业融合的历程。1993年出台的《九十年代中国农业发展纲要》中则明确要求实行"种养加""贸工农"结合,通过对农村新兴产业进行开拓发展,促进农、林、牧、渔业与第二、第三产业之间的协调发展,以此扩大农村的就业领域,通过不断增加农民收入以最终实现全面小康目标。从2004年起,中央连续发布11个中央一号文件,多次明确提到要加快发展大中型沼气工程、秸秆气化、太阳能、风能等农村清洁工程,促进秸秆等副产品、规模养殖场畜禽粪便与生活废弃物资源化利用,以促进生态友好型农业发展,提高农业生产效益,促进农民增收,改善农村人居环境,并将其提升到农村生态文明建设的高度。2015年的中央一号文件则提出通过大力发展特色种养业、农产品加工业、农村服务业,扶持发展一村一品,以推动农村一、二、三产业融合发展,延长农业产业链、提高农业附加值以切实增加农民收入,使农村成为农民安居乐业的美丽家园。

2) 农村经济的快速发展

农村经济的快速发展不仅为农村能源产业与现代农业的融合提供了市场需求,而且为融合提供了劳动力资源。按1990年可比价计算,过去的14年里我国农业总产值年均增长率达到10%,已经属于典型的高速增长;农村人均农业总产值增长率为12.74%;农村人均纯收入年增长率为11.14%,2013年达到8 895.9元,东部沿海地区则均超过了10 000元。农村经济的发展,农民生活水平的提高,必然会带来家电消费迅速增长,家用轿车越来越普及,从而带来生活用能需求显著增加;现代农业的发展,机械化程度的提高,农村生产的持续发展和新农村的建设都将导致未来生产用能显著增加。

现代农业发展过程中随着机械化程度的提高,农业生产效率也在逐渐提高,农村将产生大量的剩余劳动力,而农村能源产业大多属于劳动密集型产业,拥有非常可观的就业效应。如生物质发电不仅可以在建设、安装、制造、运营、维护等环节创造就业机会,而且可以在燃料供应方面创造一定的就业机会;而生物液体燃料的就业岗位主要集中在原料供应、批发销售和交通运输等环节中。相关研究表明,对从容量、发电量和投资等多个角度测算的就业效应系数进行比较,大多数可再生能源技术的就业效应系数高于传统能源部门(林宝,2014)。以发电量为例,生物质发电的就业系数为0.22(人·年)/GWh,地热发电的就业效应系数是0.25(人·年)/GWh,太阳能光伏发电的就业效应系数是0.91(人·年)/GWh,风电的就业效应系数是

0.17(人·年)/GWh,上述可再生能源发电技术的就业效应系数均远远高于煤电和天然气发电的就业效应系数0.11(人·年)/GWh。因此通过农村能源产业与现代农业的融合大力发展农村可再生能源和新能源,可以保证能源供应安全,为农村社会经济的发展提供坚实的能源保障;可以逐渐加大可再生能源、新能源在能源消费中的比重,减轻对商品能源的依赖,不断改善、优化农村能源消费结构,实现农村能源由太阳能、生物质能源等可再生的清洁能源对化石能源等非可再生能源的能源内部替代;可以实现农村能源由低质量的能源为主导转向高质量能源为主导的能源阶梯的演进。

此外,在农村低能质的生物质资源原料向高能质的生物质能源产品转化的相关技术条件和法律环境已经具备的条件下,农村居民对生物质能源的认知程度有显著提升,能源消费观念开始变化,对生物质能源也有较大需求,这为二者的融合提供了市场需求(闫笑非等,2014)。

综上所述,紧密的经济联系是农村能源产业与现代农业融合的前提条件;融合的内在驱动力主要来自企业对商业利益的追求;外在推动力主要来自农村能源技术的进步与创新;而政府政策的支持、农村经济的发展则为融合提供了发展支持力。四者之间的相互关系如图7-1:

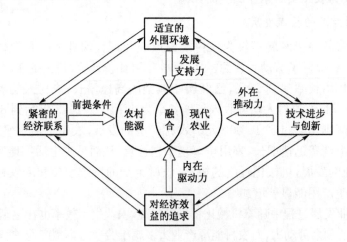

图7-1 农村能源与现代农业融合发展的动力系统

7.3 农村能源与现代农业融合发展的过程

农村能源与现代农业都是开放系统,作为开放系统它们之间的关系大体可以分为三种:(1)两个系统之间没有相关性,此时一个系统的发展并不会影响另一个系统的发展,两个系统之间没有物质、能量与信息的交流,其相互影响系数为0;

(2) 互补关系,此时一个系统的发展可以促进另一个系统的发展;(3) 竞争关系,此时一个系统的发展会减少或占用另一个系统的资源,从而导致另一个系统市场容量的降低。

作为开放系统的农村能源与现代农业之间的关系可以用式(7-1)和式(7-2)来表示:

$$\frac{\mathrm{d}X_1}{\mathrm{d}t} = a_1 X_1 (N_1 - X_1 + c_{12} X_2) \qquad (7\text{-}1)$$

$$\frac{\mathrm{d}X_2}{\mathrm{d}t} = a_2 X_2 (N_2 - X_2 + c_{21} X_1) \qquad (7\text{-}2)$$

式中,a_1 表示农村能源 X_1 的增长系数;N_1 表示农村能源 X_1 的现实需求和潜在需求之和;c_{12} 表示现代农业 X_2 对农村能源 X_1 的影响系数;a_2 表示现代农业 X_2 的增长系数;N_2 表示现代农业 X_2 的现实需求和潜在需求之和;c_{21} 表示农村能源 X_1 对现代农业 X_2 的影响系数。

当 $a>0$ 时,表示系统的发展速度是递增的,出现正增长,a 值越大说明系统增长速度越快;反之当 $a<0$ 时,则表示系统的发展速度是递减的,可能会出现负增长,本书对系统出现负增长的情况不予研究,因此只研究 a 值为正值的经济现象。N 为市场中潜在的最大用户量或最大市场容量,当 $N \leqslant 0$ 时,表示最大用户量或最大市场容量为负值,即没有市场;只有当 N 值达到一定数值的时候,才表示系统达到了一定的规模水平,此时意味着新成员的形成。因此本书只对 $N>0$ 的情况进行研究。c_{12} 和 c_{21} 可以为正值也可以为负值。当影响系数均为 0 时,表示农村能源与现代农业之间互相没有影响;当影响系数为正值时,表示农村能源与现代农业之间呈互补关系;当影响系数为负值时,则表示农村能源与现代农业之间呈竞争替代关系。

7.3.1 农村能源与现代农业发展互不关联

当农村能源与现代农业发展不相关时,即 c_{12}、c_{21} 均为 0,此时意味着农村能源的发展不影响现代农业的发展,反之亦然。在这种条件下可以用式(7-3)和式(7-4)表示两个系统之间的关系。

$$\frac{\mathrm{d}X_1}{\mathrm{d}t} = a_1 X_1 (N_1 - X_1) \qquad (7\text{-}3)$$

$$\frac{\mathrm{d}X_2}{\mathrm{d}t} = a_2 X_2 (N_2 - X_2) \qquad (7\text{-}4)$$

从式(7-3)和式(7-4)中可以看出农村能源和现代农业分别受到自身因素的影响,两个系统之间不会进行技术、产品、制度等方面的知识或信息的交换,系统之间不会发生融合现象。

7.3.2 农村能源与现代农业呈互补关系

从系统的视角来看,农村能源与现代农业的互补关系表示一个系统的产生与发展会促进另一个系统的发展。

在互补的条件下,两个系统之间的互动关系可以用式(7-5)和式(7-6)来表示:

$$f_1 = \frac{\mathrm{d}X_1}{\mathrm{d}t} = a_1 X_1 (N_1 - X_1 + c_{12} X_2) \tag{7-5}$$

$$f_2 = \frac{\mathrm{d}X_2}{\mathrm{d}t} = a_2 X_2 (N_2 - X_2 + c_{21} X_1) \tag{7-6}$$

式中,$c_{12} > 0, c_{21} > 0$。

令 $f_1 = 0, f_2 = 0$ 表示农村能源与现代农业系统与外界不存在物质、信息和能量等方面的交换,整个系统处于平衡状态,则可以计算特征矩阵 A,公式如下:

$$A = \begin{bmatrix} \frac{\partial f_1}{\partial X_1} & \frac{\partial f_1}{\partial X_2} \\ \frac{\partial f_2}{\partial X_1} & \frac{\partial f_2}{\partial X_2} \end{bmatrix} = \begin{bmatrix} a_1(N_1 - 2X_1 + c_{12}X_2) & a_1 c_{12} X_1 \\ c_{21} a_2 X_2 & a_2(N_2 - 2X_2 + c_{21}X_1) \end{bmatrix} \tag{7-7}$$

农村能源与现代农业融合并不意味着原有的农村商品能源就完全退出现代农业的生产领域,而是二者在新的能源技术基础上交叉融合。由于两个系统融合的特殊性和复杂性,本研究不考虑方程组的四个定态解,而只考虑 $A_1(N_1, 0), A_2(0, N_2)$ 两个定态解,因为只有在这种情况下才表示农村能源与现代农业融合的完成或实现。

(1) 将 $A_1(N_1, 0)$ 代入到式(7-7)中,得特征方程:$|A(A_1) - \lambda E| = 0$,解得:

$$\lambda_1 = -a_1 N_1, \lambda_2 = a_2(N_2 + c_{21} N_1)$$

由于 $\lambda_1 = -a_1 N_1 < 0, \lambda_2 = a_2(N_2 + c_{21} N_1) > 0$,所以 A_1 是个不稳定的鞍点,表示在 A_1 点系统不能达到稳定的平衡状态。

(2) 将 $A_2(0, N_2)$ 代入到式(7-7)中,得特征方程:$|A(A_2) - \lambda E| = 0$,解得:

$$\lambda_1 = a_1(N_1 + c_{12} N_2), \lambda_2 = -a_2 N_2$$

由于 $\lambda_1 = a_1(N_1 + c_{12} N_2) > 0, \lambda_2 = -a_2 N_2 < 0$,所以 A_2 是个不稳定的鞍点,表示在 A_2 点系统不能达到稳定的平衡状态。

因此,可以得到如下结论:如果农村能源与现代农业是互补关系,即二者在互相促进的条件下,二者的发展不会产生完全替代的融合现象,此时农村中原有的商品能源依然存在,但开始出现由二者融合产生的新能源产品提供给现代农业。

7.3.3 农村能源与现代农业呈竞争关系

当农村能源与现代农业由原来的互补关系转变为竞争关系,即系统的影响系数发生变化,由原来的正值变为负值,那么两系统之间的互动也会发生较大的变化。本研究主要分析三种情况:

(1) 当农村能源与现代农业的影响系数为 $c_{12}>0, c_{21}<0$ 时

令 $f_1=0, f_2=0$,计算特征矩阵 $\boldsymbol{B}$ 得:

$$\boldsymbol{B} = \begin{bmatrix} \frac{\partial f_1}{\partial X_1} & \frac{\partial f_1}{\partial X_2} \\ \frac{\partial f_2}{\partial X_1} & \frac{\partial f_2}{\partial X_2} \end{bmatrix} = \begin{bmatrix} a_1(N_1-2X_1+c_{12}X_2) & a_1c_{12}X_1 \\ c_{21}a_2X_2 & a_2(N_2-2X_2+c_{21}X_1) \end{bmatrix}$$

(7-8)

同理,不考虑该方程组的四个定态解,而只考虑 $B_1(N_1,0)$、$B_2(0,N_2)$。

①将 $B_1(N_1,0)$ 代入到式(7-8)中,得特征方程:$|\boldsymbol{B}(B_1)-\lambda\boldsymbol{E}|=0$,解得:

$$\lambda_1 = -a_1N_1 , \lambda_2 = a_2(N_2+c_{21}N_1)$$

从中可以看出:$\lambda_1=-a_1N_1<0$,而 $\lambda_2=a_2(N_2+c_{21}N_1)$ 则需要做具体分析。可以分为两种情况:

第一种情况:当 $\lambda_2=a_2(N_2+c_{21}N_1)>0$ 时,即 $-c_{21}<\frac{N_2}{N_1}$ 时,此时 $B_1(N_1,0)$ 是个鞍点,是个不稳定解,因此此时不会出现融合;

第二种情况:当 $\lambda_2=a_2(N_2+c_{21}N_1)<0$ 时,即 $-c_{21}>\frac{N_2}{N_1}$ 时,此时 $B_1(N_1,0)$ 是个定态解,即达到了稳定状态发展。

②将 $B_2(0,N_2)$ 代入式(7-8)中,得特征方程:$|\boldsymbol{B}(B_2)-\lambda\boldsymbol{E}|=0$,解得:

$$\lambda_1 = a_1(N_1+c_{12}N_2) , \lambda_2 = -a_2N_2$$

由于 $\lambda_1=a_1(N_1+c_{12}N_2)>0, \lambda_2=-a_2N_2<0$,因此 $B_2(0,N_2)$ 是个鞍点,为不稳定解。

由此可以看出,当农村能源对现代农业的替代效应处于不同的区间时,系统发展的路径是不相同的。具体而言,当 $0<-c_{21}<\frac{N_2}{N_1}$ 时,两个系统的互动不会促进融合的发生;但是当 $-c_{21}>\frac{N_2}{N_1}$ 时,则促进了融合的实现。因此 $-c_{21}=\frac{N_2}{N_1}$ 是系统

发展的分岔点与突变点。

(2) 当农村能源与现代农业的影响系数为 $c_{12}<0, c_{21}=0$ 时

在系统发展过程中,现代农业对农村能源的影响是负的,即表示存在明显的竞争或替代关系,会降低农村能源的市场容量;而农村能源对现代农业没有影响,即农村能源不促进其市场容量的扩大也不会降低其市场容量。此时可以用式(7-9)和式(7-10)来表示:

$$f_1 = \frac{\mathrm{d}X_1}{\mathrm{d}t} = a_1 X_1 (N_1 - X_1 + c_{12} X_2) \tag{7-9}$$

$$f_2 = \frac{\mathrm{d}X_2}{\mathrm{d}t} = a_2 X_2 (N_2 - X_2) \tag{7-10}$$

式中,$c_{12}<0, c_{21}=0$。

令 $f_1=0, f_2=0$,可得特征矩阵:

$$C = \begin{bmatrix} \frac{\partial f_1}{\partial X_1} & \frac{\partial f_1}{\partial X_2} \\ \frac{\partial f_2}{\partial X_1} & \frac{\partial f_2}{\partial X_2} \end{bmatrix} = \begin{bmatrix} a_1(N_1 - 2X_1 + c_{12}X_2) & a_1 c_{12} X_1 \\ 0 & a_2(N_2 - 2X_2) \end{bmatrix} \tag{7-11}$$

同样,这里仅对 $C_1(N_1, 0)$、$C_2(0, N_2)$ 两个点进行研究。

①把 $C_1(N_1, 0)$ 代入特征矩阵,得:

$$\begin{bmatrix} -a_1 N_1 & a_1 c_{12} N_1 \\ 0 & a_2 N_2 \end{bmatrix}$$

从中可以解出特征根为:

$$\lambda_1 = -a_1 N_1, \lambda_2 = a_2 N_2$$

由于 $\lambda_1 = -a_1 N_1 < 0, \lambda_2 = a_2 N_2 > 0$,因此 C_1 是个鞍点,为不稳定解。

②把 $C_2(0, N_2)$ 代入特征矩阵,得:

$$\begin{bmatrix} a_1(N_1 + c_{12} N_2) & 0 \\ 0 & -a_2 N_2 \end{bmatrix}$$

从中可以解出特征根为:

$$\lambda_1 = a_1(N_1 + c_{12} N_2), \lambda_2 = -a_2 N_2$$

由于 $\lambda_2 = -a_2 N_2 < 0$,而 $\lambda_1 = a_1(N_1 + c_{12} N_2)$ 未定,因此需要对 λ_1 分情况考虑。

第一种情况:当 $\lambda_1 = a_1(N_1 + c_{12} N_2) > 0$ 时,即 $-c_{12} < \frac{N_1}{N_2}$ 时,此时 $C_2(0, N_2)$ 是个鞍点,为不稳定解,农村能源与现代农业的融合没有完成;

第二种情况:当 $\lambda_1 = a_1(N_1 + c_{12} N_2) < 0$ 时,即 $-c_{12} > \frac{N_1}{N_2}$ 时,此时 $C_2(0, N_2)$

是定态解,即达到了稳定状态发展,从而意味着融合的实现或者完成,此时系统发展处于稳定状态,农村能源消亡。

(3) 当农村能源与现代农业间的影响系数为 $c_{12}<0, c_{21}<0$ 时

当农村能源与现代农业之间是相互替代关系,此时可以用式(7-12)、式(7-13)来表示:

$$f_1 = \frac{\mathrm{d}X_1}{\mathrm{d}t} = a_1 X_1 (N_1 - X_1 + c_{12} X_2) \tag{7-12}$$

$$f_2 = \frac{\mathrm{d}X_2}{\mathrm{d}t} = a_2 X_2 (N_2 - X_2 + c_{21} X_1) \tag{7-13}$$

式中,$c_{12}<0, c_{21}<0$。

令 $f_1=0, f_2=0$,可得特征矩阵 $\boldsymbol{D}$:

$$\boldsymbol{D} = \begin{bmatrix} \frac{\partial f_1}{\partial X_1} & \frac{\partial f_1}{\partial X_2} \\ \frac{\partial f_2}{\partial X_1} & \frac{\partial f_2}{\partial X_2} \end{bmatrix} = \begin{bmatrix} a_1(N_1 - 2X_1 + c_{12}X_2) & a_1 c_{12} X_1 \\ c_{21} a_2 X_2 & a_2(N_2 - 2X_2 + c_{21}X_1) \end{bmatrix}$$

$$\tag{7-14}$$

同样,在此不考虑方程组的四个定态解,而只考虑其中的 $D_1(N_1, 0)$、$D_2(0, N_2)$ 两个定态解。

① 把 $D_1(N_1, 0)$ 代入式(7-14)中,得特征矩阵:

$$\begin{bmatrix} -a_1 N_1 & a_1 c_{12} N_1 \\ 0 & a_2(N_2 + c_{21} N_1) \end{bmatrix}$$

解特征方程 $|\boldsymbol{D}(D_1) - \lambda \boldsymbol{E}| = 0$,得:

$$\lambda_1 = -a_1 N_1, \lambda_2 = a_2(N_2 + c_{21} N_1)$$

由于 $\lambda_1 = -a_1 N_1 < 0$,而 $\lambda_2 = a_2(N_2 + c_{21} N_1)$ 的正负未定,需要分情况具体考虑。

第一种情况:当 $\lambda_2 = a_2(N_2 + c_{21}N_1) > 0$,即 $-c_{21} < \frac{N_2}{N_1}$ 时,此时 $D_1(N_1, 0)$ 是个鞍点,为不稳定解,因此不会出现融合;

第二种情况:当 $\lambda_2 = a_2(N_2 + c_{21}N_1) < 0$,即 $-c_{21} > \frac{N_2}{N_1}$ 时,此时 $D_1(N_1, 0)$ 是定态解,即达到了稳定状态发展。

② 把 $D_2(0, N_2)$ 代入式(7-14)中,得特征矩阵:

$$\begin{bmatrix} a_1(N_1 + c_{12} N_2) & 0 \\ c_{21} a_2 N_2 & -a_2 N_2 \end{bmatrix}$$

解特征方程 $|D(D_2) - \lambda E| = 0$，得：

$$\lambda_1 = a_1(N_1 + c_{12}N_2), \lambda_2 = -a_2N_2$$

由于 $\lambda_2 = -a_2N_2 < 0$，而 $\lambda_1 = a_1(N_1 + c_{12}N_2)$ 的正负未定，需要分情况具体考虑。

第一种情况：当 $\lambda_1 = a_1(N_1 + c_{12}N_2) > 0$，即 $-c_{12} < \dfrac{N_1}{N_2}$ 时，点 $D_2(0, N_2)$ 是个鞍点，为不稳定解，即此时不会出现融合；

第二种情况：当 $\lambda_1 = a_1(N_1 + c_{12}N_2) < 0$，即 $-c_{12} > \dfrac{N_1}{N_2}$ 时，点 $D_2(0, N_2)$ 是定态解，即达到了稳定状态发展。

从上式中可以得到结论：当农村能源与现代农业互相竞争替代时，哪个系统被替代取决于两种情况，当现代农业对农村能源的替代效应大于农村能源与现代农业的最大潜在市场容量之比时，现代农业替代农村能源而实现融合；反之，当农村能源对现代农业的替代效应大于现代农业与农村能源的最大潜在市场容量之比时，农村能源替代现代农业而实现融合。

7.3.4 南通市农村能源与现代农业融合发展轨迹模拟

本书将对南通市 2001—2013 年农村能源与现代农业发展的相关数据进行分析整理，在确定 N_1、N_2、a_1、a_2、c_{12}、c_{21} 数值的基础上，运用上述所构建的数学模型式(7-1)、式(7-2)，采用 Maple 17.0 数学作图软件对南通市农村能源与现代农业之间的融合过程进行轨迹模拟，通过具体的图形来演示这两个系统在发展过程中的融合趋势。

其中，系统市场容量 N_1、N_2 可以以某一年的数据为基础，即以南通市每年消费的生产能源和生活能源之和为农村能源的最大市场容量 N_1，以南通市每年的农业总产值为现代农业的最大市场容量 N_2，从而预测出两个系统的发展趋势；系统增长速率 a_1、a_2 可以通过农村能源与现代农业前后两年的最大市场容量增长速度来确定；两个系统的竞争效应 c_{12}、c_{21} 可以通过不同系统在同一年的市场容量之比来确定，本书借鉴张功让(2011)、刘俊梅等(2013)的研究成果并结合南通市农村能源和现代农业的自身特征来确定，即 c_{12} 用现代农业当年最大市场容量的增量与农村能源同年最大市场容量的比值来确定，c_{21} 用农村能源当年最大市场容量的增量与现代农业同年最大市场容量的比值来确定，这样更能体现一个系统的发展对另一个系统的影响及其程度。

从 6.6 节南通市农村能源与现代农业总体融合度的计算结果中可以看出，自 2004 年以来如皋市的融合度开始明显提升，仅次于海安县和海门市，2008 年以后随着农村能源建设进程的加快，如皋市的融合度跃居南通市第一位，之后一直保持着明显优势,所以本节以如皋市为例进行融合度轨迹模拟分析。通过查阅 2001—2013 年《南通统计年鉴》及《南通市农村可再生能源消费统计表》,可以获得如皋市历年的基础数据 N_1、N_2。整理历年的 N_1、N_2、a_1、a_2、c_{12}、c_{21} 等相关参数(表 7-1),以此为代表分析南通市农村能源与现代农业之间的融合发展趋势。

表 7-1 如皋市农村能源与现代农业的相关数据表

年份	系统 x_1(农村能源)的相关系数			系统 x_2(现代农业)的相关系数		
2001		$N_1=0.168$			$N_2=0.324$	
2002	$a_1=0.016$	$N_1=0.170$	$c_{12}=0.095$	$a_2=0.050$	$N_2=0.340$	$c_{21}=0.008$
2003*	$a_1=-0.029$	$N_1=0.166$	$c_{12}=0.003$	$a_2=0.001$	$N_2=0.340$	$c_{21}=-0.014$
2004	$a_1=0.073$	$N_1=0.178$	$c_{12}=0.333$	$a_2=0.174$	$N_2=0.400$	$c_{21}=0.030$
2005	$a_1=0.018$	$N_1=0.181$	$c_{12}=0.134$	$a_2=0.061$	$N_2=0.424$	$c_{21}=-0.008$
2006	$a_1=0.038$	$N_1=0.188$	$c_{12}=0.072$	$a_2=0.032$	$N_2=0.437$	$c_{21}=0.016$
2007	$a_1=0.111$	$N_1=0.209$	$c_{12}=0.159$	$a_2=0.076$	$N_2=0.471$	$c_{21}=0.044$
2008	$a_1=0.103$	$N_1=0.230$	$c_{12}=0.507$	$a_2=0.248$	$N_2=0.587$	$c_{21}=0.037$
2009	$a_1=0.043$	$N_1=0.240$	$c_{12}=0.132$	$a_2=0.054$	$N_2=0.619$	$c_{21}=0.016$
2010	$a_1=0.112$	$N_1=0.267$	$c_{12}=0.252$	$a_2=0.109$	$N_2=0.686$	$c_{21}=0.039$
2011*	$a_1=-0.024$	$N_1=0.260$	$c_{12}=0.328$	$a_2=0.125$	$N_2=0.771$	$c_{21}=-0.008$
2012	$a_1=0.019$	$N_1=0.265$	$c_{12}=0.297$	$a_2=0.102$	$N_2=0.850$	$c_{21}=0.006$
2013	$a_1=0.180$	$N_1=0.313$	$c_{12}=0.234$	$a_2=0.086$	$N_2=0.924$	$c_{21}=0.052$

数据来源:《南通统计年鉴》(2002—2014)

表 7-1 中带 * 号的年份即 2003 年、2011 年均出现了 a 值小于 0 的情况,这和前述数学模型中规定的 a 值须为正值相违背,将这两个年份视为异常点,予以剔除。在得到相关系数之后,运用 Maple 17.0 数学软件,输入程序:

＞restart:
＞with(DE tools);
＞DEplot[diff($x_1(t),t$)=$a_1*x_1(t)*(N_1-x_1(t)-c_{12}*x_2(t))$,diff($x_2(t)$,$t$)=$a_2*x_2(t)*(N_2-x_2(t)-c_{21}$

$*x_1(t))$],[$x_1(t),x_2(t)$],$t=0,1,2,x_1(t)=0,1,2,\cdots,9,x_2(t)=0,1,2,\cdots,9$,[[$x_1(t)=0,x_2(t)=0.1$],[$x_1(t)=0,x_2(t)=9$],[$x_1(t)=0.1,x_2(t)=0$],[$x_1(t)=9$,$x_2(t)=0$],[$x_1(t)=0.1,x_2(t)=0.1$], [$x_1(t)=0.1,x_2(t)=0.5$],[$x_1(t)=$

$0.5, x_2(t)=0.1]$, $[x_1(t)=9, x_2(t)=1]$, $[x_1(t)=9, x_2(t)=2]$, $[x_1(t)=9, x_2(t)=3]$, $[x_1(t)=9, x_2(t)=4]$,

$[x_1(t)=9, x_2(t)=5]$, $[x_1(t)=9, x_2(t)=6]$, $[x_1(t)=9, x_2(t)=7]$, $[x_1(t)=9, x_2(t)=8]$, $[x_1(t)=1, x_2(t)=9]$, $[x_1(t)=2, x_2(t)=9]$, $[x_1(t)=3, x_2(t)=9]$, $[x_1(t)=4, x_2(t)=9]$, $[x_1(t)=5, x_2(t)=9]$, $[x_1(t)=6, x_2(t)=9]$, $[x_1(t)=7, x_2(t)=9]$, $[x_1(t)=8, x_2(t)=9]$, $[x_1(t)=9, x_2(t)=9]$, $[x_1(t)=1, x_2(t)=1]]$,

arrows=SLIM);

将表7-1中的数据代入上述程序,可以分别得到农村能源与现代农业在各个年份中的融合度轨迹模拟图(图7-2):

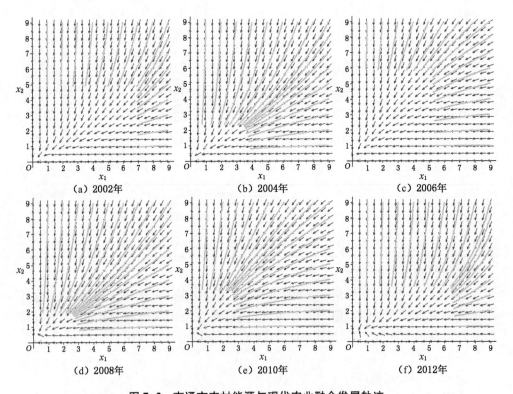

图7-2 南通市农村能源与现代农业融合发展轨迹

从上图中可以看出,2006年以前,南通市农村能源与现代农业之间虽然没有出现明显的融合点,但从两个系统箭头的方向看,已经开始出现了融合的趋势;2008年以后,已经开始出现了明显的融合点,并且融合点的位置靠近纵轴、横轴和零点,这意味着此时南通市农村能源与现代农业之间呈现明显的融合趋势,并且二者之间发展相对较为均衡,未来二者的融合度将会进一步提升。融合轨迹图的结果与第六章中融合度计算结果是吻合的。

7.4 南通市农村能源与现代农业融合发展的影响因素分析

根据前文所述,南通市农村能源与现代农业的融合受融合的一般规律支配,其融合程度与两大系统的关联、企业对于商业利润的追求、技术的进步与创新以及外围环境等因素有关。在前文分析的基础上,本节结合南通市的具体情况,基于AHP和DEMATEL分析法对各影响因素的影响程度予以量化分析,以把握各因素对于两大系统融合的影响程度。

7.4.1 融合影响因子的确定

任何系统的发展以及两大系统的融合均离不开其发展的内外部环境,根据南通市的具体情况,将从自然条件、经济条件、社会条件以及技术条件确定各影响因子并加以量化分析。

(1) 自然条件:主要包括废弃物资源、种质资源和后备耕地资源。南通市作为农业大市,现代农业的大规模发展必然会产生大量的废弃物,主要包括秸秆、畜禽粪便、农业加工业废料等;此外南通市拥有适宜发展能源种植业的甜高粱、甘薯、菊芋、油菜等种质资源和沿海滩涂、冬闲田等后备耕地资源。因此现有的自然条件不仅能满足农村能源与现代农业融合的需求,而且可以高效处理各种农业废弃物,使经济发展与生态建设协调一致。

(2) 经济条件:主要包括农村能源需求、市场竞争程度以及相关产业的发展程度。位于东部沿海地区的南通,农村经济发展一直走在全国前列,其所辖各县市均为全国百强县,经济的发展、生活水平的提高导致农村对于清洁优质能源的需求一直比较旺盛,而只有旺盛的能源需求才能有效刺激两大系统的融合。各种废弃物资源的多种利用方式、商品能源与优质生物质能源的竞争等则对生物质能源的生产成本与获利空间产生不同程度的影响;此外农村服务业、制造业等相关产业的发展也会对两大系统的融合产生举足轻重的影响。

(3) 社会条件:主要包括政府对两大系统融合的政策、剩余劳动力资源以及道路、管网等基础设施。农村能源与现代农业融合后形成许多新兴产业,而新兴产业的发展初期需要政府的大力支持,政府可以通过制定各种科技政策、经济政策和产业政策以扶持新兴产业的发展;此外融合后形成的许多劳动密集型产业,也需要足够的劳动力资源;为农村集中居住区、小城镇等提供优质能源,离不开道路、管网等各种基础设施。

（4）技术条件：主要包括生物质液体燃料技术、生物质气化技术、生物质固化技术、生物质发电技术以及沼气工程等。目前南通市利用较多的主要是生物质固化成型、生物质发电以及沼气工程等，其中沼气工程未来则倾向于发展大中型沼气工程，通过脱水、脱硫、净化、加压，生产生物质天然气，通过天然气管网以向周边农村集中居住区和小城镇集中供气、车用供气为主。

7.4.2 基于AHP的分析法

层次分析法是（Analytic Hierarchy Process，AHP）是美国运筹学家Saaty于20世纪70年代提出的一种定性与定量相结合的决策分析方法。其基本原理是将复杂问题分解为若干层次和若干因素，在各因素之间进行简单的比较和计算，得出不同方案重要性程度的权重，从而为最佳方案的选择提供依据。AHP决策方法具有广泛的实用性，常常用于多目标、多准则、多要素、多层次的非结构化的复杂地理决策问题。运用层次分析法做决策分析，通常包括建立层次结构模型、构造判断矩阵、计算权向量、层次总排序和一致性检验等步骤。

7.4.2.1 构建指标体系

基于前文提出的南通市农村能源与现代农业融合的影响因素，本文提出南通市农村能源与现代农业融合影响因素的层次结构图（图7-3）。

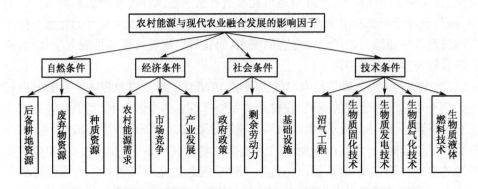

图7-3　南通市农村能源与现代农业融合发展影响因素的层次结构图

7.4.2.2 构造判断矩阵并进行一致性检验

本研究采用专家访谈的方式收集数据，为使收集的数据更加全面，受邀访谈的对象主要为沼气工程、秸秆能源化利用等生物质能源企业负责人以及从事能源专业研究的学者与教师、农村能源指导站工作人员，访谈内容为南通市农村能源与现代农业融合的影响因素及其相对重要性。为了确定元素对上一层次的相对重要性,通常采用Saaty教授提出的1~9及其倒数作为等级标度,其意义见表7-2。当上述5个标度等级不够的时候,可以使用2、4、6、8等数值表示相邻判断的中值。结果用各位专家判断值的众数进行处理。根据图7-3的结构层次模型,笔者构造了5个判断矩阵,分别为 **A—B**、**B_1—C**、**B_2—C**、**B_3—C**、**B_4—C**,利用方根法求取各判断矩阵的最大特征根。

表 7-2　　判断矩阵标度

标度 C_{ij}	意义
1	C_i 与 C_j 同等重要
3	C_i 比 C_j 重要一点
5	C_i 比 C_j 重要得多
7	C_i 比 C_j 更重要
9	C_i 比 C_j 极端重要
1,1/2,…,1/9	C_i 较 C_j 的影响与上述说明相反

因为农村能源产业与现代农业融合影响因素的复杂性、参与评判的各位专家的主观性,导致最终构造出的判断矩阵不一定能较好地满足一致性要求,因此需要对判断矩阵进行一致性检验。只有通过检验,才能说明判断矩阵在逻辑上是合理的,才能继续对结果进行分析。为了检验判断矩阵是否具有令人满意的一致性,需要将 CI 与平均随机一致性指标 RI 进行比较(见表7-3)。公式如下:

$$CR = CI/RI$$

式中,CR(Consistency Ratio)为一致性比例。当 $CR < 0.1$ 时,就认为该判断矩阵的一致性比较令人满意;当 $CR \geqslant 0.1$ 时,就需要对判断矩阵不断进行调整,直到其一致性令人满意为止。

表 7-3　平均随机一致性指标

阶数	1	2	3	4	5	6	7	8	9	10
RI	0	0	0.58	0.90	1.12	1.24	1.32	1.41	1.45	1.49

判断矩阵 **A—B**、**B_1—C**、**B_2—C**、**B_3—C**、**B_4—C** 的构造及检验结果见表7-4、表7-5、表7-6、表7-7、表7-8。从检验结果来看,各判断矩阵均满足一致性要求。

表 7-4　A—B 判断矩阵及层次单排序结果

A	B_1	B_2	B_3	B_4	W
B_1	1	3	3	3	0.469 0
B_2	1/3	1	3	5	0.307 7
B_3	1/3	1/3	1	1	0.118 8
B_4	1/3	1/5	1	1	0.104 5

$\lambda_{\max} = 4.260\ 4, CI = 0.086\ 8, RI = 0.9, CR = 0.096\ 4 < 0.10$

表 7-5　B_1—C 判断矩阵及层次单排序结果

B_1	C_1	C_2	C_3	W
C_1	1	3	1	0.327 5
C_2	1/3	1	2	0.412 6
C_3	1	1/2	1	0.259 9

$\lambda_{\max} = 3.053\ 6, CI = 0.026\ 8, RI = 0.58, CR = 0.046\ 2 < 0.10$

表 7-6　B_2—C 判断矩阵及层次单排序结果

B_2	C_4	C_5	C_6	W
C_4	1	3	7	0.669 4
C_5	1/3	1	3	0.242 6
C_6	1/7	1/3	1	0.081 0

$\lambda_{\max} = 3.007\ 0, CI = 0.003\ 5, RI = 0.58, CR = 0.006\ 0 < 0.10$

表 7-7　B_3—C 判断矩阵及层次单排序结果

B_3	C_7	C_8	C_9	W
C_7	1	3	3	0.593 6
C_8	1/3	1	2	0.249 3
C_9	1/3	1/2	1	0.157 1

$\lambda_{\max} = 3.053\ 6, CI = 0.026\ 8, RI = 0.58, CR = 0.046\ 2 < 0.10$

表 7-8　B_4—C 判断矩阵及层次单排序结果

B_4	C_{10}	C_{11}	C_{12}	C_{13}	C_{14}	W
C_{10}	1	3	5	3	2	0.425 8

续表

B_4	C_{10}	C_{11}	C_{12}	C_{13}	C_{14}	W
C_{11}	1/3	1	3	3	1	0.215 7
C_{12}	1/5	1/3	1	1	2	0.115 7
C_{13}	1/3	1/3	1	1	1	0.111 6
C_{14}	1/2	1	1/2	1	1	0.131 2

$\lambda_{\max} = 5.397\ 0, CI = 0.099\ 3, RI = 1.12, CR = 0.088\ 7 < 0.10$

根据 A—B 层以及 B—C 各层的层次单排序的权重值,可以计算出 C 层的层次总排序权重值,结果如表 7-9 所示。为了评价层次总排序结果的一致性,也需要进行一致性检验,计算综合检验指标,公式如下:

$$CR = \frac{\sum_{j=1}^{m} CI_j a_j}{\sum_{j=1}^{m} RI_j a_j}$$

$$= \frac{(0.026\ 8, 0.003\ 5, 0.026\ 8, 0.099\ 3)(0.469\ 0, 0.307\ 7, 0.118\ 8, 0.104\ 5)^T}{(0.58, 0.58, 0.58, 1.12)(0.469\ 0, 0.307\ 7, 0.118\ 8, 0.104\ 5)^T}$$

$$= 0.042\ 7 < 0.10$$

式中,CI_j 为本层层次单排序的 CI,RI_j 为本层层次单排序的 RI,a_j 为上层层次单排序的权重。在本研究中,总体 $CI = 0.027\ 2, RI = 0.636\ 4, CR = 0.042\ 7$,层次总排序具有令人满意的一致性。

表 7-9 层次总排序和一致性检验

	B_1	B_2	B_3	B_4	W
A	0.469 0	0.307 7	0.118 8	0.104 5	
C_1	0.327 5	0	0	0	0.153 6
C_2	0.412 6	0	0	0	0.193 5
C_3	0.259 9	0	0	0	0.121 9
C_4	0	0.669 4	0	0	0.206 0
C_5	0	0.242 6	0	0	0.074 6
C_6	0	0.087 9	0	0	0.027 0
C_7	0	0	0.593 6	0	0.070 5
C_8	0	0	0.249 3	0	0.029 6

续表

	B_1	B_2	B_3	B_4	W
C_9	0	0	0.157 1	0	0.018 7
C_{10}	0	0	0	0.425 8	0.044 5
C_{11}	0	0	0	0.215 7	0.022 5
C_{12}	0	0	0	0.115 7	0.012 1
C_{13}	0	0	0	0.111 6	0.011 7
C_{14}	0	0	0	0.131 2	0.013 7

$CI = 0.027\ 2, RI = 0.636\ 4, CR = 0.042\ 7 < 0.10$

根据前述计算结果，各判断矩阵以及层次总排序的检验均满足一致性要求，因此，利用层次分析法评价确定各种影响因素之间的相对重要程度是可行的。

7.4.3 基于 DEMATEL 的分析法

DEMATEL 分析法主要是运用矩阵原理和图论对系统因素进行分析的方法，以系统中各因素之间的逻辑关系为依据构建直接影响矩阵，在对矩阵进行相关计算后可以确定各因素在整个系统中的重要程度。

1) 建立直接影响矩阵并对矩阵规范化

构建直接影响矩阵 $\boldsymbol{C} = (C_{ij})_{n \times n}$（表 7-10），其中 C_{ij} 表示因素 C_i 对 C_j 的直接影响程度。用 0~1 标度来表示各因素之间的影响程度，其中 0、1 分别代表"没有影响"和"有影响"。若 $i = j$，则 $C_{ij} = 0$。这里主要通过专家打分来确定各因素间的相互影响程度，从而建立直接影响矩阵。

表 7-10 直接影响矩阵

	C_1	C_2	C_3	C_4	C_5	C_6	C_7	C_8	C_9	C_{10}	C_{11}	C_{12}	C_{13}	C_{14}
C_1	0	1	1	1	1	1	1	1	1	1	1	1	1	1
C_2	0	0	1	1	1	1	1	1	1	1	1	1	1	1
C_3	1	1	0	1	1	1	1	1	1	1	1	1	1	1
C_4	1	1	1	0	1	1	1	0	1	1	1	1	1	1
C_5	1	1	1	1	0	1	1	1	1	1	1	1	1	1
C_6	1	1	1	1	1	0	1	0	1	1	1	1	1	1
C_7	1	1	1	1	1	1	0	1	1	1	1	1	0	1

续表

	C_1	C_2	C_3	C_4	C_5	C_6	C_7	C_8	C_9	C_{10}	C_{11}	C_{12}	C_{13}	C_{14}
C_8	0	1	1	0	0	0	0	0	1	0	0	0	1	1
C_9	1	1	1	1	1	1	1	1	0	1	1	1	1	1
C_{10}	1	1	0	1	0	1	1	1	1	0	1	1	1	1
C_{11}	1	1	1	1	1	1	1	1	1	1	0	1	1	1
C_{12}	1	1	1	1	0	1	1	1	1	1	1	0	1	1
C_{13}	1	1	1	0	0	1	0	1	1	0	1	1	0	1
C_{14}	1	1	1	1	0	1	1	1	1	0	1	1	1	0

进一步对直接影响矩阵进行规范化处理,得到如下表所示的规范化直接影响矩阵(表 7-11)。计算公式如下:

$$\boldsymbol{B} = (b_{ij})_{n \times n}$$

$$b_{ij} = \frac{C_{ij}}{C_i}$$

$$C_i = \max\left\{\sum_{j=1}^{n} C_{ij}\right\}(i = 1, 2, 3, \cdots, n)$$

表 7-11 规范化直接影响矩阵

	C_1	C_2	C_3	C_4	C_5	C_6	C_7	C_8	C_9	C_{10}	C_{11}	C_{12}	C_{13}	C_{14}
C_1	0.000	0.077	0.077	0.077	0.077	0.077	0.077	0.077	0.077	0.077	0.077	0.077	0.077	0.077
C_2	0.000	0.000	0.077	0.077	0.077	0.077	0.077	0.077	0.077	0.077	0.077	0.077	0.077	0.077
C_3	0.077	0.077	0.000	0.077	0.077	0.077	0.077	0.077	0.077	0.077	0.077	0.077	0.077	0.077
C_4	0.077	0.077	0.077	0.000	0.077	0.077	0.077	0.000	0.077	0.077	0.077	0.077	0.077	0.077
C_5	0.077	0.077	0.077	0.077	0.000	0.077	0.077	0.077	0.077	0.077	0.077	0.077	0.077	0.077
C_6	0.077	0.077	0.077	0.077	0.077	0.000	0.077	0.077	0.077	0.077	0.077	0.077	0.077	0.077
C_7	0.077	0.077	0.077	0.077	0.077	0.077	0.000	0.077	0.077	0.077	0.077	0.077	0.000	0.077
C_8	0.000	0.077	0.077	0.000	0.000	0.000	0.000	0.000	0.077	0.000	0.000	0.000	0.077	0.077
C_9	0.077	0.077	0.077	0.077	0.077	0.077	0.077	0.077	0.000	0.077	0.077	0.077	0.077	0.077
C_{10}	0.077	0.077	0.000	0.077	0.000	0.077	0.077	0.077	0.077	0.000	0.077	0.077	0.077	0.077
C_{11}	0.077	0.077	0.077	0.077	0.077	0.077	0.077	0.077	0.077	0.077	0.000	0.077	0.077	0.077
C_{12}	0.077	0.077	0.077	0.077	0.000	0.077	0.077	0.077	0.077	0.077	0.077	0.000	0.077	0.077
C_{13}	0.077	0.077	0.077	0.000	0.000	0.077	0.000	0.077	0.077	0.000	0.077	0.077	0.000	0.077
C_{14}	0.077	0.077	0.077	0.077	0.000	0.077	0.077	0.077	0.077	0.000	0.077	0.077	0.077	0.000

2) 综合影响矩阵

为了计算各影响因素对农村能源与现代农业融合的综合影响程度,需要求得综合影响矩阵 $\boldsymbol{T}=\boldsymbol{B}(\boldsymbol{I}-\boldsymbol{B})^{-1}$(表 7-12),其中 $\boldsymbol{I}$ 为单位矩阵。利用综合影响矩阵求得中心度。若中心度越大,则说明该影响因子就越重要。中心度 $h_i = f_i + g_i (i=1,2,3,\cdots,n)$,综合反映了该因子对农村能源与现代农业融合的重要性,其中影响度 $f_i = \sum_{j=1}^{n} t_{ij} (i=1,2,3,\cdots,n)$,表明影响因子 C_i 对其他影响因子的综合影响程度;被影响度 $g_i = \sum_{j=1}^{n} t_{ji} (i=1,2,3,\cdots,n)$,表明影响因子 C_i 受其他影响因子的综合影响程度。

表 7-12 综合影响矩阵

	C_1	C_2	C_3	C_4	C_5	C_6	C_7	C_8	C_9	C_{10}	C_{11}	C_{12}	C_{13}	C_{14}	f_i
C_1	0.516	0.676	0.637	0.591	0.458	0.636	0.591	0.555	0.676	0.542	0.636	0.636	0.633	0.676	8.459
C_2	0.479	0.556	0.591	0.549	0.426	0.591	0.549	0.516	0.627	0.504	0.591	0.591	0.588	0.627	7.784
C_3	0.588	0.676	0.591	0.591	0.458	0.636	0.591	0.555	0.676	0.542	0.636	0.636	0.633	0.676	8.459
C_4	0.573	0.654	0.616	0.505	0.448	0.620	0.576	0.470	0.654	0.530	0.620	0.620	0.613	0.654	8.153
C_5	0.573	0.654	0.616	0.576	0.448	0.620	0.576	0.470	0.654	0.530	0.620	0.620	0.613	0.654	8.152
C_6	0.573	0.654	0.616	0.576	0.448	0.576	0.576	0.470	0.654	0.530	0.620	0.620	0.613	0.654	8.152
C_7	0.557	0.640	0.603	0.565	0.439	0.603	0.493	0.526	0.640	0.519	0.603	0.603	0.534	0.640	7.965
C_8	0.200	0.307	0.294	0.201	0.150	0.222	0.201	0.195	0.307	0.179	0.222	0.222	0.293	0.307	3.297
C_9	0.588	0.676	0.637	0.591	0.458	0.636	0.591	0.555	0.604	0.542	0.636	0.636	0.633	0.676	8.459
C_{10}	0.505	0.581	0.481	0.507	0.327	0.546	0.507	0.482	0.581	0.394	0.546	0.546	0.544	0.581	7.130
C_{11}	0.588	0.676	0.637	0.591	0.458	0.636	0.591	0.555	0.676	0.542	0.565	0.636	0.633	0.676	8.459
C_{12}	0.547	0.629	0.593	0.550	0.360	0.592	0.550	0.522	0.629	0.505	0.592	0.520	0.590	0.629	7.808
C_{13}	0.430	0.495	0.471	0.366	0.273	0.465	0.366	0.416	0.495	0.330	0.465	0.465	0.398	0.495	5.931
C_{14}	0.511	0.587	0.559	0.513	0.337	0.553	0.513	0.487	0.587	0.405	0.553	0.553	0.551	0.516	7.225
g_i	7.228	8.459	7.917	7.270	5.416	7.904	7.270	6.774	8.460	6.595	7.904	7.904	7.868	8.461	
h_i	15.688	16.243	16.376	15.423	13.569	16.056	15.235	10.071	16.918	13.725	16.363	15.709	13.799	15.684	

7.4.4 综合影响度计算

由于 AHP 法和 DEMATEL 法均受到专家判断主观片面性的干扰,为了降低

AHP 法和 DEMATEL 法的主观片面性,构造综合影响程度 $x_i = \dfrac{h_i w_i}{\sum_{j=1}^{n} h_j w_j}(i=1,2,\cdots,n)$,其中 w_i 为层次分析法所得到的总权值,见表 7-13。该指标可以很好地综合 AHP 法和 DEMATEL 法的优势,并能准确地描述出各影响因素的重要性。

表 7-13　综合影响度

h_i	15.688	16.243	16.376	15.423	13.569	16.056	15.235	10.071	16.918	13.725	16.363	15.709	13.799	15.684
w_i	0.154	0.194	0.122	0.206	0.075	0.027	0.071	0.030	0.019	0.044	0.023	0.012	0.012	0.014
$h_i w_i$	2.416	3.151	1.998	3.177	1.018	0.434	1.082	0.302	0.321	0.604	0.376	0.189	0.166	0.220
x_i	0.156	0.204	0.129	0.206	0.066	0.028	0.070	0.020	0.021	0.039	0.024	0.012	0.011	0.014

7.4.5　影响因子的贡献作用分析

从表 7-13 中可以看出,南通市农村能源与现代农业融合的影响因素中自然条件和经济条件的影响程度较大,而社会条件和技术条件相对而言影响程度较小。

1) 自然条件的影响

自然条件中的三个因子总体影响程度都比较大,尤其是废弃物资源,其影响程度达到 0.204,仅次于经济条件中的农村能源需求,居于第二位。前文 5.2.1 生物质资源一节研究结果表明,南通市农村地区具有丰富的可用于能源的各种废弃物资源,包含 105 万 t 标煤的秸秆、20 万 t 标煤的农业加工业副产品、108.6 万 t 标煤的人畜禽粪便,其总量相当于 2020 年南通市农村能源预测消费量的 42%。因此丰富的农业废弃物资源为农村能源与现代农业的融合发展奠定了扎实的物质基础。但同时也要看到,在可再生资源中秸秆不像太阳能、风能和水能那样可以直接从自然界中直接获取,而是涵盖了秸秆的收集、加工、存储、运输和预处理等环节。秸秆的含糖量较多,容易发生霉烂,不易被储存,其次秸秆自身蓬松、质轻、易燃的特性使得秸秆即使打捆后运输也比较困难,因此秸秆能源化利用的最大问题是原料的收集、运输和储存。此外在秸秆收获季节,周围的造纸厂、草绳厂、秸秆板材企业等以秸秆为原料的企业之间常常存在原料争夺现象,迫使秸秆发电厂扩大运输半径,如东秸秆发电厂甚至将秸秆收购范围扩大到连云港、淮阴等地,由此导致秸秆运输成本、到厂价格大大提高。即便在南通市范围内,由于人均耕地面积较少,最小的地块只有几分地,大中型的收割机、秸秆粉碎机或打捆机根本无法下地,也就无法实现秸秆的机械化处理,焚烧秸秆也就成了当地农民迫不得已的选择。

后备耕地资源和种质资源也具有较大的影响,其影响程度分别达到 0.156、

0.129。农村能源与现代农业的融合发展需要大量的土地资源,原因是以秸秆为代表的农业废弃物的堆积密度都很小,稻草、麦秸的堆放密度仅为 50~120 kg/m³,这就使得废弃物的堆放和储存需要足够的空间;此外能源作物和能源林的种植对土地数量的要求也较高,以乙醇生产为例,我国目前的乙醇生产水平大约为 1.40~4.81 t/hm²(田宜水等,2007),其中单位面积乙醇产量最高的为甘蔗,为 4.81 t/hm²,甘薯的乙醇产量较高为 3.03 t/hm²,最低的为小麦,为 1.40 t/hm²,这意味着以甘薯为原料建一个年产 30 万 t 的乙醇生产企业,至少需要 10 万 hm² 的土地。南通市地处长江三角洲,是我国的九大商品粮基地之一,所以有限的耕地资源首先要保证粮食生产,因此能够用来种植能源作物生产乙醇只能是不能发展粮食生产的质量较差的耕地,主要是沿海滩涂中的潮间带,此外本地稻田的冬闲季节可以扩种或移栽油菜、通过合理套种等方式以最大限度地发展能源作物的种植。

种质资源对于能源作物的种植或能源林的发展同样具有重要作用。适宜南通地区发展的能源作物主要有适宜生产乙醇的甜高粱、甘薯和菊芋,用来生产生物柴油的冬油菜、黄连木、乌桕和蓖麻等。其中最有可能大规模发展生物能源的是油菜,中国科学院油料作物研究所所长王汉中认为,如果充分利用长江流域的几亿亩稻田种植冬油菜,那么生物柴油的产量近期可达到千万吨级,远期"可相当一个永不枯竭的绿色大庆"(王汉中,2006)。但是在能源作物发展的过程中,农业部门可能会倾向于种植某一种能源效益高的作物(如甘蔗,油棕榈等)而不实行轮作,这就可能导致减少作物和农业生物的多样性,从而造成农业生态系统的单一化和功能的减退(Turner et al,2008)。为了追求能源作物的产出效率和对恶劣环境的适应,人们往往倾向于引进能源作物而忽略其可能对生态环境的冲击和破坏作用,例如以麻风树为代表的具有野草特性的能源作物可能具有变成侵入性物种的潜在风险;或者转而依靠转基因作物,虽然用以生产生物质能源的转基因作物不存在食品安全问题,但转基因能源作物可能会造成与野生亲缘的交叉授粉,由此影响生物的多样性(Turner et al,2008;Muller et al,2008),此外其是否会对种植者造成伤害、是否会破坏当地自然生态环境、是否会催生出变异物种、是否对当地土壤造成伤害等均需要慎重考虑。

2) 经济条件

在所有影响因子中,农村能源需求的综合影响度最高,达到 0.206。这种能源需求一方面表现为南通市农村生产生活过程中能源需求的绝对量比较大,前文 5.1.3 预测结果表明到 2025 年南通市农村能源需求量将达到 560 万 t 标煤左右;另一方面表现为农村对优质的清洁能源的需求,即能源消费的低碳化、绿色化。正是这种能源需求为农村能源与现代农业的融合发展提供了必要性。根据我国全面建设小康社会的目标,未来 20 年内我国农民人均纯收入仍将保持 5%~6% 的增长率,实现从基本小康向宽裕型小康生活的跨越。因此城市化水平的提高和农业现代化的发展促使农村能源消费需求不断增长。城市化意味着农村居民生活质量的提高,富裕后的农民有能力购买更多的家用电器和各种耐用消费品,由此导致生活能源消费的增长。此外现代农业的发展促使农业生产率不断提高,生产率的提高主要依赖于政策和科技,但同时也离不开物质投入,尤其是机械。因为在农业现代化的过程中,农业机械化已经成为现代农业的重要前提、促进农民增收和农业生产增效的有效途径、农业科技应用的主要载体、实现农业产业化的重要手段、建设社会主义新农村的重要内容和构建和谐社会的必然要求(陈锐等,2009),因此机械化的过程会带来农机总动力的不断提升,由此导致农村生产、农业消费不断增长。

农村能源与现代农业的融合发展离不开包括现代农业、农村能源产业、先进的制造业和农村服务业等相关产业的大力发展和支持。传统农业中小规模的种植业产生的秸秆可以用作农家炊事燃料、草木灰可以用作肥料、作物藤叶可以喂养牲畜、畜禽粪便可以用来肥田,基本没有"废弃物"。但是在大规模的现代农业发展过程中,种植业会带来数量可观的秸秆,养殖业会带来大量的畜禽粪便,农业加工业则产生棉籽、稻壳、玉米芯等加工业废弃物,这些废弃物如果处理不当,会对当地的土壤、水源、大气等产生严重的污染和破坏,甚至危及人们的身体健康。但是如果处理得当,那么这些废弃物将成为农村能源与现代农业融合发展的重要原料。将这些原料充分利用起来,需要利用可以利用的劳动力及时收储原料;需要与之规模相适应的沼气工程、秸秆发电、固化成型等各种农村能源产业及时通过气化、液化、固化等途径处理原料;需要发达的制造业为之提供各种加工设备;需要各种技术人才保证加工设备的正常运转。

从经济效益看,现有的可再生能源利用成本明显高于常规能源,因此在市场竞争中很难有立足之地。但是农村能源与现代农业的融合发展可以产生可观的外部效益和环境效益,如果能大力推进现代农业,通过合理规划、适当布局使得生物质燃料的收储进一步集中化、规模化和市场化,通过技术进步减少生产成本,尤其是政府给予弱质产业的大力支持,那么面对激烈的市场竞争,可以吸引更多的企业与资本进入融合发展的产业链,从而使得相关企业也能站稳脚跟,拥有一席之地,促进其健康发展。

3) 社会和技术条件

从社会条件层面看,政府政策的影响程度较大。为了促进农村能源产业与现代农业的融合,在国家先后出台《国务院办公厅关于加快推进农作物秸秆综合利用的意见》《关于印发"十二五"农作物秸秆综合利用实施方案的通知》《农村可再生能源条例》等政策和文件的基础上,江苏省政府先后出台了《江苏省能源节约条例》《畜禽规模养殖污染防治条例》等文件,为二者的融合提供了政策支持。秸秆发电、沼气工程、户用沼气、秸秆固化成型等农村能源产业从星星之火形成燎原之势,迅速发展。以南通市为例,目前南通共有30家万头以上生猪规模养殖场,建设大型沼气工程28处,总装机容量为3 050万kW,如果能将沼气工程技术全面推广,全市每年可增加清洁电能2 000万kW·h以上,相当于1.2万户家庭全年用电量,每年减排二氧化碳超过2万t,具有非常可观的经济效益、能源效益、社会效益和环境效益(蔡建康,2015)。新近发布的《中共中央关于制定国民经济和社会发展第十三个五年规划的建议》中同时明确提出了"经济保持中高速增长"与"生态环境质量总体改善",生态环境质量的改善必须依赖清洁能源,而在清洁能源中,生物质能源的发展潜力最为可观约占到一半,分别是水电和风电的2倍、3.5倍;"十三五"规划建议中五大发展理念中协调发展、绿色发展与共享发展,均是生物质能源的优势所在。这些都为农村能源与现代农业的融合发展提供了优越的政策环境。

从技术条件层面看,目前南通市生物质能源化项目大多为户用沼气、沼气工程、秸秆固化成型和秸秆发电等,尤其是户用沼气的技术相对比较成熟,因而具有较高的经济效益。但仅仅依靠户用沼气系统既无法处理现代农业大发展所产生的废弃物,也无法满足现代农业发展的用能需求,因此农村能源与现代农业的融合发展必须由农户层次向社区层次发展,并最终实现其集约化生产与发展。这就需要逐步解决各种发展方式存在的问题,对沼气工程来讲,不仅将其视为处理农业部门排放的各种废弃物的途径,还应该将其用于发电、热电联供、提纯为生物甲烷进入供气系统管道或用于汽车;对固体成型燃料来讲,因其可以满足炊事和取暖的双重能源需求,地区适应性较广,应建设区域性生产配送网络或集中供应系统;秸秆发电和热电联供已经成为规模化利用秸秆生产清洁能源,解决农村秸秆乱燃、乱堆问题的有效途径,可以考虑发展秸秆与煤炭混燃,从而大大提高其经济效益;秸秆气化的技术尚未成熟,没有市场竞争力,其中并网困难成为其发展的最大障碍。而利用生物质能源制取生物柴油、乙醇等液体燃料项目还不多见,能源作物的种植目前尚未开始,但是南通地区可观的冬闲田、沿海滩涂和潮间带,大量的耐盐碱能源物种资源,这些有利条件均为日后液体燃料的发展奠定了坚实的资源基础。

7.5 本章小结

本章主要从三个方面论述农村能源与现代农业融合发展的机理,包括揭示二者的融合动力系统、剖析融合过程、分析融合影响因素及其影响程度。

从融合动力系统看,农村能源与现代农业之间的紧密关联成为其融合的前提条件;各企业对经济效益的追求为二者的融合提供了内在驱动力;技术进步和创新成为融合的外在推动力;适宜的外围环境为融合提供了发展支持力。

从融合过程看,当农村能源与现代农业之间没有任何联系时,二者不可能发生融合;当农村能源与现代农业之间呈现互补关系时,不会产生完全替代的融合现象,即原有的农村商品能源没有完全退出现代农业的生产领域,而是二者在新的能源技术基础上交叉融合,出现了新的农村能源产品提供给现代农业,这是未来二者融合发展的理想结局;当农村能源与现代农业处于完全竞争的状态时,哪个系统被替代取决于两种情况,当现代农业对农村能源的替代效应大于农村能源与现代农业的最大潜在市场容量之比时,现代农业替代农村能源而实现融合,反之,当农村能源对现代农业的替代效应大于现代农业与农村能源的最大潜在市场容量之比时,农村能源替代现代农业而实现融合。利用 Maple 17.0 软件分析南通市农村能源与现代农业的融合过程,结果表明,2006 年以前,二者之间虽然没有出现明显的融合点,但从两个系统箭头的方向看,已经开始出现了融合的趋势;2008 年以后,已经开始出现了明显的融合点,并且融合点的位置靠近纵轴、横轴和零点,这意味着此时南通市农村能源与现代农业之间呈现明显的融合趋势,并且二者之间发展相对较为均衡,未来二者的融合度将会进一步提升。相关融合轨迹图的结果与第六章中融合度计算结果是吻合的。

从融合影响因素看,首先从自然条件、经济条件、社会条件以及技术条件确定各影响因子,其次基于 AHP 和 DEMATEL 分析法计算各影响因子的综合影响度。研究结果表明,自然条件和经济条件对于南通市农村能源与现代农业融合的影响程度较大,社会条件和技术条件相对而言影响程度较小,其中影响程度最大的主要有农村能源需求和废弃物资源。

8 南通市农村能源与现代农业融合发展的模式

8.1 南通市农村能源与现代农业融合发展存在的问题

8.1.1 较高的收集机会成本降低资源利用率

目前对农户而言,秸秆利用的方式主要包括用作生活燃料、秸秆还田、饲料、秸秆沼气和出售,其利用的成本包括了时间成本、经济成本和可观的机会成本等,主要表现为秸秆还田机具的购置成本或秸秆还田过程中所花费的机械成本、沼气池的修复和维护成本、秸秆收储和出售过程中花费的劳动力成本及运输成本等。在现有的家庭联产承包责任制下,一般农户的经营规模都不足 1 hm², 南通市人均耕地更少,尚不足 0.1 hm²。以秸秆还田为例,如果将秸秆全部还田,那么需要购置大功率的秸秆还田机械,由此导致每公顷还田作业成本将增加 600 元,这对经济效益本来就不高的农业以及收入较低的农民而言增加了经济压力。此外秸秆急需收储的时间也正是农忙时节,因忙于抢收抢种农民无暇顾及废弃的秸秆;收储一亩地秸秆带来的销售收入只有几百元,为了收储秸秆农民必须放弃外出务工或经商可能获得的较高收入。对农民而言,收储秸秆的机会成本太高,反之,直接焚烧不仅成本低而且非常便利。更何况年轻的农民并不愿意从事收集秸秆这种又脏又累的农活。因此每到收割大忙季节,虽然已经看不到以往的大肆焚毁秸秆、烟雾滚滚的现象,但在地头、田边、河边依然能看到废弃的秸秆,甚至还会有农民乘着夜间偷偷焚烧秸秆。

近几年来南通的畜禽养殖业发展非常迅速,且规模化、集约化养殖不断发展,现有规模化养殖场近 25 000 家,其中大中型养殖场近 10 000 家,万头以上养殖场有 30 家,而且养殖技术水平和养殖效益也在不断提高。目前畜牧业对促进农业增效、农民增收、保障居民"菜篮子"供应发挥了重要贡献,成为农民致富奔小康的重要途径。但是南通畜禽养殖业存在着发展方式粗放、集约程度不高、污染防治滞后等问题,畜禽粪便直排现象依然存在,而且畜禽粪便排放量也在剧增,导致产生了严重的农村面源污染,已经成为农村脏乱差的重要原因,同时还是引发农村社会矛盾的不稳定因素之一。相关研究表明(张涛依等,2013),南通市畜禽粪便对水环境的污染很严重,其污染源主要为 TN、TP 和 COD_{Cr},从污染物的地区分布来看,主要集中在如皋市、如东县和海安县等北三县市(表 8-1)。无论是秸秆的废弃或焚烧、畜禽粪便的随意排放都意味着现有的农业废弃物资源均没有得到充分的利用,从而产生了"室内现代化,室外脏乱差"的现象。

表 8-1 畜禽粪便污染源污染物的等标排放物　　　　　　　　　单位:m^3

地区	COD_{Cr}	TN	TP	合计
海安县	2 504.67	3 235.54	3 186.19	8 926.40
如东县	2 838.78	3 884.85	3 451.88	10 175.51
如皋市	2 833.17	4 027.42	3 382.81	10 243.40
通州市	1 477.78	2 054.14	1 818.90	5 350.82
海门市	793.11	935.19	1 155.51	2 883.81
启东市	1 035.30	1 328.12	1 485.66	3 849.08
南通市区	236.99	323.72	258.17	818.88
合计	11 719.80	15 788.98	14 739.12	42 247.90

8.1.2 较低的支持力度抑制了农村清洁能源的发展

目前我国可再生能源的管理涉及许多部门,各部门职能的交叉导致职能分散、缺位以及职责不清等诸多问题;此外可再生能源发展的许多政策具有号召性,但普遍缺乏操作性。如《可再生能源法》虽然把生物柴油作为生物质能序列列入鼓励发展的范畴,但由于缺乏具体的程序性规定和相关标准,使得生物柴油难以进入正常销售渠道;同样,《可再生能源中长期发展规划》对清洁能源配额做了相关规定,但因为没有具体强制性的实施细则,导致不少企业没有完全落实。

在农村能源系统中,沼气和太阳能、风能同属于清洁能源,但二者所享受到的优惠政策截然不同。江苏省为了扶持太阳能光伏发电产业的发展,加大对光伏发电电价附加补助力度,明确在 2012—2015 年期间,对全省新投产的非国家财政补贴光伏发电项目,实行地面、屋顶、建筑一体化,每千瓦·时上网电价分别确定为 2012 年 1.3 元、2013 年 1.25 元、2014 年 1.2 元和 2015 年 1.15 元,分别比国家高 0.3 元、0.25 元、0.2 元和 0.15 元,并且发电单位或个人可以将自己所发的电力全部上网,很显然现有政策对太阳能光伏发电给予的支持力度比较大。

但生物质发电面临截然不同的情况。一方面生物质发电项目的成本总体较高,其工程造价约在 8 000~10 000 元/kW 之间,为燃煤发电机组造价的 2 倍多;此外生物质原料不像风能、太阳能、水能那样可以直接从自然界中获取,其原料分布广泛,需要收集、堆放、加工,大量的人工消耗导致燃料成本很高,复杂的上料系统又增加了运行维护成本。以江苏国信如东生物质发电有限公司为例,秸秆到厂前的成本涵盖了收购成本、运输成本、装卸和预处理成本,目前其秸秆收购范围已经扩大到如东、通州、如皋和海安等地,最大收购范围直径达到 200 km,导致秸秆到厂的成本已经超过了 300 元/t,而其在淮安、宿迁、连云港等地收购秸秆的到厂价格最高则达到 480 元/t(张钦等,2010)。海安绿源生物质能源有限公司的秸秆收购价稍低,也达到 280 元/t,不断上涨的原料价格使得企业难以在市场竞争中获利。

目前生物质发电补贴项目在脱硫燃煤机组标杆电价的基础上加补贴 0.25 元/kW·h,再根据《可再生能源电价附加补贴和配额交易方案》对可再生电力能源项目增加 0.1 元/kW·h 的临时补助,所以总体补贴标准是脱硫标杆电价加 0.35 元/kW·h。以江苏为例,江苏省脱硫燃煤机组标杆上网电价为 0.43 元/kW·h,加上补贴,生物质发电价格可以达到 0.78 元/kW·h,而根据目前的燃料价格行情,至少要达到 0.8 元/kW·h 以上企业才能实现盈利。更何况未来秸秆等生物质资源的利用方式更加多样,同时饲料和工业原料的作物秸秆需求将显著增加,不断上升的人工成本都将进一步压缩生物质能源企业的获利空间,从而导致企业发展举步维艰。

沼气发电前景也不容乐观。《可再生能源法》鼓励建设规模较大的发电厂,但是它仅允许装机容量超过 500 kW 的发电机组并网,而目前南通地区的大中型沼气发电站的总装机容量已经超过了 3 000 kW,但单机容量都在 150 kW 以下,距离国家规定的并网发电的条件尚很远。从政策来看,分布式沼气发电与分布式光伏发电,政策待遇悬殊,主要表现在:光伏发电的新能源补贴价格是 0.42 元/kW·h,而沼气发电的补贴只有 0.25 元/kW·h,其补贴的力度远远小于太阳能光伏发电;光伏发电是按照实际发电量给予补贴,而沼气发电只有上网才享受补贴,前者能充分享受国家上网电价差额政策,后者只有自发自用后,盈余部分上网才享受补贴;光伏发电自发自用电量免收可再生资源电价附加、国家重大水利工程建设基金、大中型水库移民后期扶持基金、农网还贷基金等政务性基金,包括分布式沼气发电在内的其他分布式电源则不享受这个政策,照征不误(丁亚鹏,2015)。

8.1.3 偏低的素质降低废弃物循环利用的意识和能力

促进农村能源与现代农业的融合发展需要的是有文化、懂技术、会经营的新型农民。南通虽然在全国是有名的教育大市,但是农村子弟跳出农门后从事农业生产的几乎没有,因此现有从事农业生产的农民整体文化素质并不高(表 8-2)。在

2014年农村生活能源消费入户调查中,南通各县市户主的文化程度在小学文化及以下的占据了30.77%(其中如东县该比例高达36.36%),初中文化程度的户主比例最高,达到42.52%,高中或中专占到22.10%,而具有大专及以上学历的比重最低,只有4.62%(其中启东市该比例最低,尚不足2%)。从农民的年龄层面看,调查中发现南通大部分县市超过65岁的老年农民比例超过1/3。由于农村经济的发展条件限制以及农民自身文化素质、身体素质比较低的影响,导致农民主动获取农村能源与现代农业融合发展的技术能力受到限制,农业废弃物再次循环利用的意识薄弱。

表8-2　2014年南通市农民文化程度　　　　　　　　单位:%

	海安县	如皋市	如东县	通州市	启东市	海门市	南通市
小学及以下	26.37	35.16	36.36	32.73	13.64	23.94	30.77
初中	38.46	42.97	35.54	42.73	59.09	42.25	42.52
高中及中专	26.37	18.36	24.79	20.00	25.76	25.35	22.10
大专及以上	8.79	3.52	3.31	4.55	1.52	8.45	4.62

数据来源:根据实地调查的数据整理

对一些发展已经初具规模的企业负责人来讲,他们知道畜禽粪便排放带来的危害,但局限于自身的经济实力无法解决。例如海门市圣洁牧业有限公司负责人非常清楚"沼气排入大气中,会加重温室气体排放,造成环境二次污染",但是"猪场年出栏生猪2万余头,每天产生的猪粪达五六十吨,若按每天猪粪的数量进行有效处理,至少需要5套系统,投资差不多需要2 000万元,猪场哪能拿得出来啊"?因此养殖场规模越大,产生的畜禽粪便越多,真正经过发酵处理的只有20%左右,绝大多数猪粪基本上没有经过发酵就出来了,导致猪粪恶臭状况未能彻底扭转。

8.1.4　不协调的产业结构和技术瓶颈削弱废弃物能源化利用能力

5.3.1.3中研究结果表明南通市的农业产业结构中具有比较优势的是畜牧业、渔业和服务业,种植业与养殖业分离趋势比较明显。从事养殖业的不再从事种植业,并且畜禽养殖业的规模迅速发展,产生了大量的粪便。由于南通地区每户拥有的承包地块较小,且土地流转的速度并不快,导致小规模的种植业无法消耗较大规模养殖业所产生的大量畜禽粪便,农户在畜禽粪便做肥料的时候或者直接施肥,而一次利用并不能使其中所含有的钙、磷等营养物质得到有效发挥;或者偷偷将其排放到池塘、沟渠、下水道或田间。目前畜禽饲养场排放的粪便已经成为化学需氧量的最大来源,远远超过了工业废水和城市生活污水化学需氧量的总和,严重影响了农作物及其他农产品的质量和安全。

此外，从事种植业的不再从事养殖业，并且种植业逐渐转向省工、省力、清洁的栽培方式，导致传统的有机肥料制存技术已经不能适应现代农业的发展，农田肥料转而依靠化肥。沼气生产过程中的大量沼渣和沼液养分含量较低而体积大、无害化程度低而臭味大、处理过程的劳动率较低而劳动强度大，这"三低三高"导致沼渣沼液综合利用消耗的人力大约是化肥的 10 倍，因此农户大多不愿意利用沼渣沼液，加深了对化肥的依赖程度。由此导致秸秆或被焚毁，或乱抛乱弃，沼渣沼液的综合利用程度很低，废弃物中的氮磷钾等有机营养元素损失严重，不能返回到农业生态系统的循环中，导致其使用效率大大降低。

目前户用沼气、秸秆固化成型燃料等技术已经趋于成熟，但在实际的应用过程中仍然有许多关键技术不够成熟，主要包括沼气的脱硫提纯、沼气厌氧生物制剂的开发、生物质气化合成液体燃料技术、农业废弃物生产热解油技术、高浓度的有机废水处理技术等，上述关键技术的不成熟使得农业废弃物的再生产品形式单一、能源储存难、附加值较低，也大大降低了资源的利用效率。例如以玉米秸秆为原料制备生物燃气，其物质转化效率仅为 37.5%，发酵剩余物中约 60% C 元素和超过 90% N 元素未得到有效利用(牛红志等，2014)。

8.2 国外农村能源与现代农业融合发展的经验及启示

以欧美为代表的发达国家及少数发展中国家在农业现代化的过程中，在促使农村能源与现代农业融合发展的路径方面积累了丰富的经验和技术，其技术和推广也取得了很大的成功。借鉴上述国家的成功做法，无疑对于推进我国的农村能源与现代农业的融合发展具有重要的意义。

8.2.1 日本

20 世纪 50~60 年代，日本的现代农业迅速发展，化肥、农药以及各种化石燃料的大量使用，加之各种农业废弃物的任意堆弃和焚烧，引起严重的农业立体污染，日本社会面临着严重的资源短缺和农业生态系统失衡的危机，给社会公众的生活带来严重危害。在这种背景下，日本农业废弃物资源循环利用的理论与实践逐步兴起，并快速成长为具有战略价值的典型产业。其中最有代表性的就是日本宫崎县凌镇农业废弃物能源化利用、爱东町地区农业废弃物资源循环利用模式。

1) 日本宫崎县凌镇

伴随着农业可持续发展理念的深入，日本在农业废弃物循环利用方面取得较大的成绩，实践并逐步推广了以合理利用农业废弃物资源和有效保护环境为基础的农业可持续发展模式(李娜，2015)。该模式的基本内容是以下水道污泥、畜禽粪便和其他有机废弃物等可资源化的废弃物作为原料,进行适当的技术处理,产生的沼气用于发电,剩余沼渣进行固液分离,分别用作肥料和无害排放,完成了农业废弃物的高度资源化和无害化,由此减少了农业废弃物对农业生态环境的污染,将废弃物资源价值的实现与生态环境的维护有机结合,以期达到废弃物资源的循环利用与农业可持续发展的双重目的(图8-1)。

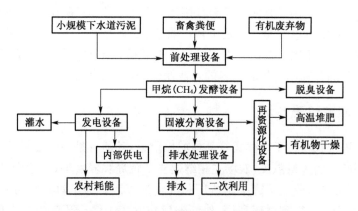

图8-1　日本宫崎县凌镇废弃物循环利用模式

2) 日本滋贺县爱东町

日本滋贺县爱东町地区利用该地传统的农业区位优势,借助政府的政策与资金支持,逐步发展形成了以油菜、水稻、小麦等农作物生产为载体,油菜生产加工产生的废弃物作为原料,其中一部分用来生产优质肥料或饲料,大力发展生态农业和畜禽养殖业,另一部分则转化为BDF,为农业机械提供燃料(图8-2)。至此爱东町地区初步形成了资源性农业废弃物循环利用产业的发展模式雏形,实现了农村能

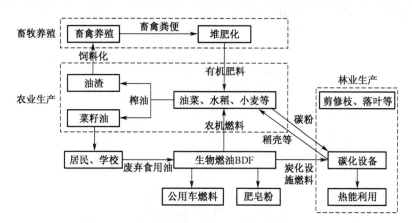

图8-2　日本爱东町地区农业废弃物循环利用模式

源生产与种植业、养殖业之间的有机融合,减少了系统外部资源的投入量,并实现了内部废弃物资源再利用,产业链条的整合与衔接顺畅,生态效益极其显著,已经成为一种值得借鉴的产业发展模式(唱潇然,2013)。

日本爱东町地区的农业循环经济大致经历了4个时期(许晓春,2007):①基础时期:1976—1991年主要是回收各类生活废弃物、促进资源的循环再利用;②探索时期:1992—1997年主要是实现废弃食用油生物燃油化、资源循环再利用;③转型时期:1998—2001年主要是利用稻田转作油菜、发展生物资源循环利用;④腾飞时期:2002年至今是生物资源综合发展阶段。至此爱东町农业循环经济形成了以发展油菜生产和综合利用为核心内容的农业循环经济发展模式。

8.2.2 菲律宾玛雅农场

著名的玛雅农场位于菲律宾首都马尼拉附近,其前身是一个面粉厂,为了充分利用面粉厂产生的大量麸皮,农场主相继建立了鱼塘和养畜场;此后为了进一步增加农场收入,又先后建立了罐头制造厂和肉食加工厂。为了对粪肥污染进行有效控制,使各种废弃物得到循环利用,他们先后建立了十多个沼气生产车间,生产的沼气多达十几万立方米,这就使农场生产和家庭生活具有充足的能源。对部分沼渣回收用作牲畜饲料,剩余部分用来生产有机肥料。将产气后的沼液输送到藻类氧化塘继续处理后,再送入水塘以养鱼养鸭。最后用塘水、塘泥作为肥料来肥田。生产的粮食又送到面粉进行加工后进入下一轮循环(图8-3)。建立如此大规模的农工联合生产企业,而不用从系统外部购买任何原料、肥料、燃料,不仅保持了高额利润,而且整个系统不产生废气、废水和废渣,最大限度地降低了对环境的污染。整个农场通过合理利用各种资源,使农业生态系统处于良性循环中,由此成为世界循环农业经济的典范(伍国勇,2014)。

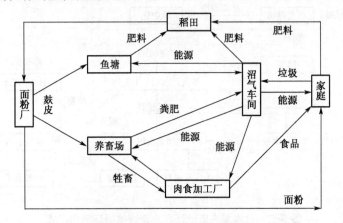

图8-3 菲律宾玛雅农场农业废弃物循环利用模式

8.2.3 丹麦

丹麦是世界公认的资源利用效率高、经济发达、环境保护好的可持续发展国家之一,也是世界环境保护的楷模。其对农村废弃物的治理过程中一方面采取法案、传单、部长指令等传统方式,另一方面采用附加费、税收、支持项目以及协议等其他手段进行固体废弃物的管理,其管理原则是把减少废弃物产生的工作放在首位(杨立斌,2012)。其做法主要有以下三个方面:其一是废弃物处理从变废为宝出发,规定所有可燃性废弃物必须作为能源回收利用,其次才是焚烧产能,最后才填埋,因此丹麦的废弃物处理过程中回收利用的比例超过60%,焚烧比例控制在20%左右,填埋的比例大约只有10%,这就大大提高了废弃物资源的使用效率;其二是注重对废弃物的污染和养殖业的有效管理,强调种养区域平衡一体化。农场主所拥有的家畜数量与他所拥有或租赁的土地之间有密切的关系,也就是说,如果农场主拥有的畜禽越多,那么他拥有的土地也必须很多,即"协调需要"。丹麦政府明确规定1个动物单位相当于1头牛或3头母猪或30头育肥猪或2 500只肉鸡。猪场(至少60%的动物单位为猪)每公顷最大载猪为1.4个动物单位;奶牛场(至少有60%的动物单位是奶牛)每公顷最大载奶牛为1.7~2个动物单位,并且只有70%以上的农田生产粗饲料如玉米、牧草等,才允许达到2个动物单位。一般农场不得超过500个动物单位。政府通常要对动物单位达到250个的农场分析其农场对周围环境的影响,并根据评估结果决定是否允许扩大养殖规模。其三是政府注重以沼气为纽带,连接养殖业与种植业,提高资源的利用效率。为保证较少量氮的渗漏,政府要求农场必须有存储至少6个月的畜禽及其他废弃物的设施,化粪池或沼气池上必须有坚固的顶部覆盖物,粪池产生的沼气用作农场的能源,等到春季作物生长最旺盛、养分利用效率最高的时候,用无杂草种子,无臭味,无寄生虫的沼液、沼渣进行施肥,并要求农场保证沼液在用后6个小时之内要被土壤吸收,而沼渣则于施肥后12个小时内被土壤吸收。因此,作为一个现代饲养业非常发达的国家,尽管其数以万计的养殖企业遍布全国,但是无论是整个丹麦的城镇环境还是饲养企业周围的局部环境均十分干净整洁。

8.2.4 印度

经济的快速发展、工业化进程的加快和人口的迅猛增长导致印度能源短缺非常严重,其石油的需求量以年均近10%的速度递增,预计到2030年印度的石油对外依存度可能将达到94%,因此印度积极开发生物质能源以应对能源需求上升而油价高涨的双重压力。此外,作为一个农业大国,印度农业生产产生了大量的生物质资源,由于绝大多数人口生活在农村,因此在农村推广包括生物质能源在内的可再生能源对整个社会的稳定、能源的合理化使用具有至关重要的作用。在开发农村生物质能源方面,印度主要采取了以下措施(杨翠柏,2008):

第一,利用沼气解决生活能源问题。印度薪柴、农业副产物(秸秆等)和工业废弃物年产出量分别约为0.284亿t和2.46亿t。印度以农业废弃物为原料大力发展沼气,距今已经有近40年沼气开发利用的历史,早在1975年印度就启动了国家沼气开发计划(NPBO),主要是通过沼气生产为农村无电区家庭提供炊事和照明用能,目前全国已经建成沼气池超过450万个。

第二,大力发展生物质能源以解决农村生产用能。印度的生物质压缩成型、气化等技术均得到发展,目前固体成型燃料和直接燃烧供能、气化产出的能源主要用于生产茶叶、食品、烟草和木材加工等农业生产。

第三,积极发展生物柴油产业。印度政府已经将生物柴油、乙醇、生物合成气、生物燃料气等生物燃料的发展放在了国家发展战略的层面,其中乙醇和生物柴油因具备大规模发展的优越条件而得到政府的大力支持。与欧美国家不同,印度的柴油消耗量远远超过汽油消耗量,因此印度政府更加看重生物柴油产业的发展。一方面印度发展能源农业条件优越,目前全国有接近6 300万hm^2的荒废地,其中3 300万hm^2适宜造林,此外还有大量的荒废、退化和边缘土地可用来种植非食用油类来生产生物柴油。另一方面印度政府高度重视生物柴油的生产,由环境与森林部、农业部和农村发展部通过政府和非政府组织鼓励在林地、非林地和闲散土地上种植麻风树;众多科研机构负责新种质开发、基因改进、农业技术、幼苗培育等方面的工作;石油天然气部则负责生物柴油的应用和推广。

8.2.5 国外农村能源与现代农业融合发展对我国的启示

由前述案例分析可知,农村能源与现代农业的融合发展是农业立体环境恶化与社会经济发展到一定阶段的产物,农业废弃物资源的转化利用及其产业发展是缓解资源短缺、农业立体环境改善与优化的有效路径,但同时这又是一项社会化的系统工程,在具体实施过程中,需要充分发挥政府的主导作用,灵活运用市场机制的调节作用,同时还需要技术、资金、各项法律政策制度以及公众的广泛参与等各要素的相互配合才能全面展开。立足于我国的现实基础和基本国情,借鉴日本、丹麦、菲律宾、印度等国的先进经验,我国目前农村能源与现代农业的融合仍然需要在多方面逐步完善,主要在如下几个方面:

1) **不断完善相关配套法律的制定与支撑体系**

建立健全完善的并且可操作性强的法律法规体系已经成为发达国家推进农业废弃物循环利用及其产业发展的重要手段。以日本为例,在2002年之后,日本就已经构建了一整套法律体系以支持农业废弃物的循环利用,主要有《可持续农业法》《食物、农业、农村基本法》以及《日本生物资源综合战略》,并且将其发展提高到国家战略的层面,如图8-4(许晓春,2007)。由此可见全方位的监管机制和完善的配套法律政策体系相结合共同为农业的可持续发展奠定了基石。因此我国应该不断完善以政府为主导、以农户为主体、各企业参与的、协会组织助力的、立足于我国国情的农村能源与现代农业融合发展的法律体系,以制度建设的完善补充法律约束的不足,进一步增强现有法规法律的可操作性,为二者的融合发展保驾护航。尤其是需要制定比较严格的环境标准和环境法律法规,使其能充分发挥管制和引导的双重功能,保证大量的农业废弃物能在二者融合发展过程中得到充分利用而不是被白白浪费。

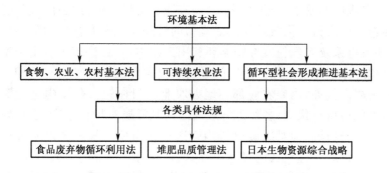

图8-4　日本保障农业废弃物循环利用及产业化发展的法律政策体系

2) 不断增强农业废弃物循环转化利用的技术支撑体系

由国外的农业废弃物循环利用及其产业发展的经验可知,在农业废弃物的循环利用及其产业的发展过程中非常注重废弃物的资源化、多级循环利用和清洁生产,上述环节都必须依赖于农业科技的进步与技术创新。但是目前我国对于农业废弃物的循环转化利用及其产业发展规律的系统、科学研究,产业通用技术和基础技术研究几乎处于空白状态,产业的技术创新能力较低,相关科研成果的转化率也较低,科研投入力度更低,导致废弃物循环利用的产业战略目标与技术支撑能力的不匹配,严重阻碍了农业废弃物循环利用产业的规模化经营,降低了废弃物资源的利用效率。因此未来我国需要进一步加大政府对相关技术的财政支持与科研支持,构建完善的技术创新激励机制,并通过财政金融优惠政策推进科技投入的稳步增长,激发各种社会组织积极参与农业废弃物循环利用技术的扩散与推广,并逐步搭建农业废弃物循环利用的多元投入机制,以促进创新性科技成果向现实生产力的快速转化;继续强化创新性技术研发与推广,以有效减少能源消耗,缓解能源压力,同时实现资源型农业废弃物的循环转化与利用,创造农业废弃物与资源的有效连接,使农业废弃物循环利用产业链条进一步得到延伸。

3) 不断增强各级政府以及各机构之间的协调与合作

农业废弃物的循环利用及其产业的发展是一项系统的工程,涉及相关的政府管理部门、农业技术推广部门、各类农业企业、农业科研机构、各种农业协会以及农户等在内的多个参与主体。因此保证农业废弃物循环利用及其产业能顺利得以发展必须创新管理模式,充分调动各个参与主体尤其是各级政府部门的积极性。在所有的农业废弃物循环转化利用的管理中,户用沼气池的管理是最完善的,全国所有省级行政区、90%以上的县均设有农村能源管理部门,其职能涵盖了监督沼气池建设、组织技术培训、推广新技术等。截至2012年,农业部已经为33多万名农民颁发了"沼气生产工"国家职业资格证书,过去的五年时间里全国年均建造350多万个沼气池。然而类似的管理模式没有推广到大中型沼气工程、生物质发电系统等农村废弃物循环利用工程中,导致许多工程出现维护不善和项目使用寿命缩短的现象。上述问题的解决需要依靠各部门之间的通力协作才能得到解决。例如,需要农业部和地方农业部门在较大范围内进行资源勘查和保证资源的可持续供应;各级地方政府之间则需要对粮食生产、农村发展和能源供应进行综合协调;而县级政府机构则适宜充当项目管理者以实现行政成本的最小化。在创新管理模式的过程中,应该以政府管理部门为调节和监督枢纽,以农业协会及其技术推广部门为技术服务基础,促进农村废弃物循环利用产业的健康发展。

4) 不断增强公众的资源回收利用意识和实施能力

促进农村能源与现代农业的融合发展需要社会全体的积极参与,建立起社会化的管理运行体系,尤其需要社会公众的广泛参与和支持才能真正实现二者的融合发展。因此必须借助现代舆论与各种传媒手段,加强对资源性农业废弃物价值潜力的宣传,进一步提高社会公众尤其是农户对农业废弃物的资源回收利用意识和实施能力。在农户的农业废弃物资源回收利用意识的培养中必须将废弃物循环转化的现实意义与理论价值有效进行衔接,尤其要侧重对农业废弃物的经济价值、利用路径及其环境影响等内容的宣传。在具体实际的宣传教育中,可以重点介绍秸秆还田、沼气池的管理等与农村生活、农业生产等密切相关的先进且实用的技术,促成以村落为基本生态系统的内部物质关联;依靠社会公众形成"农户—资源性农业废弃物收集员—农业废弃物中转站—农业废弃物能源化利用网络"的模式进行废弃物的回收和循环利用,不断提高社会公众的实施能力。

8.3 南通市农村能源与现代农业融合发展的原则

8.3.1 坚持循环经济理念,积极推动农业废弃物资源化利用原则

生物质不仅具有十分重要的生态价值,而且具有可观的经济价值。从生态价值层面看,生物质担负着维系生态系统营养循环结构完整、生态系统平衡和健康的角色,是生态系统中不可或缺的战略资源。但是人类在开发利用生态系统时却往往忽略了生物质的生态价值。借助于高新技术,农作物秸秆可以用来发展秸秆燃料乙醇、秸秆直燃发电等项目,将秸秆能源化利用,可以使原来作为废弃物的秸秆的经济价值得到提升,可以为农村经济的持续发展提供能源,促进农民增收。但是与此同时,在大力发展生态农业的背景下,农作物的生态价值也越来越受到重视,秸秆被更多地要求直接还田或生产沼气后还田,用来营养植物和培肥土壤。随着今后秸秆还田力度的加大,秸秆被用于能源化利用的空间将会越来越小,从而导致秸秆的生态价值和经济价值之间的矛盾日益尖锐。

因此在农村能源与现代农业融合发展的过程中,应当坚持科学发展观,本着生态文明建设的基本原则,消除生物质的经济价值与生态价值之间的矛盾,使其生态价值在经济价值不断被挖掘的过程中重新得到体现和发展,例如秸秆直燃发电后所排放出来的灰渣富含钾、磷、钙等营养物质,可以对灰渣粉尘经过收集和加工后全部作为肥料还田;针对我国农业废弃物量大面广、利用率低且环境污染严重的现实,必须坚持以解决农村生活能源为重点,按照"减量化、资源化、再利用"的循环经济理念,把农业废弃物的能源化利用作为今后农村能源与现代农业融合发展的主要方向,大力发展农村沼气和沼气工程,加快发展农作物秸秆固化成型、气化燃料等,促进农村能源消费结构、乡村面貌和生态环境的同步改善,使农村的经济效益、能源效益、生态效益和生活效益协调发展。

8.3.2 "不与粮争地,不与人争粮,不破坏生态环境"原则

粮食是关系到国计民生的重要战略物资,粮食安全已经成为一国安全体系中的重要组成部分,尤其是对于我国这样拥有 13 亿人口的大国,粮食问题是任何时候都不能掉以轻心的重要问题,一旦出现粮食危机,势必会严重影响到整个国民经济的发展,威胁社会安定的局面,甚至会波及整个世界粮食市场的价格。

当前的燃料乙醇、生物柴油等生物质能源产业的发展受到巨大的阻碍,其最主要的原因在于原料的短缺并且原料过于依赖粮食,由此可能造成与人争粮的局面;

此外能源作物的大面积种植也会影响到粮食的播种面积。虽然能源作物和粮食作物具有一定的互补性,如小麦、玉米等既可以用作粮食作物又可以用作能源作物,但是在能源作物中,甜菜、甘蔗、菊芋和油菜等经济作物更适宜作为生物质能源产品的生产原料。因此在未来生物质能源巨大的市场需求的驱动下,农民作为理性经纪人,为追求最高收益,可能会根据市场情况来调整自身的种植结构,大规模种植能源作物,从而导致粮食播种的面积减少,粮食产量亦随之减少。

因此要正确处理好生物质能源产业与保障国家粮食安全的关系。一方面,在适度发展玉米燃料乙醇的基础上,稳步发展以非粮作物为主的能源作物,避免能源生产与人争粮;另一方面,开发能源作物应以不占用粮食、棉花等战略物资的生产用地,不破坏森林、草原资源为前提,充分利用疏林草地、灌木林地、荒地、盐碱地以及冬闲田等不适宜种粮或尚未能充分利用的边际土地资源种植能源作物,以避免能源作物与重要的粮棉作物争地。非常幸运的是,能源作物的生存能力很强,即使是在干旱盐碱等恶劣条件下也能生长,甚至是长势良好,非常适宜用于开发零星、贫瘠的荒地。

与化石能源相比,生物质能源的可燃部分主要是纤维素、半纤维素和木质素,并且含氮、含硫量较低(生物质含硫量一般少于 0.2%,而煤含硫量为 0.5%~1.5%),炭活性高,挥发组分高,灰分少,具有低污染的优势;生物质燃烧释放出来的 CO_2 可以在再生时重新固定和吸收,具有碳平衡的优势。此外生物质是唯一可以转化为气、液、固三种形态的可再生能源,也是唯一可以直接同时替代各种化石能源的物质。因此政府间气候变化委员会、联合国气候变化框架公约缔约国大会提倡大量利用生物质以减轻气候变暖。但同时也要看到生物质能源的使用也可能带来外来物种的入侵、当地生态与水土的恶化以及其他的环境负面影响。因此,要充分发挥生物质能源的环境友好的特点,重视其与环境和生态保护的协调,在生态环境得以保护的前提下促使生物质能源健康发展。

8.3.3 因地制宜,就近开发,就近利用原则

由于各地的水资源、光热等农业生产环境因素的差异很大,现代农业发展中或以大规模种植业为主,或以大规模养殖业为主,因此各地所产生的资源型农业废弃物内容也各不相同。在农村能源与现代农业融合发展的过程中,必须从各地的实际出发,因地制宜,根据各地区不同的农业生产发展水平和条件,确保生物质原料的可获得性,以技术可行性为依据,以积极合理性为前提,以相关产业健康发展为纽带,合理布局和选址,并确定其合理的发展模式和生产规模,稳步推进二者的融合发展。

农村能源与现代农业的融合发展过程中,用作生产原料的资源性废弃物来自

农业生产,将各种废弃物转化为高效、清洁的优质能源,其消费市场主要也在农村,因此应该确定相关生物质能源企业的合理规模和合理的收集半径,就近开发各种废弃物资源,以减少原料的收集成本,提高经济效益。同时还应该根据各地的社会经济发展水平、生态保护和环境卫生的综合治理等实际情况,对区域范围内的沼气等生物质资源、户用太阳能、小型风电和小型水电等资源进行统筹规划,因地制宜进行合理开发和使用。

8.3.4 科技创新与制度创新并重原则

农村能源与现代农业的融合发展是对传统农业生产方式的重大变革,需要持续的制度创新与科技创新来引领和支撑。针对目前南通地区农村能源与现代农业融合发展所面临的重重困难与现实性需求,推动二者的融合发展需要现代农业技术创新的支撑,需要不断加大农业技术的创新力度。坚持科技创新就是要始终把利用边际土地种植生物质原料的技术与生物质能源转化技术的科研攻关、示范推广和技术服务作为主要环节,努力实现核心技术和关键技术的突破,从而为农村能源与现代农业的融合发展提供技术支撑。具体体现在:一方面要立足我国农业废弃物量大面广、利用率低、环境污染严重的现实,以解决农村能源问题为重点,促进农村能源消费结构、乡村面貌和生态环境的同步改善,重点发展农村沼气尤其是沼气工程、秸秆固化成型等技术,剩余部分主要用于发电;另一方面为缓解化石能源供应紧张的局面,优化能源结构,保障国家能源安全,应重点发展高能、高效和抗逆性较高的能源作物的培育和种植技术、生物燃料乙醇和生物柴油技术。

此外还应该通过体制机制的改革与创新为农村能源与现代农业的融合发展创造良好的社会条件、制度条件,通过制度创新逐渐改变农业生产者与能源消费者的行为,积极引导资本、技术等向有利于资源节约与循环利用的现代农业进行投资,建立起资源集约、生态环境得以保护的技术创新的长效机制。

8.3.5 政策推动与市场引导相结合原则

我国的基本经济体制是社会主义市场经济,因此农村能源与现代农业的融合发展要在遵循市场经济规律的基础上展开。这就要求在充分发挥市场配置资源的基础性作用的前提下,明确各级政府、相关涉农企业和农户在二者融合发展的过程中各自的权利、义务和责任。各级政府应该充分应用产业政策、法律法规和财政资金以及金融扶持等手段,建立有助于二者融合发展的激励与约束机制,从而消除融合发展的体制性障碍,推动各相关涉农企业能够自觉按照农业生态文明和循环经济理念不断发展壮大。此外各级政府要通过大力开展宣传教育,建立公众参与和舆论监督机制,使农民和相关涉农企业认识到促进二者的融合是现阶段南通地区农村经济发展的内在要求,从而使农业生产资料供应商、农产品销售商和农业生产者等涉农人员及企业将促进二者的融合发展当成自己义不容辞的历史责任。积极引导社会公众开展"绿色消费",夯实二者融合发展的群众基础。

8.4 南通市农村能源与现代农业融合发展的主要模式

循环经济模式是南通市农村能源与现代农业融合发展的合理模式,在循环经济理念的指导下,现代种植业、现代养殖业和现代农业加工业可以依靠技术进步,重点围绕资源性农业废弃物开展资源的综合利用,尤其是能源化利用,形成"农业资源—种植业/养殖业—资源性废弃物—能源化利用""农业资源—种植业/养殖业—农产品深加工—资源性废弃物—能源化利用"的两大循环流程,使得节约资源、发展经济与环境保护之间形成可持续和谐发展。

8.4.1 农村能源与现代种植业融合发展模式

在能源短缺和生态环境保护的双重压力下,各个国家对于秸秆资源的综合利用基本已经形成了"5F"路线,即Fodder(饲料)、Fertilizer(肥料)、Fuel(燃料)、Feed Stock(原料)、Fiber(纤维)(张燕,2009)。农村能源与现代种植业的融合发展,实质是秸秆资源综合利用方式中的一种,即能源化利用,主要是充分利用农作物秸秆,为农村的经济发展、生产生活提供优质清洁能源。目前秸秆能源化利用方式主要有秸秆热解气化、秸秆气化、秸秆固化成型、秸秆沼气、秸秆发电和纤维素乙醇等。南通地区主要有秸秆发电、秸秆气化和秸秆固化成型等能源化利用方式。

南通是农业大市,农作物秸秆产生量大,常年种植水稻、小麦250万~270万亩,油菜150万~160万亩,主要农作物秸秆产生量为450万t左右,秸秆集中在夏、秋收产生。为了避免秸秆的抛弃、焚毁产生的种种危害,南通市认真贯彻落实江苏省人大常委会《关于促进农作物秸秆综合利用的决定》和江苏省政府《关于全面推进农作物秸秆综合利用的意见》等有关文件精神,通过宣传发动、行政推动、政策驱动、示范带动等手段和举措,推动全市秸秆综合利用工作迈上新台阶。目前,南通地区已建立秸秆年收储利用200 t以上市场主体253个,利用量达100.69万t,基本实现了秸秆能源化、肥料化、饲料化、工业原料化、基料化利用等综合利用。在秸秆能源化利用方式中,比较典型的有南通绿源生物能源有限公司的秸秆固化成型模式、江苏国信如东生物质发电有限公司的秸秆发电模式、如皋金阳现代农业发展有限公司的生物质气化模式等。

1) 秸秆固化成型

秸秆固化成型就是将体积大、密度小、结构比较松散、能量密度较低的秸秆粉碎到一定的长度后,经挤压成型设备在一定的条件下制成块状体或颗粒状,使得秸秆的体积缩小至原来的1/15~1/8之间,热值提高到13 395~25 116 J/kg,燃料性由此能得到极大的改善,通常可以用来替代木柴、煤炭、燃油和液化气等化石燃料,被广泛运用于取暖、热水锅炉、生活炉灶、工业锅炉以及生物质发电等领域。

案例一:南通绿源生物能源有限公司是一家专业从事秸秆燃料化利用的企业。近年来,公司在省市级项目资金支持、县级用地政策优惠、农机购置补贴及锅炉改造补贴等相关政策的扶持下,先后建有南莫镇秸秆收购加工站、曲塘镇秸秆收购站、海安县化工园区秸秆收购加工站及集中供气点、海安镇隆政收购站,拥有办公用房1 200 m²,各种秸秆收购加工机具62台套,标准厂房15 000 m²,钢架式大棚6 000 m²,秸秆加工流水线18条,自备或承包锅炉合计70 t/h。现有员工160人,紧密型秸秆经纪人100余人,年利用秸秆5万余t,秸秆固化成型4万t,减少煤炭使用量近3万t,减少排放二氧化硫约310 t,减少排放氨氧化物50 t,年生产总值达2 000万元,净利润100多万元。

在秸秆收集及利用过程中,公司采取了类似于"合同能源管理"的"龙头企业带动的三方结合模式",即第一方:秸秆提供方,涉及农户和秸秆经纪人;加第二方:燃料制造方和锅炉承包方,即龙头企业;加第三方:供热需求方,即锅炉使用企业合作运营,将燃煤锅炉改造成全烧秸秆的生物质锅炉,向锅炉使用企业提供符合其生产工艺要求的热力即蒸汽任务,从而取得三方共赢的效果。利用秸秆成型燃料制造龙头企业的带动作用,实现从原料收集、燃料生产、运输和管理锅炉与供热全过程产业化运营。作为龙头企业,将秸秆的生产和使用消费有效结合起来,起到中间纽带的关键作用,是全产业链的重点环节,为推动秸秆能源化通过市场化运营利用奠定了基础。

2) 秸秆发电

秸秆发电的方式有直燃发电、与煤炭混合燃烧发电、气化燃烧发电等方式。其具体流程为以农户或农场发展种植业所产生的秸秆、农业加工业副产品和煤炭为原料,将原料送到收购点或者储料场,由相关热电联供企业收购,然后进入适合秸秆燃烧的特定蒸汽锅炉中,生产蒸汽并驱动蒸汽轮机,从而带动发电机发电,最后将经过电厂燃烧发电后产生的热能和电能通过电线和管道输送到千家万户或农场。在整个发电过程中,通过热电联供可以将直燃发电的热效率由不到30%提高到80%以上;秸秆发电后产生的草木灰含有丰富的钾、镁、磷和钙等成分,可以建设复合肥厂将其加工处理成优质肥料,这些肥料可以低价或无偿返送给当地农户,用于还田。这样又可以产生更多的新的秸秆资源或农业加工业废弃物,进入下一个循环利用阶段。此外草木灰还可以用作建筑用砖、生物水泥等绿色建材的原料(图 8-5)。

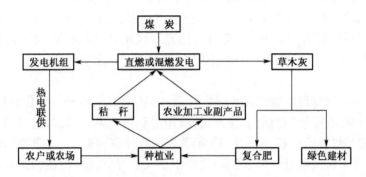

图 8-5 农村能源与现代种植业融合发展模式——秸秆发电

案例二:如东秸秆直燃发电项目是 2004 年 9 月 11 日国家发改委核准的国家级生物质发电示范项目,是江苏省可再生能源规模化发展示范项目,江苏省"十一五"科技攻关项目,如东绿色能源创建县的重点工程。项目公司位于江苏省如东县掘港镇城南工业园区,占地约 160 亩。项目总投资约 2.99 亿元,由江苏省国信资产管理集团有限公司和南通投资管理有限公司共同投资,其中利用世界银行贷款 1 000 万美元。建设规模为 2.5 万 kW,年消耗各类农作物秸秆约 26 万 t,可增加当地农民收入 4 000 多万元。年上网电量约 1.6 亿 kW·h,每年预计减排量约为 15 万 t 二氧化碳当量。目前,公司已在如东、如皋、海安、通州等地区初步形成了厂、经纪人、自由收购人多层次、广覆盖的秸秆收购网络。

3) 秸秆气化

秸秆气化就是把秸秆的直接燃烧分解为半燃烧和完全燃烧两个过程,将其利用形态从固态转变为气态,在缺氧条件下的不完全燃烧,产生的是气化煤气,通常用来提取甲醇、氨气或甲烷;再将气化煤气进行完全燃烧,就可以将秸秆中的碳转化为高品位、易输送、利用效率较高的可燃气体,这种可燃生物气可以用于炊事、取暖、农产品烘干以及发电等,用途较为广泛,其副产品生物质炭可进一步加工成为栽培基质、肥料缓释剂和土壤修复剂等用于农业生产,木醋液则可进一步加工为叶面肥或杀虫抗菌剂等生物农药用于农业生产,木焦油则可以用来生产油漆、防腐剂和抗凝剂等(图 8-6)。

通常一个村配备一套秸秆气化装置及燃气锅炉,年可消耗秸秆 350 t 左右,收入可达 150 万元。如按消耗秸秆量配备该秸秆气化供热水装置,有的村可配备几套,送往附近的需要热水或蒸汽厂矿企业,效益会更高。这样,农村秸秆就能实现

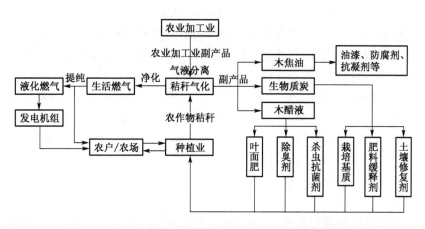

图 8-6　农村能源与现代种植业融合发展模式——秸秆气化

就地消化,并达到利用率高、污染率低的理想效果,具有相当的社会经济效益和生态效益。

案例三:如皋金阳现代农业发展有限公司占地 2 200 亩,目前园内建有生物质气化试验站,具有 4 台不同类型的生物质气化试验装置、1 500 m³ 生物质储气装置和生物质气化发电装置。冬季可直接为智能温室和 500 亩塑料大棚供暖,夏季可为园区供电、供热水,常年可为园区和周边农户提供生活用气。目前已正常使用的为直径 1.8 m 的秸秆气化装置,每小时消耗秸秆 400 kg 左右,气量为 650 m³ 左右,日可消耗秸秆 10 t 左右。主要是冬季通过燃气锅炉为本公司的 6 000 m² 智能玻璃温室供暖,用以生产各种名贵稀有的蔬菜、瓜果、花卉等农产品,或进行蔬菜花卉反季节栽培,年节约冬季供暖费用 30 万元左右。另外还可常年为附近 30 户农户提供生活用气。

8.4.2　农村能源与能源作物种植业融合发展模式

南通地区除了有非常丰富的秸秆资源用以能源化利用外,还有较为丰富的后备耕地资源,主要包括面积可观的冬闲田和不断淤涨的沿海滩涂。可以利用这些后备耕地资源并借鉴欧美等发达国家的做法,选择合适的能源作物,发展生物柴油和生物乙醇等液体能源。

1) 利用沿海滩涂后备耕地资源发展生物乙醇产业

虽然在我国以陈化粮或高糖作物为原料生产生物乙醇的技术已经比较成熟,但是以粮食作物或高糖作物为原料发展生物质能源产业,容易引起"与粮争地""与人争粮"的矛盾,因此目前我国生物乙醇的研究重点转向非粮作物,南通可以利用其优越的资源条件,借鉴国内外燃料乙醇产业顺利运行的经验,大力发展本地的生物乙醇产业。南通沿海滩涂按目前的土壤特征大体上可以分为堤内荒地、堤外滩涂和辐射沙洲三大类,其中堤内荒地经围垦后已经脱离海潮影响一段时间,土壤的含盐量有不同程度下降,部分地区被植被覆盖,其盐碱度相对堤外潮上带和潮间带较低,因此适宜种植耐盐的滩涂能源植物,如甜菜、甜高粱、甘薯、菊芋等;堤外滩涂包括平均高潮位以上的潮上带和零米线至平均高潮位之间的潮间带,其中潮上带大部分岸段具有较宽的滩面,土壤含盐量较堤内滩涂高,由陆至海逐渐呈递增梯度分布,在盐碱度低的地块可种植菊芋,在盐碱度高的地方可种植盐生能源植物,如海蓬子、碱蓬、柽柳和海滨锦葵等;部分潮间带则随着滩面外淤不断发展成可种植盐生植物的滩涂,主要有海蓬子、碱蓬、芦苇、柽柳和茭芨草等(张忍顺等,1992;马鸿翔等,2006)。

利用沿海滩涂种植甜高粱、甘薯、菊芋等能源作物生产无水乙醇,主要包含甜高粱、菊芋和甘薯等原料的种植业、主产品(燃料乙醇)的生产、副产品(CO_2、废醪液)的再循环利用、沼气利用系统(包括沼气、有机肥料、沼气发电)和环境综合处理系统等(图8-7)。副产品CO_2可以用来生产全降解塑料;废醪液经过预处理后将酒糟用来生产饲料发展养殖业,另一部分固液混合物和养殖业粪便则可以利用沼气池生产沼气,以沼气为枢纽,产生的沼气可以用来气化发电,沼渣、沼液则可以用来生产有机肥,用来发展甜高粱、甘薯和菊芋等种植业,整个乙醇生产过程将能源生产与环境治理有机结合起来,实现了对废弃物的多次循环利用,形成多条生态产业链和多种产品、不同形式的清洁能源,同时也解决了环境污染问题,促进了能源作物种植业和养殖业的发展,产生了良好的经济效益、能源效益、环境效益和社会效益。

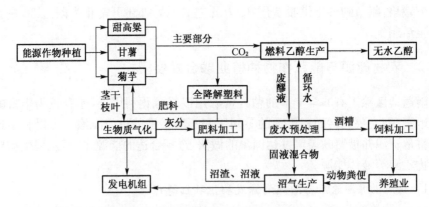

图 8-7 农村能源与能源作物种植的融合发展模式——燃料乙醇

2) 利用冬闲田发展生物柴油产业

由油料植物提取的植物油、各种动物的油脂以及废弃油脂(如地沟油)等均可以作为制取生物柴油的原料。南通地区发展生物柴油的原料非常丰富,数量可观的沿海滩涂可以种植乌桕、黄连木等能源林;可以种植蓖麻、冬油菜等能源作物。此外南通拥有国家级商品棉基地,棉花产量仅次于徐州居全省第二位,可观的棉籽油也可以用作生物柴油的原料。在所有的原料中,油菜是发展生物柴油的最理想原料,这个观点已经得到许多学者的广泛认同(徐桂转等,2005;王汉中,2005;傅廷栋等,2006)。

无论是以哪种原料提取生物柴油,一般均需要进行预处理,预处理后得到的油脂就可以通过酯交换来制取生物柴油。在利用这些植物油脂制取生物柴油时,其预处理过程往往会产生一些废弃物,这些废弃物可以用作饲料、肥料或者是其他用途,其中最主要的副产品是甘油。作为重要的化工原料,甘油主要用于生产涂料、食品、医药、绝缘材料以及其他化工产品原料,因此在制备生物柴油时对甘油进行分离精炼,可以得到更好的经济效益,同时也解决了环境污染问题。此外,生物柴油产业还会产生酸、碱、甲醇等副产品,这些副产品在分离提取后均可以为生物柴油产业创造更高的经济效益,既可以降低成本,还可以尽快收回固定成本,从而达到多赢的目标(图8-8)。

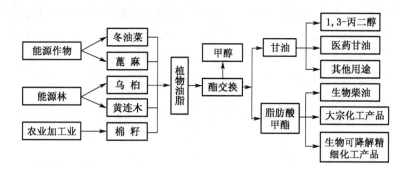

图 8-8　农村能源与能源作物种植业的融合发展模式——生物柴油

8.4.3　农村能源与现代养殖业融合发展模式

养殖业的快速发展在带动农村经济发展的同时,也成为农村面源污染的主要来源之一。把现代养殖业与农村能源融合起来,对养殖业的废弃物进行能源化利用不仅可以在很大程度上降低其对农村面源污染的程度,减少环境污染治理的成本,大大提高养殖业的经济效益,而且可以提供数量可观的清洁能源沼气,保证农村经济发展、环境优美的协调统一。在养殖业的发展过程中,可以根据各地的实际情况,选择不同的模式,具体来说主要有两种:

1) 规模化养殖集中区模式

这种融合发展模式是以现代农业产业基地为单元,以沼气工程为纽带,一头连着生态养殖业,其养殖业的对象主要是奶牛、猪、羊等;另一头连着种植业,种植的对象主要是葡萄、果园、大棚蔬菜等经济作物,将具有共生关系的农业"种植业—养殖业—农业加工业"集中在一定的区域,使产品和资源性农业废弃物实现闭路循环。具体表现为围绕秸秆资源大力发展畜禽养殖业,围绕畜禽粪便大力推进沼气工程,围绕养殖业大力发展生态牧草种植业,从而形成"种植业—秸秆—畜禽养殖—粪便—沼气—沼肥还田—种植(牧草)—养殖""养殖业—畜禽粪便—沼渣/沼液—特色种植业(蔬菜、花卉等特色农产品)"等多种循环经济模式,形成由养殖区、农产品加工区、废弃物处理区、牧草种植区等构成的特色农业循环经济发展框架,从而构建经济效益突出、资源产出效率高、"三废"排放趋于零的循环经济发展模式(图8-9)。其中种植业系统主要通过农作物种植提供的秸秆和生态牧草用作发展养殖业的饲料;养殖业系统主要包括各种现代养殖业;农业加工业系统主要包括种植业加工业的饲料工业与畜禽产品加工业;废弃物处理系统主要是通过沼气发生系统处理包括畜禽养殖业的粪便和废水以及农业加工业的废弃物,处理后可以提供沼气或电力等清洁能源,以沼液、沼渣为原料生产有机肥料,整个废弃物处理系统提供的中水和有机肥料则用来发展种植业,包括特色种植业,实现沼气工程与养殖规模配套、养殖规模与产业基地协调、现代种植业与现代畜牧业之间良性互动发展,由此整个系统形成了由"资源—产品—副产物—资源"的闭合

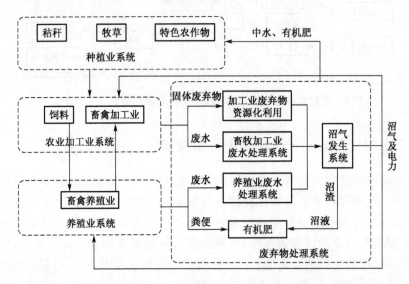

图8-9　农村能源与现代养殖业的融合发展模式——畜禽养殖集中区

式循环模式,实现了资源的综合利用、转化增值,同时使得整个产业链获得较高的生态效益和社会效益。

近年来,南通各地大力培育新型农业经营主体,加快推进规模养殖,畜禽养殖家庭农场发展方兴未艾。截至2014年底,全市共有畜禽养殖类家庭农场926个,其中种养结合类家庭农场119个,省级示范家庭农场3个,市级示范家庭农场6个,县级示范家庭农场66个。畜禽养殖家庭农场已成为引领南通畜牧适度规模经营、发展现代畜牧业的重要力量(蔡建康,2015)。

案例四:海门市圣杰牧业发展有限公司位于海门市临江镇希圣村八组,是南通市大型规模养猪场,年上市商品猪达24 000头。2012年该公司承担了中央预算内大型沼气发电项目,配置200 kW沼气发电机组,日平均发电20 h,日最大发电量达3 200 kW·h,除去公司自用外,每天有超过2 000kW·h的结余。2015年圣杰牧业被南通市政府列为沼气发电并网试点单位,经批准建设了450 kW分布式沼气发电项目,将原有160 kW变压器扩容到500 kW。该项目实施后可实现24 h不间断连续发电,日最大发电量达8 000 kW·h(蔡建康等,2015)。

南通市是畜禽养殖大市,每年产生的畜禽粪便超过600万t。虽然近年来建设了一批畜禽养殖场沼气工程,但仍有不少沼气被排放到大气中,此外,部分养殖场发电充裕存在盈余,但由于无法并网只好白白浪费。圣杰牧业发展有限公司的沼气发电并网,首先是将猪舍的粪便通过地下管道流入化粪池,搅拌后进入储粪罐,经过发酵后产生沼气,沼气经过水汽分离,脱去含硫气体,经储气罐和稳压后在发电机组中转化为电能,沼液满了后自动流入旁边的沼液池,从根本上解决了猪粪污染问题,具有良好的生态效益;公司日均产沼气4 000 m³,并网后,日均发电20 h,日最大发电量达4 000 kW·h,除去猪场正常生产、生活用电外,每天大约有2 000 kW·h的电盈余,不仅每年省了五六十万元的电费,卖电还能赚五六十万元,具有很高的经济效益。此外,通过沼气并网发电还可以改善畜牧养殖场周边的农村环境,利用沼气发电产生的沼渣、沼液带动生态循环农业发展,形成"规模养殖＋沼气发电＋绿色种植"的循环农业模式,促使当地农业提质增效,也促成了规模养殖场的健康发展。

2) 非规模分散养殖沼气集中供气模式

在该模式中,以行政村为单位,大部分农户的养殖规模均比较小,大部分以猪、羊、鸡、鸭等畜禽为主,以村为单位进行集中收储,通过沼气工程统一处理畜禽粪便废弃物生产沼气,然后通过管网对村民集中供气,沼液和沼渣则由管网集中还田发展种植业(图8-10)。在这个过程中,畜禽粪便的集中收储可以借鉴秸秆的集约化收集模式,成立专业粪便收储公司,这些公司可以由个人经营、合伙经营或者沼气供气企业参与经营等多种形式,然后由收储公司和沼气供气企业签订供货合同,专门负责畜禽粪便的收集、储存和运输等任务。通过集中收储、集中处理、集中供气、集中还田,形成了村级"资源—产品—废弃物—再生资源"的良性循环,不仅显著降低了农业生产成本,而且提高了土地产出率,使传统农业的单一经营方式转变为链式经营模式,产业链得以延伸,实现了经济增长方式的转变和生态经济系统的良性循环,使得经济效益、社会效益和生态效益趋于协调统一。

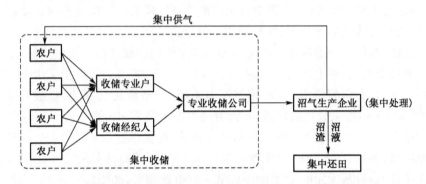

图 8-10 农村能源与现代养殖业的融合发展模式——非规模分散养殖

案例五:启东市东海镇锦绣村非规模养殖沼气集中供气。为进一步推进农村清洁能源及农业生态环保工作,2015 年 12 月 10 日,南通市农村清洁能源及农业生态环保工作现场推进会在启东召开,南通市、县(市)区农委分管领导和业务部门负责人出席会议。与会人员观摩了启东市东海镇锦绣村非规模养殖沼气集中供气现场,考察了部分沼气集中供气用户,并听取了工程施工管理方对项目运作模式和工序的介绍。启东市引进实施的非规模养殖沼气集中供气模式,实行建管一体化,采取集中收集畜禽粪污、集中处理、集中供气和集中还田,既有效解决了分散养殖畜禽粪污,改善生态环境,又使农业废弃物得到资源化利用,促进生态循环。该模式受到当地干群的欢迎,与会代表充分肯定(姜广林,2015)。

8.4.4 农村能源与农业加工业融合发展模式

农业加工业副产品又被称之为下脚料或废弃物等,主要是指加工主产品后的剩余部分或加工过程中附带生产出的非主要产品,包括大宗农产品在加工利用过程中产生的皮渣等废弃物。随着人们生活水平以及日常需求的不断提高,以农产品加工为核心,农产品加工麸屑为副产品的现代农业产业的快速发展,使得农产品加工副产品的产量呈现日趋增长的趋势,其中包括粮食加工副产品、油料加工副产物、蔬菜加工副产物、水果加工副产物、畜禽加工副产物和水产品加工副产物等六大类(郭雪霞等,2015)。

各种农产品加工副产物可以制作成饲料、肥料、微生物菌、草毯等,一些特殊的副产物甚至可以能源化利用,主要包括:稻壳、玉米芯等可以用来发电;薯渣、薯液可以用来生产燃料乙醇;菜籽饼粕、棉籽和废油脚等油料加工副产物可以提取生物柴油;果蔬加工副产物通过焚烧或制取沼气进行发电;甜菜、甘蔗等糖料加工副产物中的废蜜糖可以发酵生产燃料乙醇;畜禽加工过程中的废水、废渣可以用来制取沼气等(郭雪霞等,2015;孟令洋,2014;王建化等,2011)。

在农村能源与现代农业的融合发展过程中,由种植业、养殖业、农业加工业、农户/农场、能源化利用一起构成了复合系统(图 8-11),在这个系统中形成了多条融合发展的链条,包括:农户—种植业—养殖业—能源化利用(沼气、电力)—农户,农户—养殖业—农业加工业—能源化利用—农户,农户—种植业—农业加工业—能源化利用—农户,农户—养殖业—能源化利用—种植业—农户等。在复合系统的循环发展过程中,农民既可以以家庭为单位发展单一或多种经营,也可以以农场的方式发展规模经营,系统中提供的各种农产品、畜产品、农业加工业产品等可以增加农民的收入,秸秆的过腹还田、沼渣和沼液还田不仅减少了施用的化肥和农药,降低了生产成本,而且保证了农田生态系统的良性循环;通过各种能源化利用方式,不仅提高了资源的利用率,而且为农民提供了沼气、电力、燃料乙醇、生物柴油等绿色清洁优质能源,减少了对商品能源的依赖性;种植业和养殖业的规模发展、农业加工业的发展、各种废弃物的能源化利用方式均为农村提供了大量的就业机会,一定程度上可以解决剩余劳动力的就业问题。上述朝阳产业的发展势必会吸引年轻农民的回归创业,从而使整个农村重新焕发生机与活力。

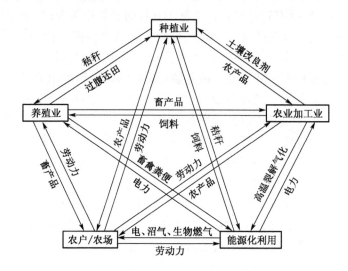

图 8-11 农村能源与现代农业的融合发展模式的汇总

8.5 推动农村能源与现代农业融合发展的对策

8.5.1 主要利益相关者及其相互关系

自 1963 年斯坦福研究院提出利益相关者(stakeholder)概念以来,作为一种全局的治理观和倡导经济民主,利益相关者给管理学带来了一种全新的理念,并由此逐渐成为企业可持续发展的动力,而被人们认可和采纳。

对利益相关者进行科学界定和分类是该理论得以正确应用的前提和基础(常宏建,2009;吴孝灵,2011)。一方面利益相关者界定的外延如果太小会使得研究带有较大的局限性,另一方面如果外延太过宽泛又会对研究的科学性产生影响。弗里曼在其著作《战略管理:利益相关者方法》中,对利益相关者做了广义的界定,他认为"企业利益相关者是指那些能影响企业目标的实现或被企业目标的实现所影响的个人或群体",这个定义将影响企业目标的个人、群体、受企业所采取行动影响的个人和群体均视为利益相关者;同时弗里曼还指出,任何一个组织要保证其目标的顺利实现必须依靠各利益相关者的投入或参与,组织所追求的是利益相关者的整体利益,而不仅仅是某些主体的利益(弗里曼,2006)。

按照不同的研究目标和研究视角对利益相关者进行不同的分类。弗里曼(1984)从所有权、经济依赖性以及社会利益三个维度对企业的利益相关者进行了分类,其中公司股票所有者是对企业拥有所有权的利益相关者;对企业具有经济依赖性的利益相关者主要包括经理、员工、债权人以及供应商等;而与公司在社会利益上具有关系的则是政府、媒体和公众等。Frederik(1988)按照与企业是否发生市场交易关系而将利益相关者分为直接利益相关者和间接利益相关者。

农村能源与现代农业融合发展的主要利益相关方包括农户、相关生物质能源企业、政府部门、相关用能单位和投资者等,其中农户包括用户和非用户;相关生物质能源企业包括负责生产的工人和技术员以及管理人员;政府部门包括能源办及相关部门;相关用能单位主要包括各类生产生活中适宜使用各类生物质能源产品的企事业单位,如学校、宾馆酒店、供热供气单位等;资金来源主要有政府投资和项目融资,因而其投资者包括政府、各项目业主、国内外金融机构以及私营部门等。如果其中任何一个利益主体的利益诉求无法得到满足都会削弱农村能源与现代农业的融合发展的成效甚至导致二者的融合无法进行。

1) 农户/农民

农户/农民——各种资源性废弃物原料的供应者、产品的使用者和潜在使用者,他们的行动直接关系到资源性废弃物原料的收集及其产品的应用,从而影响企业利益的实现和政府目标的完成,属于支持型的利益相关者。以秸秆资源为例,作为秸秆资源的所有者,农民在不违反政策法律的前提下应该具有处置秸秆的决定权。因此,农民的态度很大程度上影响着秸秆收储运体系的构建。影响农民能否积极参与构建秸秆收储运体系的因素主要有三个:一是秸秆收集带来的经济效益能否达到农民的期望;二是在农民不愿自己收集的情况下是否有社会组织能够及时收集;三是是否影响后续农事。因此农户在政府部门和村委会的宣传下,可以积极配合企业生产:提供原料、反馈意见等。若对产品不满意,则放弃使用,需求萎缩;若对产品满意度高,则大量使用,并通过自己的实践加以宣传,扩大生物质燃料的影响力,使更多的农户加入使用者的行列中来,逐步实现农村能源结构的调整。

2) 相关生物质能源企业

生产企业——生物质燃料的生产者。满足用户需求,提供合格产品,宣传、介绍产品性能,指导燃料的正确使用方法,是企业的职责。企业的利益在于采用先进的经营管理理念,在国家政策的支持下规范生产,实现经济效益;同时,企业的规模化、产业化可以带动当地经济的发展,增加农民收入。以秸秆为例,秸秆的收储运体系在秸秆产业中具有举足轻重的地位,企业是秸秆需求主体,也就是秸秆的"市场",其态度决定着秸秆收储运体系的建立和运营。经济效益是影响企业参与秸秆收储运积极性的最主要因素,有利可图,企业积极性就高,无利可赚,企业就没有积极性。实质就是企业生产加工技术的先进性与否,左右着企业对秸秆收储运体系的态度。

3) 政府部门

政府部门的作用是很重要的。以秸秆的收储为例,政府采取了许多措施鼓励和促进秸秆资源化综合利用,投入了大量资金进行秸秆资源化综合利用技术与装备的研发,是秸秆收储运体系建设的积极倡导者和扶持者。政府在资金和政策上扶持以政府引导、秸秆利用企业和收储组织等社会组织及个人参与市场化运作的秸秆收储运体系的建立。通过积极的政策,如倡导清洁能源的生产和消费;补贴企业和用户,调动双方的积极性,促进供需市场旺盛,推动项目的发展通过积极的政策如:倡导清洁能源的生产和消费;补贴企业和用户,调动双方的积极性,促进供需市场旺盛,推动项目的发展。另一方面,政府出台新的行业标准和产品标准,对生产者可能提出更高的要求,由此限制生产者的赢利空间,使生产者积极性受挫,用户间接受到影响,一定程度上则会阻碍项目的发展。在生物质燃料的应用机制中,政府部门的职能主要体现在制定财政政策、负责推广、宣传和监督工作、确保项目的正常运行等方面,进而推动生物质燃料的规模化应用,最终实现调整农村能源结构、改善农民生活和农村环境的目标。在生物质燃料的应用机制中,政府部门的职能主要体现在制定财政政策,负责推广、宣传和监督工作,确保项目的正常运行等方面,进而推动生物质燃料的规模化应用,最终实现调整农村能源结构、改善农民生活和农村环境的目标。

  作为农村的最基层组织村委会,代表广大村民的利益,在农户中的影响是不言而喻的。协助上级部门搞好宣传和推广,协调生产者和用户的关系;为企业提供力所能及的帮助,如鼓励富裕农民投资生物质燃料的生产,提供场地、人员、合理化建议等协助企业顺利生产;向农户和企业传达上级政府部门的政策和措施,同时把企业和农户的想法及时反映到相关部门,寻求解决方法。此外,生物质燃料的应用缩短了炊事时间,使农民有更多的时间从事文化娱乐活动,综合素质有所提高,有利于农村的稳定和精神文明建设。

  4)相关用能单位

  虽然政府在生物质能源产业发展的初期可以给予许多优惠政策以刺激产业的健康发展,但是真正促成生物质能源产业健康发展的最终必然是市场力量,相关用能单位主要给各生物质能源企业提供了广阔的市场,这就意味着各生物质能源生产企业必须向各相关用能单位(即市场)提供符合市场需求的各种形式的质优价廉的清洁能源产品。同时各用能单位加强清洁生产意识,履行环境保护的社会责任,向政府承诺在生产或生活过程中优先使用或使用一定比例的清洁能源产品,以示对生物质能源产业发展的支持;企业也可以从政府领取相关的生物质能源使用补贴。

  5)相关投资者

  农村能源与现代农业发展过程中无论采取哪种融合发展的方式,均需要足够的资金保证。投资者可以根据各自对市场的判断,对相关的生物质能源企业提供设备或生产资金以保证相关企业生产的顺利进行。生物质能源产业作为朝阳产业,未来的发展前景较好,投资者可以且理当从相关企业获取投资的利润或回报。

  在各利益相关者中,政府部门是最有影响力的相关者,其政策的出台直接影响生物质燃料的生产和使用;企业掌握着先进的生产技术和设备,保证生产的顺利进行和合格产品的供应;其次是农户拥有获得合格产品和作为消费者的权利。

  在农村能源与现代农业融合发展的过程中,各参与主体在其中发挥着不同的作用,明确各主体的作用与地位,实现主体间的协调发展,形成合力,构建农村能源与现代农业融合发展的"五位一体"发展机制(见图8-12),即农户主导、政府引导、企业参与、用能单位和投资者接力。

8.5.2 促进农村能源与现代农业融合发展的对策建议

8.5.2.1 行政主导,开拓引领

  我国社会主义市场经济运行这些年来,社会经济的发展取得了举世瞩目的成绩。市场虽然在资源配置中起决定作用,但也有其自身无法克服的弱点和缺陷。

8 南通市农村能源与现代农业融合发展的模式

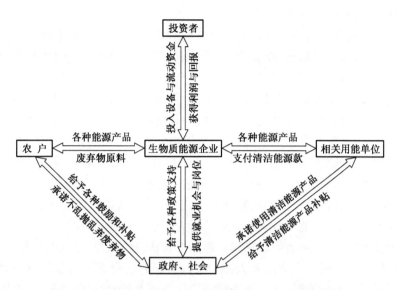

图 8-12 农村能源与现代农业融合的"五位一体"发展机制

这就要发挥政府纠正市场失灵和超越市场、引导市场的职能。在农村能源与现代农业融合发展的问题上,同样需要政府有所作为。

1) 加强制度建设,完善政策法规

建设生态环境,提高节能减排的效果需要有制度保障。政府要出台相关的政策和制度,完善农业生产节能减排相关的规范和标准,制定耕地质量国家标准,制定与完善农业投入品管理和废弃物处理的法律法规,制定种植业、养殖业污染物排放控制标准,建立健全农业循环经济评价指标体系和考核制度,使行政管理统一化和稳定化。

具体到农村能源与现代农业融合发展的经济政策,国家目前尚未涉及。为了缓解农村经济发展与环境污染的矛盾,建设农村生态文明,有关部门必须加快构建这方面的政策。

一是财政政策。政府应该设立农村能源与现代农业融合发展的专项资金,保障相应配套设施的建设,并向相关的技术研发倾斜,推进可再生能源、生物质能源、资源高效利用等技术的发展和创新;向积极投身到二者融合发展中的企业以及农户倾斜,通过补偿、补贴、资金等政策激励手段,引导农户和企业积极采纳农村能源与现代农业融合发展的技术,使这方面的技术迅速得到推广,加快资源性农业废弃物循环利用的进程。

二是税收政策。政府应该运用税收杠杆,对环保型技术研发和设备生产、资源性农业废弃物转化利用减免税收;对资源性农业废弃物不合理的处理行为,对高污染、高消耗的行为增加税收。

三是金融政策。资源性农业废弃物转化利用的投资具有长期性、连续性的特点,投资大、风险高、周期长、收益慢,一个"沼气工程"或"秸秆气化工程"等资源性农业废弃物转化利用工程,需要较大的前期投入和高昂的维护成本,如果没有合适的融资渠道,没有完善的资金投入体系的支撑,资金方面无法得到保证,前期投入的设备就会变成摆设。因此需要制定相应的金融政策,调动社会各方面的资金,吸引民营经济加入,鼓励多元化投资,保障资源性农业废弃物转化利用的顺畅进行。

此外,在农村能源与现代农业融合发展的问题上,需要健全相关的法律法规,形成权威性和强制性的保障机制。西方发达国家有关法律可以借鉴。我国现有法律法规中有关二者融合发展的内容还不够完善,无法满足当前经济特别是农村经济社会发展的需求,不能有效调整人们的行为规范,不能明确在二者融合发展过程中人们的义务和权利,不能形成法律的强制性和普遍约束力。因此,应尽快制定和完善相应的法律法规。在全国人大和中央政府没有出台正式的法律法规之前,地方政府可根据当地的实际,在现有法律法规的基础上,先行出台促进农村能源与现代农业融合发展的地方性法规,以杜绝或减少资源性农业废弃物的不当处理,实现农村、农业的生态和谐。

南通的法治环境相对较好,政府的行政效率相对较高,经济社会发展的势头良好,在资源性农业废弃物转化利用问题上有较高的关注度,只要中央和省政府的顶层设计到位,南通各级政府在执行力上应该不会有问题。一方面,要将顶层设计的目标量化,分步骤、分阶段实施和验收,持续而系统地加以贯彻落实,后续要有长期的监测机制及评价体系;另一方面,在顶层设计尚未完全到位前,应根据已有的法律法规和资源性农业废弃物转化利用的趋势和发展的方向,进行有序的管理,使农村、农业生态文明朝着可持续的方向健康发展。

2) 推进示范引领,加大扶持力度

当前高投入、高消耗的农业生产方式已经不适合生态环境发展的要求,必须提倡循环经济、循环农业。在这方面虽然现在政府有不同程度的财税政策扶持,但力度毕竟是有限的,而且光靠财税政策扶持不具可持续性,必须将财税政策与市场机制结合起来,共同推进农村能源与现代农业的融合发展,促进资源性农业废弃物利用的商品化和产业化,形成长效发展机制。为此,尝试并推进农业循环经济示范工程建设,用典型示范作引领,在取得经验、产生效益后再全面推开,不失为一种上佳的选择。各级政府应该在选择典型、加强示范、促进推广上下功夫。一方面,要大力支持资源化、再利用、清洁生产、农业循环化改造、耕地保护与提升等农业循环经济的示范工程建设,加大资金支持,促进相关技术的推广应用,探索具有本地特色的农业循环经济发展模式;另一方面,要大力支持农村能源与现代农业的融合发展,推动以县(市、区)为单位的利用试点,研究完善促进农业废弃物资源化利用的引导扶持政策,创新融资方式,鼓励金融机构对农业废弃物资源化利用项目的多元化信贷支持。

南通是农业基础较好的地区,农业循环经济起步较早,在农业废弃物资源化利用上也取得了一些成绩,如在秸秆能源化利用方面,已经建成了35个秸秆能源化利用点,通过秸秆热解气化集中供气、秸秆沼气集中供气、秸秆固化成型等方式,累计收储各类秸秆37 000 t,全市还田部分以外的农作物秸秆综合利用率可提高到85%以上。但在农业废弃物资源化利用上,各县(市、区)发展不平衡,政府还应在全面推动上做文章,争取早日杜绝农业废弃物不当处理的现象,将农业废弃物资源化利用推上新台阶。

3) 宣传普及推广,增强服务职能

农业循环经济作为一种理念,要通过政府创新宣传方式,才能为广大的农村民众所接受。当然,这需要一个过程,在这个过程中,政府要充分利用各地党校、高等院校、职业学校及行业协会等机构,加强对涉农管理部门、相关企业、农业合作社、家庭农场等相关人员进行农业循环经济的培训,普及农业循环经济的知识,推广相应的技术,特别要重点宣传农业废弃物资源化利用方面的技术模式和典型经验。要扶持和培育一批为农业废弃物资源化利用提供设计规划、建造运行、技术咨询、推广开发等服务的专业机构。利用物联网、互联网+等现代化信息手段发展农业废弃物资源化利用服务业。

南通应该运用教育之乡的教育资源,集聚优势力量,通过各种形式,开展农业废弃物资源化利用的宣传教育、普及推广活动。依托现有的300多个农技服务机构和4 000多个农民专业合作组织,着力推进农业废弃物资源化利用等市场化、社会化服务体系的建设。

4) 加快土地流转,扩大经营规模

在现代农业的发展进程中,规模化、商品化、产业化是大势所趋。小规模的种植业,年产秸秆少,无法满足秸秆能源化利用的需求;小规模的养殖业,其生产成本较高而利润较低,畜粪产量少,无法利用畜禽粪便因地制宜发展集中供气沼气工程。小规模的种植业无法配套较大规模的养殖业。

为适应逐步扩大的生产经营规模,各级政府应采取优惠政策充分发展农业机械化,就是要在各种农业废弃物的收集、处理、加工和转化性生产机械上下大功夫,以快速提高其机械化水平。如畜禽粪便收集处理的相关机械、沼气生产的相关机械、秸秆综合利用相关机械、农业生产过程中的其他有机废弃物的收集运输和加工等相关机械等,用较高的机械化水平促进劳动生产率的提高,使得农业废弃物能源化利用实现产业化生产。

南通在农业废弃物资源化利用上已经形成了"南通模式",规模养殖场的分布式沼气并网发电为高效利用沼气提供了更为合理的利用途径,成为助推畜牧业转型升级的绿色助推剂;非规模化畜禽养殖粪污集中处理中心的建设,使各地养殖规模小、无法处理的畜禽粪污通过分户收集、集中处理从而实现沼气发电的能源化利用,利用沼气发电产生的沼渣、沼液带动生态循环农业发展,未来南通地区将逐步形成"规模养殖+沼气发电+绿色种植"的循环农业模式,促使南通的种养业获得飞跃提升。

8.5.2.2 吸引主体,加快发展

1) 提高农民觉悟,促进氛围改善

农户是资源性农业废弃物转化利用的行为主体,他们既是资源性农业废弃物的生产者,又是资源性农业废弃物转化利用过程中最大的受益者,在资源性农业废弃物转化利用问题上,农户的参与积极性很大程度上决定着资源性农业废弃物转化利用的成败。我国农民整体素质本来就不高,加上现在农村大多数青壮年都外出打工了,剩下中老年在村中留守,这对推行资源性农业废弃物循环利用更是雪上加霜。因此,要采取相应的对策:

一是要加大宣传力度。鉴于现在农村的中老年农民大多只有初中左右的文化程度,要让他们接受农业循环经济的观念,形成资源性农业废弃物循环利用的意识,不是一件容易的事。要运用广播、电视、网络、录像等资源,采取各种生动活泼、感性直观、深入浅出的形式,进行耐心细致的宣传教育,重在启发引导,提高他们对资源性农业废弃物循环利用的认识。

二是要明确利益关系。资源性农业废弃物循环利用,无论对农户还是对涉农企业而言,是可以实现双赢的。农户与涉农企业都有追求利益的需求,只要他们都明确了资源性农业废弃物循环利用的经济价值,双方都有参与资源性农业废弃物循环利用的积极性,形成良性互动,才能有效解决资源性农业废弃物循环利用的问题,进而会产生生态效益和社会效益。要使农民明确这其中的道理。

三是要营造良好氛围。要通过当地政府,借助农业服务机构、农民合作组织、相关企业、相关协会、相关学校等力量,形成合力,共同营造资源性农业废弃物循环利用的良好氛围。要加强对农民的培训,使他们尽快掌握资源性农业废弃物循环利用的知识和技术;要多让他们参观具有典型示范意义的企业和部门,获取最直观的感受,激发他们的积极性;要帮助他们确立参与资源性农业废弃物循环利用利国利民、功德无量,不当处理资源性农业废弃物害人害己、危害环境、危害社会的观念。只有这样,才能打造大力发展农业循环经济、重视资源性农业废弃物利用的社会环境,使农民主动投身到资源性农业废弃物循环利用的行动中来。

2) 加大帮扶力度,吸引企业加入

生物质能源的规模化生产与应用必将引发农村生产生活方式的变革,是一项巨大的系统工程。促进农业废弃物资源化、产业化利用,是其中的关键环节。而要形成农业废弃物的资源化和产业化,必须要有农户与涉农企业这两个市场主体的参与。目前,一些涉农企业之所以缺乏积极性,有客观和主观方面的原因,需要相关部门出台帮扶政策,需要相应机构配合协作,更需要企业负责人的觉醒和胆识,这样才能使更多的企业加入农业废弃物资源化利用的行列中来,促进农村循环经济的发展,提升农业的综合效益。

首先,推进有序引导,完善政策扶持。农业废弃物资源化利用离不开企业的参与,而企业的参与积极性取决于是否有利可图。由于农业废弃物资源化利用还是新兴的产业,人们在认知上还存在一些误区,加上农业废弃物资源化利用往往投资比较大,回利时间长,使得一些企业不愿意注资,这就需要宣传引导,政策扶持。一方面要加强宣传教育,使农业循环经济理念为企业家所接受,提升他们的理想和信念;另一方面要有相应的财政、税收、金融政策的扶持,帮助他们在农业废弃物资源化利用的机械购置,农业废弃物的收购、运输、贮存、生产、加工、流通、消费等方面排忧解难。鼓励企业参与到秸秆综合利用、畜禽粪便资源化利用、农产品加工副产物综合利用、农村生活废弃物循环利用中来,鼓励龙头企业发挥示范带动作用,促使企业与农业循环经济产业链中的种养大户、农村合作社、家庭农场等新型经营主体开展联合与协作,共同推进种养循环、废弃物资源化利用,实现规模化、产业化、生态化、品牌化,着力构建集约化、专业化、组织化、社会化相结合的农业循环经济生产经营模式。

其次,加快科技创新,降低企业成本。资源性农业废弃物转化利用的技术要求较高,突破技术难题,提高经济效益,是实施资源性农业废弃物转化利用的关键。因此,技术支撑至关重要,政府要有相应的优惠政策,设置专门的科研机构,构建技术研发平台,设立专项基金,加强技术研发,推动农业废弃物转化利用技术的革新。

农业废弃物转化利用技术形成后,政府应加强技术的转让和转化服务,促进已有成果转化为生产力。要对科技资源的配置进行宏观调控,为技术推广创造良好的市场环境,密切企业、农户与高校、科研院所的联系,解决推广中碰到的问题。

最后,加强人员培训,提升企业实力。资源性农业废弃物转化利用技术的推广,需要加强相关人员的培训。一方面企业自身有这方面的技术力量,要定期对员工进行农业废弃物资源化利用的知识传授、技术普及、操作训练;没有这方面的技术力量,要借助大专院校、科研院所、专业协会的资源,请专家、技术人员上门宣讲、指导,以全面提升员工的思想观念、技术水平,进而提高生产效率,壮大企业实力。另一方面员工在资源性农业废弃物转化利用上的素养提高后,会影响他们的家庭成员、周围邻居和村中的其他人,有利于扩散和推广资源性农业废弃物转化利用技术,有利于农业循环经济的发展,如果将来企业扩大规模,也容易找到后备人员。

8.5.2.3 强化监督,联结纽带

农业废弃物资源化利用需要有来自社会的监督体系,非政府组织在农业废弃物资源化利用中扮演着重要角色,当政府在农业废弃物资源化利用中的法律、行政、经济手段失灵时,非政府组织就展现出其优越性。例如环保协会就有政府不可替代的作用。非政府组织在农业废弃物资源化利用中,可以成为政府和社会公众的纽带,活跃于政府立法及行政干预不到位的领域。因此,应该充分发挥非政府组织在农业废弃物资源化利用中的作用。

非政府组织在农业废弃物资源化利用方面的主要职责是进行有关农业废弃物资源化利用的相关知识、技术、信息的传播,为农民提供相关技术、技能的指导与培训,对农民在农业废弃物资源化利用上的行为予以关注,对农业废弃物排放行为进行监督,保护农民的基本权益。非政府组织在农业废弃物资源化利用过程中具有不可替代的作用,其运行、发展、壮大应该得到政府、涉农企业和农户的支持。政府应在相关的政策上予以倾斜,在资金与法律等相关问题上予以保障,以利于非政府组织正常运转,为农业循环经济的发展做出应有的贡献。非政府组织在资源性农业废弃物转化利用问题上,具有唤醒农民在对待农业废弃物方面的责任意识、环境意识的职责,具有组织农业废弃物资源化利用的技术推广、人员培养的职能,能够在农业废弃物资源化利用的资金筹措、社会服务等方面提供帮助。这些作用,对于农业废弃物循环利用的资源共享,对于农业废弃物资源化利用参与主体间的信息互通、互助联动、有效衔接,对于加快农业废弃物资源利用的产业化、商品化进程,无疑是非常重要的。

8.5.2.4 推进绿色消费,解决产品出路

农村能源与现代农业的融合过程中,在与现代种植业的融合可以提供秸秆沼气、秸秆电力、秸秆成型颗粒等多种秸秆能源化利用产品;在与现代畜牧业的融合中可以提供沼气或沼气电力;在与能源作物种植业的融合中可以提供燃料乙醇、生物柴油等生物能源产品。上述生物质能源产品均属于绿色能源产品,需要整个社会形成一种绿色消费的观念,为相关能源产品提供出路。具体表现在:

(1) 农户/农村集中居住区　因为各类生物质能源产品形成的原料主要来自农村,就近开发资源、就地消费使用可以最大程度减小使用成本,所以农户/农村集

中居住区首先成为各类生物质能源产品及其副产物的用户。在农业生产过程中，用各种有机肥、沼肥和沼液取代化肥和农药，用秸秆颗粒取代直接燃烧秸秆和煤炭，用沼气取代液化石油气和天然气。尤其是在农村集中居住区大力推广各类生物质能源产品，沼气集中供气、管道集中供暖等规模设施可以在很大程度上降低各类经营成本而取得较好的经济效益和社会效益。

（2）相关用能单位　包括各类生物质能源企业、适宜使用生物质能源的企事业单位以及其他用能单位。对各类生物质能源企业而言，在生产过程中首先要努力降低能耗，提高用能效率；其次在生产过程中大力使用自身生产的各种绿色清洁能源产品，并且在使用过程中不断改善相关产品的性能以增强其市场适应性。对于可以使用生物质能源产品的企事业单位，包括政府机关、学校、宾馆酒店和医院等，或者对原有用能设施进行简单改造或改装，在燃烧锅炉时用秸秆颗粒或固化成型燃料取代煤炭。对于其他用能单位可以通过使用一部分沼气电力或秸秆电力，或者认购绿色电力的方式支持生物质能源产业的发展。

（3）社会公众　随着私家车的拥有量越来越多，私家车主在加油或加气的时候可以优先选择燃料乙醇，而各种农用机械在使用时则可以选择生物柴油，以此支持生物质能源产业的发展。

8.6　本章小结

本章主要设计南通市农村能源与现代农业融合发展的模式。首先从废弃物的收储成本、对生物质能源的支持力度、农民的总体素质、产业结构的不协调以及相关技术瓶颈等方面阐述南通市农村能源与现代农业融合过程中存在的问题。其次介绍日本、菲律宾、丹麦、印度等国利用农业废弃物发展循环经济的典型案例并从相关法律的配套完善、加快资源循环利用的技术支撑体系、政府与各级机构之间的合作、加强公众的资源回收意识等方面加以借鉴。然后确定了坚持发展循环农业的理念、坚持"不与人争粮、不与粮争地、不破坏生态环境"、坚持因地制宜、科技创新与制度创新并重、政策推动与市场引导相结合等融合原则，分别设计了农村能源与现代种植业的融合模式，主要体现为农作物秸秆的各种能源化利用方式；农村能源与能源作物种植业的融合模式，主要是利用沿海滩涂和冬闲田大力发展燃料乙醇产业和生物柴油产业；农村能源与现代养殖业的融合模式，主要是利用规模养殖场建立大型沼气工程，而非规模散养采取集中供气的方式；农村能源与农业加工业的融合模式。最后基于利益相关者理论提出二者融合过程中的利益相关者主要为农户、政府、相关涉农企业、社会公众和各投资方等，并根据各自的实际情况提出促进南通市农村能源与现代农业融合的对策。

9 研究结论与展望

9.1 研究结论

农村能源问题事关我国的能源安全,而在我国东部沿海地区的江苏农村则存在农村能源高度商品化导致农村能源资源的严重浪费;现代农业发展中的高投入严重破坏生态环境、秸秆和畜禽粪便等资源性废弃物的高排放导致农村存在严重的面源污染、农村生产和生活用能中的高排放进一步恶化农村的生态环境,因此不能再继续割裂农村能源与现代农业的发展,而必须设计合理的模式使得二者融合发展,通过促进二者的融合推动农村能源建设的健康发展,探索一条既减少对商品能源的依赖又能充分发挥农村能源资源优势的农村能源发展道路,使农村能源建设、经济发展和环境保护三者之间实现和谐发展。本书以南通市为例对农村能源与现代农业的融合进行了实证研究,具体研究结果如下:

1) 南通市农村生产用能与生活用能总量的不断增加、用能消费结构的不合理以及未来的能源消费需求需要通过农村能源与现代农业的融合发展来应对解决

(1) 生产用能:在研究期内南通各县市单位耕地面积农业生产用能水平都在不断提高,在用能结构中有机能比重达到18.18%,明显高于东部沿海地区,但整个农业用能仍然以无机能为主;各县市农业生产用能效率总体在不断提升,但各类生产用能效率差异明显,有机肥、燃油和电力、机械能基本对农业生产起促进作用;在各农业生产用能的影响因素中,农业经济总量和能源消费习惯对农业生产用能量影响程度较大,劳动力投入的贡献逐渐消失,农业固定资产所造成的影响则较小。因此未来农业生产过程中需要不断调整用能结构,采用合适的能源使用方式。

(2) 生活用能:2013年南通市人均农村生活能源消费为683.35 kgce,高于同期的东部沿海地区能源消费水平,在能源消费组合中"秸秆+电+液化气+燃油""秸秆+电+液化气""电+液化气+燃油"三种组合方式比重已经达到76.03%,成为南通地区主要的能源组合方式,能源消费结构基本实现了由以传统生物质能源为主向以电力等商品能源为主的转变。在生活能源消费的影响因素中,人均耕地和轿车拥有量与能源消费量之间具有明显的正相关,常住人口与能源消费量之

间呈负相关,人均住房的影响较小。

(3)利用等维灰色递补预测模型进行预测,未来十年内南通市农村能源消费总量以年均3.43%的速度增长,2025年其消费总量将达到$16.45×10^{10}$MJ,相当于560万t标煤。农村能源需求量的大增与能源资源紧缺之间的矛盾将趋于尖锐,导致新农村建设所面临的能源问题更加严重,因此有必要加大农村能源资源的开发力度,尤其是需要充分利用现有的丰富的生物质能资源,为未来的经济建设奠定较为扎实的能源基础。

2)南通市丰富的生物质能资源、种质资源、宝贵的后备耕地资源、较好的产业基础为农村能源与现代农业的融合发展提供了可行性

(1)南通市的生物质能资源很丰富,可能源化利用的资源量平均每年约为234万t标煤,其中秸秆、农业加工业副产物、畜禽粪便可能源化利用量分别为105万t标煤、20万t标煤、108.6万t标煤,未来南通市可能源化利用的生物质能资源可望进一步增加。从地区分布看,海安县、如东县和如皋市均具有明显优势;从季节分布看,主要集中在秋季和春季。

(2)南通市拥有甜高粱、甘薯、菊芋、油菜、黄连木、乌桕和蓖麻等适宜制取燃料乙醇和生物柴油的丰富的种质资源;拥有未利用的滩涂资源13.9万hm^2,拥有可以种植油菜的25万hm^2冬闲田。上述可能源化利用的生物质能资源、种质资源和后备耕地资源为南通市农村能源与现代农业的融合提供了资源基础。

(3)较为发达的现代农业、正在兴起的农村能源产业、蓬勃发展的制造业和已经起步的农村服务业为南通市农村能源与现代农业的融合提供了产业基础。

在江苏省范围内,2014年南通的广义区位商为1.13,与苏南相比依然具有较大的比较优势,农业依然是南通地区的优势产业和基础产业;从农业各产业结构内部看,南通的牧业、渔业和服务业的区位商分别为1.25、1.08、1.62,在全省都具有较为明显的比较优势;在南通市范围内,如东、海安的区位商最高,分别为1.85、1.47,二者的比较优势最明显。

南通市的农村能源产业已经处于农村能源产业的推进与农村能源产业化经营的起步阶段,农村能源产业规模不断扩大,基本形成了包括太阳能光伏电池、风力发电、生物质发电及新能源装备制造等在内的农村能源产业体系和农村能源产业链条。

南通市目前正处于工业化的后期阶段,已经形成了海洋工程装备、新能源、新材料、生物技术和新医药、智能装备和节能环保等六大新兴产业,具有比较优势的产业仍然集中在资源加工型、劳动密集型等部门,为农村能源设备的制造提供有力支撑。

南通市的农业服务业已经起步,农技服务机构力量不断加强,专业合作组织不断发展壮大,农业服务业在农业经济中的比重不断攀升,2013年其服务业增加值达48.06亿元,约占农业增加值的6.7%,为农村能源与现代农业的融合发展提供

支持。

3）南通市农村能源与现代农业的发展水平在不断提高，二者之间的融合发展水平也在不断提升，但总体融合程度仍然较低，各县市之间二者融合程度差异比较大

（1）各县市的农村能源发展水平和现代农业发展水平均呈上升趋势。2013年农村能源发展水平最高的是如皋市和通州市，其农村能源的有序度分别达到0.6897、0.6785；发展水平最低的是海安县和启东市，其农村能源的有序度分别只有0.5341、0.4008，这已经远远超过了2001年发展水平最高的如东农村能源有序度（0.2476）；同期现代农业发展水平最高的是如东县和海安县，其现代农业的有序度分别达到0.6520、0.6284，具有较强的竞争力，这与第5章的研究结果是一致的。

（2）各县市的农村能源与现代农业的融合发展水平均在上升，从2002年的不足0.1大幅度上升到2013年的0.4左右，其中如东的融合程度最高，达到0.4179。因为南通市对农村能源和现代农业给予了高度重视，先后通过农村沼气国债项目、秸秆气化、秸秆发电等推动农村能源建设，通过设施农业、土地流转、万亩良田工程、家庭农场等方式推动现代农业的发展。但各县市的融合程度均未超过0.5，这意味着整个南通地区二者的融合程度总体比较低，因此目前农村能源与现代农业大系统的融合度的提升需要的是两大系统在结构和功能上的有序融合，而不是某个系统的超前发展。

（3）各县市之间融合程度差异较大，呈现明显的不均衡特点。如东县、如皋市和海安县等经济相对比较落后的北三县市其农村能源与现代农业融合程度较高，2013年其融合度分别为0.46、0.44、0.42；而通州市、启东市和海门市等经济较为发达的南三市其农村能源与现代农业融合程度较低。

4）南通市农村能源与现代农业融合机理主要包含融合动力系统、融合过程、融合影响因素以及影响程度

（1）南通市农村能源与现代农业融合发展的动力系统主要包括紧密的经济联系、企业对于经济效益的追求、农村能源技术的进步与创新和适宜的外围环境，其中紧密的经济联系是农村能源产业与现代农业融合的前提条件；对经济效益的追求是融合的内在驱动力；农村能源技术的进步与创新成为融合的外在推动力；政府政策的支持、农村经济的发展等适宜的外围环境为融合发展提供了支持力。

（2）从理论层面揭示农村能源与现代农业融合的过程，当农村能源与现代农业之间没有任何联系时，二者不可能发生融合；当农村能源与现代农业之间呈现互补关系时，不会产生完全替代的融合现象，即原有的农村商品能源没有完全退出现代农业的生产领域，而是二者在新的能源技术基础上交叉融合，出现了新的农村能源产品提供给现代农业，这是未来二者融合发展的理想结局；当农村能源与现代农

业处于完全竞争的状态时,哪个系统被替代取决于两种情况,当现代农业对农村能源的替代效应大于农村能源与现代农业的最大潜在市场容量之比时,现代农业替代农村能源而实现融合,反之,当农村能源对现代农业的替代效应大于现代农业与农村能源的最大潜在市场容量之比时,农村能源替代现代农业而实现融合。利用 Maple 17.0 软件分析南通市农村能源与现代农业的融合过程,结果表明,2006 年以前,二者之间虽然没有出现明显的融合点,但从两个系统箭头的方向看,已经开始出现了融合的趋势;2008 年以后,已经开始出现了明显的融合点,并且融合点的位置靠近纵轴、横轴和零点,这意味着此时南通市农村能源与现代农业之间呈现明显的融合趋势,并且二者之间发展相对较为均衡,未来二者的融合度将会进一步提升。相关融合轨迹图的结果与第六章中融合度计算结果是吻合的。

(3) 南通市农村能源与现代农业融合的影响因素主要有:自然条件,包括废弃物资源、种质资源和后备耕地资源;经济条件,主要包括农村能源需求、市场竞争程度以及相关产业的发展程度;社会条件,主要包括政府对两大系统融合的政策、剩余劳动力资源以及道路、管网等基础设施;技术条件,主要包括生物质液体燃料技术、生物质气化技术、生物质固化技术、生物质发电技术以及沼气工程等技术。在上述影响因子中,自然条件和经济条件对于南通市农村能源与现代农业融合的影响程度较大,社会条件和技术条件相对而言影响程度较小,其中影响程度最大的是农村能源需求(0.206),其次为废弃物资源(0.204)。

5) 南通市农村能源与现代农业融合发展的主要模式设计,并基于利益相关者理论提出了促进南通市农村能源与现代农业融合发展的主要对策

(1) 目前南通市农村能源与现代农业的融合存在四大问题:较高的收集机会成本降低了资源利用率、较低的支持力度抑制了农村清洁能源的发展、偏低的素质降低废弃物循环利用的意识和能力、不协调的产业结构和技术瓶颈削弱了废弃物能源化利用能力。

(2) 在农村能源与现代农业的融合过程中不断完善相关配套法律的制定与支撑体系、不断增强农业废弃物循环转化利用的技术支撑体系、不断增强各级政府以及各机构之间的协调与合作、不断增强公众的资源回收利用意识和实施能力,同时遵循五个融合原则:即坚持循环农业理念,积极推动农业废弃物资源化利用原则、"不与粮争地,不与人争粮,不破坏生态环境"原则、因地制宜,就近开发,就近利用原则、科技创新与制度创新并重原则、政策推动与市场引导相结合原则。

(3) 根据南通市农村能源与现代农业发展的实际情况设计四种融合发展模式,主要为:农村能源与现代种植业的融合,大力发展秸秆固化成型、秸秆发电和秸秆气化等秸秆能源化利用模式;农村能源与能源作物种植业的融合,大力发展燃料乙醇和生物柴油等模式;农村能源与现代养殖业的融合,大力发展规模化养殖场沼

气工程、非规模分散养殖沼气集中供气模式；农村能源与农业加工业的融合模式。

（4）农村能源与现代农业融合过程中的利益相关者主要有农户/农民、生物质能源企业、各级政府、相关用能单位以及投资方，在融合发展的过程中必须明确各主体的作用与地位，实现主体间的协调发展，形成农户主导、政府引导、企业参与、用能单位和投资者接力的"五位一体"的发展机制，共同促进农村能源与现代农业的融合。采取的主要对策有：行政主导，开拓引领；吸引主体，加快发展；强化监督，联结纽带；推进绿色消费，解决产品出路。

9.2 可能的创新之处

（1）阐明农村能源与现代农业之间的辩证关系，拓宽了现代农业融合的范围，促进现代农业的健康发展，又寻找一条减少对商品能源的依赖，充分发挥农村能源资源的优势，实现农村能源消费、经济发展、环境保护三者协调的农村能源发展道路，丰富了农村能源的理论体系。

（2）通过数学模型解析法剖析农村能源与现代农业融合发展过程，并基于AHP法与DEMATEL法分析农村能源与现代农业融合发展的影响因素，以此揭示二者融合发展的机理，进一步拓展了融合理论的研究视野。

9.3 研究不足与未来展望

（1）现代农业体系包括种植业、林业、牧业、渔业和农业服务业，属于大农业的范畴。但在第5章南通市农业生产用能的相关分析是以种植业为例进行的，没有包括林业、牧业、渔业和农业服务业，因此所得的结论可能不能完全反映南通各县市的实际情况。未来根据笔者的科研能力以及获取数据能力的提高，可以逐步完善各县市现代农业体系的生产用能核算，尤其是畜牧业的用能情况，以更为准确地反映南通各县市农业生产的用能特征和县域差异。

（2）农村生产用能、农村可能源化利用的生物质资源的核算均是以各县级行政区域为单位的，研究结果尚比较粗糙。未来可以尝试借助地理信息系统，以各乡镇为单位，进行更为细致的研究，使农村能源与现代农业融合发展模式的设计打破县域行政界线，以各生物质资源特色为依据，更为科学地布局各种融合模式的发展空间。

（3）仅仅是以南通市为例对农村能源与现代农业的融合进行实证研究，囿于数据的可得性和本人的研究水平，未能进一步扩大研究范围，未来可选择不同经济发展类型的农村进行融合程度的对比，以此深入研究农村能源与现代农业融合的机理，设计更为合理的融合发展模式。

参考文献

Adeoti O, Idowu D O, Falegans T, 2001. Could fuels wood use contributes to household poverty in Nigeria? [J]. Biomass and Bioenergy (21):201-209

Afgan N H, Carvalho M G, Hovanov N V, 2000. Energy System Assess ment with Sustainability Indicators[J]. Energy Policy, 28(9):603-612

Alam M, Sathaye J, Barnes D, 1998. Urban household energy use in India: efficiency and policy implications[J]. Energy Policy 26(11):885-891

Alametia M, Sathaye J, Bames D, 1998. Urban household energy use in India: efficiency and policy implications[J]. Energy Policy, (26):885-890

Alexis P, Charles H, 1979. Entropy measure of diversification and corporate growth [J]. Journal of Industrial Economics, 27(4):359-369

Andreae M O, 1991. Biomass burning: its history, use and distribution and its impact on environment quality and global climate [J]. Global Biomass Burning: Atmospheric, Climatic, and Biospheric Implications[C]. Cambridge: MIT Press, 3-21

Andreas K, Daniel S, 2007. Energy Indicators for Tracking Sustainability in Developing Countries [J]. Energy Policy, 35(4):2466-2480

Berndes G, Hoogwijk M, Broek R, 2003. The contribution of biomass in the future global energy supply: a review of 17 studies[J]. Biomass and Bioenergy, 25(1):1-28

Bhattacharya S C, Salama P A, Hu R Q, et al, 2005. An Assessment of the potential for non-plantation biomass resources in selected Asian countries for 2010 [J]. Biomass and Bioenergy, 29(3):153-166

Bluffstone R A, 1995. The effect of labor market performance on deforestation in developing countries under open access: an example from rural Nepal [J]. Environmental Economics and Management, 29(1):42-63

Bos J F, Wit J, 1996. Environment impact assessment of landless monogastric livestock production systems. In: Livestock and the Environment: Finding a balance[R]. FAO World Bank USAID report, Rome

Brundtland G H,1987. Our Common Future[R]. The World Commission on Environment and Development,UK: O. U. Press

Cai J, Jiang Z, 2008. Changing of energy consumption patterns from rural households to urban household in China[J]. Renewable and Sustainable Energy Reviews,12(6):1667-1680

Cai J,Jiang Z G,2008. Changing of energy consumption patterns from rural households to urban households in China:An example from Shanxi Province,China[J]. Renewable and Sustainable Energy Reviews,12(6):1667-1680

Campbell B M, Vermeulen S J, Mangono J J, et al, 2003. The energy transition in action:urban domestic fuel choices in a changing Zimbabwe[J]. Energy Policy (31):553-562

Catania P, 1999. Chinese rural energy system and management [J]. Applie Energy,64(1):229-240

Chen L,Heerink N,Van den Berg M,2006. Energy consumption in rural China:a household model for three villages in Jiangxi Province[J]. Ecological Economics,58(2):407-420

Cherni J A,Dyner I,Henao F,et al,2007. Energy supply for sustainable rural livelihoods. A multi-criteria decision-support system [J]. Energy Policy, 35(3): 1493-1504

Coelho S T,Bolognini M F,Iylbersitajn,1999. Policies to improve biomass-electricity generation in Brazil[J]. Renewable Energy,16(1-4):996-999

Davis M,1998. Rural household energy consumption, the effects of access to electricity evidence from South Africa [J]. Energy Policy,26(3):207-217

Démurger, Sylvie, Foumier M, 2012. Rural poverty and fuelwood consumption: Evidence from Labagoumen Township (China) [C]. Transition towards sustainable rural resource use in rural China (10):12-20

Denoroy P,1996. The crop physiology of Helianthus tuberosus L:A model orientated view[J]. Biomass and Bioenergy,11(1):11-32

Dzioubinski O, Chipman R, 1999. Trends in consumption and production: household energy consumption[C]. DESA Disscussion Paper Series: 1-21

Ezzati M, Kammen D M, 2002. Household energy, indoor air pollution, and health in developing countries:Knowledge Base for Effective Interventions[J]. Annual Review of Energy and Environment. 127(1):233-270

Fai F, Tunzelmann V N, 2001. Industry-Specific Competencies and Converging Technological Systems: Evidence from Patents[J]. Structural Change and Economics Dynamics (12):141-171

Fischer G, Schrattenholzer L, 2001. Global bioenergy potentials through 2050[J]. Biomass and Bioenergy,20(3):151-159

Fluri T P,2009. The potential of concentrating solar power in South Africa [J]. Energy Policy,37(12):5075-5080

Foley G, 1995. Photovoltaic applications in rural areas of the developing world. ESMAP Technical Paper 009[C]. The World Bank, Energy Sector Management Assistance Programme, Washington D. C.

Gambardella A, Torris S,1998. Does technological convergence imply convergence in market? evidence from the electronics industry[J]. Research Policy,27(5):445-463

Ghiorgis W W, 2002. Renewable energy for rural development in Ethiopia: The case for new energy policies and institutional reform [J]. Energy Policy,30(11):1095-1105

Gustavson K R, Lonergan S C, Ruitenbeek H J,1999. Selection and Modeling of Sustainable Development Indicators: A Case Study of the Fraser River Basin, British Columbia[J]. Ecological Economics,28(1):117-132

Hain J J, Ault G W, Galloway S J, et al,2005. Additional renewable energy growth through small-scale community orientated energy policies[J]. Energy Policy,33(5):1199-1211

Hall D O,1997. Biomass energy in industrialized countries a view of the future [J]. Forest Ecology and Management,91(1):17-45

Hanley N D, McGregor P G, Swales J K, et al,2006. The impact of a stimulus to energy efficiency on the economy and the environment: A regional computable general equilibrium analysis[J]. Renewable Energy,31(2):161-171

Hillring B,1998. National strategies for stimulating the use of bioenergy: policy instruments in Sweden[J]. Biomass and Bioenergy (14):45-49

Hosier R H, Dowd J,1987. Household fuel choice in Zimbabwe: An empirical test of the energy ladder hypothesis[J]. Resources and Energy,9(4):347-361

Huang L M, 2009. Financing rural renewable energy: comparison between China and India[J]. Renewable and Sustainable Energy Reviews,13(5):1096-1103

Islam M R, Saidur R, Rahim N A, 2011. Assessment of wind energy potentiality at Kudat and Labuan, Malaysia using weibull distribution function[J]. Energy

Conversion and Management, 36(2): 985-992

Jiang L, O'Neill B, 2004. The Energy Transition in Rural China[J]. International Journal of Global Energy Issues, 21(1): 1-22

Joon V, Chandra A, Bhataachary M, 2009. Household energy consumption pattern and socio-cultural dimensions associated with it: A case study of rural Haryana, India[J]. Biomass and Bio-energy, 33(11): 1509-1512

Kanagawa M, Nakata T, 2007. Analysis of the energy access improvement and its socio-economic impacts in rural areas of developing countries[J]. Ecological Economics, 62(2): 319-329

Kishore V V N, Bhandari P M, Gupta P, 2004. Biomass energy technologies for rural infrastructure and village power—opportunities and challenges in the context of global climate change concerns[J]. Energy Policy (32): 801-810

Lazzaretto A, Toffolo A, 2004. Energy, economy and environment as objectives in multi-criterion optimization of thermal systems design[J]. Energy, 29(8): 1139-1157

Leach G, 1987. Energy Transition in South Asia in Transitions between Traditional and Commercial Energy in the Third WorldIRI, Surrey Energy Economics Centre, Discussion Paper series. University of Surrey

Leach G, 1992. The energy transition[J]. Energy Policy, 20(2): 116-123

Leach G, Gowan M, 1987. Household Energy Handbook, An Interim Guide and Reference Manual[M]. The World Bank, Washington, D. C.

Liu G, Mario L, Shen L, 2008. Rural household energy consumption and its impacts on eco-environment in Tibet: taking takese county as an example [J]. Renewable and Sustainable Energy Reviews, 12(7): 1890-1908

托达罗 M P, 1988. 第三世界的经济发展[M]. 北京: 中国人民大学出版社

Mahapatra A K, Mitchel C P, 1999. Biofuel consumption, deforestation, and farm level tree growing in rural India[J]. Biomass and Bioenergy, 17(4): 291-303

Makoto K, Toshihiko N, 2006. Analysis of the energy access improvement and its socio-economic impacts in rural areas of developing countries[J]. Ecological Economics, 58(8): 1-11

Malhotra P, 2002. Rural energy data sources and estimations in India: a meeting convened jointly by the Energy and Resources Institute and PESD [EB/OL]. http://pesd.stanford.edu/events/rural_energy_transitions/

Masera O R, Saqtkamp B D, Kammen D M, 2000. From linear fuel switching to multiple cooking strategies: A critique and alternative to the energy ladder model[J]. World Development,28(12):2083-2103

Maull, Materials R,1984. Energy an Western Security [M]. The Macmillan Press LTD.

Mckay H,2006. Environmental,economic,social and political drivers for increasing use of woodfuel as a renewable resource in Britain[J]. Biomass and Bioenergy,30(4):308-315

Melvin G R,2003. Carbon sequestration and biomass energy offset:theoretical,potential and achievable capacities globally,in Europe and the UK[J]. Biomass and Bioenergy,24(2):97-116

Muller A,Schmidhuber J,Hoogeveen,et al,2008. Some insights in the effect of growing bio-energy demand on global food security and natural resources[J]. Water Policy (10):83-94

Muller M,1997. Telecom Policy and Digital Convergence Hong Kong[M]. City University of Hong Kong Press

Munasinghe M,1995. Sustainable Energy Development(SED):Issues and Policy[C]. Washington,D. C. : The World Bank

Musti M,Kortum K,Kockelman K M,2011. Household energy use and travel:Opportunities for behavioral change[J]. Transportation Research Part D:Transport and Environment,16(1):49-56

Muyeye C, Henk F,2007. Fuel switching in harare:an almost ideal demand system approach[J]. Energy Policy,35(4):2538-2548

Nansaior A,Patanothai A,Rambo A T, et al,2011. Climbing the energy ladder or diversifying energy sources? The continuing importance of household use of biomass energy in urbanizing communities in Northeast Thailand[J]. Biomass and Bioenergy,35(10):4180-4188

Niu S,Zhang X,Zhao C S,et al,2011. Household energy use and emission reduction effects of energy conversion in Lanzhou city,China[J]. Renewable Energy,36(5):1431-1436

Oliveira C,Antunes C H, 2004. A multiple objective model to deal with economy-energy-environment interactions[J]. European Journal of Operational Research,153(2):370-385

Onate N,Eros S,2011. Analysis of wind climate and wind energy potential of regions in Turkey[J]. Energy,36(1):148-156

Pachauri S,Jiang L,2008. The household energy transition in India and China

[J]. Energy Policy,36(11):4022-4035

Patlitzianas K D,Doukas H, Kagiannas A G,et al,2008. Sustainable energy policy indicators:review and recommendations[J]. Renewable Energy,33(5):966-973

Pearce W, Turner K,1989. Economic of natural resources and the environment [M]. Baltimore:Johns Hopkins University Press

Perera K K C K,Rathnasiria P G,Senearath S A S,2005. Assessment of sustainable energy potential of non-plantation biomass resources in Sri Lanka[J]. Biomass and Bioenergy,29(3):199-213

Rae M, 2006. Health inequalities a sustainable development issue. Public Health[J]. Elsevier,Oxford,UK, 120(12):1106-1109

Randerson P F,董宏林,Slater F M,1999.世界若干国家生物质能源利用及有关问题研究[J].宁夏农林科技(5):5-8,16

Rave K,1999. Wind power and the finance industry [J]. Renewable Energy World (9):23-31

Ravindranath N H,Somashekar H I,Nagaraja M S,et al,2005. Assessment of sustainable non-plantation biomass resources potential for energy in India[J]. Biomass and Bioenergy,29(3):178-190

Redclift M,1991. The multiple dimensions of sustainable development [J]. Geography (76):36-42

Reddy A K N,Reddy B S,1994. Substitution of energy carriers for cooking in Bangalore[J]. Energy,19(5):561-571

Reddy B S, 1995. A multilogit model for fuel shifts in the domestic sector [J]. Energy,20(9):929-936

Reddy B S,2003. Overcoming the energy efficiency gap in India's household sectors[J]. Energy Policy (31):1117-1127

Sanrem B B,1994. Research Report No. 1-95, Proceeding of the Indicators of Sustainability Conference and Workshop [R]. Arlington Virginia:Washington State University

Sateikis I, Lynikiene S, Kavolelis B, 2006. Analysis of feasibility on heating single family houses in rural areas by using sun and wind energy[J]. Energy and Buildings,43(38):695-700

Secretary of state for trade and industry,2003. Our Energy Future—Creating a Low Carbon Economy[R]. UK Energy White Paper

Shafiqur R,Aftab A,Luai M,et al,2011. Development and economic assessment of agrid connected 20 MW installed capacity wind farm[J]. Renewable and Sustainable Energy Reviews,15(1):833-838

Simon H,1962. The architecture of complexity[J]. Proceedings of the American Philosophical Society,106(6):467-482

Sinton J E, Fridley D G,2003. Comments on recent energy statistics from China [EB/OL]. http://china.1bl.gov/piblications/sinton-fridley_sinosphere-oct03

Sorapipatana C, 2010. An assessment of solar energy potential in Kampuchea[J]. Renewable and Sustainable Energy Reviews,14(8):2174-2178

Steubing B, Zah R,Wager P, et al,2010. Bioenergy in Switzerland: Assessing the domestic sustainable biomass potential[J]. Renewable and Sustainable Energy Reviews,14(8):2256-2265

Stoorvogel J J,Antle J M,Crissman C C,et al,2004. The Tradeoff Analysis Model:Integrated Biophysical and Economic Modeling of Agricultrual Production Systems[J]. Agricultrual Systems,80(1):43-66

Sudha P,Somashekhar H I,Rao S,et al,2003. Sustainable biomass production for energy in India [J]. Biomass and Bioenergy,25(5):501-515

Tonooka Y,Liu J,Kondou Y,et al,2006. A survey on energy consumption in rural household in the fringes of Xi'an city[J]. Energy and Buildings,38(11):1335-1342

Turner E C,Snaddon J L,Fayle T M, et al,2008. Oil palm research in context:identifying the need for biodiversity assessment[J]. Plos One,3(2):1572

Tyler S,Sathaye J,1991. Transitions in household energy use in urban China, India , the Philippines, Thailand and Hong Kong[J]. Annual Reviews of Energy and the Environment (16):295-335

Ugarte D G D L T,Ray D E,2000. Biomass and bioenergy applications of the POLYSYS modeling framework[J]. Biomass and Bioenergy (18):291-308

Wang X H,Feng Z M,1997. A survey of rural consumption in the developed regions of China [J]. Energy,22(5):511-514

Wang X H,Feng Z M,1999. Survey of rural household energy consumption in China [J]. Energy,21(7):703-705

Wang X,Di C,Hu X,et al,2007. The influence of using biogas digesters on family energy consumption and its economic benefit in rural areas—comparative study between Lianshui and Guichi in China[J]. Renewable and Sustainable Energy Reviews,11(5):1018-1024

Werf H M G V D,Petit J,2002. Evaluation of the Environmental Impact of

Agriculture at the Farm Level:A Comparison and Analysis of 12 Indicator Based Methods[J]. Agriculture,Ecosystems and Environment,93(1-3):131-145

Wiser R H,Pickle S J,1998. Financing investments in renewable energy:the impacts of policy design[J]. Renewable and Sustainable Energy Reviews,2(4):361-386

Yan X,Ohara T,Akimoto H,2006. Bottom-up estimate of biomass burning in mainland China [J]. Atmospheric Environment,40(27):5262-5273

Zhao C S,Niu S W,Zhang X,2012. Effects of household energy consumption on environment and its influence factors in rural and urban areas[J]. Energy Procedia (14):805-811

白金明,2008. 我国循环农业理论与发展模式研究[D]. 北京:中国农业科学院

贝塔朗菲,1987. 一般系统论:基础、发展和应用[M]. 秋同,袁嘉新,译. 北京:社会科学文献出版社

毕于运,2010. 秸秆资源评价与利用研究[D]. 北京:中国农业科学院

毕于运,高春雨,王亚静,等,2009. 中国秸秆资源数量估算[J]. 农业工程学报,25(12):211-217

毕于运,王亚静,高春雨,2010. 中国主要秸秆资源数量及其区域分布[J]. 农机化研究 (3):1-7

卞有生,柳英坤,卞晶,2006. 农业生态工程中人工辅助能产投比的计算分析研究[J]. 中国工程科学,8(8):28-32

蔡建康,查勇,丁亚鹏,2015-10-9. 南通:"分布式沼气发电并网"探路前行[N]. 新华日报 (5)

蔡鑫磊,2010. 我国能源消费与GDP的关系——基于时间序列的实证分析[J]. 经济问题 (5):27-31

蔡亚庆,仇焕广,徐志刚,2011. 中国各区域秸秆资源可能源化利用的潜力分析[J]. 自然资源学报,26(10):1637-1646

曹国良,张小曳,王丹,等,2005. 秸秆露天焚烧排放的TSP等污染物清单[J]. 农业环境科学学报,24(4):800-804

曹俊杰,2004. 发展现代农业:国际经验与中国模式[J]. 世界经济与政治论坛 (4):7-11

曹俊杰,2009. 我国东部地区几种现代农业发展模式比较及启示[J]. 现代经济探讨 (1):59-63

曹雯,2015. 乡村旅游与现代农业化融合发展的路径[J]. 农村经济 (5):61-65

曾乐元,1997. 从农业产业的关联效应看农业产业的地位与作用[J]. 理论导刊 (6):21-22

参考文献

常宏建,2009.项目利益相关者协调机制研究[D].济南:山东大学

唱潇然,2013.日本农业循环经济的发展模式及经验分析[J].世界农业(6):1-4

陈爱国,凌国华,陈健,1999.农村能源产业化经营初探[J].能源研究与利用(4):20-24

陈才,李文华,2005.世界经济地理[M].北京:北京师范大学出版社

陈江龙,高金龙,卫云龙,2013.工业化、城镇化和农业现代化"三化融合"的内涵与机制[J].农业现代化研究,34(3):274-278

陈娟,王雅鹏,2012.基于ARIMA模型的湖北省农村生物质资源潜力评估[J].林业经济,(6):97-101.

陈柳钦,2006.未来产业发展的新趋势:集群化、融合化和生态化[J].商业经济与管理(1):30-34

陈明星,陆大道,刘慧,2010.中国城市化与经济发展水平关系的省际格局[J].地理学报,65(12):1443-1453

陈锐,魏津瑜,毕然,2009.现代农业与农业机械化发展研究[J].中国农机化(1):21-24

陈小磊,郑建明,2012.基于菲德模型的信息化与工业化融合发展研究[J].情报科学,30(4):510-513

陈晓峰,2012.南通产业结构调整与江苏沿海开发战略的融合[J].唯实(2):46-51

陈艳,朱雅丽,2011.中国农村居民可再生能源生活消费的碳排放评估[J].中国人口·资源与环境,21(9):88-92

成金华,2002.国家能源安全及能源持续利用的支持条件[J].中国地质矿产经济(5):22-30

程绍铂,杨桂山,李大伟,2011.长三角典型农业区农业现代化水平分区研究——以江苏省兴化市为例[J].地域研究与开发,30(4):149-152,157

程胜,2009.基于混沌——神经网络时间序列的农村能源消费预测研究[J].农业技术经济(3):67-71

程选,2001.我国地区比较优势研究[M].北京:中国计划出版社:19-27

仇方道,汤茜,2005.基于熵值法的徐州市农业可持续发展评价研究[J].徐州师范大学学报(自然科学版),23(2):74-78

仇焕广,廖绍攀,井月,等,2013.我国畜禽粪便污染的区域差异与发展趋势分析[J].环境科学,34(7):2766-2774

仇焕广,严健标,江颖,等,2015.中国农村可再生能源消费现状及影响因素分析[J].北京理工大学学报(社会科学版),17(3):10-15

褚大建,1998.可持续发展呼唤循环经济[J].科技导报(9):39-42

丛卫兵,2007.张謇农业现代化思想与实践研究[D].南京:南京农业大学

崔民选,2007.中国能源发展报告[M].北京:社会科学文献出版社

崔明,赵立欣,田宜水,等,2008.中国主要农作物秸秆资源能源化利用分析评价[J].农业工程学报,24(12):291-296.

崔潇潇,高原,吕贻忠,2010.北京市大兴区土壤肥力的空间变异[J].农业工程学报,26(9):327-333

丹尼斯·米都斯,1997.增长的极限[M].吉林:吉林人民出版社

单元媛,罗威,2013.服务业与制造业融合对产业结构优化升级影响的实证分析[J].武汉金融(2):41-43

邓聚龙,2002a.灰色理论基础[M].武汉:华中科技大学出版社

邓聚龙,2002b.灰预测与灰决策[M].武汉:华中科技大学出版社

邓可蕴,1991.中国农村能源建设的必由之路——以县为单元的农村能源综合建设的发展[J].农业工程学报,7(3):2-15

邓可蕴,贺亮,1998.21世纪中国农村能源建设发展战略[C]."科学技术面向新世纪"学术年会论文集(9):565-570

邓可蕴,贺亮,2000a.我国农村地区能源形势分析[J].中国工程科学,2(6):19-25

邓可蕴,贺亮,2000b.我国农村地区中长期能源需求预测[J].中国工程科学,2(7):16-21

邓心安,张应禄,2008.生物能源发展及对未来农业的影响[J].中国农业科技导报,10(2):1-5

丁文斌,王雅鹏,徐勇,2007.生物质能源材料——主要农作物秸秆产量潜力分析[J].中国人口·资源与环境,17(5):84-89

丁雄,2014.生态农业产业链系统协调与管理策略研究——以养种循环生态农业为例[D].南昌:南昌大学

丁亚鹏,2015-10-23.沼气发电,期待政策"扶一扶"[N].新华日报(6)

董国仓,罗有贤,翁才银,等,2009.基于Arcgis的重庆市县域生态足迹差异分析[J].经济地理,29(11):1885-1889

杜国明,周圆,刘阁,等,2013.黑龙江省农业现代化评价[J].中国农业资源与区划,34(5):55-61

杜艳萍,2013.山西农村能源循环农业模式技术研究与应用[J].农业工程技术(新能源产业)(2):44-47

范袁斌,顾玉明,李炳生,2008.现代农业发展的成功经验之一——南通市优质

油菜的发展[J].种子,27(1):108-110

方叶林,黄震方,涂玮,等,2013.基于地统计分析的安徽县域经济空间差异研究[J].经济地理,33(2):33-38

风笑天,2009.现代社会调查方法[M].4版.武汉:华中科技大学出版社:122

冯蕾,2010.江苏省秸秆资源评价与规模化能源利用发展研究[D].南京:南京农业大学

冯永忠,杨改河,任广东,等,2005.中国能源农业发展必要性与对策研究[J].中国农学通报,21(4):344-348

冯之俊,2004.循环经济导论[M].北京:人民出版社

弗里曼,2006.战略管理:利益相关者方法[M].上海:上海译文出版社

符瑜,潘学标,高浩,2009.中国黄连木的地理分布与生境气候特征分析[J].中国农业气象,30(3):318-322

傅廷栋,周永明,2006.油菜遗传改良与生物柴油[J].云南农业大学学报,21(增刊):25-28

高利伟,马林,张卫峰,等,2009.中国作物秸秆养分资源数量估算及其利用状况[J].农业工程学报,25(7):173-179

高明国,朱启臻,2009.农村能源结构与农村社会变迁相关研究——以河南省农村为例[J].农村经济(2):95-98

高铁梅,2009.计量经济分析方法与建模——Eviews应用及实例[M].2版.北京:清华大学出版社:267-318

高照军,崔成镇,郝运鹏,2008.国外农业现代化模式对我国农业现代化道路的启示[J].现代农业科学,15(9):80-81

葛惠玲,2010.基于灰色模型的农业机械总动力预测[J].农机化研究(12):49-51,56

耿海清,谷树忠,国冬梅,2004.基于信息熵的城市居民家庭能源消费结构演变分析——以无锡市为例[J].自然资源学报,19(2):257-262

耿维,胡林,2013.中国区域畜禽粪便能源潜力及总量控制研究[J].农业工程学报,29(1):171-179

龚小君,王彩苹,2006.熵指数的可分解特性及其在多元化测度中的应用[J].技术经济与管理研究(1):22-24

顾焕章,王培志,1997.论农业现代化的含义及其发展[J].江苏社会科学(1):30-35

郭冰阳,2006.中国农业现代化水平的DEA评价[J].统计与信息论坛,21(3):30-32

郭利磊,王晓玉,陶光灿,等,2012.中国各省大田作物加工副产物资源量评估[J].中国农业大学学报,17(6):45-55

郭雪霞,张慧媛,刘瑜,等,2015.中国农产品加工副产物综合利用问题研究与对策分析[J].世界农业(8):119-123,175

郭永奇,2013.河南省主要农作物秸秆生物质资源定量评价及其地理分布[J].农业现代化研究,34(1):114-117

国家科学技术委员会,1997.中国农业科学技术政策[M].北京:中国农业出版社

果雅静,高尚宾,方放,等,2008.基于区位商法的北京都市型现代农业产业布局研究[J].中国生态农业学报,16(4):976-980

韩昀,2012.农村生活能源消费变化趋势研究——山东省郯城县实证分析[D].北京:中国农业科学院

韩昀,王道龙,毕于运,2013.郯城县农村生活能源消费属性分析[J].中国农业资源与区划,34(4):141-144

韩长斌,2014.支持南通创建国家现代农业示范区[EB/OL].http://economy.gmw.cn/newspaper/2014-12/31/content_103392860.htm

郝明德,1993.日本现代农业对中国农业现代化的启示[J].水土保持通报,13(6):56-61

何凤霞,2010.建立现代农业政府投入机制的基本思路和政策取向[J].特区经济(4):178-180

何磊,2008.国外传统农业向现代农业转变的模式及启示[J].经济纵横(11):57-61

何立胜,李世新,2005.产业融合与农业发展[J].晋阳学刊(1):37-40

何周蓉,邓良伟,张红丽,2014.沼气产业链优化路径选择[J].农村经济(3):52-55

胡鞍钢,吕永龙,2001.能源与发展——全球化条件下的能源与环境发展政策[M].北京:中国计划出版社

胡金星,2007.产业融合的内在机制研究[D].上海:复旦大学

胡金星,2010.产业融合产生过程的模型研究[J].改革与战略,26(12):111-114

胡莉莉,牛叔文,2011.中国区域农业生产用能特征及经济效益研究[J].干旱区资源与环境,25(10):1-6

华晓燕,王慧,董必慧,2011.江苏沿海地区几种有发展潜力的能源植物[J].江苏农业科学,39(6):561-563

华永新,2008.参与式发展理论在农村能源生态建设中的应用探讨[J].可再生

能源,26(5):119-121

环球,2008.生物燃料:食与行的悖论[EB/OL].http://www.ah.xinhuanet.com/swcl2006/2008-01/11/content_12192530.htm

黄国勤,2010.推进鄱阳湖生态经济区低碳农业的发展[J].江西农业学报,22(6):178-180.

黄国勤,赵其国,2011.低碳经济、低碳农业与低碳作物生产[J].江西农业大学学报(社会科学版),10(1):1-5

黄季焜,胡瑞法,2000.中国农业科研投资:效益、利益分配及政策含义[J].中国软科学(9):21-24

黄进勇,高旺盛,吴大付,1998.土地生产力的内涵、系统观与可持续技术[J].农业现代化研究,19(3):158-161

黄鹭新,杜澎,2009.城市复合生态系统理论模型与中国城市发展[J].国际城市规划,24(1):30-36

黄祖辉,林本喜,2009.基于资源利用效率的现代农业评价体系研究——兼论浙江高效生态现代农业评价指标构建[J].农业经济问题(11):20-27

贾晓华,2014.强化中小城市的产业支撑实现城镇与产业的融合发展[J].辽宁大学学报(哲学社会科学版),42(3):40-45

江苏省统计局,2014.江苏省农村统计年鉴[M].南京:江苏省统计局

姜广林.启东市东海镇锦绣村非规模养殖沼气集中供气[EB/OL].http://www.ntagri.gov.cn/default.php?mod=article&do=detail&tid=173133

姜睿清,2013.基于产业融合的江西农业产业结构优化研究[D].南昌:南昌大学

蒋和平,1997.高新技术改造传统农业论[M].北京:中国农业出版社

蒋和平,黄德林,2006.中国农业现代化发展水平的定量综合评价[J].农业现代化研究,37(3):87-91

蒋剑春,2007.生物质能源转化技术与应用(I)[J].生物质化学工程,41(3):59-65

蒋薏,朱余斌,黄明宇,等,2005.南通市可再生能源利用现状与前景[J].南通航运职业技术学院学报,4(4):17-20

蒋永穆,刘涛,2012.浅论现代农业产业体系评价指标的构建[J].福建论坛·人文社会科学版(12):19-25

解振华,2003.循环经济理论与政策的几点思考[J].中国环保产业(11):6-9

解振华,2004.坚持求真务实,树立科学发展观,推进循环经济发展[J].环境经济(8):12-20

景垫,毛加强,王紫薇,2014.基于灰色关联法的陕西省工业化与信息化融合度研究[J].科技管理研究(2):189-193

康涌泉,2013.传统农耕文化与现代农业耦合发展机制及模式[J].中州学刊(11):39-43

孔祥智,李圣军,2007.试论我国现代农业的发展模式[J].教学与研究(10):9-13

郎秀云,2008.现代农业:美国模式和中国道路[J].江西财经大学学报(2):49-54

乐小芳,2004.我国农村生活方式对农村环境的影响分析[J].农业环境与发展(4):42-45

黎雪林,2007.我国循环经济的系统分析、评价与管理研究[D].广州:暨南大学

李宝玉,王立刚,高春雨,2010.环渤海现代农业发展现状、思路与模式研究[J].农业现代化研究,31(1):24-28

李碧珍,2007.产业融合:林业产业化转换的路径选择[J].林业经济(11):59-62

李炳坤,2006.发展现代农业支撑新农村[J].瞭望新闻周刊,7(3):42-43

李成圆,熊黑钢,闫人华,2013.天山北坡县域现代农业发展水平的差异研究[J].中国农学通报,29(8):93-98

李飞跃,汪建飞,2013.中国粮食作物秸秆焚烧排碳量及转化生物碳固碳量的估算[J].农业工程学报,29(14):1-7

李国柱,2007.区域农村生活能源生态经济系统研究[D].兰州:兰州大学

李航,2013.湖南农业现代化建设模式与路径研究[D].长沙:湖南农业大学

李虹来,勒中坚,2007.灰色关联分析在农业现代化评价体系中的应用[J].江西财经大学学报,30(1):43-45

李怀勇,2007.信息化时代市场融合范式研究——基于信息经济学的理论与实证分析[D].上海:上海社会科学院

李建豹,白永平,罗君,等,2011.甘肃省县域经济差异变动的空间分析[J].经济地理,31(3):390-395

李京京,任东明,庄幸,2001.可再生能源资源的系统评价方法及实例[J].自然资源学报,6(4):74-83

李兰海,1988.农业生态系统能流分析指标的探讨[J].农业现代化研究(1):18-19

李连禄,黄育珠,韩纯儒,1989.农业生态系统工业能投的折能系数探讨[J].农

业生态环境(4):32-36

李满,李世峰,欧阳映鸿,2014.基于熵权法的涿鹿县现代农业发展水平评价分析[J].中国农业大学学报,19(5):236-243

李美云,2007.服务业的产业融合与发展[M].北京:经济科学出版社

李美云,2008.论旅游景点业和动漫业的产业融合与互动发展[J].旅游学刊,23(1):56-62

李敏,2011.物流产业融合研究[D].西安:长安大学

李娜,2015.日本农业废弃物循环利用及产业发展的经验与启示[J].世界农业(8):162-166

李蓉丽,2007.国外发展现代农业的经验及其对我国的启示[J].农业现代化研究,28(5):594-596

李书先,1995.关于开展农村能源生态经济研究的探索[J].农业环境和发展,12(3):36-38

李薇,陈阵,2014.生产性服务业与制造业的融合特征——基于北京投入产出表的实证分析[J].管理现代化(5):34-36

李伟,2012.中国农业功能多元化和生物质能产业发展研究[D].武汉:华中师范大学

李玮,杨钢,2010.基于系统动力学的山西省能源消费可持续发展研究[J].资源科学,32(10):1871-1877

李鑫,杨新军,陈佳,等,2015.基于农户生计的乡村能源消费模式研究——以陕西金丝峡乡村旅游地为例[J].自然资源学报,30(3):384-396

李彦普,2013.城镇化过程中河南农村能源问题分析及对策研究[J].改革与战略,29(11):87-90

李轶,吕绪凤,易维明,等,2009.北方"四位一体"农村能源生态模式的能流分析及其系统评价[J].可再生能源,27(3):70-73

厉无畏,王慧敏,2002.产业发展的趋势研判与理性思考[J].中国工业经济(4):5-11

梁君,陈显军,杨霞,2014.广西文化产业与旅游业融合度实证研究[J].广西社会科学(3):28-32

梁伟军,2010.农业与相关产业融合发展研究[D].武汉:华中农业大学

梁育填,樊杰,孙威,等,2012.西南山区农村生活能源消费结构的影响因素分析——以云南省昭通市为例[J].地理学报,67(2):221-229

廖重斌,1999.环境与经济协调发展的定量评判及其分类体系——以珠江三角洲城市群为例[J].热带地理,19(2):171-177

林宝,2014.可再生能源产业发展的就业效应[J].劳动经济研究,2(1):127-150

林伯强,2014.高级能源经济学[M].2版.北京:清华大学出版社

凌迎兵,2003.区域可持续发展理论、模型与应用[D].上海:上海交通大学

刘成玉,杨建利,2009.论现代农业功能的新拓展[J].农村经济(7):3-5

刘春明,2008.我国油菜生产与生物柴油发展研究[D].武汉:华中农业大学

刘凤朝,潘雄峰,王元地,2004.基于灰色系统理论的中国专利分析与预测[J].情报杂志(12):53-55

刘刚,沈镭,2007.中国生物质能源的定量评价及其地理分布[J].自然资源学报,22(1):9-19

刘海峰,2005.农村小水电代燃料工程生态环境效益及经济拉动作用评估[D].西安:西安理工大学

刘华容,2011.我国低碳经济发展模式研究[D].长沙:湖南大学

刘婕,谭华芳,2011.旅游与房地产业的关联融合度研究[J].经济体制改革(2):150-153

刘金爱,2010."数字农业"与农业可持续发展[J].东岳论丛,31(2):70-73

刘俊梅,2013.基于产业融合的吐鲁番沙疗养生旅游发展研究[D].乌鲁木齐:新疆大学

刘丽辉,2014.现阶段广东农业产业结构调整方向研究——基于改革开放以来的演变及动因研究[J].广东农业科学(5):32-37

刘美平,2010.我国低碳经济推进与产业结构升级之间的融合发展[J].当代财经(10):86-91

刘明沽,黄琪玫,2002.城郊型农村可持续发展对策初探[J].中国可持续发展杂志(4):12-16

刘巽浩,1982.我国不同地区农田能量转换效率的初步研究[J].北京农业大学学报(1):1-20

刘勇,王旭辉,2007.ARIMA模型在我国能源消费预测中的应用[J].经济经纬(5):11-13,32

刘战平,蒋和平,2006.现代农业是新农村建设的基础工程[J].农业现代化研究,27(5):321-324

刘兆普,隆小华,刘玲,等,2008.海岸带滨海盐土资源发展能源植物资源的研究[J].自然资源学报,23(1):9-14

刘振铎,2002.现代汉语辞海[M].哈尔滨:黑龙江人民出版社:557

柳百萍,胡文海,2011.安徽省现代农业发展模式研究[J].农业经济问题(10):16-20

柳金平,2013.现代农业建设与路径研究——基于国家现代农业示范区的实践[D].北京:中国农业科学院

柳云波,2004.农业产业结构调整初探[J].农业经济(6):35-36

卢东斌,2001.产业融合:提升传统产业的有效途径[J].经济工作导刊(6):4

卢昆,2015.日本北海道现代农业发展关键举措及其经验启示[J].世界农业(9):207-210

卢良恕,2004.新时期的中国农业与现代农业建设[C].全国立体农业与庭院经济学术讨论会文集,5:1-12

卢良旭,2006.中国农业发展理论与实践[M].南京:江苏科学技术出版社

陆慧,卢黎,2006.农民收入水平对农村家庭能源消费结构影响的实证分析[J].财贸研究(3):28-34

罗钰翔,2010.中国主要生物质废物环境影响与污染治理策略研究[D].北京:清华大学

骆旭添,梁伟军,易发海,2009.中国现代农业发展路径的产业融合理论解释[J].江西农业大学学报(社会科学版),8(4):43-47

吕倩,2015.新农村建设和乡村生态旅游的融合发展[J].农业经济(9):65-66

吕文,王春峰,王国胜,等,2005.中国林木生物质能源发展潜力研究[J].中国能源,27(11):21-26

马鸿翔,张大栋,2006.沿海滩涂发展能源植物的潜力分析[J].中国农学通报,22(12):445-449

马凯,2004.大力推进循环经济发展[J].中国投资(11):20-28

马丽,夏建新,2010.南北方农牧区生活能源利用现状及对策分析——以云南兰坪县、香格里拉市和内蒙古通辽地区为例[J].可再生能源,28(4):112-117

马庆国,2004.管理科学研究方法与研究生学位论文的评判参考标准[J].管理世界(12):99-108

马婷婷,米传明,2011.基于投入产出表的各省工业化与信息化融合度测算[J].价格月刊(10):52-55

马志强,朱永跃,洪涛,2008.江苏省生物质能产业发展现状分析及对策研究[J].中国软科学(10):65-72

茅丽华,2013.南通市现代农业产业体系及其开发[J].农业工程,3(5):144-147

孟令洋,2014.农产品加工副产物的综合利用[J].农产品加工(7):14-15

孟庆松,韩文秀,1999.复合系统整体协调度模型研究[J].河北师范大学学报(自然科学版),23(2):177-179,187

孟庆松,韩文秀,2000.复合系统协调度模型研究[J].天津大学学报,33(4):

444-446

慕芳,邱凌,冯百利,2007.能源农业研究进展与发展对策[J].干旱地区农业研究,25(增刊):242-246

南通国税局公布半年光伏产业分析报告[EB/OL].http://news.solarbe.com//201408/04/57595.html

南通市统计局.2013年南通市国民经济和社会发展统计公报[EB/OL].http://tjj.nantong.gov.cn/art/2014/3/10/art_11625_1622495.html

牛红志,孔晓英,李连华,等,2014.农业废弃物制备生物燃气过程的物质流分析[C].2014年能源草产业发展战略暨学术研讨会论文集:187-195

牛正田,李涛,张玉洁,等,2005.黄连木资源概况、栽培技术及综合利用前景[J].经济林研究,23(3):68-71

农业部科技教育司,1997.中国农村能源年鉴[M].北京:中国农业出版社

农业部课题组,2008.现代农业发展战略研究[M].北京:中国农业出版社

农业现代化评价指标体系构建研究课题组,2012.农业现代化评价指标体系构建研究[J].调研世界(7):41-47

欧名豪,单伟,1995.江苏省南通市后备土地资源的开发利用对策[J].资源开发与市场,11(4):183-184

潘丹,2014.中国化肥消费强度变化驱动效应时空差异与影响因素解析[J].经济地理,34(3):121-126,135

庞闻,马耀峰,杨敏,2011.城市旅游经济与生态环境系统耦合协调度比较研究[J].统计与信息论坛,26(12):44-48

彭科,安玉发,2012.中国农业生产能源消费影响因素的实证分析——基于固定效应模型[J].技术经济,32(6):101-106

彭丽,秦趣,苏维词,2009.重庆市县域综合发展水平差异的时空特征分析[J].世界地理研究,18(3):61-67

漆莉莉,2007.中部地区城乡融合度的综合评价与分析[J].江西财经大学学报(4):10-13

齐城,2009.中国现代农业评价指标体系设置及应用研究[J].农业经济问题(3):13-20

齐建国,2004.关于循环经济理论与政策的若干思考[J].新视野(4):18-21

钱学森,1982.论系统工程[M].长沙:湖南科学技术出版社:204

强毅,2008.宁夏现代农业发展环境与模式选择[J].宁夏社会科学(6):99-101

乔桂银,2012.南通市新能源产业发展面临的问题与对策[J].南通职业大学学报,26(2):1-7

秦静,2011.农村能源系统评价指标与方法研究[D].兰州:兰州大学

邱丽俊,刘爱忠,2015.我国优势油脂类生物柴油植物蓖麻的种质资源发掘和生物柴油利用[J].生命科学,26(5):503-508

曲格平,2000-11-20.循环经济与环境保护[N].光明日报(3)

任昶宇,向婉琳,2015.秸秆焚烧对生态环境的影响与资源化利用的思考[J].农村经济(4):124-126

芮明杰,刘明宇,任江波,2006.论产业链整合[M].上海:复旦大学出版社:1-15

尚红云,2011.中国能源投入产出问题研究[M].北京:北京师范大学出版社

邵国荷,1993.农村能源对优质高产高效农业的影响[J].安徽农业科学,21(3):193-196

邵明昭,2014.我国小城镇与产业融合发展的问题与对策研究[J].甘肃理论学刊(4):179-184

沈莹,2012.基于自组织理论的旅游产业融合研究[D].西安:西北大学

师华定,齐永青,刘韵,2010.农村能源消费的环境效应研究[J].中国人口·资源与环境,20(8):148-155

施德铭,1997.县域农村能源可持续发展能力评价指标体系的研究[J].农业工程学报,3(1):144-148

石波,王效华,2012.基于灰色理论的我国农村能源消费的预测研究[J].黑龙江农业科学(3):65-67

石欣,2013.山东半岛蓝色经济区和黄河三角洲高效生态经济区生态环境融合发展研究[J].海洋环境科学,32(6):957-961

石元春,2002.现代农业[J].中国农业科技导报,4(6):7-10

石元春,2003.建设现代农业[J].求是(7):18-20

舒尔茨,1964.改造传统农业[M].北京:商务印书馆

宋再钦,2004.我国中部地区建设现代农业的模式与对策研究[J].农业现代化研究,25(1):38-42

苏林,郭兵,李雪,2013.高新园区产城融合的模糊层次综合评价研究——以上海张江高新园区为例[J].工业技术经济(7):12-16

速水佑次郎,弗农·拉坦,2000.农业发展的国际分析[M].郭熙保,张进铭,译.北京:中国社会科学出版社

孙爱军,董增川,张小艳,2008.中国城市经济与用水技术效率耦合协调度研究[J].资源科学,30(3):446-453

孙浩然,2006.国外建设现代农业的主要模式及其启示[J].社会科学家(2):61-63

孙旭,2008.我国现代农业的功能定位问题研究[J].农业现代化研究,29(2):129-133

谭爱花,李万明,谢芳,2011.我国农业现代化评价指标体系的设计[J].干旱区资源与环境,25(10):7-14

汤建尧,曾福生,刘辉,2013.湖南现代农业建设的模式比较分析[J].湖南农业科学(13):111-119

汤晓峰,2014-7-16.产量质量双安全 经济生态双丰收南通农业生产"全托管"面积达17万亩[N].南通日报(1)

汤晓峰.南通农机具补贴十一连增[EB/OL].http://www.ntagri.gov.cn/default.php?mod=article&do=detail&tid=162661

汤云川,张卫峰,马林,等,2010.户用沼气产气量估算及能源经济效益[J].农业工程学报,26(3):281-288

唐明霞,程翔,王荣,等,2012.农业科技创新发展对策探微——以江苏省南通市为例[J].江苏农业科学,40(12):391-395

唐三元,席在星,谢旗,2012.甜高粱在生物能源产业发展中的前景[J].生物技术进展,2(2):81-86

唐晓宏,2014.基于灰色关联的开发区产城融合度评价研究[J].上海经济研究(6):85-92,102

陶黎新,2005.透视发达国家的现代农业[J].农业·农村·农民(6):30-31

陶武先,2004.现代农业的基本特征与着力点[J].中国农村经济(3):4-12,33

陶冶,薛惠锋,2009.中国油气资源生产发展最优组合预测模型研建[J].计算机工程与应用,45(34):208-211

田宜水,2012.中国规模化养殖场畜禽粪便资源沼气生产潜力评价[J].农业工程学报,28(8):230-234

田宜水,2013.2012年中国农村能源发展现状与未来趋势[J].中国能源,35(3):11-15

田宜水,赵立欣,2007.我国燃料乙醇原料可持续供应初步分析[J].中国能源,29(12):26-29

田宜水,赵立欣,孙丽英,等,2011.中国农村居民生活用能及CO_2排放情景分析[J].农业工程学报,27(10):206-211

田云,张俊飚,尹朝静,等,2014.中国农业碳排放分布动态与趋势演进——基于31个省(市、区)2002-2011年的面板数据分析[J].中国人口·资源与环境,24(7):91-98

涂远博,2011.基于VAR模型的信息化与工业化互动机制研究[J].新疆财经

(6):30-35

屠云璋,2005.中国沼气发展现状[EB/OL].http://www.china5e.com/corp/shengdong/doc/200509.2005-09-13

万泉,2005.能源植物的开发和利用[J].福建林业科技,32(2):2-4

汪霞,2014.三沼综合利用模式探讨——以武汉银河生态农业有限公司为个案[J].农业工程技术(7):65-69

王伯春,2004.新能源系统社会评价模型方法研究[J].能源研究与利用(6):20-25

王成东,2014.我国装备制造业与生产性服务业融合机理及保障策略研究[D].哈尔滨:哈尔滨理工大学

王芳,卓莉,陈健飞,等,2010.2000—2006年广东省农田生物能时空变化遥感分析[J].地理研究,29(12):2223-2232

王革华,1998.县级农村能源综合建设是满足能源可持续发展要求的有效途径[J].农村能源(2):5-7

王革华,1999.农村能源建设对减排SO_2、CO_2贡献分析方法[J].农业工程学报,15(1):169-172

王革华,2003.生物质能在能源系统和农村经济中的作用以发展战略[C].21世纪太阳能新技术—2003年中国太阳能学会学术年会论文集

王革华,陈彦宾,施德铭,1992.农村能源综合建设效益评价及灰色系统方法应用[J].农业工程学报,8(3):60-66

王汉中,2005.发展油菜生物柴油的潜力、问题与对策[J].中国油料作物学报,27(2):74-76

王汉中,2006.实施油菜生物柴油计划 建造永不枯竭绿色油田[J].中国农业信息(6):10-11

王红征,2012.中国循环经济的运行机理与发展模式研究[D].开封:河南大学

王慧慧,吴开亚,2014.长三角地区秸秆焚烧PM2.5排放量估算与分析研究[J].环境科学与管理,39(9):88-92

王建化,金辉,曲晶,2011.利用粮油加工副产物生产纤维素[J].农业机械(7):152-154

王琪延,徐玲,2013.基于产业关联视角的北京旅游业与农业融合研究[J].旅游学刊,28(8):102-110

王荣凤,蒋爱群,李宁,等,2007.荒漠化地区农村能源利用现状及建议[J].中国农学通报,23(1):396-400

王舒娟,蔡荣,2014.农户秸秆资源处置行为的经济学分析[J].中国人口·资

源与环境,24(8):162-167

王涛,2005.中国主要生物质燃料油木本能源植物资源概况与展望[J].科技导报,23(5):13-14.

王蔚萍,缪翼,刘元忠,2014.蓖麻:土地里种出的"石油"[J].吉林农业(14):25

王霞,王岩红,苏林,等,2014.国家高新区产城融合度指标体系的构建及评价——基于因子分析及熵值法[J].科学学与科学技术管理,35(7):79-88

王霞,翁贞林,2012.鄱阳湖生态经济区现代农业发展水平评价——基于层次分析模型方法[J].生态经济(1):165-169

王小超,2008.新疆生物质能总量及分布特征分析[J].中国酿造(20):109-111

王晓文,衣婧,2010.甘肃省发展大中型沼气工程的综合效益评价[J].甘肃联合大学学报(社会科学版),26(3):58-62

王效华,2012.江苏农村家庭能源消费研究[J].中国农学通报,28(26):196-200

王效华,冯祯民,2001.运用聚类分析法进行中国农村家庭能源消费的区域划分[J].南京农业大学学报,24(4):103-106

王效华,冯祯民,2001.中国农村家庭能源消费研究——消费水平与影响因素[J].农业工程学报,17(5):88-91

王效华,冯祯民,2002.农村能源可持续发展评价方法与实证[J].农业工程学报,18(2):84-86

王效华,冯祯民,2004.中国农村生物质能源消费及其对环境的影响[J].南京农业大学学报,27(1):108-110

王效华,郝先荣,金玲,2014.基于典型县入户调查的中国农村家庭能源消费研究[J].农业工程学报,30(14):206-212

王仰东,2008-11-24.绘制生物柴油产业技术路线图[N].中国化工信息周刊

王英姿,2014.中国现代农业发展要重视舒尔茨模式[J].农业经济问题(2):41-44

王永平,金莲,刘良灿,等,2009.贵州发展现代农业的路径与模式选择[J].贵州农业科学,37(3):144-148

王咏梅,王鹏程,2013.农业废弃物资源化路径及综合效益分析——基于鄂、豫两省调研数据[J].生态经济(8):92-95,118

王宇波,王雅鹏,2006.中国新农村建设中的能源保障问题分析[J].中国农学通报,22(12):450-453

王雨辰,陈浮,朱伟,等,2013.江苏省秸秆资源量估算及其区域分布研究[J].江苏农业科学,41(6):305-310

王昀,2007a.平原地区10种可资借鉴的循环农业模式——以江苏省南通市为例[J].中国农业信息(5):22-23

王昀,2007b.平原地区10种可资借鉴的循环农业模式——以江苏省南通市为例[J].中国农业信息(6):17-19

王昀,2010.南通农业和农村经济六十年回眸[J].江海纵横(1):38-39

王长波,张力小,粟广省,2011.中国农村能源消费的碳排放核算[J].农业工程学报,27(增刊1):6-11

王仲颖,赵勇强,2010.中国生物液体燃料发展战略与政策[M].北京:化学工业出版社

韦宁,2006.苏北沿海风力发电技术经济效果的初步分析[J].能源研究与利用(2):20-23

魏宏森,曾国屏,1995.系统论[M].北京:清华大学出版社:289-292

魏明,2013.基于灰色关联度的浙江金融业与相关产业融合发展研究[J].企业经济(3):177-180

闻大中,1985.农业生态系统研究方法(一)[J].农业生态环境(4):47-52

闻大中,1986a.农业生态系统研究方法(二)[J].农业生态环境(1):52-56

闻大中,1986b.农业生态系统研究方法(三)[J].农业生态环境(2):48-51

吴广谋,2005.系统原理与方法[M].南京:东南大学出版社

吴海涛,周晶,陈玉萍,2013.秸秆能源化利用中资源供应持续性分析[J].中国人口·资源与环境,23(2):51-57

吴汉如,1991.江苏经济发达地区农村能源建设基本路子探析[J].农业工程学报,7(3):31-35

吴季松,2003.循环经济——全面建设小康社会的必由之路[M].北京:北京出版社:3-7

吴建东,2014.南通加快推进家庭农场建设[J].江苏农村经济(6):57-59

吴进,闽师界,胡启春,等,2011.典型生物质能技术比较分析[J].中国沼气,29(5):21-28

吴群,2013.农业废弃物资源化利用的现实意义与对策建议[J].现代经济探讨(10):50-52

吴文良,2014.论农村能源和林业生态的结合与发展[J].现代建设,13(8):16-18

吴孝灵,2011.基于博弈模型的BOT项目利益相关者利益协调机制研究[D].南京:南京大学

吴颖,刘志迎,2005.产业融合——突破传统范式的产业创新[J].科技管理研究(2):67-69

吴颖,刘志迎,丰志培,2004.产业融合问题的理论研究动态[J].产业经济研究(双月刊)(4):64-70

吴永明,2014.基于CGE模型的我国燃料乙醇产业财政政策研究[D].北京:中国地质大学

吴越,翁伯琦,曾玉荣,等,2007.循环经济兴起与现代农业发展[J].福建农林大学学报(哲社版)(1):52-55

吴韵琴,斯金平,2009.库区现代农业发展模式选择——以浙江滩坑库区为例[J].世界农业(6):56-60

伍国勇,2014.农业生态化发展路径研究——基于超循环经济的视角[D].重庆:西南大学

伍应德,2013.基于生态环境的贵州喀斯特山区现代农业发展模式探讨[J].贵州农业科学,41(8):246-249

西奥多·W.舒尔茨,2003.改造传统农业[M].梁小民,译.北京:商务印书馆:22-48

席晓丽,2008.产业融合视角下的现代农业发展研究[D].福州:福建师范大学

夏显力,赵凯,王劲荣,2007.美国农业发展对加快我国现代农业建设的启示与借鉴[J].农业现代化研究,28(4):467-471

县永平,2011.黄土高原半干旱区生态型能源农业经济模式选择——以甘肃省定西市为例[J].中国农业资源与区划,32(5):22-25

肖建勇,2012.饭店产业融合的机理、路径与风险研究[D].厦门:华侨大学

肖建中,2012.现代农业与服务业融合发展研究[D].武汉:华中农业大学

谢淑娟,2012.低碳经济背景下现代农业发展模式探讨[J].广东社会科学(5):17-25

谢晓玲,2011.农村居民家庭能源结构与新能源利用现状及对策分析[J].管理世界(11):13-14

辛岭,蒋和平,2010.我国农业现代化发展水平评价指标体系的构建和测算[J].农业现代化研究(11):646-650

邢红,赵媛,王宜强,2015.江苏省南通市农村生物质能资源潜力估算及地区分布[J].生态学报,35(10):3480-3489

邢红,赵媛,王宜强,2015.南通市农业生产用能的县域差异演变及影响因素分析[J].南京师范大学学报(自然科学版),38(3):127-134

邢英,郗怡佳,2006.生物柴油的生产现状及发展前景[J].广东化工,33(6):6-9

熊晓梅,2011.重庆三峡库区现代农业模式选择[J].改革与战略(10):101-103

徐桂转,张百良,2005.生物柴油的研究与进展[J].华中农业大学学报,24(6):

644-650

徐建华,2002.现代地理学中的数学方法[M].2版.北京:高等教育出版社

徐明德,李维杰,2003.线性回归分析与能源需求预测[J].内蒙古师范大学学报,32(1):17-20

徐祥华,杨贵娟,1999.可持续农业综合评价指标体系及评价方法[J].中国农村经济(9):52-55

徐翔,王旺国,王华书,2001.比较优势理论及在农村产业结构调整中的应用[J].现代经济探讨(1):25-27

徐兴林,1998.农村能源建设的有益探索[J].北京节能(6):1-3

徐盈之,孙剑,2009.信息产业与制造业的融合——基于绩效分析的研究[J].中国工业经济(7):56-66

徐增让,成升魁,谢高地,2010.甜高粱的适生区及能源资源潜力研究[J].可再生能源,28(4):118-122

徐志华,茅丽华,2011.江苏沿海地区现代农业特征和发展现状及对策[J].农业现代化研究,32(3):134-138

许骏,那伟,2013.我国农村生活能源消费成本分析[J].经济纵横(6):89-92

许晓春,2007.日本滋贺县爱东町农业循环经济考察研究[J].经济问题(3):80-82

薛桁,朱瑞兆,杨振斌,等,2001.中国风能资源贮量估算[J].太阳能学报,2(2):167-170

闫笑非,杨钟红,曹淑艳,2014.中国农村生物质能源替代化石能源的影响因素——基于河北省无极限的抽样调查[J].技术经济,33(12):87-92

严伟,2014.基于AHP——模糊综合评价法的旅游产业融合度实证研究[J].生态经济,30(11):96-102

杨承训,承谕,2014.论生态农业与生物质能源的互动机制[J].江汉论坛(2):56-60

杨翠柏,2008.印度能源政策分析[J].南亚研究(2):55-58

杨飞,杨世琪,诸云强,等,2013.中国近30年畜禽养殖量及其耕地氮污染负荷分析[J].农业工程学报,29(5):1-11

杨宏兵,罗锋,常曼,等,2017.南通市沿海滩涂资源围垦开发现状与成效[J].中国港湾建设,37(4):5-8

杨建,丁亚鹏,2012-11-9.秸秆能源化利用"南通经验"受瞩目[N].新华日报

杨立斌,2012.中国农村面源污染多中心治理问题研究[D].哈尔滨:东北林业大学

杨培源,2009.从日美模式反思中国特色的现代农业[J].广东农业科学(8):300-303

杨少梅,梅林,2011.基于GM(1,1)模型的新能源预测及分析[J].华北电力大学学报,38(4):106-109

杨振,2011.农户收入差异对生活用能及生态环境的影响——以江汉平原为例[J].生态学报,31(1):239-246

姚波,刘火安,2010.能源植物乌桕在生物柴油生产中作用的研究进展[J].湖南农业科学(9):106-109,112

姚建平,2013.中国农村能源贫困现状与问题分析[J].华北电力大学学报(社会科学版)(3):7-15

姚萍,张晓辛,2015.江苏省现代循环农业的现状、发展与思考[J].农村经济与科技,26(9):35-37,16

尹昌斌,周颖,2008.循环农业发展的基本理论及展望[J].中国生态农业学报,16(6):1552-1556

尹成杰,2007.农业多功能性与推进现代农业建设[J].中国农村经济(7):4-9

尹钧,高志强,张布雷,等,1998.农田能量测算原理与指标体系的研究[J].山西农业大学学报,18(2):95-98

俞立平,潘云涛,2009.武夷山工业化与信息化互动关系的实证研究[J].中国软科学(1):34-40

虞江萍,崔萍,王五一,2008.我国农村生活能源中SO_2、NOx及TSP的排放量估算[J].地理研究,27(3):547-555

袁振宏,吴创之,马隆龙,2005.生物质能利用原理与技术[M].北京:化学工业出版社

约翰·梅尔,1988.农业经济发展学[M].何宝玉,张静先,王华,译.北京:农村读物出版社

翟辅东,2003.我国农村能源发展方针调整问题探讨[J].自然资源学报,18(1):81-86

翟胜,梁银丽,王巨媛,等,2010.黄土丘陵区农业可持续发展评价与对策研究[J].干旱区资源与环境,24(11):28-33

詹慧龙,2010.中国特色现代农业发展战略研究[J].江西农业大学学报,32(5):1067-1074

张斌胜,2009.健全和完善现代农业支撑体系——从山西的实践看[J].理论探索,(6):98-100

张兵,张宁,李丹,等,2012.江苏省秸秆类农业生物质能源分布及其利用的效

益[J].长江流域资源与环境,21(2):181-186

张彩霞,谢高地,李士美,等,2010.中国能源作物甜高粱的空间适宜分布及乙醇生产潜力[J].生态学报,30(17):4765-4770

张春梅,张小林,吴启焰,等,2012.发达地区城镇化质量的测度及其提升对策[J].经济地理,32(7):50-55

张功让,2011.旅游产业融合研究[D].沈阳:沈阳师范大学

张广胜,王珊珊,2014.中国农业碳排放的结构、效率及其决定机制[J].农业经济问题(7):18-26

张国晨,2012.内蒙古自治区生物质农业发展模式研究[D].天津:天津大学

张海成,2012.县域循环农业发展规划原理与实践[D].杨凌:西北农林科技大学

张红,李卫兵,2012.丘陵山区现代农业发展模式初探——以湖北省崇阳县为例[J].湖北农业科学,51(20):4655-4657

张红宇,2014.关于中国现代农业发展的定位问题[J].农村经济(9):3-6

张蕙,黄茂兴,2015.福建自贸实验区与21世纪海上丝绸之路核心区的融合发展分析[J].福建师范大学学报(哲学社会科学版)(4):1-7,14

张继良,杨仁发,2008.论新型工业化进程中的产业融合[J].学术月刊(6):77-83

张冀新,2009.城市群现代产业体系形成机理及评价研究[D].武汉:武汉理工大学

张冀新,李荣,2014.国家大学科技园区域融合度测算及路径选择[J].科技进步与对策,31(15):44-48

张家其,吴宜进,葛咏,等,2014.基于灰色关联模型的贫困地区生态安全综合评价——以恩施贫困地区为例[J].地理研究,33(8):1457-1466

张嘉强,2008.农户沼气使用及生态环境效益评价:来自恩施州的证据[D].武汉:华中农业大学

张聚华,2004.区域经济非均衡状态下的可持续发展研究[D].天津:天津大学

张军,2011.现代农业的基本特征与发展重点[J].农村经济(8):3-5

张乐勤,陈素平,陈保平,等,2014.城镇化与土地集约利用耦合协调度测度——以安徽省为例[J].城市问题(2):75-82

张力小,胡秋红,2011.中国农村能源消费的时空分布特征及其政策演变[J].农业工程学报,27(1):1-9

张丽峰,2006.中国能源供求预测模型及发展对策研究[D].北京:首都经济贸易大学

张敏,陈伟强,2008.基于 GIS 的中国玉米秸秆纤维生产潜力研究[J].中国农学通报,24(11):490-495

张培栋,王刚,2005.中国农村户用沼气工程建设对减排 CO_2、SO_2 的贡献——分析与预测[J].农业工程学报,21(12):147-151

张钦,周德群,2010.江苏省秸秆发电的现状分析及对策[J].中国软科学(10):104-111

张忍顺,陈才俊,1992.江苏岸外沙洲演变与条子泥并陆前景研究[M].北京:海洋出版社:8-18

张涛依,陈守越,王梁,2013.基于 GIS 的南通地区畜禽粪便污染研究与区划[J].广东农业科学(20):178-181

张田,卜美东,耿维,2012 中国畜禽类便污染现状及产沼气潜力[J].生态学杂志,2012,31(5):1241-1249

张文龙,2009.城市化与产业生态化耦合发展研究[D].广州:暨南大学

张文彤,2002.统计分析教程[M].北京:北京希望电子出版社

张晓浩,黎夏,施迅,等,2007.广东省水稻生物质能的估算[J].遥感应用(1):26-30

张馨,2012.城乡居民家庭能源消费及其生存现状的多维视角分析[D].兰州:兰州大学

张秀玲,2014.论我国平原地区发展现代农业的思路——以可持续发展为指导[J].生态经济,30(6):122-124

张亚平,2008.中国能源农业发展研究[D].南京:南京大学

张亚平,孙克勤,左玉辉,2009.中国发展能源农业的效益评价与区域分析[J].资源科学,31(12):2080-2085

张亚平,左玉辉,2006.我国经济发达地区农业可持续发展评价体系研究[C].中国环境科学学会学术年会优秀论文集:1839-1843

张燕,2009.中国秸秆资源"5F"利用方式的效益对比探析[J].中国农学通报,25(23):45-51

张轶龙,崔强,2013.中国工业化与信息化融合评价研究[J].科研管理,34(4):43-49

张英,2012.区域低碳经济发展模式研究[D].济南:山东师范大学

张颖,陈艳,2012.中部地区生物质资源潜力与减排效应估算[J].长江流域资源与环境,21(10):1185-1190

张志宗,2011.清洁生产效益综合评价方法研究[D].上海:东华大学

赵波,2010.困境与突破:构建我国粮食主产区农业现代化的长效机制[J].华

南农业大学学报(社会科学版),9(2):43-50

赵洪亮,张雯,马云启,等,2012.沈阳3县1市现代农业评价体系构建与实践[J].江苏农业科学,40(2):349-352

赵华,2006.交通电子政务评价指标体系研究[D].广州:广东工业大学

赵其国,钱海燕,2009.低碳经济与农业发展思考[J].生态环境学报,18(5):1609-1614

赵西华,2010.加强农业生物产业研发 培育江苏农业新兴战略产业[J].江苏农业科学(1):1-3.

赵霞,2011.流通服务业与制造业互动融合研究[D].成都:西南财经大学

赵雪雁,2015.生计方式对农户生活能源消费模式的影响——以甘南高原为例[J].生态学报,35(5):1-14

赵媛,沈璐,2012.江苏省能源与经济系统协调发展评价[J].地理科学,32(5):557-561

郑高强,付静,钟海国,2008.中国特色农业现代化道路模式的选择[J].农业现代化研究,29(4):390-394

郑军,2008.生态农业集群理论与区域实践研究[D].泰安:山东农业大学

支燕,白雪洁,王蕾蕾,2012.我国"两化融合"的产业差异及动态演进特征[J].科研管理,33(1):90-95,119

植草益,2001.信息通讯业的产业融合[J].中国工业经济(2):24-27

中国环境与发展国际合作委员会,2004.中华人民共和国气候变化初始国家信息通报[M].中国计划出版社:15-20

中国能源作物可持续发展战略研究编委会,2009.中国能源作物可持续发展战略研究[M].北京:中国农业出版社

中国气候变化国别研究组,2000.中国气候变化国别研究[M].北京:清华大学出版社

中国社会科学院语言研究所词典编辑室,2013.现代汉语词典[M].6版.北京:商务印书馆:1101

钟华平,岳燕珍,樊江文,2003.中国作物秸秆资源及其利用[J].资源科学,25(4):62-67

周启红,谢少安,陈万卷,2010.基于现代农业视角的我国农业服务业研究[J].调研世界(2):30-31,5

周绍森,2007.2007中国中部经济发展报告[M].北京:经济科学出版社:7-9

周曙东,崔奇峰,2008.江苏农村家庭能源消费现状、问题及对策建议[J].现代经济探讨(12):73-77

周应恒,2007.宽视觉构建现代农业体系[J].江苏农村经济(8):27-29

周应恒,耿献辉,2007."现代农业"再认识[J].农业现代化研究,28(4):399-403

周兆佳,2012.南通市农业服务业发展分析[J].统计科学与实践(11):57-59

周中仁,周连第,李然,等,2012.北京农村地区可再生能源的发展战略[J].可再生能源,30(8):123-126

朱成章,2006.关注能源贫困——开发可再生能源为建设社会主义新农村服务[J].能源政策研究(4):14-18

朱海艳,2014.旅游产业融合模式研究[D].西安:西北大学

朱红伟,刘园,齐宇,等,2005.循环经济中政府与市场的作用及其关系探讨[J].中国发展(1):17-20

朱佳雷,王体健,邓君俊,等,2012.长三角地区秸秆焚烧污染物排放清单及其在重霾污染天气模拟中的应用[J].环境科学学报,32(12):3045-3055

朱建春,李荣华,杨香云,等,2012.近30年来中国农作物秸秆资源量的时空分布[J].西北农林科技大学学报(自然科学版),40(4):139-145

朱建春,李荣华,张增强,等,2013.陕西作物秸秆的时空分布、综合利用现状与机制[J].农业工程学报,29(增刊1):1-9.

朱立志,刘静,向猛,2010.我国农村生产能源消费变化与趋势分析[J].环境经济,84(12):44-47

朱宁,马骥,2014.中国畜禽粪便产生量的变动特征及未来发展展望[J].农业展望(1):46-48

朱四海,2007a.农村能源软化国家能源约束途径分析[J].中国农村经济(11):52-59

朱四海,2007b.中国农村能源政策:回顾与展望[J].农业经济问题(9):20-25

庄新姝,杨柏成,刘喜国,1998.生物质气化技术的应用[J].农村能源(5):23-24

后　序

时光飞逝，通过四年的努力，我的博士论文终于接近尾声，博士学习生涯亦即将结束。在博士生涯即将结束之际，怀着一颗感恩的心，谨向多年来帮助、关心和支持我的各位老师、同学、朋友和家人表示衷心的感谢。

回顾在南京师范大学地理科学学院攻读博士学位的这几年，无论是在艰辛的求学路上还是在充满迷茫困惑的人生旅途中，我的导师赵媛教授都给予了真挚的指导和帮助。从开始的博士论文选题、构思到后来论文的写作与数度修改，恩师都给予了极其细致和耐心的指导，字里行间凝聚了恩师大量的心血。尤其是在论文进展困难的时候，导师适时的点拨让我茅塞顿开，论文的写作也就峰回路转、柳暗花明；学业的困难、工作的压力齐齐向我压来想放弃的时候，导师的鼓励给了我重新开始的勇气和自信。深深感谢赵老师对我的信任与鼓励、理解与宽容、教诲与帮助，学生将铭记于心，永久珍藏！

在论文的写作与修改过程中，还得到了地理科学学院张小林教授、陆玉麒教授、杨山教授、黄震方教授、吴启焰教授、陶卓明教授等老师的指导和帮助。正是因为各位老师的无私帮助和支援，才使得本书能够更加完整和严谨。此外，贺德刚老师、周安宁老师、陈霞老师和黄丽娟老师为我在南师的学习做了许多工作，在此一并致以诚挚的谢意！

感谢师兄杨足膺博士、师姐丁雨莲博士及王宜强博士、吴连霞博士、余凤龙博士、陶玉国博士以及在331共同学习的师弟师妹们，经常的交流和讨论让我受益匪浅，也感谢你们在生活和学习上给予的关心和帮助；感谢我的大学同学张春梅博士，在学术上和生活上的无私帮助，感谢你总能在我最需要的时候出现，这份深厚的同窗情谊我将一直珍藏于心！

感谢如皋高等师范学校提供的学习机会和宽松的学习条件，感谢丁兆雄校长、杭斌校长和张松祥校长，感谢你们给予的鼓励和支持，让我选择了坚持！感谢师父孙建五主任在退休之后仍关心我的毕业论文进展，经常提供建设性的意见以完善论文；感谢中文与社会科学系石高峰主任、人文系赵晓梅主任，在我考博和读博期间为我分担了许多工作，使我得以安心学习和写作；感谢胡海舟教授、蒋长兰、陈玉红、李琴、丁晶晶、商小咏、刘静、唐婉、孙海燕、姚忠秋等朝夕相处的朋友们，感谢生活和工作中有你们无私的帮助,才使我在身兼数职的情况下工作学习两不误,有你们真好!

感谢我可爱的学生们!学校2010级学前(1)班、2013级学前(1)班、2013级小学教育(1)班、2013级小学教育(2)班的同学以及其他许多同学参与了本次实地调研,在酷暑难耐的时候,你们很积极地帮我一起做调研,为本书获取一手调查数据付出了艰辛的劳动。入户问卷调查所得到的宝贵数据,为本书提供了重要的实证分析依据,向你们表示衷心的感谢!

感谢我年迈的父母,在我读博期间你们没有怪我未能膝下尽孝,反而鼓励我要坚持到底,保重身体,对你们我有深深的愧疚!最后要深深感谢我爱人王辉先生,在我硕博进修的七年时间里,先生在承担了学校种种繁杂的工作后,仍不忘尽己所能让我安心学习,为我创造非常宽松的写作环境,你一直是我前行的坚实后盾;感谢我可爱的女儿王舒涵同学,你的优秀让我不敢放慢前行的脚步,你的勤奋好学、积极上进已经成为我不断努力的精神支柱!

邢 红

2016年5月于南师仙林行远楼

附录
南通市农村家庭生活用能消费调查表

尊敬的女士/先生：

您好！本人是_____学校的研究生，为完成毕业论文及了解南通地区农村生活能源的使用有关情况，特设此问卷，您的真实意见非常重要。本问卷的结果仅供研究之用，不会给您带来任何影响，敬请放心。衷心感谢您的支持与合作！

_____区/市(县)_____镇(乡)_____村 户主姓名_____编号_____

一、家庭基本情况

1. 户主的年龄_____,户主的受教育水平_____(① 小学及以下 ② 初中 ③ 高中及中专 ④ 大专及以上)

2. 家庭总人口_____人,其中常住人口_____人,住房面积_____m²

3. 家庭主要收入来源:_____,家庭年收入水平:_____
①人均5 000元以下 ②人均5 000—8 000元 ③人均8 000—10 000元 ④人均10 000—15 000元 ⑤人均15 000元以上

4. 居住地交通是否便利:_____,距最近的镇区:_____公里

二、家庭种养情况

1. 耕地面积:_____亩,是自己种植还是租赁给别人:_____

作物名称	小麦	水稻	玉米	豆类	油菜	花生	马铃薯	其他
种植面积(亩)								
产量(kg)								

2. 畜禽养殖情况:

畜禽种类	数量	畜禽种类	数量
牛(头)		鸡、鸭、鹅(只)	
猪(头)		其他	
羊(只)			

三、家庭生活用能构成

（一）生活用能构成情况调查表

品种	用途						年使用时间（天/年）	消费量（kg/年）
	炊事	照明	家电	取暖	洗澡	其他		
煤炭								
秸秆								
电力								
液化气								
太阳能								
沼气								

1. 家用交通工具及农机使用情况：

交通工具	数量（辆）	功率（kW、排量）	用途	使用率（天/年）	电或燃油使用量	备注
电动车						
摩托车						
轿车						
卡车						
拖拉机						
收割机						

2. 各类秸秆用途及去向（％）

品种	炊事	工业原料	饲料	还田	焚烧	出售	其他
麦秆							
稻草							
玉米秆							
油菜秆							
大豆秆							
棉花秆							
花生秆							

（二）新能源使用情况

1. 是否了解太阳能热水器____，是否使用太阳能热水器____，____年开始使用太阳能热水器，是否正常使用_____，年使用时间_____天。为何选择使用太阳能热水器？_____，你认为太阳能热水器应不应该推广使用：_____，你认为太阳能热水器有哪些好处：_____。

2. 是否了解沼气池_____，是否建设沼气池____，建设时间_____年，沼气池容积____m³，是否正常使用_____，年使用时间_____天，沼气主要用途(照明/炊事/发电)_____。当时建设沼气池的原因：_____，你认为沼气池应不应该推广使用：_____，你认为建沼气池有哪些好处：_____。

3. 沼气发酵原料来源

品种	来源	年耗用量(kg)	备注
猪粪			
鸡粪			
蚕粪			
牛羊粪			
人粪尿			
秸秆			
其他			

四、能源消费心理及行为特征

1. 家庭生活用能中使用较多的能源：____（①秸秆　②燃油　③煤炭　④户用沼气　⑤液化气　⑥电　⑦太阳能）。

2. 如果让你选择的话你首先选用的是哪一类能源：_____（①秸秆　②燃油　③煤炭　④户用沼气　⑤液化气　⑥电　⑦太阳能）。

3. 你选择生活用能时首先考虑的因素：_____，其次考虑的是：_____（①经济实惠　②清洁环保　③方便使用　④安全　⑤易获得　⑥高效节能）。

4. 你认为秸秆作为燃料在农村使用会越来越少吗？_____（①不是　②是　③不知道）。

5. 你认为农村生活炊事用能将来会是以液化气为主吗？____（①不是　②是　③不知道）。

6. 你认为农村将来会出现生活燃料短缺情况吗？_____（①会　②不会　③不知道），如果会的话你会选择什么方法解决：_____（①节省　②重新使用秸

秆作为燃料　③购买商品能源　④使用新能源)。

7.你对各种能源使用对生态环境的影响有没有了解：____(①了解　②不了解)，据你了解，使用下面哪种能源对环境生态有一定的好处：_____(①烧秸秆　②烧煤　③用电力　④用沼气　⑤用液化气或天然气　⑥燃油)。

8.你对目前家庭用能状况的感觉：_____。(①很满意　②满意　③基本满意　④不满意　⑤很不满意)。

9.你对目前政府在农村生活用能上的政策措施是否满意：_____。(①很满意　②满意　③基本满意　④不满意　⑤很不满意)。

10.如果政府动员你开发利用太阳能和沼气等新能源，你认为政府应该在哪些方面给予政策扶持：_____。(①建设资金扶持　②配套服务　③使用奖励　④其他)。

问卷调查到此结束，再次感谢您的支持与合作！

调查人_____
调查时间_____
联系方式_____

附表 1　农村能源序参量一般指标原始数据

地区	年份	生活能源消费总量/MJ	生产能源消费总量/MJ	农村用电量/万kW·h	能源经费投入/万元	传统生物质能源占能源总消费总量比重/%	商品能源占能源消费总量比重/%	清洁能源占能源消费总量比重/%	农村人均生活有效热（MJ/人）	农业总产值能耗（MJ/万元）	CO_2排放量/t
通州	2001	11 564 904 706.92	4 132 596 965.89	44 957.00	130.00	36.12	63.11	10.37	3 437.03	13 812.90	15 805 517.17
	2002	12 800 725 816.67	3 921 529 238.58	46 530.00	79.00	38.08	60.64	10.53	3 741.30	13 193.35	8 997 565.65
	2003	12 052 521 832.52	3 849 695 927.78	54 998.00	25.00	29.96	68.95	12.53	3 849.73	17 299.39	7 452 186.55
	2004	9 379 138 333.27	3 847 448 498.38	91 266.00	20.00	33.86	64.60	23.52	3 722.84	15 910.60	7 952 424.97
	2005	8 906 396 719.26	3 803 678 260.51	127 772.00	82.92	35.80	61.86	34.82	4 313.08	13 939.15	8 593 840.56
	2006	9 386 506 675.26	3 800 103 122.41	146 630.00	87.43	33.04	64.29	38.78	4 875.98	13 060.71	7 684 340.86
	2007	12 268 926 416.36	3 831 670 730.34	179 641.00	77.00	23.09	74.32	39.74	6 248.18	12 296.12	7 427 549.36
	2008	11 940 892 052.87	3 542 370 107.42	226 300.00	96.45	24.71	71.94	51.63	6 952.95	9 106.59	5 130 614.83
	2009	11 972 767 375.57	3 631 361 607.49	230 980.00	100.95	23.35	72.64	53.00	7 118.11	8 644.87	5 087 636.53
	2010	15 832 068 859.09	3 684 387 528.49	272 550.00	178.00	17.56	78.59	51.28	9 267.21	7 704.29	5 949 214.93
	2011	14 072 778 532.49	3 731 358 743.07	306 620.00	109.97	16.61	78.81	62.30	9 757.52	7 269.49	6 066 545.57
	2012	14 690 538 859.09	3 813 020 130.50	329 160.00	114.47	16.15	80.32	63.35	10 582.43	6 723.87	7 526 724.71
	2013	21 027 307 526.27	3 813 935 174.15	357 160.00	94.00	12.08	84.92	52.49	13 173.91	6 152.62	9 142 890.21
海安	2001	7 828 821 581.45	5 130 484 282.23	32 909.00	166.40	50.19	48.93	7.40	2 797.54	28 832.90	18 898 800.67
	2002	7 331 789 116.41	5 300 353 103.20	35 412.00	26.00	47.82	51.17	8.09	2 776.89	28 796.60	20 995 093.34
	2003	7 187 355 247.69	5 536 862 100.08	46 390.00	8.00	45.02	53.84	10.34	3 087.30	27 959.28	23 039 209.42
	2004	7 885 404 940.49	5 725 098 342.15	59 044.00	6.50	44.03	54.72	12.32	3 642.14	24 232.13	27 166 243.76

续表

地区	年份	生活能源消费总量/MJ	生产能源消费总量/MJ	农村用电量/万kW·h	能源经费投入/万元	传统生物质能源占能源消费总量比重/%	商品能源占能源消费总量比重/%	清洁能源占能源消费总量比重/%	农村人均生活有效热(MJ/人)	农业总产值能耗(MJ/万元)	CO_2排放量/t
	2005	8 007 744 847.30	5 814 353 228.98	68 259.00	170.66	42.10	56.03	14.75	4 132.45	22 888.13	19 823 123.62
	2006	8 335 441 669.15	5 685 095 728.49	81 711.00	214.53	39.23	58.57	17.53	4 662.63	21 073.08	17 811 626.20
	2007	8 851 460 529.47	5 613 615 927.32	100 034.00	165.25	35.94	62.07	19.62	5 449.67	21 579.11	17 919 473.85
	2008	9 097 997 729.48	5 465 188 145.13	112 780.00	302.27	35.19	61.94	23.65	6 150.92	16 487.08	14 620 693.31
海安	2009	9 407 118 726.34	5 271 647 833.19	127 440.00	346.14	32.97	63.79	26.70	6 822.47	15 323.10	14 674 925.98
	2010	9 488 331 268.34	5 201 943 306.52	143 013.00	326.00	30.53	66.49	29.24	6 995.53	13 952.31	15 146 667.78
	2011	10 591 304 863.25	5 305 381 118.39	166 754.00	769.70	27.72	66.58	35.46	8 450.77	11 735.50	17 244 794.60
	2012	10 790 056 388.12	5 380 360 786.51	180 728.00	477.75	26.17	69.43	35.72	8 894.90	11 292.88	19 412 517.09
	2013	14 700 858 524.45	5 545 644 318.81	204 946.00	380.00	21.63	74.81	33.75	11 226.09	10 167.53	22 099 989.01
	2001	3 793 284 783.99	7 885 382 852.42	33 470.00	16.25	25.32	74.05	7.98	1 481.15	25 091.82	19 933 442.56
	2002	4 613 773 345.47	8 013 596 554.14	35 281.00	27.85	24.71	74.52	8.09	1 770.79	24 233.50	20 408 038.23
	2003	4 559 170 921.49	7 802 410 242.85	39 090.00	21.56	24.67	74.42	9.16	1 806.49	24 876.12	25 057 476.77
	2004	5 042 115 735.53	7 872 061 987.13	44 897.00	20.00	24.71	74.24	10.26	2 109.19	21 879.98	25 684 367.55
如东	2005	4 950 486 088.34	7 830 938 417.11	55 200.00	368.15	25.83	72.76	13.07	2 311.56	20 371.06	23 495 450.75
	2006	5 582 312 815.92	7 824 593 592.09	67 800.00	532.99	25.29	73.14	15.55	2 967.66	18 971.38	20 202 715.38
	2007	6 751 878 821.99	7 518 484 432.81	82 710.00	127.00	21.89	76.11	17.74	3 774.67	18 397.33	23 217 685.59
	2008	6 746 038 959.40	7 716 470 140.84	95 100.00	862.67	25.40	72.67	20.81	4 034.04	14 236.67	19 578 995.28

续表

地区	年份	生活能源消费总量 /MJ	生产能源消费总量 /MJ	农村用电量/万 kW·h	能源经费投入/万元	传统生物质能源占能源消费总量比重/%	商品能源占能源消费总量比重/%	清洁能源占能源消费总量比重/%	农村人均生活有效热 (MJ/人)	农业总产值能耗 (MJ/万元)	CO_2排放量/t
	2009	7 516 350 223.31	7 795 014 498.91	115 500.00	1 027.51	24.90	73.01	24.21	4 766.55	13 142.27	19 967 845.11
	2010	9 655 973 993.27	7 268 414 865.50	138 600.00	1 061.80	30.21	67.38	27.95	5 883.86	10 423.64	25 245 962.77
如东	2011	10 051 701 788.24	7 735 162 484.11	159 390.00	1 482.00	24.35	72.58	31.24	6 543.53	10 165.85	33 218 795.60
	2012	10 238 269 558.53	8 204 162 397.83	183 298.00	1 522.04	22.95	74.26	33.70	7 036.41	10 052.08	48 595 114.00
	2013	14 877 958 181.49	8 389 270 931.75	206 805.00	2 002.00	15.78	82.25	30.27	9 054.84	9 560.39	58 611 128.90
	2001	8 257 366 285.75	5 634 419 631.93	29 878.00	66.00	62.84	36.79	8.00	2 169.08	9 904.06	18 232 723.21
	2002	8 846 786 373.90	5 729 436 684.39	33 169.00	30.58	62.05	37.45	8.57	2 458.52	9 859.64	11 446 347.46
	2003	8 319 442 862.77	5 648 769 991.72	35 047.00	30.58	61.51	37.81	9.58	2 385.81	11 108.69	11 087 498.94
	2004	9 256 915 799.16	5 901 290 814.78	44 341.00	35.50	60.47	38.74	11.17	2 808.28	10 304.33	8 899 299.53
	2005	5 475 811 901.29	5 431 894 718.07	47 703.00	143.51	43.86	54.85	16.91	2 317.71	8 872.75	7 486 628.91
	2006	5 463 487 621.44	5 268 096 684.21	51 344.00	187.56	43.72	54.76	18.60	2 440.27	8 438.41	5 947 664.37
启东	2007	5 166 235 024.18	5 192 217 824.19	56 916.00	125.00	39.46	58.70	21.47	2 523.97	7 615.46	6 167 689.90
	2008	5 482 606 873.25	5 312 346 613.56	63 997.00	275.66	39.24	58.83	23.11	2 772.37	6 457.99	6 614 277.16
	2009	5 353 919 152.27	5 473 926 030.43	71 380.00	319.71	34.81	63.04	25.73	2 961.12	6 192.92	7 101 650.69
	2010	5 763 599 546.46	5 211 630 139.02	77 750.00	305.00	36.82	60.85	27.67	3 210.84	5 364.52	8 698 867.47
	2011	5 968 048 154.86	5 159 441 108.20	89 413.00	530.00	33.27	63.88	31.61	3 566.05	5 163.06	9 194 222.03
	2012	6 108 510 728.52	5 205 930 539.01	91 389.00	451.86	33.18	64.03	31.69	3 668.58	4 780.03	10 222 335.06
	2013	9 697 164 200.77	5 153 383 093.40	95 925.00	510.00	25.27	72.57	25.45	4 963.35	4 453.71	12 524 285.90

续表

地区	年份	生活能源消费总量/MJ	生产能源消费总量/MJ	农村用电量/万kW·h	能源经费投入/万元	传统生物质能源占总能源消费总量比重/%	商品能源占能源消费总量比重/%	清洁能源占能源消费总量比重/%	农村人均生活有效热(MJ/人)	农业总产值能耗(MJ/万元)	CO_2排放量/t
如皋	2001	10 907 316 427.89	5 870 367 900.84	38 185.00	384.08	53.88	45.34	7.33	2 522.13	30 370.00	15 081 164.23
	2002	11 341 455 097.51	5 702 535 453.37	43 927.00	500.25	54.56	44.57	8.31	2 713.75	28 459.51	17 098 987.69
	2003	10 855 071 204.82	5 702 214 414.08	52 895.00	709.72	52.31	46.70	10.20	2 795.62	28 171.18	21 682 744.62
	2004	12 104 836 776.73	5 656 310 862.18	67 186.00	580.00	52.18	46.74	12.16	3 318.54	23 679.52	22 908 370.86
	2005	12 288 989 040.27	5 795 649 097.34	80 625.00	1 069.43	50.95	47.25	15.08	3 571.73	21 991.73	23 241 545.52
	2006	13 344 962 947.35	5 433 394 695.44	110 000.00	1 249.29	48.79	49.07	19.81	4 315.52	20 138.05	20 309 282.93
	2007	15 347 252 082.20	5 507 290 134.74	165 000.00	592.58	45.68	52.47	25.68	5 519.36	19 792.71	19 708 568.14
	2008	17 394 698 709.62	5 604 511 467.21	223 357.00	1 562.50	41.41	56.02	33.11	7 073.04	14 788.11	16 204 413.44
	2009	18 619 161 742.22	5 370 836 661.26	245 700.00	3 031.70	41.97	55.27	36.15	7 714.03	12 302.03	16 617 937.30
	2010	21 188 406 253.47	5 481 835 989.00	263 560.00	2 814.90	35.65	61.12	35.24	8 653.08	12 041.20	16 307 471.74
	2011	20 598 292 716.50	5 443 389 291.05	289 900.00	2 371.00	37.47	56.94	42.05	9 083.71	10 093.47	16 397 209.72
	2012	21 035 536 728.23	5 489 793 468.36	319 470.00	2 328.43	35.66	59.51	44.17	9 607.25	9 372.07	18 439 734.46
	2013	25 882 659 499.59	5 423 300 442.23	338 958.00	1 385.00	28.13	67.90	39.79	11 159.66	8 787.57	20 885 520.56
海门	2001	9 687 708 263.84	3 617 213 201.97	64 522.00	30.00	44.95	54.56	12.58	3 799.19	27 235.47	19 859 348.55
	2002	10 708 538 033.16	3 647 637 612.34	75 495.00	21.00	42.81	56.71	13.88	4 698.74	25 865.94	7 315 960.98
	2003	11 128 349 535.37	3 663 885 533.17	88 529.00	7.00	39.60	59.82	15.98	5 369.68	29 895.89	9 330 223.76
	2004	12 321 902 189.36	3 665 313 584.47	106 604.00	8.00	39.89	59.44	18.20	6 190.27	26 366.91	10 039 977.76
	2005	12 077 500 879.79	3 700 472 325.33	129 310.00	171.95	49.02	49.79	30.35	6 618.35	9 720.18	12 532 114.22

附表 2 现代农业序参量一般指标原始数据

续表

地区	年份	生活能源消费总量/MJ	生产能源消费总量/MJ	农村用电量/万kW·h	能源经费投入/万元	传统生物质能源占能源消费总量比重/%	商品能源占能源消费总量比重/%	清洁能源占能源消费总量比重/%	农村人均生活有效热(MJ/人)	农业总产值能耗(MJ/万元)	CO₂排放量/t
海门	2006	12 766 578 176.06	3 771 892 473.14	156 952.00	217.13	44.30	54.41	35.10	7 734.00	9 498.60	14 941 039.52
	2007	15 218 558 155.98	3 563 119 697.56	185 203.00	403.00	44.78	53.65	36.67	9 238.80	8 703.27	14 687 619.85
	2008	13 655 712 848.98	3 587 397 053.00	196 315.00	307.50	37.18	61.18	42.25	9 230.71	7 159.04	14 529 588.74
	2009	13 805 010 103.82	3 606 284 962.78	208 290.00	352.68	34.71	63.44	44.57	9 639.35	6 646.30	16 225 191.16
	2010	13 965 992 059.74	3 671 423 710.20	220 370.00	543.00	32.45	65.47	46.72	10 046.22	6 120.06	17 456 524.12
	2011	14 048 712 299.44	3 824 196 041.48	231 240.00	562.60	29.94	67.80	48.52	10 393.79	6 369.41	20 922 602.77
	2012	14 092 939 093.82	3 946 613 188.57	241 560.00	488.23	27.64	69.96	50.30	10 822.37	5 354.97	25 080 183.96
	2013	16 235 030 617.48	3 936 256 279.86	248 807.00	298.00	18.47	79.32	46.64	11 955.93	4 894.02	27 178 821.43

附表 2 现代农业序参量一般指标原始数据

地区	时间	农林牧渔事务支出占比/%	农业从业人员人均农机总动力(kW/人)	单位耕地面积用电量(kW·h/hm²)	有效灌溉率/%	各县域职业教育在校生人数/人	农作物耕种收综合机械化率/%	单位种植面积薄膜施用量(kg/hm²)	土地生产率(万元/hm²)	农业劳动生产率(万元/人)	农业投入产出率/%	农林牧渔增加值占GDP比重/%	牧渔业增加值占农业增加值比重/%	单位种植面积粮食产量(t/hm²)	农村人均纯收入(元/人)	农业从业人员比重/%	非农业就业比重/%	单位耕地面积劳均耕地面积(hm²/人)	单位种植面积化肥施用量(kg/hm²)	单位种植面积农药施用量(kg/hm²)
通州	2001	6.77	0.52	671	51.96	6 381	35.81	4.26	11 217	116.17	205 500	17.11	31.58	3.81	4 278	54.80	44.79	0.24	262.64	8.32
	2002	6.50	0.53	356	48.76	4 763	38.41	4.53	13 066	112.76	212 100	16.12	30.98	3.63	4 547	54.59	49.59	0.26	258.12	7.83
	2003	6.61	0.55	292	49.48	10 055	38.58	5.14	11 646	173.46	194 800	13.02	31.98	3.45	4 835	54.18	55.74	0.31	260.77	8.68
	2004	6.79	0.57	323	50.12	9 449	40.35	5.51	14 687	167.05	217 000	12.02	30.23	3.73	5 432	53.83	60.01	0.34	252.30	8.31

续表

地区	时间	农林水利事务支出占比/%	农业从业人员人均农机总动力/(kW/人)	单位排地面积用电量/(kW·h/hm²)	各县域职业教育在校生人数/人	经济作物播种面积占比/%	农作物耕种收综合机械化率/%	单位播种面积塑料薄膜施用量/(kg/hm²)	土地生产率/(万元/hm²)	农业劳动生产率/(元/人)	农林牧渔产出率/%	农业增加值/百万元	农业增加值占GDP比重/%	牧渔业增加值占农业增加值比重/%	单位播种面积粮食产量/(t/hm²)	农业从业人员比重/%	非农就业比%	农村人均纯收入/元	劳均耕地面积/(hm²/人)	单位播种面积化肥施用量/(kg/hm²)	单位播种面积农药施用量/(kg/hm²)
通州	2005	6.93	0.59	355	50.35	11 345	40.18	42.39	5.97	4.60	17 281	166.26	230 600	10.41	32.57	3.68	54.24	63.77	6 045	0.38	230.39	9.00
	2006	7.21	0.61	315	50.04	11 435	41.18	27.84	6.18	4.94	21 981	164.98	244 563	9.08	31.73	3.56	54.97	69.69	6 680	0.45	221.43	10.26
	2007	10.71	0.64	307	49.82	11 643	41.45	41.12	5.95	5.45	26 359	168.65	261 779	8.15	32.51	3.55	54.83	73.18	7 520	0.48	224.71	12.50
	2008	12.02	0.64	198	50.17	10 019	41.72	35.74	6.24	6.96	37 022	132.83	303 507	7.78	33.34	3.69	54.51	75.74	8 363	0.53	191.81	11.84
	2009	12.87	0.65	213	50.05	8 450	43.65	33.35	6.64	7.15	40 766	175.01	362 160	8.38	34.07	3.64	54.35	76.29	9 250	0.57	179.50	11.31
	2010	11.13	0.68	240	39.94	6 982	44.48	46.97	7.34	8.76	46 372	178.66	404 044	7.95	32.97	3.59	54.70	76.20	10 541	0.53	186.60	11.21
	2011	11.71	0.75	252	43.63	5 887	44.24	44.52	7.82	9.54	53 901	178.06	439 735	7.27	32.63	3.65	54.66	76.87	12 491	0.57	186.11	11.35
	2012	11.77	0.82	325	44.52	5 083	43.98	47.32	8.29	10.45	61 429	183.91	487 452	7.17	30.40	3.71	54.66	77.17	14 090	0.59	187.16	11.15
	2013	12.45	0.89	386	38.37	4 397	43.95	43.32	8.80	11.39	69 466	184.28	531 355	7.00	28.64	3.73	54.10	77.66	15 710	0.61	193.91	11.02
海安	2001	5.00	0.99	1 170	40.77	2 565	30.65	48.77	3.22	6.25	13 746	121.18	192 800	24.61	42.01	4.85	55.60	42.45	3 791	0.22	293.07	9.49
	2002	5.41	0.99	1 315	41.54	3 496	25.88	49.63	3.18	6.51	14 667	121.52	200 500	23.04	44.09	5.01	56.09	43.77	4 007	0.23	302.76	8.70
	2003	6.05	1.03	1 447	42.36	15 867	26.33	49.05	3.50	6.86	16 785	114.79	206 500	20.69	45.47	4.56	56.13	47.19	4 252	0.24	316.58	10.15
	2004	5.94	1.06	1 725	42.78	13 510	27.46	51.79	3.24	8.24	22 118	101.89	232 400	18.79	43.07	4.84	55.64	51.17	4 777	0.27	327.38	10.31
	2005	7.04	1.15	1 258	42.55	15 782	25.73	52.11	3.23	8.64	29 033	100.97	239 800	16.00	43.79	4.72	56.68	61.54	5 317	0.34	343.28	11.46
	2006	7.61	1.20	1 135	49.14	14 847	23.78	53.93	3.27	9.30	34 130	98.16	251 746	14.10	41.11	5.34	55.81	64.62	5 900	0.37	354.08	11.48
	2007	10.16	1.25	1 132	46.30	14 221	22.04	54.03	3.57	9.63	52 197	94.21	257 004	11.87	45.56	5.44	55.92	75.38	6 670	0.54	384.85	11.88

附表2　现代农业序参量一般指标原始数据

续表

地区	时间	农林水利事务支出占比/%	农业从业人员人均农机总动力/(kW/人)	单位耕地面积用电量/(kW·h/hm²)	有效灌溉率/%	各县域职业教育在校生人数/人	经济作物播种面积占比/%	农作物耕种收综合机械化率/%	单位播种面积塑料薄膜施用量/(kg/hm²)	土地生产率/(万元/hm²)	农业劳动生产率/(元/人)	农业人均产出/(元/人)	农林牧渔增加值/万元	农业增加值占GDP比重/%	牧渔业增加值占农业增加值比重/%	单位播种面积粮食产量/(t/hm²)	农业从业人员比重/%	非农就业比/%	农村人均纯收入/元	劳均耕地面积/(hm²/人)	单位播种面积化肥施用量/(kg/hm²)	单位播种面积农药施用量/(kg/hm²)
海安	2008	11.71	1.29	914	44.19	14124	22.32	63.38	4.00	11.38	67435	86.94	291040	10.74	45.90	5.99	56.40	77.10	7546	0.59	381.41	12.08
	2009	17.54	1.35	922	44.07	13293	23.03	71.49	4.40	11.98	76530	112.64	347027	11.54	45.15	6.03	56.29	78.50	8310	0.64	374.32	12.20
	2010	17.60	1.37	1035	67.08	14325	23.10	99.44	4.95	14.24	84313	114.20	382537	10.76	44.60	6.13	54.54	78.77	9478	0.59	368.44	11.40
	2011	18.35	1.44	1187	54.72	16003	23.02	65.40	5.59	16.05	102071	113.31	429429	10.00	45.41	6.23	54.43	79.65	11216	0.64	380.54	11.03
	2012	18.19	1.56	1343	52.27	16286	23.24	65.77	7.02	17.38	114023	119.58	476897	9.93	41.48	6.15	53.15	79.87	12663	0.66	399.69	10.81
	2013	19.92	1.61	1521	38.58	14910	23.14	67.24	8.15	19.00	129163	119.39	520850	9.67	41.57	6.23	53.40	80.40	14119	0.68	433.36	10.62
如东	2001	4.47	1.18	645	41.54	2519	28.26	48.32	7.72	4.53	18868	116.17	288700	31.82	44.18	4.43	56.08	51.30	3384	0.42	377.85	14.75
	2002	5.53	1.18	659	41.52	3682	27.37	47.39	7.96	4.74	20256	115.85	280700	30.52	46.74	4.43	56.07	52.54	3605	0.43	374.78	14.69
	2003	5.64	1.27	819	41.91	1967	29.13	52.37	8.39	4.57	22396	129.50	282700	27.45	49.88	4.08	55.99	58.97	3840	0.49	356.61	14.54
	2004	6.17	1.31	840	42.03	9595	29.66	51.47	8.93	5.21	27279	112.52	302000	24.29	48.11	4.21	55.87	61.20	4305	0.52	357.23	14.73
	2005	6.21	1.35	767	45.21	10965	25.00	60.50	8.75	5.38	31372	100.54	295700	20.09	47.14	4.42	55.96	64.89	4835	0.58	366.00	23.37
	2006	6.41	1.40	656	49.16	12018	24.08	58.54	9.03	5.69	49272	93.52	300981	17.02	48.64	4.49	58.18	75.81	5420	0.87	368.97	23.04
	2007	10.95	1.46	755	49.75	12745	24.27	57.49	9.83	6.02	56189	84.82	302482	14.00	53.26	4.43	57.58	76.85	6212	0.93	372.06	23.09
	2008	12.98	1.50	633	32.67	12800	24.40	55.89	11.47	7.27	76683	75.04	340906	12.66	57.20	5.00	56.77	79.21	7246	1.05	368.78	22.58
	2009	15.96	1.52	646	39.08	11973	24.69	52.73	16.53	7.82	85527	91.60	407667	13.70	54.26	5.08	56.66	79.83	8003	1.09	362.73	22.17
	2010	16.56	1.54	1021	22.28	10181	23.45	25.68	16.50	10.72	103190	92.60	450976	12.80	52.75	5.17	56.62	81.65	9120	0.96	247.07	21.71

续表

地区	时间	农林水事务支出占比/%	农业从业人员人均农机总动力/(kW/人)	单位耕地面积用电量/(kW·h/hm²)	有效灌溉率/%	各县域职业教育在校生人数/人	经济作物播种面积占比/%	农作物耕种收综合机械化率/%	单位播种面积塑料薄膜施用量/(kg/hm²)	土地生产率/(万元/hm²)	农业劳动生产率/(元/人)	农业投入产出率/%	农林牧渔增加值/万元	农业增加值占GDP比重/%	牧业增加值占农业增加值比重/%	单位播种面积粮食产量/(t/hm²)	农业从业人员比重/%	非农就业比重/%	农村人均纯收入/(元/人)	劳均耕地面积/(hm²/人)	单位播种面积化肥施用量/(kg/hm²)	单位播种面积农药施用量/(kg/hm²)
如东	2011	18.60	1.58	1 356	35.56	9 458	23.31	79.57	17.42	11.52	110 736	100.44	504 966	11.87	52.08	5.28	56.02	81.23	10 786	0.96	246.07	21.52
	2012	16.13	1.70	2 001	36.32	7 988	23.23	62.74	18.36	12.55	123 360	106.27	565 628	11.83	49.64	5.35	55.05	81.26	12 156	0.98	250.83	21.32
	2013	17.35	1.75	2 409	50.04	6 816	22.74	62.12	20.17	13.77	136 943	106.35	621 106	11.59	49.93	5.38	55.02	81.55	13 529	0.99	239.68	20.54
	2001	6.33	0.50	904	24.17	1 181	45.04	21.01	7.69	8.10	14 975	98.78	282 700	23.75	55.47	2.17	67.94	44.45	4 469	0.18	197.35	8.04
	2002	5.85	0.58	547	24.13	1 062	46.58	21.32	10.21	8.28	15 471	98.60	288 500	23.54	54.66	1.79	66.55	43.54	4 574	0.19	196.62	6.00
	2003	6.54	0.59	534	24.20	3 074	48.45	20.17	10.81	7.29	13 762	126.40	283 900	20.89	56.32	2.02	66.96	44.50	4 863	0.19	191.86	6.05
	2004	6.78	0.59	415	24.40	6 056	50.20	20.63	12.14	8.22	16 634	126.70	312 800	20.35	55.08	1.84	67.36	48.48	5 453	0.20	199.20	6.49
	2005	6.94	0.62	366	24.61	6 162	51.32	21.44	12.46	8.82	24 083	118.64	332 200	19.50	55.66	1.49	65.87	60.46	6 069	0.27	221.27	6.41
	2006	7.66	0.64	285	28.51	6 530	51.22	21.41	11.24	9.02	28 876	128.13	350 645	16.67	54.59	1.72	65.27	65.29	6 730	0.32	226.40	7.58
	2007	11.50	0.67	300	40.28	4 840	47.74	25.78	11.36	9.87	32 953	115.28	365 096	14.75	55.00	1.64	63.97	65.61	7 540	0.33	235.54	7.51
	2008	10.72	0.69	322	32.86	4 336	49.40	26.52	11.78	11.93	44 036	102.42	416 212	12.81	56.05	1.68	63.43	68.16	8 376	0.37	236.87	7.43
	2009	13.60	0.81	350	41.90	5 342	52.13	35.23	11.93	12.83	52 551	126.05	492 882	13.71	55.79	1.52	61.52	70.27	9 287	0.41	249.85	7.30
	2010	15.47	0.87	435	31.38	6 900	53.93	53.84	12.62	14.13	62 356	127.74	544 910	12.67	53.95	1.58	60.00	71.62	10 587	0.44	236.11	7.11
	2011	16.29	0.94	461	25.41	7 227	53.81	29.51	13.87	14.54	68 212	127.26	559 581	10.76	53.58	1.57	57.86	72.30	12 535	0.47	236.55	6.50
	2012	17.88	0.97	516	25.98	6 815	52.08	28.71	14.37	15.84	78 635	129.63	614 819	10.44	52.55	1.72	57.13	73.30	14 127	0.50	231.41	6.35
启东	2013	10.56	1.01	626	23.94	6 257	52.62	29.37	15.12	16.83	86 869	129.35	632 583	9.91	51.87	1.71	55.74	73.58	15 766	0.52	220.71	6.21

附表2 现代农业序参量一般指标原始数据

续表

地区	时间	农林水利事务支出占GDP比/%	农业从业人员人均农机总动力(kW/人)	单位耕地面积有效灌溉率/%	各县域职业教育在校生人数/人	经济作物播种面积占比/%	农作物耕种收综合机械化率/%	单位播种面积塑料薄膜施用量(kg/hm²)	土地生产率万元/hm²	农业劳动生产率万元/人	农业投入产出率/%	农林牧渔增加值万元	农业增加值占GDP比重/%	牧渔业增加值占农林牧渔增加值比重/%	单位播种面积粮食产量(t/hm²)	农业从业人员比重/%	非农就业比/%	农村人均收入/(元/人)	劳均耕地面积/(hm²/人)	单位播种面积化肥施用量(kg/hm²)	单位播种面积农药施用量(kg/hm²)
如皋	2001	4.01	0.77	31.31	8 100	28.59	38.10	7.19	3.93	9 230	122.17	178 000	22.13	22.70	4.04	51.91	45.18	3 116	0.23	282.56	7.98
	2002	4.13	0.79	31.88	9 204	29.24	37.37	7.82	4.13	10 149	120.71	185 900	21.14	22.54	3.93	51.04	46.32	3 321	0.25	278.11	7.96
	2003	4.04	0.83	32.85	11 379	30.08	37.66	8.46	4.14	10 728	125.58	189 500	18.43	21.11	3.76	50.89	48.58	3 538	0.26	269.50	7.88
	2004	4.61	0.88	33.35	16 222	31.48	44.66	9.05	4.87	13 733	121.82	219 400	17.42	20.46	4.05	51.26	52.96	3 967	0.28	258.87	7.68
	2005	5.05	0.90	34.46	18 546	30.83	42.21	8.50	5.19	16 898	122.00	232 900	15.03	20.27	4.07	51.01	59.17	4 455	0.33	269.86	15.33
	2006	6.99	0.91	34.37	20 813	30.09	44.31	8.53	5.36	23 241	130.25	247 429	12.93	20.53	4.00	51.03	69.35	5 002	0.43	257.79	15.73
	2007	9.21	0.90	37.54	19 751	28.04	46.84	8.99	5.77	25 228	126.69	262 949	11.02	25.37	4.24	51.77	70.05	5 742	0.44	282.88	17.77
	2008	9.60	1.01	35.03	16 535	28.37	49.98	8.53	7.19	32 793	111.98	310 091	9.69	29.60	4.35	52.07	71.51	6 695	0.46	276.06	17.87
	2009	12.53	1.06	31.89	16 869	26.11	46.48	9.03	7.59	36 604	148.52	369 685	10.41	29.67	4.49	51.99	73.00	7 610	0.48	278.83	17.88
	2010	11.15	1.11	43.14	16 574	26.25	38.44	9.96	8.47	41 925	151.77	413 466	9.59	28.47	4.62	50.60	73.24	8 695	0.49	287.27	17.02
	2011	11.37	1.17	35.49	17 317	26.60	55.70	10.64	9.53	50 412	155.90	469 898	9.02	27.69	4.83	50.67	74.84	10 312	0.53	241.32	15.34
	2012	13.12	1.24	41.66	15 546	27.66	54.83	9.90	10.50	57 446	163.65	527 722	8.94	24.69	4.92	50.58	75.62	11 663	0.55	234.32	14.13
	2013	13.59	1.30	34.61	12 288	27.74	55.27	10.85	11.41	64 769	161.51	570 416	8.68	24.49	4.92	50.46	76.47	13 004	0.57	222.37	13.65
海门	2001	6.81	0.34	29.55	2 370	54.89	20.80	12.98	5.63	12 543	117.47	184 900	15.77	34.34	2.06	64.82	51.43	4 683	0.22	418.86	10.27
	2002	6.76	0.39	45.48	3 200	56.03	25.09	15.57	5.95	14 429	118.36	196 000	15.35	36.48	1.87	63.28	53.66	4 944	0.24	463.10	10.64
	2003	6.94	0.43	48.85	3 893	56.47	24.32	15.57	5.16	12 881	156.26	191 100	13.37	35.32	1.89	63.68	55.04	5 246	0.25	465.77	10.92

续表

时间	地区	农林水利事务支出占比/%	农业从业人员人均机总动力/(kW/人)	单位耕地面积有效灌溉率/%	各县域职业教育在校生人数/人	经济作物播种面积占比/%	农作物耕种收综合机械化率/%	单位播种面积薄塑料膜随化用量/%	土地生产动生产率/(万元/hm²)	农业劳人产出率/(元/人)	农林牧渔业增加值/(万元)	农业增加值占GDP比重/%	牧渔业占农业增加值比重/%	单位播种面积粮食产量/(t/hm²)	农业从业人员比重/%	非农就业比重/%	农村人均纯收入/(元/人)	劳均耕地面积/(hm²/人)	单位种植面积化肥施用量/(kg/hm²)	单位播种面积农药施用量/(kg/hm²)
	2004	7.11	0.45	47.41	535	56.69	25.03	16.85	5.92	15 319	148.53	212 400	12.36	34.23	1.92	63.83	56.69	5 892	0.26	453.29	11.06
	2005	7.32	0.48	48.45	699	58.21	24.14	17.09	6.34	18 427	139.28	221 600	10.48	36.28	1.59	64.01	61.54	6 558	0.29	451.98	11.16
	2006	8.21	0.52	48.74	843	58.68	25.20	17.59	6.60	24 258	147.17	236 441	9.09	35.78	1.63	62.86	62.08	7 190	0.37	471.27	11.50
	2007	9.93	0.54	50.25	814	58.93	31.47	18.38	6.81	28 118	141.66	239 986	7.76	38.00	1.59	62.92	71.38	8 050	0.41	481.26	11.89
海门	2008	10.19	0.56	50.75	816	60.33	31.82	18.44	8.33	35 921	125.30	278 681	7.44	37.93	1.71	62.54	72.27	8 936	0.43	471.04	11.47
	2009	15.82	0.59	51.73	921	60.57	32.76	19.01	9.03	40 523	160.47	334 285	8.06	37.39	1.74	62.67	73.41	10 002	0.45	464.05	11.39
	2010	16.23	0.61	51.12	1 002	61.42	33.26	19.16	10.04	46 324	164.28	372 909	7.46	36.09	1.65	62.33	74.14	11 372	0.46	449.33	11.05
	2011	15.65	0.64	54.46	1 217	62.15	35.10	19.91	10.04	45 797	221.96	413 915	7.01	35.56	1.71	62.22	73.74	13 453	0.46	444.57	10.98
	2012	15.82	0.67	54.90	1 473	63.94	36.89	21.96	12.33	58 866	170.95	464 998	7.01	33.48	1.71	62.67	74.79	15 162	0.48	449.50	10.69
	2013	17.69	0.69	27.93	1 597	64.65	37.70	24.37	13.46	66 636	171.08	507 600	6.86	33.73	1.72	62.26	75.48	16 920	0.50	444.45	10.46

附表 3 南通市农村能源子系统数据标准化

地区	年份	Z生活能源消费总量	Z生产能源消费总量	Z农村用电量	Z能源经费投入	Z传统生物质能源占能源消费总量比重	Z商品能源占能源消费总量比重	Z清洁能源占能源消费总量比重	Z农村人均生活有效热	Z农业总产值能耗	ZCO_2排放量
通州	2001	0.149 8	-0.834 5	-0.971 5	-0.552 8	0.045 2	0.070 0	-1.089 0	-0.726 9	-0.093 4	-0.087 2
	2002	0.424 8	-0.985 6	-0.953 7	-0.630 0	0.212 4	-0.151 0	-1.078 1	-0.625 2	-0.174 3	-0.850 6

附表3 南通市农村能源子系统数据标准化

续表

地区	年份	Z生活能源消费总量	Z生产能源消费总量	Z农村用电量	Z能源经费投入	Z传统生物质能源占能源消费总量比重	Z商品能源占能源消费总量比重	Z清洁能源占能源消费总量比重	Z农村人均生活有效热	Z农业总产值能耗	Z CO_2 排放量
通州	2003	0.2583	−1.0371	−0.8580	−0.7118	−0.4788	0.5933	−0.9424	−0.5890	0.3621	−1.0239
	2004	−0.3366	−1.0387	−0.4481	−0.7193	−0.1469	0.2040	−0.1958	−0.6314	0.1807	−0.9678
	2005	−0.4418	−1.0700	−0.0355	−0.6241	0.0183	−0.0418	0.5718	−0.4341	−0.0769	−0.8959
	2006	−0.3349	−1.0726	0.1776	−0.6173	−0.2163	0.1757	0.8410	−0.2459	−0.1917	−0.9978
	2007	0.3064	−1.0500	0.5507	−0.6330	−1.0624	1.0743	0.9064	0.2128	−0.2916	−1.0266
	2008	0.2334	−1.2571	1.0780	−0.6036	−0.9247	0.8609	1.7141	0.4484	−0.7083	−1.2842
	2009	0.2405	−1.1934	1.1309	−0.5968	−1.0406	0.9236	1.8075	0.5036	−0.7686	−1.2890
	2010	1.0993	−1.1554	1.6007	−0.4802	−1.5330	1.4564	1.6903	1.2221	−0.8915	−1.1924
	2011	0.7078	−1.1218	1.9857	−0.5831	−1.6136	1.4761	2.4389	1.3860	−0.9483	−1.1792
	2012	0.8453	−1.0633	2.2405	−0.5763	−1.6530	1.6110	2.5105	1.6618	−1.0196	−1.0155
	2013	2.2553	−1.0627	2.5569	−0.6073	−1.9994	2.0227	1.7724	2.5281	−1.0942	−0.8343
海安	2001	−0.6816	−0.1199	−1.1076	−0.4977	1.2417	−1.1995	−1.2908	−0.9407	1.8689	0.2596
	2002	−0.7921	0.0017	−1.0793	−0.7102	1.0402	−0.9993	−1.2444	−0.9476	1.8642	0.4947
	2003	−0.8243	0.1711	−0.9553	−0.7375	0.8023	−0.7599	−1.0911	−0.8439	1.7548	0.7239
	2004	−0.6690	0.3059	−0.8123	−0.7398	0.7177	−0.6809	−0.9569	−0.6584	1.2678	1.1867
	2005	−0.6417	0.3698	−0.7081	−0.4913	0.5541	−0.5640	−0.7919	−0.4945	1.0922	0.3633
	2006	−0.5688	0.2772	−0.5561	−0.4249	0.3096	−0.3362	−0.6026	−0.3172	0.8551	0.1377

续表

地区	年份	Z生活能源消费总量	Z生产能源消费总量	Z农村用电量	Z能源经费投入	Z传统生物质能源占能源消费总量比重	Z商品能源占能源消费总量比重	Z清洁能源占能源消费总量比重	Z农村人均生活有效热	Z农业总产值能能耗	Z CO_2 排放量
海安	2007	−0.454 0	0.226 0	−0.349 0	−0.499 5	0.030 2	−0.022 7	−0.460 8	−0.054 1	0.921 2	0.149 8
	2008	−0.399 1	0.119 8	−0.205 0	−0.292 1	−0.034 1	−0.034 5	−0.187 0	0.180 3	0.256 0	−0.220 1
	2009	−0.330 4	−0.018 8	−0.039 3	−0.225 6	−0.222 7	0.130 7	0.020 0	0.404 8	0.103 9	−0.214 0
	2010	−0.312 3	−0.068 8	0.136 7	−0.256 1	−0.430 0	0.372 8	0.192 6	0.462 7	−0.075 2	−0.161 1
	2011	−0.066 9	0.005 3	0.405 0	0.415 5	−0.669 3	0.380 8	0.615 1	0.949 1	−0.364 8	0.074 2
	2012	−0.022 6	0.059 0	0.563 0	0.026 4	−0.800 8	0.635 6	0.633 2	1.097 6	−0.422 6	0.317 3
	2013	0.847 6	0.177 4	0.836 7	−0.174 4	−1.186 6	1.117 7	0.499 5	1.876 9	−0.569 7	0.618 6
如东	2001	−1.579 5	1.852 8	−1.101 3	−0.725 0	−0.873 1	1.049 9	−1.251 9	−1.380 8	1.380 1	0.375 7
	2002	−1.396 9	1.944 6	−1.080 8	−0.707 4	−0.924 8	1.092 2	−1.244 0	−1.284 0	1.268 0	0.428 9
	2003	−1.409 1	1.793 4	−1.037 8	−0.717 0	−0.928 4	1.083 3	−1.171 8	−1.272 0	1.352 0	0.950 2
	2004	−1.301 6	1.843 3	−0.972 1	−0.719 3	−0.925 4	1.066 7	−1.096 8	−1.170 8	0.960 5	1.020 5
	2005	−1.322 0	1.813 8	−0.855 7	−0.192 3	−0.829 6	0.934 3	−0.905 5	−1.103 2	0.763 4	0.775 1
	2006	−1.181 4	1.809 3	−0.713 3	0.057 2	−0.875 8	0.968 3	−0.737 6	−0.883 8	0.580 5	0.405 9
	2007	−0.921 2	1.590 1	−0.544 8	−0.557 4	−1.165 0	1.234 3	−0.588 5	−0.614 1	0.505 5	0.743 9
	2008	−0.922 5	1.731 8	−0.404 8	0.556 0	−0.866 7	0.926 1	−0.380 0	−0.527 4	−0.038 0	0.335 9
	2009	−0.751 1	1.788 1	−0.174 2	0.805 8	−0.908 5	0.956 3	−0.149 5	−0.282 5	−0.181 0	0.379 5
	2010	−0.275 0	1.411 0	0.086 9	0.857 7	−0.457 1	0.452 2	0.104 8	0.091 0	−0.536 2	0.971 4

附表3 南通市农村能源子系统数据标准化

续表

地区	年份	Z生活能源消费总量	Z生产能源消费总量	Z农村用电量	Z能源经费投入	Z传统生物质能源占能源消费总量比重	Z商品能源占能源消费总量比重	Z清洁能源占能源消费总量比重	Z农村人均生活有效热	Z农业总产值能耗	Z CO_2 排放量
如东	2011	−0.1869	1.7452	0.3218	1.4937	−0.9555	0.9182	0.3286	0.3116	−0.5699	1.8653
	2012	−0.1454	2.0811	0.5920	1.5543	−1.0751	1.0682	0.4958	0.4763	−0.5847	3.5895
	2013	0.8870	2.2136	0.8577	2.2808	−1.6848	1.7835	0.2626	1.1511	−0.6490	4.7126
启东	2001	−0.5862	0.2409	−1.1419	−0.6497	2.3172	−2.2864	−1.2503	−1.1508	−0.6041	0.1850
	2002	−0.4550	0.3090	−1.1047	−0.7033	2.2501	−2.2274	−1.2113	−1.0541	−0.6099	−0.5760
	2003	−0.5724	0.2512	−1.0835	−0.7033	2.2047	−2.1953	−1.1428	−1.0784	−0.4467	−0.6162
	2004	−0.3638	0.4320	−0.9784	−0.6959	2.1158	−2.1119	−1.0347	−0.9371	−0.5518	−0.8616
	2005	−1.2051	0.0959	−0.9404	−0.5324	0.7032	−0.6699	−0.6452	−1.1011	−0.7388	−1.0200
	2006	−1.2079	−0.0214	−0.8993	−0.4657	0.6916	−0.6778	−0.5302	−1.0602	−0.7956	−1.1926
	2007	−1.2740	−0.0757	−0.8363	−0.5604	0.3291	−0.3245	−0.3351	−1.0322	−0.9031	−1.1679
	2008	−1.2036	0.0103	−0.7563	−0.3323	0.3103	−0.3132	−0.2234	−0.9491	−1.0543	−1.1178
	2009	−1.2322	0.1263	−0.6728	−0.2656	−0.0664	0.0643	−0.0457	−0.8860	−1.0889	−1.0632
	2010	−1.1411	−0.0618	−0.6008	−0.2879	0.1047	−0.1325	0.0858	−0.8026	−1.1971	−0.8841
	2011	−1.0956	−0.0992	−0.4690	0.0527	−0.1974	0.1387	0.3541	−0.6838	−1.2235	−0.8285
	2012	−1.0643	−0.0659	−0.4467	−0.0656	−0.2047	0.1528	0.3593	−0.6495	−1.2735	−0.7133
	2013	−0.2658	−0.1035	−0.3954	0.0224	−0.8771	0.9175	−0.0645	−0.2167	−1.3161	−0.4551

续表

地区	年份	Z生活能源消费总量	Z生产能源消费总量	Z农村用电量	Z能源经费投入	Z传统生物质能源占能源消费总量比重	Z商品能源占能源消费总量比重	Z清洁能源占能源消费总量比重	Z农村人均生活有效热	Z农业总产值能耗	Z CO_2 排放量
如皋	2001	0.003 5	0.409 9	-1.048 0	-0.168 2	1.555 2	-1.521 0	-1.295 7	-1.032 8	2.069 7	-0.168 4
	2002	0.100 1	0.289 7	-0.983 1	0.007 6	1.613 1	-1.590 2	-1.229 4	-0.968 7	1.820 1	0.057 8
	2003	-0.008 2	0.289 5	-0.881 7	0.324 7	1.421 9	-1.399 6	-1.100 7	-0.941 4	1.782 5	0.571 8
	2004	0.269 9	0.256 6	-0.720 2	0.128 4	1.411 1	-1.395 3	-0.967 8	-0.766 6	1.195 6	0.709 2
	2005	0.310 9	0.356 4	-0.568 4	0.869 2	1.306 3	-1.350 4	-0.769 1	-0.681 9	0.975 1	0.746 6
	2006	0.545 9	0.097 0	-0.236 4	1.141 5	1.123 0	-1.187 1	-0.447 7	-0.433 3	0.733 0	0.417 8
	2007	0.991 4	0.149 9	0.385 2	0.147 4	0.858 7	-0.882 4	-0.049 3	-0.030 8	0.687 8	0.350 4
	2008	1.447 0	0.219 5	1.044 7	1.615 6	0.495 5	-0.564 6	0.456 0	0.488 6	0.034 0	-0.042 5
	2009	1.719 4	0.052 2	1.297 3	3.839 5	0.542 7	-0.631 8	0.662 6	0.702 9	-0.290 8	0.003 9
	2010	2.291 1	0.131 7	1.499 1	3.511 3	0.005 2	-0.107 8	0.600 2	1.016 8	-0.324 9	-0.030 9
	2011	2.159 8	0.104 1	1.796 8	2.839 4	0.160 0	-0.482 5	1.063 0	1.160 7	-0.579 3	-0.020 9
	2012	2.257 1	0.137 4	2.131 0	2.774 9	0.006 3	-0.252 5	1.207 0	1.335 8	-0.673 6	0.208 2
	2013	3.335 6	0.089 8	2.351 2	1.346 9	-0.634 3	0.499 2	0.909 8	1.854 7	-0.749 9	0.482 4
海门	2001	-0.267 9	-1.203 5	-0.750 3	-0.704 2	0.795 8	-0.695 8	-0.938 9	-0.605 9	1.660 2	0.367 4
	2002	-0.040 8	-1.181 8	-0.626 3	-0.717 8	0.614 1	-0.502 6	-0.850 5	-0.305 2	1.481 3	-1.039 1
	2003	0.052 6	-1.170 1	-0.479 0	-0.739 0	0.341 4	-0.224 9	-0.707 8	-0.080 9	2.007 8	-0.813 3
	2004	0.318 2	-1.169 1	-0.274 8	-0.737 5	0.365 7	-0.258 8	-0.557 5	0.193 5	1.546 7	-0.733 7

附表 4 南通市现代农业子系统数据标准化

续表

地区	年份	Z生活能源消费总量	Z生产能源消费总量	Z农村用电量	Z能源经费投入	Z传统生物质能源占能源消费总量比重	Z商品能源占能源消费总量比重	Z清洁能源占能源消费总量比重	Z农村人均生活有效热	Z农业总产值能耗	Z CO_2 排放量
海门	2005	0.263 8	−1.143 9	−0.018 1	−0.489 3	1.142 4	−1.122 7	0.268 2	0.336 6	−0.628 1	−0.454 3
	2006	0.417 2	−1.092 8	0.294 3	−0.420 9	0.740 6	−0.709 0	0.590 9	0.709 5	−0.657 0	−0.184 1
	2007	0.962 8	−1.242 3	0.613 5	−0.139 6	0.781 8	−0.777 1	0.697 7	1.212 6	−0.761 0	−0.212 6
	2008	0.615 0	−1.224 9	0.739 1	−0.284 1	0.135 7	−0.102 6	1.077 1	1.209 9	−0.962 7	−0.230 3
	2009	0.648 2	−1.211 4	0.874 5	−0.215 7	−0.075 0	0.099 4	1.234 2	1.346 5	−1.029 7	−0.040 2
	2010	0.684 1	−1.164 7	1.011 0	0.072 3	−0.266 8	0.281 7	1.380 2	1.482 5	−1.098 4	0.097 9
	2011	0.702 5	−1.055 3	1.133 8	0.102 0	−0.480 1	0.489 7	1.502 7	1.598 7	−1.065 9	0.486 6
	2012	0.712 3	−0.967 7	1.250 5	−0.010 6	−0.675 7	0.683 4	1.624 0	1.742 0	−1.198 4	0.952 8
	2013	1.188 9	−0.975 1	1.332 4	−0.298 5	−1.455 3	1.521 5	1.375 3	2.120 9	−1.258 6	1.188 1

附表 4 南通市现代农业子系统数据标准化

地区	时间	Z农林水利事务支出占比	Z农业从业人员人均农机总动力	Z单位耕地面积用电量	Z有效灌溉率	Z各县城职业教育在校人数	Z经济作物播种面积占比	Z单作物耕种收综合机械化率	Z单位播种面积塑料薄膜用量	Z土地劳动生产率	Z农业化肥施用量	Z农业增加值占GDP比重	Z农林牧渔业增加值投入产出率	Z农业增加值占农业总产值比重	Z非农业人员比重	Z农业从业就业比重	Z单位播种面积粮食产量	Z农村人均纯收入	Z劳均耕地面积	Z单位播种面积化肥施用量	Z单位播种面积农药施用量
通州	2001	−0.80	−1.13	−0.27	0.91	−0.62	−0.07	−0.47	−1.18	−1.08	−0.48	−1.07	0.59	−0.79	−0.51	−1.78	0.13	−1.00	−1.07	−0.50	−0.81
	2002	−0.86	−1.10	−1.00	0.63	−0.95	0.07	−0.30	−1.13	−1.02	−0.60	−1.02	0.42	−0.84	−0.56	−1.38	0.01	−0.93	−0.94	−0.55	−0.91
	2003	−0.83	−1.04	−1.15	0.69	0.14	0.28	−0.29	−1.01	−1.33	1.51	−1.16	−0.12	−0.75	−0.64	−0.87	−0.11	−0.85	−0.75	−0.52	−0.73

续表

地区	时间	Z农林水利事务支出占比	Z农业从业人员人均农机总动力	Z单位排地面积用电量	Z农业有效灌溉率	Z各县城镇职业教育在校生人数	Z经济作物播种面积占比	Z农作物耕种收综合机械化率	Z单位播种面积塑料薄膜施用量	Z农业劳动生产率	Z土地产出率	Z农业投入率	Z农林牧渔业增加值占GDP比重	Z农业增加值占农业增加值比重	Z牧渔业增加值比重	Z非农业从业人员比重	Z农业就业比重	Z单位播种面积粮食产量	Z农村人均纯收入	Z劳均耕地面积	Z单位播种面积化肥施用量	Z单位播种面积农药施用量
通州	2004	-0.79	-0.99	1.07	0.75	0.01	0.17	0.17	-0.94	-0.91	-1.19	1.29	-0.98	-0.29	-0.91	-0.71	-0.51	0.08	-0.68	-0.59	-0.61	-0.81
	2005	-0.76	-0.93	1.00	0.77	0.40	0.13	-0.04	-0.85	-0.83	-1.11	1.26	-0.87	-0.57	-0.70	-0.63	-0.20	0.04	-0.51	-0.43	-0.85	-0.66
	2006	-0.70	-0.88	1.09	0.74	0.42	0.21	-0.98	-0.80	-0.68	-1.02	1.22	-0.76	-0.80	-0.78	-0.48	0.29	-0.04	-0.34	-0.11	-0.95	-0.39
	2007	0.08	-0.80	1.11	0.72	0.46	0.23	-0.12	-0.85	-0.54	-0.88	1.34	-0.63	-0.96	-0.70	-0.51	0.58	-0.04	-0.11	0.06	-0.92	0.09
	2008	0.37	-0.80	1.36	0.75	0.13	0.25	-0.47	-0.79	-0.21	-0.46	0.10	-0.30	-1.02	-0.63	-0.57	0.79	0.05	0.13	0.29	-1.28	-0.05
	2009	0.56	-0.77	1.33	0.74	-0.19	0.39	-0.63	-0.71	-0.09	-0.40	1.57	0.17	-0.92	-0.56	-0.61	0.84	0.02	0.37	0.46	-1.41	-0.16
	2010	0.17	-0.69	1.27	-0.15	-0.49	0.45	0.26	-0.58	0.09	0.04	1.69	0.50	-0.99	-0.66	-0.53	0.83	-0.02	0.73	0.28	-1.34	-0.18
	2011	0.30	-0.50	1.24	0.17	-0.72	0.43	0.10	-0.48	0.33	0.26	1.67	0.79	-1.11	-0.69	-0.54	0.89	0.02	1.27	0.44	-1.34	-0.15
	2012	0.32	-0.31	1.07	0.25	-0.88	0.41	0.28	-0.39	0.56	0.51	1.88	1.16	-1.13	-0.90	-0.54	0.91	0.06	1.71	0.54	-1.33	-0.20
	2013	0.47	-0.12	-0.93	-0.29	-1.03	0.41	0.02	-0.29	0.82	0.77	1.89	1.51	-1.16	-1.06	-0.66	0.95	0.08	2.16	0.64	-1.26	-0.22
海安	2001	-1.19	0.16	0.88	-0.08	-1.40	-0.57	0.38	-1.38	-0.94	-0.66	-0.31	-1.17	1.89	0.17	-0.34	-1.97	0.82	-1.14	-1.14	-0.17	-0.55
	2002	-1.10	0.16	1.21	-0.01	-1.21	-0.92	0.43	-1.39	-0.91	-0.58	-0.30	-1.11	1.62	0.37	-0.24	-1.86	0.93	-1.08	-1.12	-0.06	-0.72
	2003	-0.96	0.27	1.51	0.06	1.33	-0.89	0.39	-1.33	-0.84	-0.48	-0.53	-1.06	1.21	0.49	-0.23	-1.58	0.63	-1.01	-1.03	0.09	-0.41
	2004	-0.98	0.35	2.15	0.10	0.85	-0.80	0.57	-1.38	-0.68	-0.10	-0.98	-0.86	0.88	0.27	-0.34	-1.25	0.82	-0.86	-0.92	0.21	-0.38
	2005	-0.74	0.59	1.08	0.08	1.31	-0.93	0.59	-1.38	-0.46	0.01	-1.01	-0.80	0.40	0.34	-0.12	-0.39	0.74	-0.72	-0.61	0.39	-0.13
	2006	-0.61	0.73	0.79	0.66	1.12	-1.07	0.71	-1.37	-0.30	0.19	-1.11	-0.71	0.07	0.09	-0.30	-0.13	1.16	-0.55	-0.47	0.51	-0.13

302

附表4 南通市现代农业子系统数据标准化

续表

地区	时间	Z农林水利事务支出占比	Z农业从业人员人均农机总动力	Z单位耕地面积用电量	Z有效灌溉率	Z各县城职业教育在校生人数	Z经济作物播种面积占比	Z农作物耕种收综合机械化率	Z单位播种面积农膜施用量	Z农业劳动生产率	Z土地产出率	Z农业投入率	Z农林牧渔业增加值占GDP比重	Z农业增加值比重	Z农牧渔业增加值比重	Z农业从业人员比重	Z非农业就业比重	Z单位播种面积粮食产量	Z农村人均收入	Z劳均耕地面积	Z单位播种面积化肥施用量	Z单位播种面积农药施用量
海安	2007	−0.04	0.87	0.79	0.41	0.99	−1.20	0.72	−1.31	0.27	0.28	−1.25	−0.66	−0.31	0.50	−0.28	0.76	1.22	−0.34	0.33	0.84	−0.04
海安	2008	0.30	0.98	0.28	0.22	0.97	−1.18	1.32	−1.23	0.75	0.77	−1.50	−0.39	−0.51	0.53	−0.18	0.91	1.59	−0.10	0.56	0.81	0.00
海安	2009	1.60	1.14	0.30	0.21	0.80	−1.13	1.85	−1.15	1.04	0.93	−0.60	0.05	−0.37	0.46	−0.20	1.02	1.62	0.11	0.78	0.73	0.03
海安	2010	1.61	1.19	0.56	2.25	1.01	−1.12	3.66	−1.04	1.29	1.56	−0.55	0.33	−0.51	0.41	−0.57	1.05	1.68	0.44	0.56	0.66	−0.14
海安	2011	1.78	1.39	0.91	1.15	1.36	−1.13	1.45	−0.92	1.85	2.06	−0.58	0.70	−0.64	0.49	−0.59	1.12	1.75	0.92	0.76	0.80	−0.22
海安	2012	1.75	1.71	1.27	0.94	1.42	−1.11	1.48	−0.64	2.23	2.43	−0.36	1.08	−0.65	0.13	−0.86	1.14	1.70	1.32	0.85	1.01	−0.27
海安	2013	2.13	1.85	1.68	−0.27	1.13	−1.12	1.57	−0.42	2.70	2.88	−0.37	1.43	−0.69	0.13	−0.80	1.18	1.75	1.72	0.96	1.38	−0.31
如东	2001	−1.31	0.68	−0.33	−0.01	−1.41	−0.74	0.35	−0.50	−0.78	−1.13	−0.48	−0.57	3.13	0.37	−0.24	−1.24	0.54	−1.25	−0.24	0.77	0.58
如东	2002	−1.07	0.68	−0.30	−0.01	−1.17	−0.81	0.29	−0.46	−0.74	−1.07	−0.49	−0.48	2.91	0.61	−0.25	−1.13	0.55	−1.19	−0.19	0.73	0.56
如东	2003	−1.05	0.92	0.07	0.02	−1.52	−0.68	0.61	−0.37	−0.67	−1.12	−0.02	−0.46	2.38	0.90	−0.26	−0.60	0.31	−1.12	0.09	0.53	0.53
如东	2004	−0.93	1.03	0.12	0.03	0.04	−0.64	0.55	−0.27	−0.51	−0.94	−0.61	−0.31	1.83	0.74	−0.29	−0.41	0.40	−1.00	0.25	0.54	0.57
如东	2005	−0.92	1.14	−0.05	0.31	0.32	−0.98	1.14	−0.30	−0.38	−0.89	−1.02	−0.36	1.11	0.65	−0.27	−0.11	0.54	−0.85	0.52	0.64	2.43
如东	2006	−0.88	1.28	−0.31	0.66	0.54	−1.05	1.01	−0.25	0.18	−0.81	−1.27	−0.32	0.58	0.79	0.19	0.80	0.58	−0.69	1.82	0.67	2.36
如东	2007	0.13	1.44	−0.08	0.72	0.69	−1.04	0.94	0.40	−0.72	−1.57	−0.30	0.05	1.21	0.07	0.89	0.55	−0.47	2.12	0.70	2.37	
如东	2008	0.59	1.55	−0.36	−0.79	0.70	−1.03	0.84	0.23	1.05	−1.91	0.00	−0.18	1.58	−0.10	1.08	0.93	−0.18	2.68	0.67	2.26	
如东	2009	1.25	1.60	−0.33	−0.23	0.53	−1.01	0.63	1.21	1.33	−1.34	0.53	0.00	1.31	−0.12	1.13	0.98	0.03	2.86	0.60	2.17	

续表

地区	时间	Z农林水利事务支出占比	Z农业从业人员人均农机总动力	Z单位耕地面积有效灌溉用电量	Z有效灌溉率	Z各县减职业教育在校生人数	Z经济作物播种面积占比	Z单位播种面积综合机械化率	Z农业劳动生产率	Z土地产出率	Z农业投入产出率	Z农林牧渔业增加值	Z农业增加值占GDP比重	Z牧渔业增加值比重	Z农业从业人员比重	Z非农业就业人员比重	Z单位播种面积粮食产量	Z农村人均纯收入	Z劳均耕地面积	Z单位播种面积化肥施用量	Z单位播种面积农药施用量
如东	2010	1.38	0.53	-1.71	-1.10	-1.12	1.21	1.88	0.58	-1.30	0.87	-0.15	1.17	-0.13	1.29	1.04	0.34	2.26	-0.67	2.07
	2011	1.84	1.30	-0.54	-1.11	2.37	1.39	2.12	0.80	-1.03	1.30	-0.31	1.10	-0.26	1.25	1.12	0.80	2.26	-0.68	2.03
	2012	1.29	2.79	-0.47	-1.12	1.28	1.57	2.52	1.09	-0.83	1.78	-0.32	0.88	-0.46	1.25	1.16	1.18	2.35	-0.63	1.99
	2013	1.56	3.73	0.74	-1.15	1.24	1.92	2.95	1.43	-0.82	2.22	-0.36	0.91	-0.47	1.28	1.18	1.56	2.41	-0.75	1.82
	2001	-0.90	0.26	-1.55	-1.69	0.49	-0.51	-0.90	-0.14	-1.09	-0.46	1.74	1.42	2.23	-1.81	-0.97	-0.95	-1.31	-1.22	-0.86
	2002	-1.00	-0.96	-0.56	-1.55	-1.71	0.61	-0.89	-0.09	-1.09	-0.41	1.70	1.34	1.94	-1.88	-1.22	-0.92	-1.30	-1.23	-1.30
	2003	-0.85	-0.93	-0.59	-1.54	-1.30	0.74	-0.94	-0.37	-0.13	-0.45	1.24	1.50	2.03	-1.80	-1.07	-0.84	-1.29	-1.28	-1.29
	2004	-0.79	-0.93	-0.86	-1.53	-0.68	0.87	-0.85	-0.11	-0.34	-0.22	1.00	1.38	2.11	-1.47	-1.19	-1.68	-1.23	-1.20	-1.20
	2005	-0.76	-0.85	-0.98	-1.51	-0.66	0.95	-0.61	0.06	-0.40	-0.07	0.51	1.44	1.80	-0.48	-1.42	-0.51	-0.90	-0.95	-1.22
	2006	-0.60	-0.80	-1.16	-1.16	-0.59	0.95	-0.46	0.11	-0.06	0.08	0.18	1.34	1.68	-0.07	-1.27	-0.32	-0.69	-0.90	-0.97
	2007	0.26	-0.72	-1.13	-0.12	-0.93	0.69	-0.33	0.35	-0.12	0.19	-0.12	1.37	1.40	-0.05	-1.33	-0.10	-0.62	-0.80	-0.98
	2008	0.08	-0.66	-1.08	-0.78	-1.04	0.81	0.02	0.92	-0.96	0.60	-0.15	1.47	1.29	0.16	-1.30	0.13	-0.46	-0.78	-1.00
	2009	0.72	-0.33	-1.01	0.02	-0.83	1.02	0.28	1.17	-0.14	1.21	0.00	1.45	0.89	0.34	-1.40	0.38	-0.28	-0.64	-1.02
	2010	1.14	-0.17	-0.82	-0.91	-0.51	1.15	0.59	1.53	-0.08	1.62	-0.18	1.28	0.58	0.45	-1.37	0.74	-0.13	-0.79	-1.06
	2011	1.32	0.02	-0.76	-1.44	-0.51	1.14	0.78	1.64	-0.10	1.74	-0.51	1.24	0.13	0.51	-1.37	1.28	0.00	-0.79	-1.20
	2012	1.68	0.10	-0.63	-1.39	-0.53	1.01	1.11	2.00	-0.01	2.17	-0.56	1.15	-0.02	0.59	-1.27	1.72	0.12	-0.84	-1.23
启东	2013	0.05	0.21	-0.38	-1.57	-0.64	1.05	1.37	2.28	-0.02	2.47	-0.65	1.09	-0.32	0.61	-1.28	2.18	0.21	-0.96	-1.26

附表4 南通市现代农业子系统数据标准化

续表

地区	时间	Z农林水利事务支出占比	Z农业从业人员人均农机总动力	Z单位耕地面积利用电量	Z有效灌溉率	Z各县城职业教育在校生人数	Z经济作物播种面积占比	Z农作物耕种收综合机械化率	Z单位播种面积农膜施用量	Z农业土地生产率	Z农业投入产出率	Z农林牧渔业增加值	Z农业增加值占GDP比重	Z牧渔业增加值比重	Z非农业从业人员比重	Z农业就业比重	Z单位播种面积粮食产量	Z农村人均纯收入	Z劳均耕地面积	Z单位播种面积化肥施用量	Z单位播种面积农药施用量
如皋	2001	−1.41	−0.44	−0.40	−0.92	−0.27	−0.72	−0.32	−0.61	−1.08	−1.30	−0.27	−1.29	1.46	−1.61	−1.12	−1.75	0.29	−1.32	−1.08	−0.28	−0.88
	2002	−1.38	−0.39	−0.19	−0.87	−0.04	−0.67	−0.36	−0.49	−1.05	−1.24	−0.32	−1.23	1.29	−1.62	−1.30	−1.65	0.21	−1.27	−1.03	−0.33	−0.88
	2003	−1.40	−0.28	0.29	−0.78	0.41	−0.61	−0.35	−0.36	−1.04	−1.24	−0.15	−1.20	0.82	−1.76	−1.33	−1.46	0.10	−1.21	−0.97	−0.42	−0.90
	2004	−1.28	−0.14	0.41	−0.73	1.40	−0.51	0.11	−0.24	−0.94	−1.03	−0.28	−0.96	0.64	−1.82	−1.25	−1.10	0.29	−1.09	−0.86	−0.54	−0.94
	2005	−1.18	−0.09	0.45	−0.64	1.88	−0.56	−0.05	−0.35	−0.84	−0.95	−0.28	−0.86	0.23	−1.83	−1.20	−0.58	0.30	−0.95	−0.66	−0.42	0.70
	2006	−0.75	−0.06	0.14	−0.36	2.35	−0.61	0.09	−0.35	−0.64	−0.90	0.01	−0.74	−0.13	−1.81	−1.30	0.26	0.26	−0.80	−0.17	−0.55	0.79
	2007	−0.25	−0.09	0.06	0.06	2.13	−0.76	0.25	−0.26	−0.58	−0.79	−0.12	−0.62	−0.46	−1.36	−1.14	0.32	0.42	−0.60	−0.15	−0.28	1.23
	2008	−0.17	0.21	−0.31	4.72	1.47	−0.74	0.45	−0.35	−0.34	−0.39	−0.63	−0.24	−0.69	−0.97	−1.08	0.44	0.49	−0.33	−0.06	−0.35	1.25
	2009	0.49	0.35	−0.28	−0.86	1.54	−0.90	0.23	−0.22	−0.22	−0.28	0.64	0.23	−0.57	−0.97	−1.10	0.57	0.59	−0.08	0.06	−0.32	1.06
	2010	0.18	0.48	−0.31	0.13	1.47	−0.89	−0.30	−0.25	−0.05	−0.04	0.76	0.58	−0.71	−1.08	−1.39	0.59	0.67	0.22	0.12	−0.23	0.70
	2011	0.23	0.65	−0.30	−0.55	1.63	−0.87	0.83	−0.07	0.22	0.25	0.90	1.02	−0.81	−1.15	−1.37	0.72	0.82	0.67	0.27	−0.73	0.44
	2012	0.62	0.84	−0.09	0.00	1.26	−0.79	0.77	0.06	0.44	0.52	1.17	1.48	−0.82	−1.43	−1.39	0.78	0.88	1.04	0.35	−0.81	0.34
	2013	0.72	1.00	0.14	−0.62	0.59	−0.78	0.80	−0.08	0.67	0.77	1.10	1.82	−0.86	−1.44	−1.42	0.85	0.87	1.41	0.45	−0.94	0.34
海门	2001	−0.79	−1.62	0.78	−1.07	−1.44	1.22	−1.44	0.11	−0.98	−0.83	−0.44	−1.24	0.36	−0.53	1.58	−1.23	−1.05	−0.89	−1.13	1.22	−0.39
	2002	−0.80	−1.48	−0.97	0.34	−1.27	1.30	−1.16	0.52	−0.92	−0.74	−0.41	−1.15	0.29	−0.34	1.26	−1.04	−1.17	−0.82	−1.04	1.70	−0.31
	2003	−0.76	−1.37	−0.68	0.64	−1.13	1.33	−1.21	1.03	−0.97	−0.95	0.91	−1.19	−0.06	−0.44	1.34	−0.93	−1.16	−0.73	−1.01	1.73	−0.25

续表

地区	时间	Z农林水利事务支出占比	Z农业从业人员人均农机总动力	Z单位耕地面积用电量	Z有效灌溉率	Z各县城职业教育在校生人数	Z经济作物种植面积占比	Z农作物耕种收综合机械化率	Z单位播种面积塑料薄膜施用量	Z农业劳动生产率	Z土地产出率	Z农业投入产出率	Z农林牧渔业增加值占GDP比重	Z牧渔业增加值占农业增加值比重	Z农业从业人员比重	Z非农业就业比重	Z单位播种面积粮食产量	Z农村人均纯收入	Z劳均耕地面积	Z单位播种面积化肥施用量	Z单位播种面积农药施用量
海门	2004	−0.72	−1.32	−0.59	0.51	−0.47	1.35	−1.17	1.28	−0.89	−0.75	0.64	−1.02	−0.23	−0.54	1.38	−0.79	−1.14	−0.56	−0.97	1.60	−0.22
	2005	−0.67	−1.24	−0.21	0.60	−0.67	1.46	−1.22	1.32	−0.79	−0.63	0.32	−0.94	−0.55	−0.35	1.41	−0.39	−1.36	−0.37	−0.82	1.58	−0.19
	2006	−0.47	−1.13	0.12	0.63	−0.38	1.50	−1.15	1.42	−0.61	−0.56	0.60	−0.83	−0.79	−0.40	1.17	0.16	−1.34	−0.20	−0.47	1.79	−0.12
	2007	−0.09	−1.07	0.06	0.76	−0.38	1.52	−0.75	1.57	−0.49	−0.50	0.41	−0.80	−1.02	−0.20	1.19	0.43	−1.36	0.04	−0.26	1.90	−0.04
	2008	−0.04	−1.02	0.06	0.80	−0.60	1.62	−0.72	1.58	−0.24	−0.08	−0.16	−0.49	−1.08	−0.20	1.11	0.51	−1.28	0.29	−0.18	1.79	−0.13
	2009	1.22	−0.93	0.30	0.89	−0.48	1.64	−0.66	1.70	−0.10	0.12	1.06	−0.05	−0.97	−0.25	1.13	0.60	−1.26	0.58	−0.10	1.71	−0.15
	2010	1.31	−0.88	0.49	0.84	−0.31	1.70	−0.63	1.72	0.09	0.39	1.19	0.26	−1.08	−0.37	1.06	0.66	−1.28	0.96	−0.04	1.55	−0.22
	2011	1.18	−0.80	0.98	1.13	−0.87	1.75	−0.51	1.87	0.07	0.40	3.20	0.58	−1.15	−0.42	1.04	0.63	−1.32	1.54	−0.06	1.50	−0.23
	2012	1.22	−0.72	1.57	1.17	−0.31	1.89	−0.40	2.27	0.48	1.03	1.42	0.99	−1.15	−0.61	1.13	0.71	−1.28	2.01	0.04	1.55	−0.30
	2013	1.63	−0.66	1.86	−1.21	−0.39	1.94	−0.34	2.74	0.73	1.34	1.43	1.32	−1.18	−0.59	1.05	0.77	−1.27	2.50	0.12	1.50	−0.34

附表 5　南通市农村能源子系统序参量指标相关性分析

指标		Zscore(生活能源消费总量)	Zscore(生产能源消费总量)	Zscore(农村用电量)	Zscore(能源经费投入)	Zscore(传统生物质能占能源消费总量比重)	Zscore(商品能源占能源消费总量比重)	Zscore(清洁能源占能源消费总量比重)	Zscore(农村人均生活有效热)	Zscore(农业总产值能耗)	Zscore(CO_2排放量)
Zscore(生活能源消费总量)	相关性	1.000	−0.397	0.821	0.558	−0.131	0.086	0.591	0.792	−0.280	0.056
	显著性(双侧)		0.000	0.000	0.000	0.254	0.454	0.000	0.000	0.013	0.625
	df	0	76	76	76	76	76	76	76	76	76
Zscore(生产能源消费总量)	相关性	−0.397	1.000	−0.333	0.293	−0.110	0.128	−0.453	−0.402	0.247	0.627
	显著性(双侧)	0.000		0.003	0.009	0.336	0.265	0.000	0.000	0.029	0.000
	df	76	0	76	76	76	76	76	76	76	76
Zscore(农村用电量)	相关性	0.821	−0.333	1.000	0.472	−0.526	0.472	0.914	0.930	−0.546	0.032
	显著性(双侧)	0.000	0.003		0.000	0.000	0.000	0.000	0.000	0.000	0.784
	df	76	76	0	76	76	76	76	76	76	76
Zscore(能源经费投入)	相关性	0.558	0.293	0.472	1.000	−0.074	0.028	0.258	0.350	−0.192	0.412
	显著性(双侧)	0.000	0.009	0.000		0.522	0.810	0.023	0.002	0.092	0.000
	df	76	76	76	0	76	76	76	76	76	76
Zscore(传统生物质能占能源消费总量比重)	相关性	−0.131	−0.110	−0.526	−0.074	1.000	−0.996	−0.572	−0.495	0.349	−0.170
	显著性(双侧)	0.254	0.336	0.000	0.522		0.000	0.000	0.000	0.002	0.137
	df	76	76	76	76	0	76	76	76	76	76

续表

指标		Zscore(生活能源消费总量)	Zscore(生产能源消费总量)	Zscore(农村用电量)	Zscore(能源经费投入)	Zscore(传统生物质能占能源消费总量比重)	Zscore(商品能源占能源消费总量比重)	Zscore(清洁能源占能源消费总量比重)	Zscore(农村人均生活有效热)	Zscore(农业总产值能耗)	Zscore(CO_2排放量)
Zscore(商品能源占能源消费总量比重)	相关性	0.086	0.128	0.472	0.028	−0.996	1.000	0.521	0.451	−0.312	0.183
	显著性(双侧)	0.454	0.265	0.000	0.810	0.000		0.000	0.000	0.005	0.108
	df	76	76	76	76	76	0	76	76	76	76
Zscore(清洁能源占能源消费总量比重)	相关性	0.591	−0.453	0.914	0.258	−0.572	0.521	1.000	0.856	−0.698	−0.135
	显著性(双侧)	0.000	0.000	0.000	0.023	0.000	0.000		0.000	0.000	0.237
	df	76	76	76	76	76	76	0	76	76	76
Zscore(农村人均生活有效热)	相关性	0.792	−0.402	0.930	0.350	−0.495	0.451	0.856	1.000	−0.522	0.111
	显著性(双侧)	0.000	0.000	0.000	0.002	0.000	0.000	0.000		0.000	0.335
	df	76	76	76	76	76	76	76	0	76	76
Zscore(农业总产值能耗)	相关性	−0.280	0.247	−0.546	−0.192	0.349	−0.312	−0.698	−0.522	1.000	0.183
	显著性(双侧)	0.013	0.029	0.000	0.092	0.002	0.005	0.000	0.000		0.108
	df	76	76	76	76	76	76	76	76	0	76
Zscore(CO_2排放量)	相关性	0.056	0.627	0.032	0.412	−0.170	0.183	−0.135	0.111	0.183	1.000
	显著性(双侧)	0.625	0.000	0.784	0.000	0.137	0.108	0.237	0.335	0.108	0.000
	df	76	76	76	76	76	76	76	76	76	0

附表6 南通市现代农业子系统序参量指标相关性分析

指标		Zscore(农林水利事务支出占比)	Zscore(农业从业人员人均农机总动力)	Zscore(单位耕地面积用电量)	Zscore(有效灌溉率)	Zscore(各县域职业教育在校生人数)	Zscore(经济作物播种面积占比)	Zscore(农作物耕种收综合机械化率)	Zscore(单位播种面积塑料薄膜施用量)	Zscore(农业劳动生产率)	Zscore(土地生产率)	Zscore(农业投入产出率)	Zscore(农林牧渔业增加值)	Zscore(农业增加值占GDP比重)	Zscore(牧渔业增加值占农业增加值比重)	Zscore(农业从业人员比重)	Zscore(非农业就业比重)	Zscore(单位种植面积粮食产量)	Zscore(农村人均纯收入)	Zscore(劳均耕地面积)	Zscore(单位播种面积化肥施用量)	Zscore(单位播种面积农药施用量)
Zscore(农林水利事务支出占比)	相关性	1.000	0.426	0.291	0.095	0.168	0.021	0.378	0.418	0.870	0.822	0.126	0.792	-0.650	0.224	-0.044	0.821	0.155	0.837	0.656	0.097	0.220
	显著性(双侧)		0.000	0.010	0.409	0.141	0.858	0.001	0.000	0.000	0.000	0.273	0.000	0.000	0.048	0.703	0.000	0.176	0.000	0.000	0.397	0.053
	df	0	76	76	76	76	76	76	76	76	76	76	76	76	76	76	76	76	76	76	76	76
Zscore(农业从业人员人均农机总动力)	相关性	0.426	1.000	0.519	0.022	0.459	-0.799	0.792	-0.117	0.710	0.406	-0.481	0.438	0.072	0.296	-0.495	0.480	0.792	0.221	0.760	0.027	0.654
	显著性(双侧)	0.000		0.000	0.846	0.000	0.000	0.000	0.306	0.000	0.000	0.000	0.000	0.532	0.008	0.000	0.000	0.000	0.052	0.000	0.812	0.000
	df	76	0	76	76	76	76	76	76	76	76	76	76	76	76	76	76	76	76	76	76	76
Zscore(单位耕地面积用电量)	相关性	0.291	0.519	1.000	0.066	0.226	-0.333	0.447	0.202	0.443	0.330	-0.268	0.173	0.040	0.069	-0.107	0.119	0.407	0.198	0.276	0.369	0.295
	显著性(双侧)	0.010	0.000		0.567	0.047	0.003	0.000	0.076	0.000	0.003	0.018	0.130	0.725	0.549	0.352	0.301	0.000	0.082	0.014	0.001	0.009
	df	76	76	0	76	76	76	76	76	76	76	76	76	76	76	76	76	76	76	76	76	76
Zscore(有效灌溉率)	相关性	0.095	0.022	0.066	1.000	0.225	-0.079	0.334	-0.123	-0.001	-0.105	0.170	-0.190	-0.287	-0.270	-0.194	0.224	0.226	0.009	0.098	0.360	0.206
	显著性(双侧)	0.409	0.846	0.567		0.048	0.494	0.003	0.282	0.995	0.363	0.138	0.096	0.011	0.017	0.089	0.049	0.047	0.939	0.395	0.001	0.070
	df	76	76	76	0	76	76	76	76	76	76	76	76	76	76	76	76	76	76	76	76	76
Zscore(各县域职业教育在校生人数)	相关性	0.168	0.459	0.226	0.225	1.000	-0.583	0.516	-0.300	0.209	0.073	-0.130	0.006	-0.314	-0.364	-0.639	0.379	0.597	0.014	0.287	0.028	0.395
	显著性(双侧)	0.141	0.000	0.047	0.048		0.000	0.000	0.008	0.067	0.526	0.257	0.958	0.005	0.001	0.000	0.001	0.000	0.904	0.011	0.805	0.000
	df	76	76	76	76	0	76	76	76	76	76	76	76	76	76	76	76	76	76	76	76	76

续表

指标		Zscore(农林水利事务支出占比)	Zscore(农业从业人员人均农机总动力)	Zscore(单位耕地面积用电量)	Zscore(有效灌溉率)	Zscore(各县域职业教育在校生人数)	Zscore(经济作物播种面积占比)	Zscore(农作物耕种收综合机械化率)	Zscore(单位播种面积塑料薄膜使用量)	Zscore(农业劳动生产率)	Zscore(土地生产率)	Zscore(农业投入产出率)	Zscore(农林牧渔业增加值占GDP比重)	Zscore(牧渔业增加值占农业增加值比重)	Zscore(农业从业人员比重)	Zscore(非农业就业比重)	Zscore(单位播种面积粮食产量)	Zscore(农村人均纯收入)	Zscore(劳均耕地面积)	Zscore(单位播种面积化肥施用量)	Zscore(单位播种面积农药施用量)
Zscore(经济作物播种面积占比)	相关性	0.021	−0.333	−0.079	−0.583	1.000	−0.732	0.582	−0.273	0.040	0.511	0.035	−0.296	0.013	0.705	−0.097	−0.939	0.245	−0.425	0.164	−0.538
	显著性(双侧)	0.858	0.003	0.494	0.000		0.000	0.000	0.015	0.729	0.000	0.762	0.008	0.907	0.000	0.398	0.000	0.030	0.000	0.152	0.000
	df	76	76	76	76	76	76	76	76	76	76	76	76	76	76	76	76	76	76	76	76
Zscore(农作物耕种收综合机械化率)	相关性	0.378	0.447	0.334	0.516	−0.732	1.000	−0.315	0.538	0.299	−0.255	0.243	−0.047	0.015	−0.582	0.426	0.823	0.173	0.567	0.102	0.493
	显著性(双侧)	0.001	0.000	0.003	0.000	0.000		0.005	0.000	0.008	0.024	0.032	0.680	0.899	0.000	0.000	0.000	0.130	0.000	0.373	0.000
	df	76	76	76	76	76	76	76	76	76	76	76	76	76	76	76	76	76	76	76	76
Zscore(单位播种面积塑料薄膜使用量)	相关性	0.418	−0.117	0.202	−0.123	−0.300	−0.315	1.000	0.306	0.277	0.210	0.417	−0.350	0.152	0.486	0.324	−0.546	0.489	0.253	0.343	0.150
	显著性(双侧)	0.000	0.306	0.076	0.282	0.008	0.006		0.000	0.014	0.065	0.000	0.002	0.185	0.000	0.004	0.000	0.000	0.026	0.002	0.189
	df	76	76	76	76	76	76	76	76	76	76	76	76	76	76	76	76	76	76	76	76
Zscore(农业劳动生产率)	相关性	0.870	0.443	−0.001	0.209	−0.273	0.538	0.306	1.000	0.826	−0.139	0.818	−0.454	0.328	−0.193	0.789	0.399	0.758	0.815	0.013	0.385
	显著性(双侧)	0.000	0.000	0.995	0.067	0.015	0.000	0.006		0.000	0.225	0.000	0.000	0.003	0.090	0.000	0.000	0.000	0.000	0.913	0.001
	df	76	76	76	76	76	76	76	76	76	76	76	76	76	76	76	76	76	76	76	76
Zscore(土地生产率)	相关性	0.822	0.330	−0.105	0.073	0.040	0.299	0.277	0.826	1.000	−0.021	0.841	−0.461	0.374	0.050	0.608	0.081	0.819	0.398	−0.013	−0.095
	显著性(双侧)	0.000	0.003	0.363	0.526	0.729	0.008	0.014	0.000		0.856	0.000	0.000	0.001	0.661	0.000	0.482	0.000	0.000	0.910	0.410
	df	76	76	76	76	76	76	76	76	76	76	76	76	76	76	76	76	76	76	76	76

附表6 南通市现代农业子系统序参量指标相关性分析

续表

指标		Zscore(农林水利事务支出占比)	Zscore(农业从业人员人均农机总动力)	Zscore(单位耕地面积用电量)	Zscore(有效灌溉率)	Zscore(各县域职教育在校生人数)	Zscore(经济作物播种面积占比)	Zscore(农作物种植耕种收综合机械化率)	Zscore(单位播种面积塑料薄膜施用量)	Zscore(农业劳动生产率)	Zscore(土地生产率)	Zscore(农业投入产出率)	Zscore(农林牧渔业增加值)	Zscore(农业增加值占GDP比重)	Zscore(牧渔业增加值占农业增加值比重)	Zscore(农业从业人员比重)	Zscore(非农业就业比重)	Zscore(单位播种面积粮食产量)	Zscore(农村人均纯收入)	Zscore(劳均排地面积)	Zscore(单位播种面积化肥施用量)	Zscore(单位播种面积农药施用量)
Zscore(农业投入产出率)	相关性	0.126	-0.481	-0.268	0.170	-0.130	0.511	-0.255	0.210	-0.139	-0.021	1.000	0.157	-0.489	-0.547	-0.057	0.158	-0.343	0.416	-0.203	-0.074	-0.280
	显著性(双侧)	0.273	0.000	0.018	0.138	0.257	0.000	0.024	0.065	0.225	0.856		0.169	0.000	0.000	0.619	0.166	0.002	0.000	0.075	0.522	0.013
	df	76	76	76	76	76	76	76	76	76	76	76	76	76	76	76	76	76	76	76	76	76
Zscore(农林牧渔业增加值)	相关性	0.792	0.438	0.173	-0.190	0.006	0.035	0.243	0.417	0.818	0.841	0.157	1.000	-0.464	0.281	-0.093	0.695	0.031	0.886	0.572	-0.252	0.138
	显著性(双侧)	0.000	0.000	0.130	0.096	0.958	0.762	0.032	0.000	0.000	0.000	0.169		0.000	0.013	0.419	0.000	0.785	0.000	0.000	0.026	0.227
	df	76	76	76	76	76	76	76	76	76	76	76	76	76	76	76	76	76	76	76	76	76
Zscore(农业增加值占GDP比重)	相关性	-0.650	0.072	0.040	-0.287	-0.314	-0.296	-0.047	-0.350	-0.454	-0.461	-0.489	-0.464	1.000	0.277	0.088	-0.759	0.096	-0.721	-0.347	-0.045	-0.066
	显著性(双侧)	0.000	0.532	0.725	0.011	0.005	0.008	0.680	0.002	0.000	0.000	0.000	0.000		0.014	0.443	0.000	0.404	0.000	0.002	0.697	0.564
	df	76	76	76	76	76	76	76	76	76	76	76	76	76	76	76	76	76	76	76	76	76
Zscore(牧渔业增加值占农业增加值比重)	相关性	0.224	0.296	0.069	-0.270	-0.364	0.015	0.152	0.328	0.374	-0.547	0.281	0.277	1.000	0.543	0.075	-0.113	0.327	-0.733	-0.017	0.045	
	显著性(双侧)	0.048	0.008	0.549	0.017	0.001	0.899	0.185	0.003	0.001	0.000	0.014	0.013	0.014		0.000	0.516	0.327	0.000	0.881	0.698	
	df	76	76	76	76	76	76	76	76	76	76	76	76	76	76	76	76	76	76	76	76	76
Zscore(农业从业人员比重)	相关性	-0.044	-0.495	-0.107	-0.194	-0.639	-0.582	0.000	0.486	-0.193	0.050	-0.057	-0.093	0.088	0.543	1.000	-0.222	-0.733	-0.039	-0.294	0.276	-0.328
	显著性(双侧)	0.703	0.000	0.352	0.089	0.000	0.000	1.000	0.000	0.090	0.661	0.619	0.419	0.443	0.000		0.050	0.000	0.733	0.009	0.014	0.003
	df	76	76	76	76	76	76	76	76	76	76	76	76	76	76	76	76	76	76	76	76	76

续表

指标		Zscore(农林水利事务支出占比)	Zscore(农业从业人员人均农机总动力)	Zscore(单位耕地面积用电量)	Zscore(有效灌溉率)	Zscore(各县域职业教育播种物教育在校生人数)	Zscore(经济作物播种面积占比)	Zscore(农作物耕种收综合机械化率)	Zscore(单位播种面积塑料薄膜施用量)	Zscore(农业劳动生产率)	Zscore(土地生产率)	Zscore(农业投入产出率)	Zscore(农林牧渔业增加值)	Zscore(农业增加值占GDP比重)	Zscore(牧渔业增加值占农业增加值比重)	Zscore(农业从业人员比重)	Zscore(非农业就业比重)	Zscore(单位播种面积粮食产量)	Zscore(农村人均纯收入)	Zscore(劳均耕地面积)	Zscore(单位播种面积化肥施用量)	Zscore(单位播种面积农药施用量)
Zscore(非农业就业比重)	相关性	0.821	0.480	0.119	0.224	0.379	−0.097	0.426	0.324	0.789	0.608	0.158	0.695	−0.759	0.075	−0.222	1.000	0.245	0.755	0.798	0.067	0.479
	显著性(双侧)	0.000	0.000	0.301	0.049	0.001	0.398	0.000	0.004	0.000	0.000	0.166	0.000	0.000	0.516	0.050		0.030	0.000	0.000	0.561	0.000
	df	76	76	76	76	76	76	76	76	76	76	76	76	76	76	76	0	76	76	76	76	76
Zscore(单位播种面积粮食产量)	相关性	0.155	0.792	0.407	0.226	0.597	−0.939	0.823	−0.546	0.399	0.081	−0.343	0.031	0.096	−0.113	−0.733	0.245	1.000	−0.060	0.493	−0.043	0.517
	显著性(双侧)	0.176	0.000	0.000	0.047	0.000	0.000	0.000	0.000	0.000	0.482	0.002	0.785	0.404	0.327	0.000	0.030		0.603	0.000	0.709	0.000
	df	76	76	76	76	76	76	76	76	76	76	76	76	76	76	76	76	0	76	76	76	76
Zscore(农村人均纯收入)	相关性	0.837	0.221	0.198	0.009	0.014	0.245	0.173	0.489	0.758	0.819	0.416	0.886	−0.721	0.046	−0.039	0.755	−0.060	1.000	0.487	−0.030	0.034
	显著性(双侧)	0.000	0.052	0.082	0.939	0.904	0.030	0.130	0.000	0.000	0.000	0.000	0.000	0.000	0.688	0.733	0.000	0.603		0.000	0.792	0.767
	df	76	76	76	76	76	76	76	76	76	76	76	76	76	76	76	76	76	0	76	76	76
Zscore(劳均耕地面积)	相关性	0.656	0.760	0.276	0.098	0.287	−0.425	0.567	0.253	0.815	0.398	−0.203	0.572	−0.347	0.271	−0.294	0.798	0.493	0.487	1.000	0.037	0.766
	显著性(双侧)	0.000	0.000	0.014	0.395	0.011	0.000	0.000	0.026	0.000	0.000	0.075	0.000	0.002	0.016	0.009	0.000	0.000	0.000		0.748	0.000
	df	76	76	76	76	76	76	76	76	76	76	76	76	76	76	76	76	76	76	0	76	76
Zscore(单位播种面积化肥施用量)	相关性	0.097	0.027	0.369	0.360	0.028	0.164	0.102	0.343	0.013	−0.013	−0.074	−0.252	−0.045	−0.017	0.276	0.067	−0.043	−0.030	0.037	1.000	0.183
	显著性(双侧)	0.397	0.812	0.001	0.001	0.805	0.152	0.373	0.002	0.913	0.910	0.522	0.026	0.697	0.881	0.014	0.561	0.709	0.792	0.748		0.109
	df	76	76	76	76	76	76	76	76	76	76	76	76	76	76	76	76	76	76	76	0	76

附表7 南通市农村能源子系统原始数据标准化结果

续表

指标	Zscore(农林水利事务支出占比)	Zscore(农业从业人员人均农机总动力占比)	Zscore(单位耕地面积用电量)	Zscore(有效灌溉率)	Zscore(各县域职业教育播种面积在校生人数)	Zscore(经济作物播种面积占比)	Zscore(农作物耕种收综合机械化率)	Zscore(单位播种面积塑料薄膜施用量)	Zscore(农业劳动生产率)	Zscore(土地生产率)	Zscore(农业投入产出率)	Zscore(农林牧渔业增加值)	Zscore(农林牧渔业增加值占GDP比重)	Zscore(牧渔业增加值占农业增加值比重)	Zscore(农业从业人员比重)	Zscore(单位播种面积粮食产量)	Zscore(农村人均纯收入)	Zscore(劳均耕地面积)	Zscore(单位播种面积化肥施用量)	Zscore(单位播种面积农药施用量)
Zscore(单位播种面积农药施用量) 相关性	0.220	0.654	0.295	0.206	0.395	−0.538	0.493	0.150	0.385	−0.095	−0.280	0.138	−0.066	0.045	−0.328	0.517	0.034	0.766	0.183	1.000
显著性(双侧)	0.053	0.000	0.009	0.070	0.000	0.000	0.000	0.189	0.001	0.410	0.013	0.227	0.564	0.698	0.003	0.000	0.767	0.000	0.109	0
df	76	76	76	76	76	76	76	76	76	76	76	76	76	76	76	76	76	76	76	76

附表7 南通市农村能源子系统原始数据标准化结果

地区	年份	生活能源消费总量/MJ	生产能源消费总量/MJ	农村用电量/万kW·h	能源经费投入/万元	传统生物质能源消费占能源消费总量比重/%	商品能源占能源消费总量比重/%	清洁能源占能源消费总量比重/%	农村人均生活有效热(MJ/人)	农业总产值能耗(MJ/万元)	CO_2排放量/t
通州	2001	0.351 8	0.121 8	0.046 1	0.040 8	0.526 3	0.546 9	0.054 3	0.167 3	0.638 9	0.799 8
	2002	0.407 8	0.078 2	0.050 9	0.024 0	0.487 6	0.495 6	0.057 2	0.193 3	0.662 8	0.926 9
	2003	0.373 9	0.063 4	0.076 8	0.006 1	0.647 7	0.668 3	0.092 8	0.202 6	0.504 3	0.955 8
	2004	0.252 9	0.062 9	0.187 6	0.004 5	0.570 8	0.577 9	0.289 0	0.191 7	0.557 9	0.946 5
	2005	0.231 5	0.053 9	0.299 1	0.025 3	0.532 6	0.520 9	0.490 6	0.242 2	0.634 0	0.934 5
	2006	0.253 2	0.053 2	0.356 7	0.026 8	0.586 9	0.571 4	0.561 4	0.290 3	0.667 9	0.951 5
	2007	0.383 7	0.059 7	0.457 6	0.023 3	0.782 9	0.779 9	0.578 6	0.407 7	0.697 4	0.956 3
	2008	0.368 8	0.000 0	0.600 2	0.029 7	0.751 0	0.730 4	0.790 8	0.468 0	0.820 5	0.999 2

续表

地区	年份	生活能源总消费总量/MJ	生产能源总消费量/MJ	农村用电量/万kW·h	能源经费投入/万元	传统生物质能源占能源消费总量比重/%	商品能源占能源消费总量比重/%	清洁能源占能源消费总量比重/%	农村人均有效生活热(MJ/人)	农业总产值能耗(MJ/万元)	CO_2排放量/t
通州	2009	0.370 3	0.018 4	0.614 5	0.031 2	0.777 9	0.744 9	0.815 3	0.482 1	0.838 3	1.000 0
	2010	0.545 0	0.029 3	0.741 5	0.056 7	0.892 0	0.868 6	0.784 5	0.665 9	0.874 6	0.983 9
	2011	0.465 4	0.039 0	0.845 6	0.034 2	0.910 6	0.873 1	0.981 2	0.707 8	0.891 4	0.981 7
	2012	0.493 3	0.055 8	0.914 4	0.035 7	0.919 8	0.904 5	1.000 0	0.778 4	0.912 4	0.954 4
	2013	0.780 2	0.056 0	1.000 0	0.028 9	1.000 0	1.000 0	0.806 1	1.000 0	0.934 2	0.924 2
海安	2001	0.182 7	0.327 7	0.009 3	0.052 9	0.249 2	0.252 2	0.001 3	0.112 6	0.059 3	0.742 0
	2002	0.160 2	0.362 7	0.016 9	0.006 4	0.295 8	0.298 7	0.013 5	0.110 8	0.060 7	0.702 8
	2003	0.153 7	0.411 5	0.050 5	0.000 5	0.351 0	0.354 3	0.053 7	0.137 4	0.093 0	0.664 6
	2004	0.185 3	0.450 3	0.089 1	0.000 0	0.370 5	0.372 6	0.089 0	0.184 8	0.236 8	0.587 5
	2005	0.190 8	0.468 7	0.117 3	0.054 3	0.408 4	0.399 7	0.132 4	0.226 7	0.288 7	0.724 7
	2006	0.205 6	0.442 1	0.158 4	0.068 8	0.465 1	0.452 6	0.182 1	0.272 1	0.358 7	0.762 3
	2007	0.229 0	0.427 3	0.214 4	0.052 5	0.529 8	0.525 3	0.219 3	0.339 4	0.339 2	0.760 3
	2008	0.240 1	0.396 7	0.253 3	0.097 8	0.544 7	0.522 6	0.291 3	0.399 4	0.535 7	0.821 9
	2009	0.254 1	0.356 8	0.298 1	0.112 3	0.588 4	0.560 9	0.345 7	0.456 8	0.580 6	0.820 9
	2010	0.257 8	0.342 4	0.345 7	0.105 6	0.636 4	0.617 1	0.391 0	0.471 6	0.633 5	0.812 1
	2011	0.307 8	0.363 7	0.418 2	0.252 3	0.691 9	0.619 0	0.502 0	0.596 1	0.719 0	0.772 9
	2012	0.316 7	0.379 2	0.460 9	0.155 8	0.722 3	0.678 1	0.506 8	0.634 0	0.736 1	0.732 4
	2013	0.493 8	0.413 3	0.534 9	0.123 5	0.811 7	0.790 0	0.471 6	0.833 4	0.779 5	0.682 2

附表7 南通市农村能源子系统原始数据标准化结果

续表

地区	年份	生活能源消费总量/MJ	生产能源消费总量/MJ	农村用电量/万kW·h	能源经费投入/万元	传统生物质能源占能源消费量比重/%	商品能源占能源消费量比重/%	清洁能源占能源消费量比重/%	农村人均生活有效热(MJ/人)	农业总产值能耗(MJ/万元)	CO_2排放量/t
如东	2001	0.0000	0.8960	0.0110	0.0032	0.7391	0.7742	0.0115	0.0000	0.2037	0.7226
	2002	0.0371	0.9225	0.0165	0.0071	0.7510	0.7841	0.0136	0.0248	0.2368	0.7138
	2003	0.0347	0.8789	0.0281	0.0050	0.7519	0.7820	0.0325	0.0278	0.2120	0.6269
	2004	0.0565	0.8933	0.0459	0.0045	0.7512	0.7781	0.0522	0.0537	0.3276	0.6152
	2005	0.0524	0.8848	0.0774	0.1195	0.7290	0.7474	0.1025	0.0710	0.3858	0.6561
	2006	0.0810	0.8835	0.1159	0.1740	0.7397	0.7553	0.1466	0.1271	0.4398	0.7176
	2007	0.1339	0.8203	0.1614	0.0398	0.8067	0.8170	0.1858	0.1961	0.4620	0.6613
	2008	0.1337	0.8612	0.1993	0.2830	0.7376	0.7455	0.2406	0.2183	0.6225	0.7293
	2009	0.1685	0.8774	0.2616	0.3375	0.7475	0.7525	0.3013	0.2810	0.6647	0.7220
	2010	0.2654	0.7687	0.3322	0.3488	0.6427	0.6355	0.3684	0.3765	0.7696	0.6234
	2011	0.2833	0.8650	0.3957	0.4877	0.7582	0.7437	0.4267	0.4330	0.7796	0.4744
	2012	0.2918	0.9618	0.4688	0.5010	0.7859	0.7785	0.4707	0.4751	0.7840	0.1871
	2013	0.5018	1.0000	0.5406	0.6596	0.9271	0.9445	0.4094	0.6477	0.8030	0.0000
启东	2001	0.2021	0.4316	0.0000	0.0197	0.0000	0.0000	0.0119	0.0588	0.7897	0.7544
	2002	0.2288	0.4512	0.0101	0.0080	0.0156	0.0137	0.0222	0.0836	0.7914	0.8812
	2003	0.2049	0.4346	0.0158	0.0080	0.0261	0.0211	0.0402	0.0774	0.7432	0.8879
	2004	0.2473	0.4867	0.0442	0.0096	0.0467	0.0405	0.0686	0.1135	0.7742	0.9288

续表

地区	年份	生活能源消费总量/MJ	生产能源消费总量/MJ	农村用电量/万kW·h	能源经费投入/万元	传统生物质能源占能源消费总量比重/%	商品能源占能源消费总量比重/%	清洁能源占能源消费总量比重/%	农村人均生活有效热(MJ/人)	农业总产值能耗(MJ/万元)	CO_2排放量/t
启东	2005	0.076 2	0.389 8	0.054 5	0.045 3	0.373 9	0.375 1	0.170 9	0.071 5	0.829 5	0.955 2
	2006	0.075 6	0.356 0	0.065 6	0.059 9	0.376 6	0.373 3	0.201 1	0.082 0	0.846 2	0.983 9
	2007	0.062 2	0.340 4	0.082 6	0.039 2	0.460 6	0.455 3	0.252 4	0.089 2	0.878 0	0.979 8
	2008	0.076 5	0.365 2	0.104 2	0.089 0	0.464 9	0.457 9	0.281 7	0.110 4	0.922 7	0.971 5
	2009	0.070 7	0.398 5	0.126 8	0.103 5	0.552 2	0.545 5	0.328 4	0.126 6	0.932 9	0.962 4
	2010	0.089 2	0.344 4	0.146 3	0.098 7	0.512 6	0.499 8	0.363 0	0.147 9	0.964 9	0.932 5
	2011	0.098 5	0.333 6	0.181 9	0.173 0	0.582 5	0.562 8	0.433 4	0.178 3	0.972 6	0.923 3
	2012	0.104 8	0.343 2	0.187 9	0.147 2	0.584 2	0.566 1	0.434 8	0.187 1	0.987 4	0.904 1
	2013	0.267 3	0.332 4	0.201 8	0.166 4	0.740 0	0.743 5	0.323 5	0.297 8	1.000 0	0.861 1
如皋	2001	0.322 1	0.480 3	0.025 4	0.124 8	0.176 5	0.177 6	0.000 0	0.089 0	0.000 0	0.813 3
	2002	0.341 7	0.445 7	0.042 9	0.163 2	0.163 1	0.161 6	0.017 4	0.105 4	0.073 7	0.775 6
	2003	0.319 7	0.445 6	0.070 3	0.232 5	0.207 4	0.205 8	0.051 2	0.112 4	0.084 8	0.689 9
	2004	0.376 3	0.436 1	0.114 0	0.189 6	0.209 9	0.206 6	0.086 1	0.157 1	0.258 2	0.667 0
	2005	0.384 6	0.464 9	0.155 1	0.351 4	0.234 2	0.217 2	0.138 4	0.178 8	0.323 3	0.660 8
	2006	0.432 4	0.390 2	0.244 8	0.410 8	0.276 6	0.255 1	0.222 8	0.242 4	0.394 8	0.715 6
	2007	0.523 1	0.405 4	0.412 9	0.193 7	0.337 9	0.325 8	0.327 5	0.345 4	0.408 1	0.726 8
	2008	0.615 7	0.425 5	0.591 2	0.514 3	0.422 0	0.399 6	0.460 2	0.478 2	0.601 2	0.792 3

附表7 南通市农村能源子系统原始数据标准化结果

续表

地区	年份	生活能源总消费量/MJ	生产能源总消费量/MJ	农村用电量/万kW·h	能源经费投入/万元	传统生物质能源占能源消费总量比重/%	商品能源占能源消费总量比重/%	清洁能源占能源消费总量比重/%	农村人均生活有效热(MJ/人)	农业总产值能耗(MJ/万元)	CO_2排放量/t
	2009	0.6712	0.3772	0.6594	1.0000	0.4111	0.3840	0.5145	0.5331	0.6972	0.7846
	2010	0.7875	0.4001	0.7140	0.9283	0.5356	0.5056	0.4981	0.6134	0.7072	0.7904
如皋	2011	0.7608	0.3922	0.7945	0.7816	0.4998	0.4186	0.6197	0.6502	0.7824	0.7887
	2012	0.7806	0.4018	0.8848	0.7675	0.5354	0.4720	0.6575	0.6950	0.8102	0.7505
	2013	1.0000	0.3881	0.9444	0.4557	0.6838	0.6464	0.5794	0.8277	0.8328	0.7048
	2001	0.2668	0.0154	0.1059	0.0078	0.3525	0.3691	0.0937	0.1982	0.1209	0.7240
	2002	0.3131	0.0217	0.1394	0.0048	0.3945	0.4140	0.1170	0.2752	0.1738	0.9584
	2003	0.3321	0.0251	0.1792	0.0002	0.4577	0.4784	0.1545	0.3326	0.0183	0.9207
	2004	0.3861	0.0254	0.2344	0.0005	0.4521	0.4706	0.1939	0.4027	0.1545	0.9075
	2005	0.3750	0.0326	0.3038	0.0547	0.2722	0.2701	0.4109	0.4393	0.7968	0.8609
	2006	0.4062	0.0474	0.3883	0.0696	0.3652	0.3661	0.4957	0.5348	0.8053	0.8159
海门	2007	0.5172	0.0043	0.4746	0.1311	0.3557	0.3503	0.5237	0.6635	0.8360	0.8206
	2008	0.4465	0.0093	0.5085	0.0995	0.5054	0.5068	0.6234	0.6628	0.8956	0.8236
	2009	0.4532	0.0132	0.5451	0.1144	0.5542	0.5537	0.6647	0.6977	0.9154	0.7919
	2010	0.4605	0.0266	0.5820	0.1773	0.5986	0.5960	0.7030	0.7325	0.9357	0.7689
	2011	0.4643	0.0581	0.6153	0.1838	0.6480	0.6442	0.7352	0.7622	0.9261	0.7041
	2012	0.4663	0.0834	0.6468	0.1592	0.6934	0.6892	0.7672	0.7989	0.9652	0.6265
	2013	0.5632	0.0813	0.6689	0.0964	0.8740	0.8837	0.7018	0.8958	0.9830	0.5873

附表 8　南通市现代农业原始数据

地区	时间	农林水利事务支出占比/%	单位耕地面积用电量 (kW·h/hm²)	有效灌溉率/%	各县域职业教育在校生人数/人	经济作物播种面积占比/%	农作物耕种收综合机械化率/%	单位播种面积塑料薄膜施用量 (kg/hm²)	农业劳动生产率 (元/人)	土地生产率 (万元/hm²)	农业投入产出率/%	农业增加值占GDP比重/%	牧渔业增加值占农业增加值比重/%	单位播种面积粮食产量 (t/hm²)	农村人均纯收入 (元/人)	劳均耕地面积 (hm²/人)	单位播种面积化肥施用量 (kg/hm²)	单位播种面积农药施用量 (kg/hm²)
通州	2001	6.77	671.21	51.96	6381	37.38	35.81	4.26	11217	4.72	116.17	17.11	31.58	3.81	4278	0.24	262.64	8.32
	2002	6.50	355.87	48.76	4763	39.26	38.41	4.53	13066	4.94	112.76	16.12	30.98	3.63	4547	0.26	258.12	7.83
	2003	6.61	292.17	49.48	10055	42.14	38.58	5.14	11646	3.81	173.46	13.02	31.98	3.45	4835	0.31	260.77	8.68
	2004	6.79	322.91	50.12	9449	40.69	40.35	5.51	14687	4.31	167.05	12.02	30.23	3.73	5432	0.34	252.30	8.31
	2005	6.93	354.97	50.35	11345	40.13	42.39	5.97	17281	4.60	166.26	10.41	32.57	3.68	6045	0.38	230.39	9.00
	2006	7.21	315.23	50.04	11435	41.18	27.84	6.18	21981	4.94	164.98	9.08	31.73	3.56	6680	0.45	221.43	10.26
	2007	10.71	307.02	49.82	11643	41.45	41.12	5.95	26359	5.45	168.65	8.15	32.51	3.55	7520	0.48	224.71	12.50
	2008	12.02	197.54	50.17	10019	41.72	35.74	6.24	37022	6.96	132.83	7.78	33.34	3.69	8363	0.53	191.81	11.84
	2009	12.87	212.95	50.05	8450	43.65	33.35	6.64	40766	7.15	175.01	8.38	34.07	3.64	9250	0.57	179.50	11.31
	2010	11.13	239.92	39.94	6982	44.48	46.97	7.34	46372	8.76	178.66	7.95	32.97	3.59	10541	0.53	186.60	11.21
	2011	11.71	252.43	43.63	5887	44.24	44.52	7.82	53901	9.54	178.06	7.27	32.63	3.65	12491	0.57	186.11	11.35
	2012	11.77	324.67	44.52	5083	43.98	47.32	8.29	61429	10.45	183.91	7.17	30.40	3.71	14090	0.59	187.16	11.15
	2013	12.45	386.35	38.37	4397	43.95	43.32	8.80	69466	11.39	184.28	7.00	28.64	3.73	15710	0.61	193.91	11.02
海安	2001	5.00	1170.41	40.77	2565	30.65	48.77	3.22	13746	6.25	121.18	24.61	42.01	4.85	3791	0.22	293.07	9.49
	2002	5.41	1315.39	41.54	3496	25.88	49.63	3.18	14667	6.51	121.52	23.04	44.09	5.01	4007	0.23	302.76	8.70

附表8 南通市现代农业原始数据

续表

地区	时间	农林水利事务支出占比/%	单位耕地面积用电量(kW·h/hm²)	有效灌溉率/%	各县域职业教育在校生人数/人	经济作物播种面积占比/%	农作物耕种收综合机械化率/%	单位播种面积塑料薄膜施用量(kg/hm²)	农业劳动生产率(元/人)	土地生产率(万元/hm²)	农业投入产出率/%	农业增加值占GDP比重/%	牧渔业增加值占农业增加值比重/%	单位播种面积粮食产量(t/hm²)	农村人均纯收入(元/人)	劳均耕地面积(hm²/人)	单位播种面积化肥施用量(kg/hm²)	单位播种面积农药施用量(kg/hm²)
海安	2003	6.05	1447.27	42.36	15867	26.33	49.05	3.50	16785	6.86	114.79	20.69	45.47	4.56	4252	0.24	316.58	10.15
	2004	5.94	1725.21	42.78	13510	27.46	51.79	3.24	22118	8.24	101.89	18.79	43.07	4.84	4777	0.27	327.38	10.31
	2005	7.04	1258.17	42.55	15782	25.73	52.11	3.23	29033	8.64	100.97	16.00	43.79	4.72	5317	0.34	343.28	11.46
	2006	7.61	1135.28	49.14	14847	23.78	53.93	3.27	34130	9.30	98.16	14.10	41.11	5.34	5900	0.37	354.08	11.48
	2007	10.16	1132.04	46.30	14221	22.04	54.03	3.57	52197	9.63	94.21	11.87	45.56	5.44	6670	0.54	384.85	11.88
	2008	11.71	913.62	44.19	14124	22.32	63.38	4.00	67435	11.38	86.94	10.74	45.90	5.99	7546	0.59	381.41	12.08
	2009	17.54	921.79	44.07	13293	23.03	71.49	4.40	76530	11.98	112.64	11.54	45.15	6.03	8310	0.64	374.32	12.20
	2010	17.60	1035.24	67.08	14325	23.10	99.44	4.95	84313	14.24	114.20	10.76	44.60	6.13	9478	0.59	368.44	11.40
	2011	18.35	1186.90	54.72	16003	23.02	65.40	5.59	102071	16.05	113.31	10.00	45.41	6.23	11216	0.64	380.54	11.03
	2012	18.19	1342.73	52.27	16286	23.24	65.77	7.02	114023	17.38	119.58	9.93	41.48	6.15	12663	0.66	399.69	10.81
	2013	19.92	1520.79	38.58	14910	23.14	67.24	8.15	129163	19.00	119.39	9.67	41.57	6.23	14119	0.68	433.36	10.62
如东	2001	4.47	644.70	41.54	2519	28.26	48.32	7.72	18868	4.53	116.17	31.82	44.18	4.43	3384	0.42	377.85	14.75
	2002	5.53	659.08	41.52	3682	27.37	47.39	7.96	20256	4.74	115.85	30.52	46.74	4.43	3605	0.43	374.78	14.69
	2003	5.64	819.32	41.91	1967	29.13	52.37	8.39	22396	4.57	129.50	27.45	49.88	4.08	3840	0.49	356.61	14.54
	2004	6.17	840.14	42.03	9595	29.66	51.47	8.93	27279	5.21	112.52	24.29	48.11	4.21	4305	0.52	357.23	14.73

续表

地区	时间	农林水利事务支出占比/%	单位耕地面积用电量/(kW·h/hm²)	有效灌溉率/%	各县域职业教育在校生人数/人	经济作物播种面积占比/%	农作物排种综合机械化率/%	单位播种面积塑料薄膜施用量/(kg/hm²)	农业劳动生产率/(元/人)	土地生产率/(万元/hm²)	农业投入产出率/%	农业增加值占GDP比重/%	牧渔业增加值占农业增加值比重/%	单位播种面积粮食产量/(t/hm²)	农村人均纯收入/(元/人)	劳均耕地面积/(hm²/人)	单位播种面积化肥施用量/(kg/hm²)	单位播种面积农药施用量/(kg/hm²)
如东	2005	6.21	767.12	45.21	10 965	25.00	60.50	8.75	31 372	5.38	100.54	20.09	47.14	4.42	4 835	0.58	366.00	23.37
	2006	6.41	655.73	49.16	12 018	24.08	58.54	9.03	49 272	5.69	93.52	17.02	48.64	4.49	5 420	0.87	368.97	23.04
	2007	10.95	754.50	49.75	12 745	24.27	57.49	9.83	56 189	6.02	84.82	14.00	53.26	4.43	6 212	0.93	372.06	23.09
	2008	12.98	632.75	32.67	12 800	24.40	55.89	11.47	76 683	7.27	75.04	12.66	57.20	5.00	7 246	1.05	368.78	22.58
	2009	15.96	645.73	39.08	11 973	24.69	52.73	16.53	85 527	7.82	91.60	13.70	54.26	5.08	8 003	1.09	362.73	22.17
	2010	16.56	1 020.72	22.28	10 181	23.45	25.68	16.50	103 190	10.72	92.60	12.80	52.75	5.17	9 120	0.96	247.07	21.71
	2011	18.60	1 355.70	35.56	9 458	23.31	79.57	17.42	110 736	11.52	100.44	11.87	52.08	5.28	10 786	0.96	246.07	21.52
	2012	16.13	2 000.87	36.32	7 988	23.23	62.74	18.36	123 360	12.55	106.27	11.83	49.64	5.35	12 156	0.98	250.83	21.32
	2013	17.35	2 409.45	50.04	6 816	22.74	62.12	20.17	136 943	13.77	106.35	11.59	49.93	5.38	13 529	0.99	239.68	20.54
启东	2001	6.33	904.07	24.17	1 181	45.04	21.01	7.69	14 975	8.10	98.78	23.75	55.47	2.17	4 469	0.18	197.35	8.04
	2002	5.85	547.08	24.13	1 062	46.58	21.32	10.21	15 471	8.28	98.60	23.54	54.66	1.79	4 574	0.19	196.62	6.00
	2003	6.54	534.46	24.20	3 074	48.45	20.17	10.81	13 762	7.29	126.40	20.89	56.32	2.02	4 863	0.19	191.86	6.05
	2004	6.78	414.78	24.40	6 056	50.20	20.63	12.14	16 634	8.22	120.35	19.50	55.08	1.84	5 453	0.20	199.20	6.49
	2005	6.94	365.89	24.61	6 162	51.32	21.44	12.46	24 083	8.82	118.64	16.67	55.66	1.49	6 069	0.27	221.27	6.41
	2006	7.66	285.34	28.51	6 530	51.22	21.41	11.24	28 876	9.02	128.13	14.75	54.59	1.72	6 730	0.32	226.40	7.58

附表 8 南通市现代农业原始数据

续表

地区	时间	农林水利事务支出占比/%	单位耕地面积用电量(kW·h/hm²)	有效灌溉率/%	各县域职业教育在校生人数/人	经济作物播种面积占比/%	农作物播种收综合机械化率/%	单位播种面积塑料薄膜施用量(kg/hm²)	农业劳动生产率(元/人)	土地生产率(万元/hm²)	农业投入人产出率/%	农业增加值占GDP比重/%	牧渔业增加值占农业增加值比重/%	单位播种面积粮食产量(t/hm²)	农村人均纯收入(元/人)	劳均耕地面积(hm²/人)	单位播种面积化肥施用量(kg/hm²)	单位播种面积农药用量(kg/hm²)
启东	2007	11.50	299.54	40.28	4 840	47.74	25.78	11.36	32 953	9.87	115.28	12.97	55.00	1.64	7 540	0.33	235.54	7.51
	2008	10.72	322.23	32.86	4 336	49.40	26.52	11.78	44 036	11.93	102.42	12.81	56.05	1.68	8 376	0.37	236.87	7.43
	2009	13.60	350.07	41.90	5 342	52.13	35.23	11.93	52 551	12.83	126.05	13.71	55.79	1.52	9 287	0.41	249.85	7.30
	2010	15.47	434.62	31.38	6 900	53.93	53.84	12.62	62 356	14.13	127.74	12.67	53.95	1.58	10 587	0.44	236.11	7.11
	2011	16.29	461.24	25.41	7 227	53.81	29.51	13.87	68 212	14.54	127.26	10.76	53.58	1.57	12 535	0.47	236.55	6.50
	2012	17.88	515.64	25.98	6 815	52.08	28.71	14.37	78 635	15.84	129.63	10.44	52.55	1.72	14 127	0.50	231.41	6.35
	2013	10.56	626.34	23.94	6 257	52.62	29.37	15.12	86 869	16.83	129.35	9.91	51.87	1.71	15 766	0.52	220.71	6.21
如皋	2001	4.01	617.37	31.31	8 100	28.59	38.10	7.19	9 230	3.93	122.17	22.13	22.70	4.04	3 116	0.23	282.56	7.98
	2002	4.13	705.81	31.88	9 204	29.24	37.37	7.82	10 149	4.13	120.71	21.14	22.54	3.93	3 321	0.25	278.11	7.96
	2003	4.04	914.36	32.85	11 379	30.08	37.66	8.46	10 728	4.14	125.58	18.43	21.11	3.76	3 538	0.26	269.50	7.88
	2004	4.61	968.26	33.35	16 222	31.48	44.66	9.05	13 733	4.87	121.82	17.42	20.46	4.05	3 967	0.28	258.87	7.68
	2005	5.05	985.88	34.46	18 546	30.83	42.21	8.50	16 898	5.19	122.00	15.03	20.27	4.07	4 455	0.33	269.86	15.33
	2006	6.99	852.24	34.37	20 813	30.09	44.31	8.53	23 241	5.36	130.25	12.93	20.53	4.00	5 002	0.43	257.79	15.73
	2007	9.21	816.31	37.54	19 751	28.04	46.84	8.99	25 228	5.77	126.69	11.02	25.37	4.24	5 742	0.44	282.88	17.77
	2008	9.60	654.88	95.03	16 535	28.37	49.98	8.53	32 793	7.19	111.98	9.69	29.60	4.35	6 695	0.46	276.06	17.87

续表

地区	时间	农林水利事务支出占比/%	单位耕地面积用电量/(kW·h/hm²)	有效灌溉率/%	各县域职业教育在校生人数/人	经济作物播种面积占比/%	农作物播种收综合机械化率/%	单位播种面积塑料薄膜施用量/(kg/hm²)	农业劳动生产率/(元/人)	土地生产率/(万元/hm²)	农业救人均产出率/%	农业增加值占GDP比重/%	牧渔业增加值占农业增加值比重/%	单位播种面积粮食产量/(t/hm²)	农村人均纯收入/(元/人)	劳均耕地面积/(hm²/人)	单位播种面积化肥施用量/(kg/hm²)	单位播种面积农药施用量/(kg/hm²)
如皋	2009	12.53	670.28	31.89	16 869	26.11	46.48	8.53	36 604	7.59	148.52	10.41	29.67	4.49	7 610	0.48	278.83	17.88
	2010	11.15	653.76	43.14	16 574	26.25	38.44	9.03	41 925	8.47	151.77	9.59	28.47	4.62	8 695	0.49	287.27	17.02
	2011	11.37	660.80	35.49	17 317	26.60	55.70	9.96	50 412	9.53	155.90	9.02	27.69	4.83	10 312	0.53	241.32	15.34
	2012	13.12	752.07	41.66	15 546	27.66	54.83	10.64	57 446	10.50	163.65	8.94	24.69	4.92	11 663	0.55	234.32	14.13
	2013	13.59	850.39	34.61	12 288	27.74	55.27	9.90	64 769	11.41	161.51	8.68	24.49	4.92	13 004	0.57	222.37	13.65
海门	2001	6.81	1 130.41	29.55	2 370	54.89	20.80	10.85	12 543	5.63	117.47	15.77	34.34	2.06	4 683	0.22	418.86	10.27
	2002	6.76	369.08	45.48	3 200	56.03	25.09	12.98	14 429	5.95	118.36	15.35	36.48	1.87	4 944	0.24	463.10	10.64
	2003	6.94	492.61	48.85	3 893	56.47	24.32	15.57	12 881	5.16	156.26	13.37	35.32	1.89	5 246	0.25	465.77	10.92
	2004	7.11	534.99	47.41	7 109	56.69	25.03	16.85	15 319	5.92	148.53	12.36	34.23	1.92	5 892	0.26	453.29	11.06
	2005	7.32	699.14	48.45	6 143	58.21	24.14	17.09	18 427	6.34	139.28	10.48	36.28	1.59	6 558	0.29	451.98	11.16
	2006	8.21	842.77	48.74	7 524	58.68	25.20	17.59	24 258	6.60	147.17	9.09	35.78	1.63	7 190	0.37	471.27	11.50
	2007	9.93	814.00	50.25	7 525	58.93	31.47	18.38	28 118	6.81	141.66	7.76	38.00	1.59	8 050	0.41	481.26	11.89
	2008	10.19	815.99	50.75	6 480	60.33	31.82	18.44	35 921	8.33	125.30	7.44	37.93	1.71	8 936	0.43	471.04	11.47
	2009	15.82	921.12	51.73	7 076	60.57	32.76	19.01	40 523	9.03	160.47	8.06	37.39	1.74	10 002	0.45	464.05	11.39
	2010	16.23	1 002.46	51.12	7 871	61.42	33.26	19.16	46 324	10.04	164.28	7.46	36.09	1.71	11 372	0.46	449.33	11.05

续表

地区	时间	农林水利事务支出占比/%	单位耕地面积水利用电量(kW·h/hm²)	有效灌溉率/%	各县域职业教育在校生人数/人	经济作物播种面积占比/%	农作物播种收综合机械化率/%	单位播种面积塑料薄膜施用量(kg/hm²)	农业劳动生产率(元/人)	土地生产率(万元/hm²)	农业投入产出率/%	农业增加值占GDP比重/%	牧渔业增加值占农业增加值比重/%	单位种植面积粮食产量(t/hm²)	农村人均纯收入(元/人)	劳均耕地面积(hm²/人)	单位播种面积化肥施用量(kg/hm²)	单位播种面积农药施用量(kg/hm²)
海门	2011	15.65	1 216.61	54.46	5 142	62.15	35.10	19.91	45 797	10.04	221.96	7.01	35.56	1.65	13 453	0.46	444.57	10.98
	2012	15.82	1 473.25	54.90	7 902	63.94	36.89	21.96	58 866	12.33	170.95	7.01	33.48	1.71	15 162	0.48	449.50	10.69
	2013	17.69	1 596.88	27.93	7 503	64.65	37.70	24.37	66 636	13.46	171.08	6.86	33.73	1.72	16 920	0.50	444.45	10.46

附表 9 现代农业子系统序参量指标标准化

地区	时间	Z农林水利事务支出占比	Z单位耕地面积水利用电量	Z有效灌溉率	Z各县域职业教育在校生人数	Z经济作物播种面积占比	Z农作物播种收综合机械化率	Z单位播种面积塑料薄膜施用量	Z农业劳动生产率	Z土地生产率	Z农业投入产出率	Z农业增加值占GDP比重	Z牧渔业增加值占农业增加值比重	Z单位播种面积粮食产量	Z农村人均纯收入	Z劳均耕地面积	Z单位播种面积化肥施用量	Z单位播种面积农药施用量
通州	2001	−0.80	−0.27	0.91	−0.62	−0.07	−0.47	−1.18	−1.08	−0.48	0.59	−0.79	0.13	−1.00	−1.07	−0.81	−0.50	−0.81
	2002	−0.86	−1.00	0.63	−0.95	0.07	−0.30	−1.13	−1.02	−0.60	0.42	−0.84	0.01	−0.93	−0.94	−0.91	−0.55	−0.91
	2003	−0.83	−1.15	0.69	0.14	0.28	−0.29	−1.01	−1.33	−0.12	1.51	−0.75	−0.11	−0.85	−0.75	−0.73	−0.52	−0.73
	2004	−0.79	−1.07	0.75	0.01	0.17	−0.17	−0.94	−1.19	1.29	−0.29	−0.91	0.08	−0.68	−0.59	−0.81	−0.61	−0.81
	2005	−0.76	−1.00	0.77	0.40	0.13	−0.04	−0.85	−1.11	1.26	−0.57	−0.70	0.04	−0.51	−0.43	−0.66	−0.85	−0.66
	2006	−0.70	−1.09	0.74	0.42	0.21	−0.98	−0.80	−1.02	1.22	−0.80	−0.78	−0.04	−0.34	−0.11	−0.39	−0.92	−0.39
	2007	0.08	−1.11	0.72	0.46	0.23	−0.12	−0.85	−0.68	−0.54	1.34	−0.96	−0.70	−0.04	−0.11	0.06	−0.92	0.09
	2008	0.37	−1.36	0.75	0.13	0.25	−0.47	−0.79	−0.46	−0.21	0.10	−1.02	−0.63	0.05	0.13	0.29	−1.28	−0.05

续表

地区	时间	Z农林水利事务支出占比	Z单位耕地面积用电量	Z有效灌溉率	Z各县域职业教育率	Z经济作物播种面积占比	Z农作物耕种收综合机械化率	Z单位播种面积塑料薄膜施用量	Z农业劳动生产率	Z土地生产率	Z农业投入产出率	Z农业增加值占GDP比重	Z牧渔业增加值比重	Z单位播种面积粮食产量	Z农村人均收入	Z农村劳均耕地面积	Z单位播种面积化肥施用量	Z单位播种面积农药施用量
通州	2009	0.56	−1.33	0.74	−0.19	0.39	−0.63	−0.71	−0.09	−0.40	1.57	−0.92	−0.56	0.02	0.37	0.46	1.41	−0.16
	2010	0.17	−1.27	−0.15	−0.49	0.45	0.26	−0.58	0.09	0.04	1.69	−0.99	−0.66	−0.02	0.73	0.28	1.34	−0.18
	2011	0.30	−1.24	0.17	−0.72	0.43	0.10	−0.48	0.33	0.26	1.67	−1.11	−0.69	0.02	1.27	0.44	1.34	−0.15
	2012	0.32	−1.07	0.25	−0.88	0.41	0.28	−0.39	0.56	0.51	1.88	−1.13	−0.90	0.06	1.71	0.54	1.33	−0.20
	2013	0.47	−0.93	−0.29	−1.03	0.41	0.02	−0.29	0.82	0.77	1.89	−1.16	−1.06	0.08	2.16	0.64	1.26	−0.22
海安	2001	−1.19	0.88	−0.08	−1.40	−0.57	0.38	−1.38	−0.94	−0.66	−0.31	1.89	0.17	0.82	−1.14	−1.14	−0.17	−0.55
	2002	−1.10	1.21	−0.01	−1.21	−0.92	0.43	−1.39	−0.91	−0.58	−0.30	1.62	0.37	0.93	−1.08	−1.12	−0.06	−0.72
	2003	−0.96	1.51	0.06	1.33	−0.89	0.39	−1.33	−0.84	−0.48	−0.53	1.21	0.49	0.63	−1.01	−1.03	0.09	−0.41
	2004	−0.98	2.15	0.10	0.85	−0.80	0.57	−1.38	−0.68	−0.10	−0.98	0.88	0.27	0.82	−0.86	−0.92	0.21	−0.38
	2005	−0.74	1.08	0.08	1.31	−0.93	0.59	−1.38	−0.46	0.01	−1.01	0.40	0.34	0.74	−0.72	−0.61	0.39	−0.13
	2006	−0.61	0.79	0.66	1.12	−1.07	0.71	−1.37	−0.30	0.19	−1.11	0.07	0.09	1.16	−0.55	−0.47	0.51	−0.13
	2007	−0.04	0.79	0.41	0.99	−1.20	0.72	−1.31	0.27	0.28	−1.25	−0.31	0.50	1.22	−0.34	0.33	0.84	−0.04
	2008	0.30	0.28	0.22	0.97	−1.18	1.32	−1.23	0.75	0.77	−1.50	−0.51	0.53	1.59	−0.10	0.56	0.81	0.00
	2009	1.60	0.30	0.21	0.80	−1.13	1.85	−1.15	1.04	0.93	−0.60	−0.37	0.46	1.62	0.11	0.78	0.73	0.03
	2010	1.61	0.56	2.25	1.01	−1.12	3.66	−1.04	1.29	1.56	−0.55	−0.51	0.41	1.68	0.44	0.56	0.66	−0.14
	2011	1.78	0.91	1.15	1.36	−1.13	1.45	−0.92	1.85	2.06	−0.58	−0.64	0.49	1.75	0.92	0.76	0.80	−0.22
	2012	1.75	1.27	0.94	1.42	−1.11	1.48	−0.64	2.23	2.43	−0.36	−0.65	0.13	1.70	1.32	0.85	1.01	−0.27
	2013	2.13	1.68	−0.27	1.13	−1.12	1.57	−0.42	2.70	2.88	−0.37	−0.69	0.13	1.75	1.72	0.96	1.38	−0.31

附表9　现代农业子系统序参量指标标准化

续表

地区	时间	Z农林水利事务支出占比	Z单位耕地面积用电量	Z有效灌溉率	Z各县城职业教育率	Z经济作物播种面积占比	Z单位播种面积农收综合机械化率	Z农业塑料薄膜施用量	Z土地产出率	Z农业劳动生产率	Z农业投入占GDP比重	Z牧渔业增加值产出率	Z单位播种面积粮食产量	Z农村人均纯收入	Z劳均耕地面积	Z单位播种面积化肥施用量	Z单位播种面积农药施用量
如东	2001	-1.31	-0.33	-0.01	-1.41	-0.74	0.35	-0.50	-0.78	-1.13	-0.48	3.13	0.37	0.54	-1.25	0.77	0.58
	2002	-1.07	-0.30	-0.01	-1.17	-0.81	0.29	-0.46	-0.74	-1.07	-0.49	2.91	0.61	0.55	-1.19	0.73	0.56
	2003	-1.05	0.07	0.02	-1.52	-0.68	0.61	-0.37	-0.67	-1.12	-0.02	2.38	0.90	0.31	-1.12	0.53	0.53
	2004	-0.93	0.12	0.03	0.04	-0.64	0.55	-0.27	-0.51	-0.94	-0.61	1.83	0.74	0.40	-1.00	0.54	0.57
	2005	-0.92	-0.05	0.31	0.32	-0.98	1.14	-0.30	-0.38	-0.89	-1.02	1.11	0.65	0.54	-0.85	0.64	2.43
	2006	-0.88	-0.31	0.66	0.54	-1.05	1.01	-0.25	0.18	-0.81	-1.27	0.58	0.79	0.58	-0.69	0.67	2.36
	2007	0.13	-0.08	0.72	0.69	-1.04	0.94	-0.09	0.40	-0.72	-1.57	0.05	1.21	0.55	-0.47	0.70	2.37
	2008	0.59	-0.36	-0.79	0.70	-1.03	0.84	0.23	1.05	-0.37	-1.91	-0.18	1.58	0.93	-0.18	0.67	2.26
	2009	1.25	-0.33	-0.23	0.53	-1.01	0.63	1.21	1.33	-0.22	-1.34	0.00	1.31	0.98	0.03	0.60	2.17
	2010	1.38	0.53	-1.71	0.16	-1.10	-1.12	1.21	1.88	0.58	-1.30	-0.15	1.17	1.04	0.34	-0.67	2.07
	2011	1.84	1.30	-0.54	0.01	-1.11	2.37	1.39	2.12	0.80	-1.03	-0.31	1.10	1.12	0.80	-0.68	2.03
	2012	1.29	2.79	-0.47	-0.29	-1.12	1.28	1.57	2.52	1.09	-0.83	-0.32	0.88	1.16	1.18	-0.63	1.99
	2013	1.56	3.73	0.74	-0.53	-1.15	1.24	1.92	2.95	1.43	-0.82	-0.36	0.91	1.18	1.56	-0.75	1.82
启东	2001	-0.90	0.26	-1.55	-1.69	0.49	-1.43	-0.51	-0.90	-0.14	-1.09	1.74	1.42	-0.97	-0.95	-1.22	-0.86
	2002	-1.00	-0.56	-1.55	-1.71	0.61	-1.41	-0.02	-0.89	-0.09	-1.09	1.70	1.34	-1.22	-0.92	-1.23	-1.30
	2003	-0.85	-0.59	-1.54	-1.30	0.74	-1.48	0.10	-0.94	-0.37	-0.13	1.24	1.50	-1.07	-0.84	-1.28	-1.29

续表

地区	时间	Z农林水利事务支出占比	Z单位耕地面积用电量	Z有效灌溉率	Z各县城职业教育率	Z经济作物播种面积占比	Z单位耕种面积综合机械化率	Z农作物塑料薄膜用量	Z农业劳动生产率	Z土地投入产出率	Z农业增加值占GDP比重	Z牧渔业增加值增加比重	Z单位播种面积粮食产量	Z农村人均纯收入	Z农劳均耕地面积	Z单位播种面积化肥施用量	Z单位播种面积农药施用量
启东	2004	-0.79	-0.86	-1.53	-0.68	0.87	0.36	-0.85	-0.11	-0.34	1.00	1.38	-1.19	-1.68	-1.23	-1.20	-1.20
	2005	-0.76	-0.98	-1.51	-0.66	0.95	0.42	-0.61	0.06	-0.40	0.51	1.44	-1.42	-0.51	-0.90	-0.95	-1.22
	2006	-0.60	-1.16	-1.16	-0.59	0.95	0.18	-0.46	0.11	-0.06	0.18	1.34	-1.27	-0.32	-0.69	-0.90	-0.97
	2007	0.26	-1.13	-0.12	-0.93	0.69	0.21	-0.33	0.35	-0.51	-0.12	1.37	-1.33	-0.10	-0.62	-0.80	-0.98
	2008	0.08	-1.08	-0.78	-1.04	0.81	0.29	0.02	0.92	-0.96	-0.15	1.47	-1.30	0.13	-0.46	-0.78	-1.00
	2009	0.72	-1.01	0.02	-0.83	1.02	0.32	0.28	1.17	-0.14	0.00	1.45	-1.40	0.38	-0.28	-0.64	-1.02
	2010	1.14	-0.82	-0.91	-0.51	1.15	0.45	0.59	1.53	-0.08	-0.18	1.28	-1.37	0.74	-0.13	-0.79	-1.06
	2011	1.32	-0.76	-1.44	-0.44	1.14	0.69	0.78	1.64	-0.10	-0.51	1.24	-1.37	1.28	0.00	-0.79	-1.20
	2012	1.68	-0.63	-1.39	-0.53	1.01	0.79	1.11	2.00	-0.01	-0.56	1.15	-1.27	1.72	0.12	-0.84	-1.23
	2013	0.05	-0.38	-1.57	-0.64	1.05	0.94	1.37	2.28	-0.02	-0.65	1.09	-1.28	2.18	0.21	-0.96	-1.26
如皋	2001	-1.41	-0.40	-0.92	-0.27	-0.72	-0.61	-1.08	-1.30	-0.27	1.46	-1.61	0.29	-1.32	-1.08	-0.28	-0.88
	2002	-1.38	-0.19	-0.87	-0.04	-0.67	-0.49	-1.05	-1.24	-0.32	1.29	-1.62	0.21	-1.27	-1.03	-0.33	-0.88
	2003	-1.40	0.29	-0.78	0.41	-0.61	-0.36	-1.04	-1.24	-0.15	0.82	-1.76	0.10	-1.21	-0.97	-0.42	-0.90
	2004	-1.28	0.41	-0.73	1.40	-0.51	0.11	-0.24	-1.03	-0.28	0.64	-1.82	0.29	-1.09	-0.86	-0.54	-0.94
	2005	-1.18	0.45	-0.64	1.88	-0.56	-0.05	-0.35	-0.84	-0.28	0.23	-1.83	0.30	-0.95	-0.66	-0.42	0.70
	2006	-0.75	0.14	-0.64	2.35	-0.61	0.09	-0.35	-0.64	-0.90	-0.13	-1.81	0.26	-0.80	-0.17	-0.55	0.79

附表9 现代农业子系统序参量指标标准化

续表

地区	时间	Z农林水利事务支出占比	Z单位耕地面积用电量	Z有效灌溉率	Z各县城镇职业教育在校生人数	Z经济作物播种面积占比	Z农作物耕种收综合机械化率	Z单位农业塑料薄膜施用量	Z土地生产率	Z劳动生产率	Z农业投入产出率	Z农业增加值占GDP比重	Z牧渔业增加值占农业增加值比重	Z单位播种面积粮食产量	Z农村人均纯收入	Z劳均耕地面积	Z单位播种面积化肥施用量	Z单位播种面积农药施用量
如皋	2007	-0.25	0.06	-0.36	2.13	-0.76	0.25	-0.26	-0.58	-0.79	-0.12	-0.46	-1.36	0.42	-0.60	-0.15	-0.28	1.23
	2008	-0.17	-0.31	4.72	1.47	-0.74	0.45	-0.35	-0.34	-0.39	-0.63	-0.69	-0.97	0.49	-0.33	-0.06	-0.35	1.25
	2009	0.49	-0.28	-0.86	1.54	-0.90	0.23	-0.35	-0.22	-0.28	0.64	-0.57	-0.97	0.59	-0.08	0.06	-0.32	1.25
	2010	0.18	-0.31	0.13	1.47	-0.89	-0.30	-0.25	-0.05	-0.04	0.76	-0.71	-1.08	0.67	0.22	0.12	-0.23	1.06
	2011	0.23	-0.30	-0.55	1.63	-0.87	0.83	-0.07	0.22	0.25	0.90	-0.81	-1.15	0.82	0.67	0.27	-0.73	0.70
	2012	0.62	-0.09	0.00	1.26	-0.79	0.77	0.06	0.44	0.52	1.17	-0.82	-1.43	0.88	1.04	0.35	-0.81	0.44
	2013	0.72	0.14	-0.62	0.59	-0.78	0.80	-0.08	0.67	0.77	1.10	-0.86	-1.44	0.87	1.41	0.45	-0.94	0.34
海门	2001	-0.79	0.78	-1.07	-1.44	1.22	-1.44	0.11	-0.98	-0.83	-0.44	0.36	-0.53	1.05	-0.89	1.13	1.22	-0.39
	2002	-0.80	-0.97	0.34	-1.27	1.30	-1.16	0.52	-0.92	-0.74	-0.41	0.29	-0.34	-1.17	-0.82	1.04	1.70	-0.31
	2003	-0.76	-0.68	0.64	-1.13	1.33	-1.21	1.03	-0.97	-0.95	0.91	-0.06	-0.44	-1.16	-0.73	-1.01	1.73	-0.25
	2004	-0.72	-0.59	0.51	-0.47	1.35	-1.17	1.28	-0.89	-0.75	0.64	-0.23	-0.54	-1.14	-0.56	-0.97	1.60	-0.22
	2005	-0.67	-0.21	0.60	-0.67	1.46	-1.22	1.32	-0.79	-0.63	0.32	-0.55	-0.35	-1.36	-0.37	-0.82	1.58	-0.19
	2006	-0.47	0.12	0.63	-0.38	1.50	-1.15	1.42	-0.61	-0.56	0.60	-0.79	-0.40	-1.34	-0.20	-0.47	1.79	-0.12
	2007	-0.09	0.06	0.76	-0.38	1.52	-0.75	1.57	-0.49	-0.50	0.41	-1.02	-0.20	-1.36	0.04	-0.26	1.90	-0.04
	2008	0.04	0.06	0.80	-0.60	1.62	-0.72	1.58	-0.24	-0.08	-0.16	-1.08	-0.20	-1.28	0.29	-0.18	1.79	-0.13
	2009	1.22	0.30	0.89	-0.48	1.64	-0.66	1.70	-0.10	0.12	1.06	-0.97	-0.25	-1.26	0.58	-0.10	1.71	-0.15

续表

地区	时间	Z农林水利事务支出占比	Z单位耕地面积用电量	Z有效灌溉率	Z各县域职业教育在校生人数	Z经济作物播种面积占比	Z农作物耕种收综合机械化率	Z单位播种面积塑料薄膜施用量	Z农业劳动生产率	Z土地生产率	Z农业投入产出率	Z牧渔业增加值占农业增加值比重	Z农村人均纯收入	Z劳均耕地面积	Z单位播种面积化肥施用量	Z单位播种面积农药施用量
海门	2010	1.31	0.49	0.84	−0.31	1.70	−0.63	1.72	0.09	0.39	1.19	−1.08	−0.37	0.96	−0.04	1.55	−0.22
	2011	1.18	0.98	1.13	−0.87	1.75	−0.51	1.87	0.07	0.40	3.20	−1.15	−0.42	1.54	−0.06	1.50	−0.23
	2012	1.22	1.57	1.17	−0.31	1.89	−0.40	2.27	0.48	1.03	1.42	−1.15	−0.61	2.01	0.04	1.55	−0.30
	2013	1.63	1.86	−1.21	−0.39	1.94	−0.34	2.74	0.73	1.34	1.43	−1.18	−0.59	2.50	0.12	1.50	−0.34

附表10 南通市现代农业子系统序参量相关性分析

指标		Z(农林水利事务支出占比)	Z(单位耕地面积用电量)	Z(有效灌溉率)	Z(各县域职业教育在校生人数)	Z(经济作物播种面积占比)	Z(农作物耕种收综合机械化率)	Z(单位播种面积塑料薄膜施用量)	Z(农业劳动生产率)	Z(土地生产率)	Z(农业投入产出率)	Z(牧渔业增加值占农业增加值比重)	Z(农村人均纯收入)	Z(劳均耕地面积)	Z(单位播种面积化肥施用量)	Z(单位播种面积农药施用量)
Z(农林水利事务支出占比)	相关性	1.000	0.291	0.095	0.168	0.021	0.378	0.418	0.870	0.822	0.126	−0.650	0.224	0.155	0.656	0.097	0.220
	显著性(双侧)		0.010	0.409	0.141	0.858	0.001	0.000	0.000	0.000	0.273	0.000	0.048	0.176	0.000	0.397	0.053
	df	0	76	76	76	76	76	76	76	76	76	76	76	76	76	76	76
Z(单位耕地面积用电量)	相关性	0.291	1.000	0.066	0.226	−0.333	0.447	0.202	0.330	0.443	−0.268	0.018	0.069	0.407	0.276	0.369	0.295
	显著性(双侧)	0.010		0.567	0.047	0.003	0.000	0.076	0.003	0.000	0.018	0.725	0.549	0.000	0.014	0.001	0.009
	df	76	0	76	76	76	76	76	76	76	76	76	76	76	76	76	76

附表 10　南通市现代农业子系统序参量相关性分析

续表

指标		Z(农林水利事务支出占比)	Z(单位耕地面积用电量)	Z(有效灌溉率)	Z(各县域职业教育在校生人数)	Z(经济作物播种面积占比)	Z(农作物耕种收综合机械化率)	Z(单位播种面积塑料薄膜施用量)	Z(农业劳动生产率)	Z(土地产出率)	Z(农业投入产出率)	Z(农业增加值占GDP比重)	Z(牧渔业增加值占农业增加值比重)	Z(单位播种面积粮食产量)	Z(农村人均纯收入)	Z(劳均耕地面积)	Z(单位播种面积化肥施用量)	Z(单位播种面积农药施用量)
Z(有效灌溉率)	相关性	0.095	0.066	1.000	0.225	−0.079	−0.123	−0.001	−0.105	0.170	−0.287	−0.270	0.226	0.009	0.098	0.360	0.206
	显著性(双侧)	0.409	0.567		0.048	0.494	0.282	0.995	0.363	0.138	0.011	0.017	0.047	0.939	0.395	0.001	0.070
	df	76	76	0	76	76	76	76	76	76	76	76	76	76	76	76	76
Z(各县域职业教育在校生人数)	相关性	0.168	0.226	0.225	1.000	−0.583	−0.300	0.209	0.073	−0.130	−0.314	−0.364	0.597	0.014	0.287	0.028	0.395
	显著性(双侧)	0.141	0.047	0.048		0.000	0.008	0.067	0.526	0.257	0.005	0.001	0.000	0.904	0.011	0.805	0.000
	df	76	76	76	0	76	76	76	76	76	76	76	76	76	76	76	76
Z(经济作物播种面积占比)	相关性	0.021	−0.333	−0.079	−0.583	1.000	0.582	−0.273	0.040	0.511	−0.296	0.013	−0.939	0.245	−0.425	0.164	−0.538
	显著性(双侧)	0.858	0.003	0.494	0.000		0.000	0.015	0.729	0.000	0.008	0.907	0.000	0.030	0.000	0.152	0.000
	df	76	76	76	76	0	76	76	76	76	76	76	76	76	76	76	76
Z(农作物耕种收综合机械化率)	相关性	0.378	0.447	0.334	−0.300	0.582	1.000	−0.315	0.538	0.299	−0.255	−0.047	0.823	0.173	0.567	0.102	0.493
	显著性(双侧)	0.001	0.000	0.003	0.008	0.000		0.005	0.000	0.008	0.024	0.680	0.000	0.130	0.000	0.373	0.000
	df	76	76	76	76	76	0	76	76	76	76	76	76	76	76	76	76
Z(单位播种面积塑料薄膜施用量)	相关性	0.418	0.202	−0.123	−0.300	0.582	−0.315	1.000	0.306	0.277	0.210	−0.350	−0.546	0.489	0.253	0.343	0.150
	显著性(双侧)	0.000	0.076	0.282	0.008	0.000	0.005		0.006	0.014	0.065	0.002	0.000	0.000	0.026	0.002	0.189
	df	76	76	76	76	76	76	0	76	76	76	76	76	76	76	76	76

续表

指标		Z(农林水利事务支出占比)	Z(单位耕地面积用电量)	Z(有效灌溉率)	Z(各县城职业教育在校生人数)	Z(经济作物播种面积占比)	Z(农作物耕种收综合机械化率)	Z(单位播种面积塑料薄膜施用量)	Z(农业劳动生产率)	Z(土地生产率)	Z(农业投入产出率)	Z(农业增加值占GDP比重)	Z(牧渔业增加值占农业增加值比重)	Z(单位播种面积粮食产量)	Z(农村人均纯收入)	Z(劳均耕地面积)	Z(单位播种面积化肥施用量)	Z(单位播种面积农药施用量)
Z(农业劳动生产率)	相关性	0.870	0.443	-0.001	0.209	-0.273	0.538	0.306	1.000	0.826	-0.139	-0.454	0.328	0.399	0.758	0.815	0.013	0.385
	显著性(双侧)	0.000	0.000	0.995	0.067	0.015	0.000	0.006		0.000	0.225	0.000	0.003	0.000	0.000	0.000	0.913	0.001
	df	76	76	76	76	76	76	76	0	76	76	76	76	76	76	76	76	76
Z(土地生产率)	相关性	0.822	0.330	-0.105	0.073	0.040	0.299	0.277	0.826	1.000	-0.021	-0.461	0.374	0.081	0.819	0.398	-0.013	-0.095
	显著性(双侧)	0.000	0.003	0.363	0.526	0.729	0.008	0.014	0.000		0.856	0.000	0.001	0.482	0.000	0.000	0.910	0.410
	df	76	76	76	76	76	76	76	76	0	76	76	76	76	76	76	76	76
Z(农业投入产出率)	相关性	0.126	-0.268	0.170	-0.130	-0.511	-0.255	0.210	-0.139	-0.021	1.000	-0.489	-0.547	-0.343	0.416	-0.203	0.522	-0.280
	显著性(双侧)	0.273	0.018	0.138	0.257	0.000	0.024	0.065	0.225	0.856		0.000	0.000	0.002	0.000	0.075	0.000	0.013
	df	76	76	76	76	76	76	76	76	76	0	76	76	76	76	76	76	76
Z(农业增加值占GDP比重)	相关性	-0.650	0.040	-0.287	-0.314	-0.296	-0.047	-0.350	-0.454	-0.461	-0.489	1.000	0.277	0.096	-0.721	-0.347	-0.045	-0.066
	显著性(双侧)	0.000	0.725	0.011	0.005	0.008	0.680	0.002	0.000	0.000	0.000		0.014	0.404	0.000	0.002	0.697	0.564
	df	76	76	76	76	76	76	76	76	76	76	0	76	76	76	76	76	76
Z(牧渔业增加值占农业增加值比重)	相关性	0.224	0.069	-0.270	-0.364	0.013	0.015	0.152	0.328	0.374	-0.547	0.277	1.000	-0.113	0.046	0.271	-0.017	0.045
	显著性(双侧)	0.048	0.549	0.017	0.001	0.907	0.899	0.185	0.003	0.001	0.000	0.014		0.327	0.688	0.016	0.881	0.698
	df	76	76	76	76	76	76	76	76	76	76	76	0	76	76	76	76	76

附表10 南通市现代农业子系统序参量相关性分析

续表

指标		Z(农林水利事务支出占比)	Z(单位耕地面积用电量)	Z(有效灌溉率)	Z(各县域职业教育在校生人数)	Z(经济作物播种面积占比)	Z(农作物耕种收综合机械化率)	Z(单位播种面积塑料薄膜施用量)	Z(农业劳动生产率)	Z(土地生产率)	Z(农业投入产出率)	Z(农业增加值占GDP比重)	Z(牧渔业增加值占农业增加值比重)	Z(单位播种面积粮食产量)	Z(农村人均纯收入)	Z(劳均耕地面积)	Z(单位播种面积化肥施用量)	Z(单位播种面积农药施用量)
Z(单位播种面积粮食产量)	相关性	0.155	0.407	0.226	0.597	-0.939	0.823	-0.546	0.399	0.081	-0.343	0.096	-0.113	1.000	-0.060	0.493	-0.043	0.517
	显著性(双侧)	0.176	0.000	0.047	0.000	0.000	0.000	0.000	0.000	0.482	0.002	0.404	0.327	.	0.603	0.000	0.709	0.000
	df	76	76	76	76	76	76	76	76	76	76	76	76	76	76	76	76	76
Z(农村人均纯收入)	相关性	0.837	0.198	0.939	0.014	0.245	0.173	0.489	0.758	0.819	0.416	-0.721	0.046	-0.060	1.000	0.487	-0.030	0.034
	显著性(双侧)	0.000	0.082	0.000	0.904	0.030	0.130	0.000	0.000	0.000	0.000	0.000	0.688	0.603	.	0.000	0.792	0.767
	df	76	76	76	76	76	76	76	76	76	76	76	76	76	0	76	76	76
Z(劳均耕地面积)	相关性	0.656	0.276	0.098	0.287	-0.425	0.567	0.253	0.815	0.398	-0.203	-0.347	0.271	0.493	0.487	1.000	0.037	0.766
	显著性(双侧)	0.000	0.014	0.395	0.011	0.000	0.000	0.026	0.000	0.000	0.075	0.002	0.016	0.000	0.000	.	0.748	0.000
	df	76	76	76	76	76	76	76	76	76	76	76	76	76	76	0	76	76
Z(单位播种面积化肥施用量)	相关性	0.097	0.360	0.369	0.028	0.164	0.102	0.343	0.013	-0.013	-0.074	-0.045	-0.017	-0.043	-0.030	0.037	1.000	0.183
	显著性(双侧)	0.397	0.001	0.001	0.805	0.152	0.373	0.002	0.913	0.910	0.522	0.697	0.881	0.709	0.792	0.748	.	0.109
	df	76	76	76	76	76	76	76	76	76	76	76	76	76	76	76	0	76
Z(单位播种面积农药施用量)	相关性	0.220	0.295	0.206	0.395	-0.538	0.493	0.150	0.385	-0.095	-0.280	-0.066	0.045	0.517	0.034	0.766	0.183	1.000
	显著性(双侧)	0.053	0.009	0.070	0.000	0.000	0.000	0.189	0.001	0.410	0.013	0.564	0.698	0.000	0.767	0.000	0.109	.
	df	76	76	76	76	76	76	76	76	76	76	76	76	76	76	76	76	0

图 录

图 1-1 "八五"计划以来中国能源生产与消费状况 ……………… 2
图 1-2 中国农村非商品生活能源消费 ……………………………… 3
图 1-3 研究技术路线 ………………………………………………… 12
图 1-4 南通市区位分布图 …………………………………………… 14
图 1-5 1998—2014 年南通市 GDP 变化情况 ……………………… 15
图 1-6 1998—2014 年南通市农村居民人均纯收入 ……………… 16
图 1-7 1998—2014 年南通市农林牧副渔总产值变化情况 ……… 17
图 1-8 2014 年江苏各市产业结构 ………………………………… 18
图 2-1 能源经济学相关研究领域 …………………………………… 36
图 2-2 世界能源替代趋势图 ………………………………………… 38
图 2-3 低碳经济内涵图 ……………………………………………… 43
图 2-4 传统经济模式和低碳经济模式示意图 …………………… 45
图 2-5 循环经济的物质流动途径 …………………………………… 47
图 2-6 研究的理论基础 ……………………………………………… 52
图 3-1 农村能源类型划分 …………………………………………… 54
图 3-2 传统农业向现代农业发展转变示意图 …………………… 56
图 3-3 农村能源与现代农业融合框架 ……………………………… 57
图 3-4 农村能源与现代农业融合发展的概念图 ………………… 63
图 4-1 农村能源与现代农业关系的类型划分 …………………… 88
图 4-2 农村能源与现代农业融合发展的评价过程 ……………… 90
图 5-1 1998—2013 年南通市单位耕地面积农业生产用能总量 … 94
图 5-2 1998—2013 年南通市直接能变化趋势 …………………… 96
图 5-3 2013 年南通市人均生活能源消费 ………………………… 108
图 5-4 2013 年南通市生活能源消费的属性结构 ………………… 111
图 5-5 模型计算值与实际值拟合图 ………………………………… 121
图 5-6 1998—2013 年南通市农作物秸秆资源可能源化利用量估算结果 … 124

图 5-7	1998—2013 年南通市农业加工副产品资源可能源化利用量	125
图 5-8	1998—2013 年南通市粪便资源可能源化利用量	126
图 5-9	1998—2013 年南通市生物质资源可能源化利用量汇总	127
图 5-10	南通市生物质能资源比重	128
图 5-11	各县市单位国土面积生物质能资源拥有量	128
图 5-12	各县市人均生物质能资源拥有量	129
图 5-13	南通市生物质能资源总量的季节分布	130
图 5-14	1990—2014 年南通市与全省农业劳动生产率和土地产出率	139
图 5-15	2014 年南通市与江苏其他地级市农业区位商	141
图 5-16	2003—2014 年南通市农林牧渔服务业产值	152
图 6-1	2001—2013 年南通市农村能源发展水平	179
图 6-2	2001—2013 年南通市现代农业发展水平	179
图 6-3	2002—2013 年南通市农村能源与现代农业融合发展水平	181
图 7-1	农村能源与现代农业融合发展的动力系统	190
图 7-2	南通市农村能源与现代农业融合发展轨迹	198
图 7-3	南通市农村能源与现代农业融合发展影响因素的层次结构图	200
图 8-1	日本宫崎县凌镇废弃物循环利用模式	217
图 8-2	日本爱东町地区农业废弃物循环利用模式	217
图 8-3	菲律宾玛雅农场农业废弃物循环利用模式	218
图 8-4	日本保障农业废弃物循环利用及产业化发展的法律政策体系	221
图 8-5	农村能源与现代种植业融合发展模式——秸秆发电	228
图 8-6	农村能源与现代种植业融合发展模式——秸秆气化	229
图 8-7	农村能源与能源作物种植的融合发展模式——燃料乙醇	230
图 8-8	农村能源与能源作物种植业的融合发展模式——生物柴油	231
图 8-9	农村能源与现代养殖业的融合发展模式——畜禽养殖集中区	232
图 8-10	农村能源与现代养殖业的融合发展模式——非规模分散养殖	234
图 8-11	农村能源与现代农业的融合发展模式的汇总	235
图 8-12	农村能源与现代农业融合的"五位一体"发展机制	239

表　录

表 1-1　本研究中所使用的主要数据来源 …………………………… 13
表 1-2　2014 年南通市总面积及人口分布 …………………………… 14
表 1-3　1998—2014 年南通市产业结构演进概况 …………………… 18
表 4-1　不同学者的融合度测评方法比较及其评价 ………………… 70
表 4-2　农村能源子系统序参量指标 ………………………………… 79
表 4-3　现代农业子系统序参量指标 ………………………………… 81
表 4-4　耦合协调度评价标准 ………………………………………… 87
表 4-5　耦合发展类型分类体系 ……………………………………… 87
表 4-6　农村能源与现代农业融合发展类型 ………………………… 88
表 5-1　1998—2013 年南通市农业生产用能县域差异演变 ………… 94
表 5-2　2013 年南通市单位耕地面积农业生产用能 ………………… 95
表 5-3　1998—2013 年南通市农业生产用能效率 …………………… 97
表 5-4　1998—2013 年南通市各生产用能的弹性系数 ……………… 97
表 5-5　1998—2013 年南通市生产用能驱动因素模型估计结果 …… 98
表 5-6　各类能源的折标煤系数 ……………………………………… 102
表 5-7　变量及其度量方法 …………………………………………… 103
表 5-8　南通市村民的生活用能意愿 ………………………………… 104
表 5-9　南通市村民生活用能的选择依据 …………………………… 106
表 5-10　南通市农村家庭能源消费的一般统计量 …………………… 107
表 5-11　2013 年南通市农村生活能源人均消费实物量 ……………… 108
表 5-12　2001—2013 年南通市人均生活能源消费总量变化 ………… 109
表 5-13　南通市农村生活能源消费组合 ……………………………… 110
表 5-14　南通市农村生活用能的经济成本系数 ……………………… 113
表 5-15　南通市农村生活能源消费人均经济成本 …………………… 113
表 5-16　南通市农村生活用能的生态成本系数 ……………………… 113
表 5-17　回归分析结果 ………………………………………………… 114

表 5-18	灰色预测精度检验等级标准	119
表 5-19	GM(1,1)模型实际值、拟合值及残差计算结果	120
表 5-20	南通市未来 10 年农村能源消费预测数据	121
表 5-21	各主要农作物的草谷比、折标系数及收集系数	123
表 5-22	描述性统计量	127
表 5-23	南通市沿海滩涂资源潜力分布表	134
表 5-24	2014 年南通市与江苏其他地级市农业区位商比较	140
表 5-25	2014 年南通市与江苏其他地级市农业各产业区位商比较	142
表 5-26	2014 年南通市农业区位商比较	143
表 5-27	2014 年南通市农业各产业区位商比较	144
表 5-28	1990—2014 年南通市轻重工业比重及霍夫曼系数	148
表 5-29	南通市主要工业行业产值及比重	149
表 5-30	南通市专业化区分的优势行业	150
表 6-1	序参量一般指标体系	154
表 6-2	南通市农村能源与现代农业序参量指标的关联度矩阵	158
表 6-3	南通市农村能源子系统与现代农业子系统的序参量指标	160
表 6-4	南通市农村能源子系统指标贡献值	162
表 6-5	基于熵值法南通市农村能源子系统序参量相关系数	167
表 6-6	基于相关系数法南通市农村能源子系统序参量权重系数	168
表 6-7	南通市农村能源子系统序参量指标权重系数	168
表 6-8	2001—2013 年南通市农村能源子系统的有序度	168
表 6-9	南通市现代农业子系统序参量指标贡献值	170
表 6-10	基于熵值法南通市现代农业子系统序参量指标相关系数	175
表 6-11	基于相关系数法南通市现代农业子系统序参量指标权重系数	175
表 6-12	南通市现代农业子系统序参量指标权重系数	176
表 6-13	南通市现代农业子系统序参量指标有序度	176
表 6-14	南通市农村能源与现代农业的融合度	177
表 6-15	南通市农村能源与现代农业融合发展关系	178
表 6-16	2001—2013 年南通市农村能源与现代农业发展水平的描述性统计量	180
表 6-17	2002—2013 年南通市农村能源与现代农业融合度的描述性统计量	183
表 7-1	如皋市农村能源与现代农业的相关数据表	197
表 7-2	判断矩阵标度	201

表 7-3	平均随机一致性指标	201
表 7-4	A—B 判断矩阵及层次单排序结果	202
表 7-5	B_1—C 判断矩阵及层次单排序结果	202
表 7-6	B_2—C 判断矩阵及层次单排序结果	202
表 7-7	B_3—C 判断矩阵及层次单排序结果	202
表 7-8	B_4—C 判断矩阵及层次单排序结果	202
表 7-9	层次总排序和一致性检验	203
表 7-10	直接影响矩阵	204
表 7-11	规范化直接影响矩阵	205
表 7-12	综合影响矩阵	206
表 7-13	综合影响度	207
表 8-1	畜禽粪便污染源污染物的等标排放物	213
表 8-2	2014 年南通市农民文化程度	215